平成30年11月改訂

土地評価の重点解説

税理士・不動産鑑定士
丸田隆英【著】

設例 と 記載例 でポイントをつかむ！

清文社

は　し　が　き

　時間の経過は早いもので、初版を執筆してから6年半が経過しました。この間、相続税においては基礎控除額の大幅な引下げがあり、課税件数割合は大幅にアップしました。各種の税理士の相談会においても、その相談内容の過半は相続税に関するもの、という状態です。税理士にとっては相続税、そして土地評価はますます重要な分野となっています。

　改訂版においては、初版同様に、相続税・土地評価に従事する税理士が手元に置いて頼りになる1冊となることを意識して執筆しました。

　具体的には、財産評価基本通達の最も大きな改正である「地積規模の大きな宅地の評価」について、旧広大地評価との比較により、共通する基本的な考え方及び大きく見直された判定基準を分かりやすく説明することを心掛けました。通達の改正直後には大幅な評価額の引上げになる改正というように思われていましたが、他の画地調整率等との併用ができるようになったこと及び農地山林等については宅地造成費も併せて適用できるようになったことから、むしろ評価額が旧広大地評価よりも低くなる場合も多いように思われます。旧広大地評価においては、「通達の広大地に該当する」と判定できれば評価額は簡単に算定することができましたが、改正後の「地積規模の大きな宅地の評価」においては、形状、法的規制、さらに農地山林等においては高低差や傾斜度の確認が必要であるなどより精緻な作業が必要とされています。

　また、評価にかかわる重要な裁決事例を設例で説明しています。

　土地の評価については、通達等の知識だけではなく、現地確認・役所調査等の不動産調査が重要です。

　第9章では、法務局、市役所等及び建設事務所・土木事務所等の主な役所での不動産調査についても説明しています。本文途中で、説明されている法的規制の有無等をどこで確認すべきか、と思われた場合には第9章を参照してください。

　本書が土地評価の実務に携わる皆さんのお役に立てば、執筆者としてはこれほどうれしいことはありません。

　最後になりましたが、改訂の機会を与えていただいた株式会社清文社のみなさん、特に初版以上に鋭いチェックをいただいた編集第二部の尾形和子氏には心から感謝申し上げます。

　平成30年10月

丸田　隆英

目次

第1章 評価の通則

第1節 相続税及び贈与税における時価の考え方 ……………………………… 1

  1 時価主義 ………………………………………………………………………… 1

  2 評価通達における時価 ………………………………………………………… 1

第2節 土地評価の区分及び評価単位（評価通達7、7-2） ………………… 6

  1 土地の評価上の区分（評価通達7） ………………………………………… 6

  2 評価単位（評価通達7-2） ………………………………………………… 13

  3 地積（評価通達8） …………………………………………………………… 25

  4 土地の上に存する権利の評価上の区分（評価通達9） ………………… 25

第2章 宅地及び宅地の上に存する権利の評価

第1節 路線価方式と倍率方式 ……………………………………………………… 27

  1 路線価方式 ……………………………………………………………………… 27

  2 倍率方式 ………………………………………………………………………… 27

  3 倍率表と路線価図 ……………………………………………………………… 27

第2節 路線価方式 …………………………………………………………………… 30

  1 評価の手順の概要 ……………………………………………………………… 30

  2 間口距離及び奥行距離 ………………………………………………………… 32

  3 一路線に面する宅地の評価 …………………………………………………… 34

  4 角地の評価 ……………………………………………………………………… 38

  5 裏面に路線がある宅地の評価 ………………………………………………… 50

  6 間口狭小補正率・奥行長大補正率（評価通達20-4） ………………… 59

  7 不整形地の評価（評価通達20） …………………………………………… 64

  8 地積規模の大きな宅地の評価（評価通達20-2） ……………………… 95

  9 無道路地の評価（評価通達20-3） ……………………………………… 114

  10 がけ地等を有する宅地の評価（評価通達20-5） ……………………… 127

  11 容積率の異なる2以上の地域にわたる宅地の評価（評価通達20-6） … 132

  12 特定路線価（評価通達14-3） …………………………………………… 140

第3節 倍率方式 …………………………………………………………………… 146

  1 倍率方式とは …………………………………………………………………… 146

  2 固定資産税評価額 ……………………………………………………………… 146

  3 評価単位についての注意点 …………………………………………………… 147

4	固定資産税評価の地積と実際の地積が異なる場合	148

第4節　大規模工場用地の評価（評価通達22、22－2）　149

1	大規模工場用地とは	149
2	大規模工場用地の評価単位	149
3	大規模工場用地の評価方法	150

第5節　農業用施設用地の評価（評価通達24－5）　152

1	農業用施設用地とは	152
2	農業用施設用地の評価方法	152

第6節　その他の路線価方式及び倍率方式に共通する評価方法　154

1	余剰容積率の移転がある場合の宅地の評価（評価通達23、23－2）	154
2	私道となっている宅地の評価（評価通達24）	156
3	土地区画整理事業施行中の宅地の評価（評価通達24－2）	161
4	造成中の宅地の評価（評価通達24－3）	162
5	セットバックを必要とする宅地の評価（評価通達24－6）	162
6	都市計画道路予定地の区域内にある宅地の評価（評価通達24－7）	170
7	文化財建造物である家屋の敷地の用に供されている宅地の評価（評価通達24－8）	174
8	貸家建付地の評価（評価通達26）	175

第7節　特殊な減価要因を内在する宅地の評価　179

1	水路を隔てて道路がある宅地の評価	179
2	利用価値の著しく低下している宅地の評価	180
3	土壌汚染地の評価方法	181
4	埋蔵文化財包蔵地の評価	182

第3章　宅地の上に存する権利の評価及び権利の目的となっている宅地の評価

第1節　借地権（普通借地権）　183

1	借地権の評価（評価通達27）	183
2	借地権の目的となっている貸宅地の評価（評価通達25(1)）	186

第2節　相当の地代を授受している場合等の借地権及び貸宅地の評価（昭和60年6月5日付直評9課資2－58「相当の地代を支払っている場合等の借地権等についての相続税及び贈与税の取扱いについて」（以下「相当地代通達」といいます。））　189

1	相当の地代を支払っている場合等の借地権の評価	189
2	相当の地代を収受している場合等の貸宅地の評価	192

第3節　定期借地権等　199

1	定期借地権等とは	199
2	定期借地権等の評価	200

3　定期借地権等の目的となっている宅地の評価　……………………………………　206

　　4　定期借地権等の設定に伴い授受された一時金に係る債権・債務額　……………　213

第4節　地上権（相続税法第23条）　214

　　1　地上権の評価　………………………………………………………………………　214

　　2　地上権の目的となっている宅地の評価（評価通達25(3)）　……………………　216

第5節　区分地上権　216

　　1　区分地上権の評価　（評価通達27-4）　……………………………………………　216

　　2　区分地上権の目的となっている宅地の評価（評価通達25(4)）　………………　219

第6節　区分地上権に準ずる地役権　219

　　1　区分地上権に準ずる地役権の評価（評価通達27-5）　…………………………　219

　　2　区分地上権に準ずる地役権の目的となっている宅地の評価（評価通達25(5)）　…　220

第7節　土地の上に存する権利が競合する場合の借地権等　221

　　1　借地権、定期借地権等又は地上権と区分地上権が競合する場合の借地権、

　　　定期借地権等又は地上権の価額（評価通達27-6(1)）　…………………………　221

　　2　借地権、定期借地権等又は地上権と区分地上権に準ずる地役権が競合する場合の

　　　借地権、定期借地権等又は地上権の価額（評価通達27-6(2)）　………………　221

第8節　貸家建付借地権等（評価通達28）　221

　　1　貸家建付借地権等とは　……………………………………………………………　221

　　2　貸家建付借地権等の評価　…………………………………………………………　221

第9節　転貸借地権（評価通達29）　222

　　1　転貸借地権とは　……………………………………………………………………　222

　　2　転貸借地権の評価　…………………………………………………………………　223

第10節　転借権（評価通達30）　225

　　1　転借権とは　…………………………………………………………………………　225

　　2　転借権の評価　………………………………………………………………………　225

第4章　農地及び農地の上に存する権利の評価

第1節　農地の評価　228

　　1　農地の分類（評価通達34、36、36-2、36-3、36-4）　………………………　228

　　2　純農地及び中間農地の評価（評価通達37、38）　………………………………　230

　　3　市街地周辺農地の評価（評価通達39）　…………………………………………　231

　　4　市街地農地の評価（評価通達40）　………………………………………………　231

　　5　生産緑地の評価（評価通達40-3）　………………………………………………　244

第2節　農地の上に存する権利及び貸し付けられている農地の評価　247

　　1　耕作権の評価（評価通達42）　……………………………………………………　247

　　2　永小作権の評価（相続税法第23条、評価通達43）　……………………………　249

(3)

| 3 | 区分地上権の評価（評価通達43－2）……………………………………… | 249 |

| 4 | 区分地上権に準ずる地役権の評価（評価通達43－3）…………………… | 249 |

| 5 | 土地の上に存する権利が競合する場合の耕作権又は永小作権の評価（評価通達43－4）…… | 249 |

| 6 | 貸し付けられている農地の評価（評価通達41）………………………… | 250 |

| 7 | 土地の上に存する権利が競合する場合の農地の評価（評価通達41－2）…… | 253 |

第5章　山林及び山林の上に存する権利の評価

第1節　山林の評価 …………………………………………………………… 254

| 1 | 純山林及び中間山林の評価（評価通達47、48）………………………… | 254 |

| 2 | 市街地山林の評価（評価通達49）………………………………………… | 255 |

| 3 | 保安林等の評価（評価通達50）…………………………………………… | 258 |

| 4 | 特別緑地保全地区内にある山林の評価（評価通達50－2）…………… | 263 |

第2節　山林の上に存する権利及び貸し付けられている山林の評価 … 264

| 1 | 地上権の評価 ……………………………………………………………… | 264 |

| 2 | 区分地上権の評価及び区分地上権に準ずる地役権の評価（評価通達53－2、53－3）… | 264 |

| 3 | 山林の上に存する賃借権の評価（評価通達54）………………………… | 264 |

| 4 | 土地の上に存する権利が競合する場合の賃借権又は地上権の評価（評価通達54－2）… | 265 |

| 5 | 分収林契約に基づき設定された地上権等の評価（評価通達55）……… | 265 |

| 6 | 貸し付けられている山林の評価（評価通達51）………………………… | 265 |

| 7 | 土地の上に存する権利が競合する場合の山林の評価（評価通達51－2）…… | 266 |

| 8 | 分収林契約に基づいて貸し付けられている山林の評価（評価通達52）………… | 266 |

第6章　原野及び原野の上に存する権利、牧場、池沼の評価

第1節　原野の評価 …………………………………………………………… 267

| 1 | 純原野及び中間原野の評価（評価通達58、58－2）…………………… | 267 |

| 2 | 市街地原野の評価（評価通達58－3）…………………………………… | 268 |

| 3 | 特別緑地保全地区内にある原野の評価（評価通達58－5）…………… | 268 |

第2節　原野の上に存する権利及び貸し付けられている原野の評価 …… 269

| 1 | 地上権の評価（相続税法第23条）………………………………………… | 269 |

| 2 | 区分地上権の評価及び区分地上権に準ずる地役権の評価（評価通達60－2、60－3）… | 269 |

| 3 | 原野の上に存する賃借権の評価（評価通達60）………………………… | 269 |

| 4 | 土地の上に存する権利が競合する場合の賃借権又は地上権の評価（評価通達60－4）… | 269 |

| 5 | 貸し付けられている原野の評価（評価通達59）………………………… | 270 |

| 6 | 土地の上に存する権利が競合する場合の原野の評価（評価通達59－2）…… | 270 |

第3節　牧場及び池沼の評価 ………………………………………………… 271

第7章 雑種地及び雑種地の上に存する権利の評価

第1節　雑種地の評価 ……………………………………………………… 272
1　雑種地の評価方法（評価通達82）……………………………………… 272
2　ゴルフ場用地の評価（評価通達83）…………………………………… 276
3　遊園地等の用に供されている土地の評価（評価通達83-2）………… 279
4　鉄軌道用地の評価（評価通達84）……………………………………… 279
5　文化財建造物である構築物の敷地の用に供されている土地（評価通達83-3）…… 279

第2節　雑種地の上に存する権利及び貸し付けられている雑種地 …… 279
1　地上権 …………………………………………………………………… 279
2　賃借権 …………………………………………………………………… 280
3　区分地上権 ……………………………………………………………… 282
4　区分地上権に準ずる地役権 …………………………………………… 282
5　土地の上に存する権利が競合する場合 ……………………………… 283
6　占用権 …………………………………………………………………… 284

第8章 災害により被災した土地等の評価

1　特定土地等に係る相続税の課税価格の特例 ………………………… 287
2　特定非常災害発生日以後に相続等により取得した特定地域内にある土地等の価額 … 288
3　特定地域外にある土地等の価額 ……………………………………… 288
4　特定非常災害以外の災害により被災した土地等の評価 …………… 288

第9章 不動産調査

第1節　不動産調査の目的 ………………………………………………… 289
第2節　不動産調査の手順 ………………………………………………… 289
第3節　役所調査の内容 …………………………………………………… 290
1　法務局 …………………………………………………………………… 290
2　市町村役場等 …………………………………………………………… 293
3　都市ガス ………………………………………………………………… 298

参考通達

- ・財産評価基本通達（抄　第１章及び第２章）・・・・・・・・・・・・・・・・・・・・・・・・・・・・・・・・・・・・・299
- ・使用貸借に係る土地についての相続税及び贈与税の取扱いについて
　（昭和48年11月１日付直資２－189(例規)、直所２－76、直法２－92)・・・・・・・・・331
- ・相当の地代を収受している貸宅地の評価について
　（昭和43年10月28日付直資３－22、直審(資)８、官審(資)30)・・・・・・・・・・・・・・・・・・333
- ・相当の地代を支払っている場合等の借地権等についての相続税及び贈与税の取扱いについて
　（昭和60年６月５日付課資２－58(例規)、直評９)・・・・・・・・・・・・・・・・・・・・・・・・・・・・333
- ・平成30年分の基準年利率について（法令解釈通達）（平成30年５月21日付課評２－12)・・・・・・・・・337
- ・一般定期借地権の目的となっている宅地の評価に関する取扱いについて
　（平成10年８月25日付課評２－８、課資１－13)・・・・・・・・・・・・・・・・・・・・・・・・・・・・339
- ・負担付贈与又は対価を伴う取引により取得した土地等及び家屋等に係る評価並びに相続税法
　第７条及び第９条の規定の適用について（平成元年３月29日付直評５、直資２－204)・・・・・・・・・・340
- ・公共用地の取得に伴う損失補償基準細則（昭和38年３月７日用地対策連絡協議会決定）
　抜粋・・・341
- ・特定非常災害発生日以後に相続等により取得した財産の評価について（法令解釈通達）
　（平成29年４月12日付課評２－10、課資２－４)・・・・・・・・・・・・・・・・・・・・・・・・・・・・346

設例索引

第１章

設例1 被相続人所有地と相続人所有地が隣接している場合の評価の考え方 2／**設例2** 相続人所有地に隣接する無道路地を相続した場合 3／**設例3** 通常成立すると認められる価額 4／**設例4** 登記地目と現況地目 9／**設例5** 固定資産税の課税地目と評価通達の現況地目 9／**設例6** 一体として評価の対象とする範囲 11／**設例7** 権利設定がある場合の一体評価の対象 11／**設例8** 自ら使用している宅地と使用貸借により貸し付けている宅地がある場合 15／**設例9** 単独所有地と共有地が隣接している場合の評価単位 15／**設例10** 自用地と貸家建付地が隣接している場合 17／**設例11** 数棟の貸家を一括して賃貸している場合の評価単位 18／**設例12** 宅地の内に、複数の画地がある場合の各画地の範囲の判定 19／**設例13** 所有地に隣接する宅地を借りて一体利用している場合の評価単位 20

第２章

第２節

設例14 一路線に２以上の路線価が設定されている場合の評価 36／**設例15** 高い路線価の路線の影響が著しく小さい場合の正面路線の判定 42／**設例16** 宅地の一部分のみが側方路線に接している場合の側方路線影響加算について 43／**設例17** 角地としての効用を有しない場合の側方路線影響加算額 45／**設例18** 宅地の一部が裏面路線に接している場合の二方路線影響加算 52／

設例 19 多数の路線に接する宅地の評価 58／**設例 20** 間口狭小な宅地の評価事例 60／**設例 21** 2以上の路線に接する間口狭小な宅地の評価 62／**設例 22** Aのパターンの不整形地の具体的評価方法 70／**設例 23** Bのパターンの不整形地の具体的評価方法 75／**設例 24** Cのパターンの不整形地の具体的評価方法 77／**設例 25** Dのパターンの不整形地の具体的評価方法 79／**設例 26** 不整形地の側方路線影響加算 87／**設例 27** 角地としての効用が認められない場合の側方路線影響加算 90／**設例 28** 宅地の一部が裏面路線に接している場合の二方路線影響加算額 95／**設例 29** 間口距離が2mでも接道義務を満たさない土地 115／**設例 30** 道路に接する部分が全くない宅地の評価方法 117／**設例 31** 宅地の一部は道路に接するが、接道義務を満たさない宅地の評価方法 122／**設例 32** がけ地等を有する宅地の具体的な評価事例 129／**設例 33** 方位の異なる2以上のがけ地を有する場合のがけ地補正率 131／**設例 34** 宅地造成費用とがけ地補正率の重複適用について 132／**設例 35** 容積率の異なる2の地域にわたる宅地の評価事例 136／**設例 36** 正面路線に接する部分の容積率が2以上あり、その背後地部分の容積率がこれらと異なる場合の評価方法 138／**設例 37** 特定路線価に基づく評価事例 145

第3節

設例 38 倍率地域における画地調整率の適用 146／**設例 39** 評価通達では無道路地であるが、固定資産税評価では無道路地評価されていない場合 147

第4節

設例 40 大規模工場用地の評価単位について 149／**設例 41** 大規模工場用地の評価方法について 151

第5節

設例 42 農用地区域内にある農業用施設用地の評価方法 154

第6節

設例 43 特定路線価の設定されている私道の評価 158／**設例 44** 歩道状空地の用に供されている宅地の評価 161／**設例 45** 角地であるセットバックを要する宅地の評価 164／**設例 46** 告示建築線指定に基づくセットバックについて 167／**設例 47** 都市計画道路予定地の区域内にある宅地の評価方法 173／**設例 48** 貸家建付地の範囲 175／**設例 49** 各独立部分を有する貸家に係る貸家建付地の評価 176／**設例 50** 一戸建て貸家が一時的に空家となっている場合 178／**設例 51** 貸家の敷地の利用権が使用貸借に基づく場合 178／**設例 52** 従業員社宅の敷地 178

第7節

設例 53 水路を隔てて道路がある宅地の評価 179

第3章

設例 54 借地権の評価方法 184／**設例 55** 借地権の目的となっている貸宅地の評価方法 188／**設例 56** 借地権の及ぶ範囲 188／**設例 57** 「土地の無償返還に関する届出書」を提出している場合の貸家建付借地権の評価 222／**設例 58** 転貸借地権の評価について 223／**設例 59** 貸家に敷地の用に供されている転借権の評価 226

第4章

設例60 農道に面する農地の「その農地が宅地とした場合の1㎡当たりの価額」の算定方法 232／設例61 市街地農地が倍率地域内にある場合の「その農地が宅地とした場合の1㎡当たりの価額」の算定方法 235／設例62 土止費の計算1 242／設例63 土止費の計算2 242／設例64 生産緑地である農地と市街地農地が隣接している場合の評価 246／設例65 区分地上権に準ずる地役権の目的となっている農地の評価 250／設例66 市民農園として貸し付けている農地の評価 251／設例67 特定市民農園の用地として貸し付けられている土地の評価 252

第5章

設例68 純山林及び中間山林の評価単位 255／設例69 傾斜度の判定方法 257

第7章

設例70 市街化調整区域内の雑種地の評価方法 276／設例71 貸駐車場の評価 281／設例72 相当の地代の授受がある賃借権の評価 281／設例73 船場センタービルの道路占用権の評価 285

第9章

設例74 地積測量図と現地との照合 292

㊟ 本書の内容は、平成30年11月1日現在の法令通達によっています。
　　本書では、適用期間等につき原則として法令に基づき和暦で表記しています。2019年（平成31年）5月以後は改元されますので、適宜読み替えをお願いします。

装丁・デザイン／東 雅之

第1章

評価の通則

第1節　相続税及び贈与税における時価の考え方

1　時価主義

　相続税法では、財産の評価に関し「特別の定めのあるものを除くほか、相続、遺贈又は贈与により取得した財産の価額は、当該財産の取得の時における時価により」（相続税法第22条）と時価主義によることを定めています。

　しかし、具体的に相続税法に評価方法が定められているのは、ごく一部の財産にすぎません。時価の具体的な意義及び各種財産の具体的な評価方法は、財産評価基本通達（以下、「評価通達」といいます。）に定められています。

2　評価通達における時価

　評価通達では時価の意義について、「時価とは、課税時期において、それぞれの財産の現況に応じ、不特定多数の当事者間で自由な取引が行われる場合に通常成立すると認められる価額をいい、その価額は、この通達の定めによって評価した価額による。」（評価通達1(2)）としています。

　この評価通達の時価に関する規定のなかでも、アンダーラインを付した部分は土地評価の実務を行うに当たって特に重要となるポイントです。

　具体的にこれらについて説明します。

(1)　「不特定多数の当事者間で自由な取引が行われる場合に通常成立すると認められる価額」であること

　この規定から、評価通達で採用する時価の概念は、不動産鑑定評価基準に定める「正常価格」と同義であると解されます。「正常価格」とは、売り進みや買い進み等の特別の事情がない状況で自由な市場で成立するであろう価格をいいます。

> **参　考**
>
> 【不動産鑑定評価基準】総論第5章第3節Ⅰ
>
> **1．正常価格**
>
> 　正常価格とは、市場性を有する不動産について、現実の社会経済情勢の下で合理的と考えられる条件を満たす市場で形成されるであろう市場価値を表示する適正な価格をいう。この場合において、現実の社会経済情勢の下で合理的と考えられる条件を満たす市場とは、

以下の条件を満たす市場をいう。

(1) 市場参加者が自由意思に基づいて市場に参加し、参入、退出が自由であること。

なお、ここでいう市場参加者は、自己の利益を最大化するため次のような要件を満たすとともに、慎重かつ賢明に予測し、行動するものとする。

① 売り急ぎ、買い進み等をもたらす特別な動機のないこと。

② 対象不動産及び対象不動産が属する市場について取引を成立させるために必要となる通常の知識や情報を得ていること。

③ 取引を成立させるために通常必要と認められる労力、費用を費やしていること。

④ 対象不動産の最有効使用を前提とした価値判断を行うこと。

⑤ 買主が通常の資金調達能力を有していること。

(2) 取引形態が、市場参加者が制約されたり、売り急ぎ、買い進み等を誘引したりするような特別なものではないこと。

(3) 対象不動産が相当の期間市場に公開されていること。

設例1 被相続人所有地と相続人所有地が隣接している場合の評価の考え方

例えば、下図のように被相続人所有宅地（相続財産）B地と相続人乙所有宅地A地が隣接しており、B地を乙が相続により取得した場合、B地はどのように評価すべきでしょうか。

一般的には次の2通りの評価方法が考えられるのではないでしょうか。

イ 相続人乙はA地も所有しており、B地はA地と一体となることによりB地及びA地が全体として角地になるので、全体を角地として評価してその価格を面積比等により配分してB地を評価する。

ロ B地を単独で評価する。B地は一方路線地として評価する。

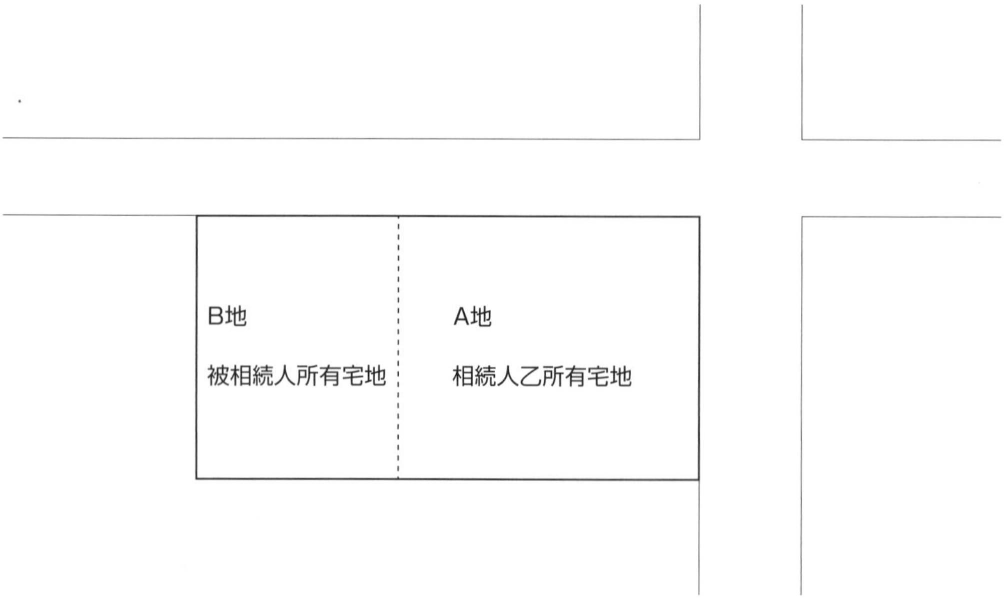

B地　　　　　　A地

被相続人所有宅地　　相続人乙所有宅地

解説

上記イのＡ地と一体として評価して得られる価額は、Ｂ地とＡ地とを併合する場合に成立する時価です。言い換えれば、隣地を所有する特定の者にのみ成立する併合による価値の増分を含んだ価額です。これは、不動産鑑定評価基準では限定価格として概念される価格です。

ロの評価方法によって得られる時価は、一般の市場参加者、すなわち不特定多数の当事者間で成立するであろう価額です。

評価通達で定める時価とは、ロの評価方法によって求められた価額です。したがって、評価通達に規定する時価の考え方からロの方法により評価すべきことになります。

参　考

【不動産鑑定評価基準】総論第５章第３節Ⅰ

２．限定価格

限定価格とは、市場性を有する不動産について、不動産と取得する他の不動産との併合又は不動産の一部を取得する際の分割等に基づき正常価格と同一の市場概念の下において形成されるであろう市場価値と乖離することにより、市場が相対的に限定される場合における取得部分の当該市場限定に基づく市場価値を適正に表示する価格をいう。

限定価格を求める場合を例示すれば、次のとおりである。

(1) 借地権者が底地の併合を目的とする売買に関連する場合
(2) 隣接不動産の併合を目的とする売買に関連する場合
(3) 経済合理性に反する不動産の分割を前提とする売買に関連する場合

設例２　相続人所有地に隣接する無道路地を相続した場合

相続人乙は、自己が所有するＢ宅地に自宅を所有しています。隣接するＡ宅地は被相続人甲の所有地ですが、乙が自宅の庭として利用しています。

このような状況で甲に相続が発生し、乙がＡ宅地を相続した場合には、Ａ宅地は評価通達20－３の無道路地に該当するのでしょうか。

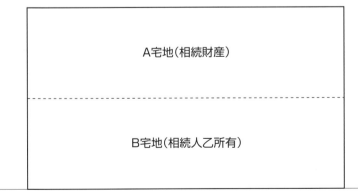

解説

　例の場合には、B宅地はもともと相続人乙の所有であり、相続財産はA宅地のみです。したがって、評価通達の考え方からすると、不合理分割に該当しない限りはA宅地とB宅地を一体として評価することはありません。A宅地は単独で不整形地（B宅地部分がかげ地となります。）として評価します。

　一方、評価通達20−3に定める無道路地の評価方法は、無道路地については建築基準法等上の接道義務を満たす通路開設費相当額の負担が見込まれることから、この通路開設費用相当額を控除することにより無道路地の評価額を算定するものです。例の場合にはB宅地はA宅地を取得する相続人乙が所有するものですから、このような経済的負担は見込まれません。したがって、評価通達20−3の無道路地の評価の適用はないものと思われます。

　以上のことから、例の場合には、B宅地が接道義務を満たす最小限度の間口距離（一般的には２ｍ）の通路で道路と接続しているものとして間口距離を算定し、B宅地全体をかげ地として不整形地の評価（評価通達20）を行うことになります。

　なお、不整形地の評価方法については、**第２章第２節７**「不整形地の評価」をご覧ください。

設例3 通常成立すると認められる価額

　相続した土地を路線価に基づき評価して申告しました。その後、納税資金確保のためにこの土地を売却しましたが、申告した評価額を下回る価額でしか売れませんでした。このため、実際の売買価額をもって更正の請求を行おうと考えていますが、「現実に成立した売買価額」であることから、この請求は必ず認められるでしょうか。

解説

　現実に取引の過程を経て成立した具体的な売買価額と、いわば未知数である時価を求めるための評価通達に定める評価方法を適用して算定された評価額を比較した場合、常識的に考えれば、現実の売買価額が優先すべきものとも考えられます。

　しかし、単純にこのような結論に至ることはないと思われます。なぜならば、評価通達で規定する時価とは、不動産鑑定評価基準でいう正常価格に相応するものです。そして、この正常価格とは上記のとおり「売り進みや買い進み等の特別の事情がない状況」で成立する価格をいいますが、相続税等の納税資金の確保のための売買には、往々にして「売り進み」という特殊な状況の下で成立した価格である可能性があるからです。

　したがって、現実の売買価格によって申告や更正の請求をする場合には、単に成立した売買価格を根拠とするだけではなく、「売り進みや買い進み等の特殊な条件がない」状況で成立した正常価格の要件を満たすものであることを明らかにする必要があると考えられます。

⑵ 「この通達の定めによって評価した価額による」こと

　土地の価格の評価方法にも各種のものがありますが、評価通達で定める時価とは、評価通達の規定にしたがって評価した価額です。評価通達に基づく評価額は評価通達6に該当しない限りは、課税庁から否認されることはありませんが、これ以外の方法に基づくものは、たとえ一般経済社会で信頼されている評価方法でも、無条件で容認されることはない、といえるでしょう。

　ところで、評価通達では、土地等の評価に関する規定だけでも113項に及び、土地の価格形成要因に応じた評価方法を定めています。このような評価通達の詳細な規定と路線価等の土地の評価水準が公示価格水準の時価の80％相当額であることを勘案すると、評価通達の規定を的確に適用することにより、一般的には納税者にとっては妥当な評価額を得ることができるものと思われます。

　このことから、相続税の土地評価の実務に携わる者にとっての第一の重要な職務は、周到な不動産調査により評価対象土地の価格形成要因を調べ上げ、その要因に応じて的確に評価通達の各規定を適用することであるといえるでしょう。

　もっとも、評価通達の規定は、土地の価格形成要因についてあらかじめ類型的に規定できるものについて定めたものですから、万能でないことは当然ですし、一律に適用するという通達の性格上やむを得ません。たとえば、次のような土地は、いわば評価通達の射程距離の範囲外にあると認められます。

○　評価通達20−3に定める無道路地の評価方法（115ページ参照）が妥当しないような通路の確保が事実上不可能な無道路地

○　その地域の状況や地積規模から最有効使用が戸建住宅開発用地と認められるが、中小工場地区に所在するため評価通達20−2の「地積規模の大きな宅地の評価」方法が適用できない規模の大きい宅地

　このように評価通達の射程距離の範囲外にある土地については、評価通達の適用では適正な評価額を得ることはできません。このような場合には、不動産鑑定士が行う不動産鑑定評価によるべきでしょう。

　評価対象土地の個別性の程度を判定し、当該土地が「評価通達の射程距離の範囲外に位置するものではないか」ということを検証するのも評価実務に携わる者の重要な職務です。

参　考

【評価通達】

　（この通達の定めにより難い場合の評価）

6　この通達の定めによって評価することが著しく不適当と認められる財産の価額は、国税庁長官の指示を受けて評価する。

　この規定の適用例としては、タワーマンションを利用した節税策に対するものがあります。

　相続開始時期に近接した時期にタワーマンションの一室を購入し、相続税申告においては評価通達に基づく評価額（購入価額の約5分の1）で申告したところ、これが否認され

て取得価額で評価された例です（国税不服審判所平成23年7月1日裁決（TAINS・F0－3－326））。

この事例では、相続開始時期後まもなく上記取得価額に近い金額で売却されている等の事実もあり、「著しく不適当と認められる」と判断されています。

第2節 土地評価の区分及び評価単位（評価通達7、7－2）

土地を評価する場合には、まず評価上の区分及び評価単位を確定する必要があります。

土地の評価上の区分とは、原則として土地は地目の別に評価することをいい（評価通達7）、評価単位とは、同一地目のうちにおける評価の対象となる一単位のことをいいます（評価通達7－2）。

～評価の区分と評価単位のイメージ～

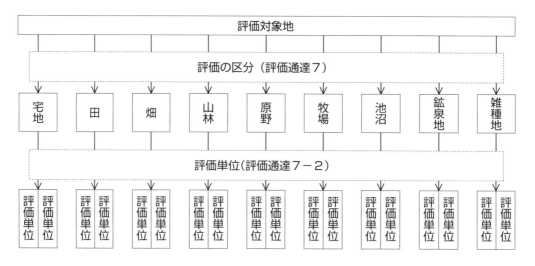

1 土地の評価上の区分（評価通達7）
(1) 原則

土地の価額は、原則として宅地、田、畑、山林、原野、牧場、池沼、鉱泉地及び雑種地の9種類の地目ごとに評価します。これらの土地の地目は課税時期現在の現況に基づいて判定しますが、この判定は、不動産登記事務取扱手続準則（平成17年2月25日付民二第456号法務省民事局通達）第68条及び第69条に準じて行うこととされています。

つまり、評価の際には、登記地目ではなく、不動産登記事務取扱手続準則に準じて判定した課税時期現在の現況地目により、評価上の区分が確定することになるのです。

例えば、登記地目は田であっても、課税時期現在にその上に建物が建っていれば現況地目は宅地となりますので、宅地として評価することになります。

第1章　評価の通則

参　考

【不動産登記事務取扱手続準則】

第68条（地目）

　次の各号に掲げる地目は、当該各号に定める土地について定めるものとする。この場合には、土地の現況及び利用目的に重点を置き、部分的にわずかな差異の存するときでも、土地全体としての状況を観察して定めるものとする。

　　一　田　　農耕地で用水を利用して耕作する土地

　　二　畑　　農耕地で用水を利用しないで耕作する土地

　　三　宅地　　建物の敷地及びその維持若しくは効用を果すために必要な土地

　　四　学校用地　　校舎、附属施設の敷地及び運動場

　　五　鉄道用地　　鉄道の駅舎、附属施設及び路線の敷地

　　六　塩田　　海水を引き入れて塩を採取する土地

　　七　鉱泉地　　鉱泉（温泉を含む。）の湧出口及びその維持に必要な土地

　　八　池沼　　かんがい用水でない水の貯留池

　　九　山林　　耕作の方法によらないで竹木の生育する土地

　　十　牧場　　家畜を放牧する土地

　　十一　原野　　耕作の方法によらないで雑草、かん木類の生育する土地

　　十二　墓地　　人の遺体又は遺骨を埋葬する土地

　　十三　境内地　　境内に属する土地であって、宗教法人法（昭和26年法律第126号）第3条第2号及び第3号に掲げる土地（宗教法人の所有に属しないものを含む。）

　　十四　運河用地　　運河法（大正2年法律第16号）第12条第1項第1号又は第2号に掲げる土地

　　十五　水道用地　　専ら給水の目的で敷設する水道の水源地、貯水池、ろ水場又は水道線路に要する土地

　　十六　用悪水路　　かんがい用又は悪水はいせつ用の水路

　　十七　ため池　　耕地かんがい用の用水貯留池

　　十八　堤　　防水のために築造した堤防

　　十九　井溝　　田畝又は村落の間にある通水路

　　二十　保安林　　森林法（昭和26年法律第249号）に基づき農林水産大臣が保安林として指定した土地

　　二十一　公衆用道路　　一般交通の用に供する道路（道路法（昭和27年法律第180号）による道路であるかどうかを問わない。）

　　二十二　公園　　公衆の遊楽のために供する土地

　　二十三　雑種地　　以上のいずれにも該当しない土地

第69条（地目の認定）

　土地の地目は、次に掲げるところによって定めるものとする。

一　牧草栽培地は、畑とする。

二　海産物を乾燥する場所の区域内に永久的設備と認められる建物がある場合には、その敷地の区域に属する部分だけを宅地とする。

三　耕作地の区域内にある農具小屋等の敷地は、その建物が永久的設備と認められるものに限り、宅地とする。

四　牧畜のために使用する建物の敷地、牧草栽培地及び林地等で牧場地域内にあるものは、すべて牧場とする。

五　水力発電のための水路又は排水路は、雑種地とする。

六　遊園地、運動場、ゴルフ場又は飛行場において、建物の利用を主とする建物敷地以外の部分が建物に附随する庭園に過ぎないと認められる場合には、その全部を一団として宅地とする。

七　遊園地、運動場、ゴルフ場又は飛行場において、一部に建物がある場合でも、建物敷地以外の土地の利用を主とし、建物はその附随的なものに過ぎないと認められるときは、その全部を一団として雑種地とする。ただし、道路、溝、堀その他により建物敷地として判然区分することができる状況にあるものは、これを区分して宅地としても差し支えない。

八　競馬場内の土地については、事務所、観覧席及びきゅう舎等永久的設備と認められる建物の敷地及びその附属する土地は宅地とし、馬場は雑種地とし、その他の土地は現況に応じてその地目を定める。

九　テニスコート又はプールについては、宅地に接続するものは宅地とし、その他は雑種地とする。

十　ガスタンク敷地又は石油タンク敷地は、宅地とする。

十一　工場又は営業場に接続する物干場又はさらし場は、宅地とする。

十二　火葬場については、その構内に建物の設備があるときは構内全部を宅地とし、建物の設備のないときは雑種地とする。

十三　高圧線の下の土地で他の目的に使用することができない区域は、雑種地とする。

十四　鉄塔敷地又は変電所敷地は、雑種地とする。

十五　坑口又はやぐら敷地は、雑種地とする。

十六　製錬所の煙道敷地は、雑種地とする。

十七　陶器かまどの設けられた土地については、永久的設備と認められる雨覆いがあるときは宅地とし、その設備がないときは雑種地とする。

十八　木場（木ぼり）の区域内の土地は、建物がない限り、雑種地とする。

第1章　評価の通則

設例4　登記地目と現況地目

　A地及びB地は10年前に一体として購入しました。登記地目はともに宅地になっています。購入直後に、A地には自宅を建築し、以後その敷地として利用しています。また、B地は同時期にアスファルトを敷き駐車スペースごとに白線で区分し、周囲をフェンスで囲って月極の駐車場用地として利用し、毎月賃料を徴収しています。

　この度、相続が発生して、相続財産であるA地及びB地をともに長男甲が相続しましたが、相続税の評価をする場合、これらは一体として評価すべきでしょうか、又は評価上の区分が別として個々に評価すべきでしょうか。

A地 自宅敷地 （600㎡）	B地 アスファルト敷き 月極駐車場 （700㎡）

解説

　A地は、建物の敷地とされていることから、その現況地目は宅地です。B地の登記地目は宅地ですが、アスファルト舗装を設け容易に建物敷地にできない状態で10年前から課税時期現在に至るまで月極駐車場用地として利用されています。このことから、B地はすでに宅地とはいえない状況にあります。B地は前記の不動産登記事務取扱手続準則に準じて判定すると、雑種地に該当します。

　そうすると、評価上の区分は別になり、それぞれを別個に評価しなければならないことになります。

　例のような場合には、一見すると、別個に評価しても、一体として評価しても評価額の総額には大差ないようにも思えますが、仮に「地積規模の大きな宅地の評価」が影響するときには、大きな開差が生じることになります（「地積規模の大きな宅地の評価」については、**第2章第2節8参照**）。つまり、評価対象地が三大都市圏以外の地域に所在する場合には、A地及びB地を一体とする場合には地積規模の大きな宅地の評価の要件を満たす可能性がありますが、評価上の区分が別であれば、該当することはありません。

　「土地評価上の区分」を安易に判定すると、大きな評価額誤りにつながることがありますので、注意してください。

設例5　固定資産税の課税地目と評価通達の現況地目

　被相続人甲は、市街化調整区域内にある雑種地A地を所有していましたが、この度、甲について相続が発生しました。この雑種地A地は隣地工場敷地であるB地を所有する乙法人に資材置き

9

場として賃貸しています。固定資産税評価においては、A地は、宅地であるB地と一体として利用されていることを根拠として課税地目を宅地として評価されています。

A地について、評価通達に基づく評価をする場合でも、現況地目を宅地として評価すべきでしょうか。

A地 雑種地 （相続財産 乙法人の資材置場）	B地 宅地 （乙法人所有の工場敷地）

解説

設例のような場合、固定資産税評価においては、A地は宅地であるB地と一体として利用されていることから、課税地目を宅地としてB地と一体評価されていることがあるようです。

しかし、被相続人甲はB地に対しては何らの権利関係も有していません。そうすると、評価通達に基づきA地を評価する場合には、B地とは別個に現況地目雑種地として評価する必要があります（　設例 7 　参照）。

市街化調整区域内においては、一般的には雑種地には建物の建築はできません。そのため、宅地の評価額とは相当な開差が発生することがあります（雑種地の評価方法については、**第7章第1節**を参照してください。）。

固定資産税には、地方税法第408条に基づく「固定資産の実地調査」義務があることなどから、評価通達による評価に当たっても固定資産税の課税地目をそのまま現況地目として評価することが多いように思われますが、取扱いの相違から、固定資産税の課税地目と評価通達上の現況地目とが異なる場合もあります。

本例の場合は、単純に固定資産税の課税地目に従って評価すると、過大な評価額が算定される可能性があります。

相続税の評価においては、あくまで評価通達の規定に即して、慎重に現況地目を判定する必要があります。

⑵　2以上の地目の土地が一体として利用されている場合

2以上の地目の土地が同一の所有者により一体として利用されている場合には、その現況の効用に着目して、これらを一体として評価します。例えば、建物敷地と駐車場部分を包含するスーパーマーケット用地、クラブハウスである建物敷地と練習場部分が一体となっているゴルフ練習場等がこれに該当します。

設例6 一体として評価の対象とする範囲

次のようなゴルフ練習場の場合、どの部分を一体として評価するのでしょうか。

a
```
┌─────────────┐
│   練習場    │
│  (雑種地)   │
├─────────────┤
│ クラブハウス敷地 │
│   (宅地)    │
├─────────────┤
│   駐車場    │
│  (雑種地)   │
└─────────────┘
    道路
```

b
```
┌─────────────┐
│   練習場    │
│  (雑種地)   │
├─────────────┤
│ クラブハウス敷地 │
│   (宅地)    │
└─────────────┘
    道路
┌─────────────┐
│   駐車場    │
│  (雑種地)   │
└─────────────┘
```

解説

aの場合には、駐車場用地（雑種地）、クラブハウス敷地（宅地）及び練習場部分（雑種地）が一体として利用されていますので、地目が異なりますがこれらを一体として評価します。ゴルフ練習場の場合には、練習場部分（雑種地）の利用が主であると認められることから、全体を雑種地の評価方法に準じて評価します。

bの場合には、駐車場部分は不特定多数の者が通行する道路により、クラブハウス敷地や練習場部分とは一体性が遮断されていますので、駐車場は、クラブハウス敷地及び練習場部分とは別個に評価します。

設例7 権利設定がある場合の一体評価の対象

次の図のように、Aは甲宅地上に借地権を設定し店舗を所有しています。また、乙雑種地には賃借権の登記を行い甲宅地の店舗の買物客のための立体駐車場を設けています。

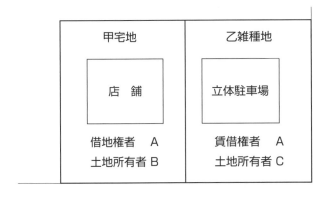

この場合、Aの借地権と賃借権はどのように評価するのでしょうか。

また、土地所有者B及びCについては、それぞれの土地の評価方法はどうなるのでしょうか。

解説

Aは甲宅地上に借地権を乙雑種地上には賃借権を設定し、全体を一体として利用しています。したがって、Aの借地権及び賃借権を評価する際には、甲と乙を一体の土地（宅地・全体が角地）として評価し、その価額をそれぞれの地積の割合に応じてあん分して甲宅地と乙雑種地の価額を求め、甲宅地の価額に借地権割合を、乙雑種地の価額に賃借権割合をそれぞれ乗じて借地権の価額及び賃借権の価額を評価します。

また、B所有の甲宅地（底地）については、Bは乙雑種地上には何らの権利関係も有していないことから、甲宅地を1画地として評価します。C所有の乙雑種地（貸し付けられている雑種地）については、同様に乙雑種地を単独で一団の雑種地として評価します。

⑶ 形状・地積の大小及び位置等の関係から地目の異なる土地を一団として評価する場合

次の①、②及び③の各要件を満たす場合には、地目が異なる複数の土地を一体として評価します。

この取扱いは、宅地に比準して評価する土地は、現況の利用状況に基づく評価ではなく、宅地転用を想定して評価することが妥当であることから、その地域の標準的な宅地を基準として評価の対象となる一団の土地の範囲を規定するものです。

① **市街化調整区域（都市計画法第7条）以外の都市計画区域で市街地的形態を形成する地域にあること**

市街化区域内又は市街地的形態を形成するいわゆる未線引き地域（以下、「市街化区域等」といいます。）にある土地が対象となります。市街化調整区域内にある土地はこの取扱いの対象にはなりませんので、注意してください。

これは、上記市街化区域等については、各土地の価格は宅地の価格を標準として形成されますが、市街化調整区域においては、原則として非宅地の宅地化が認められていませんので、この取扱いの対象とはされていません。

② **市街地農地（生産緑地を除きます。）、市街地山林、市街地原野及び宅地に状況が類似する雑種地等の2以上の地目の土地が隣接すること**

なお、この地目別評価の例外の取扱いは、宅地以外の地目の土地について適用されるものです。宅地については、この取扱いの適用はありません。

③ **形状・地積の大小及び位置等からみて一団として評価することが合理的と認められること**

この合理性の判断は、宅地に転用した場合の宅地としての効用の観点から判断します。具体的には、面積狭小及び不整形のため標準的な宅地の効用を果たせない場合（図a）や、単独では接道義務等の点から宅地としての利用が困難な場合（図b）等があります。このような場合には、地目の異なる隣接地を一団として利用することにより、標準的な宅地の効用を発揮できるものと認められますので、評価する際にも、これらを一団として評価の対象とするものです。

なお、一団として評価の対象とすることにより「地積規模の大きな宅地の評価」の要件を満たすこととなる場合には、当該規定を適用して評価することになります。この意味でもこの規定は評価実務において非常に重要なものです。

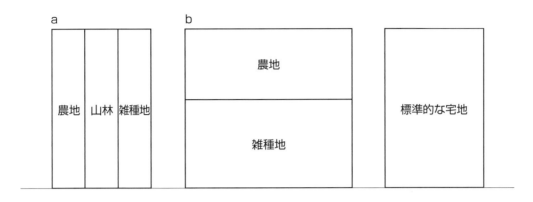

aの場合には、農地、山林及び雑種地のそれぞれ単独では、標準的な規模の宅地に比べると規模が小さく、また間口狭小・奥行が長大である形状から、宅地としての効用が発揮できません。bは、農地を単体で見た場合には、建築基準法上の接道義務を満たさないこととなり、やはり宅地としての効用が発揮できないと見込まれます。

このような場合には、各地目の土地を一体として評価の対象とします。

2　評価単位（評価通達7－2）

評価単位とは、各地目ごとの評価の対象となる単位をいいます。

つまり、各土地は原則として地目別に区分し（評価上の区分）、さらに各地目ごとの土地を評価単位に区分して、それぞれの評価単位ごとに評価することになります。

各地目ごとの評価単位は、次のようになっています。

(1)　宅地

宅地は、1画地の宅地を評価単位とします。

ここで、1画地とは、利用の単位となっている1区画の宅地をいい、具体的にはその利用状況によって、次のとおり判定します。

①　異なる権利の対象となっている部分ごとの評価

評価する宅地のうちに、自用地の部分、借地権の目的となっている部分、貸家建付地となっている部分がある場合には、これらをそれぞれ別個に区分して評価します。

次の図の場合には、aは土地所有者である甲自らが土地及び建物を利用しているため自用地になります。bは土地及び建物ともに甲が所有していますが、建物を借家人乙に貸しているため貸家建付地になります。また、cの部分は丙の借地権が設定されていることから、借地権の目的となっている土地になります。これらのことから、a、b及びcの各部分は、それぞれを別個に区分して評価することになります。

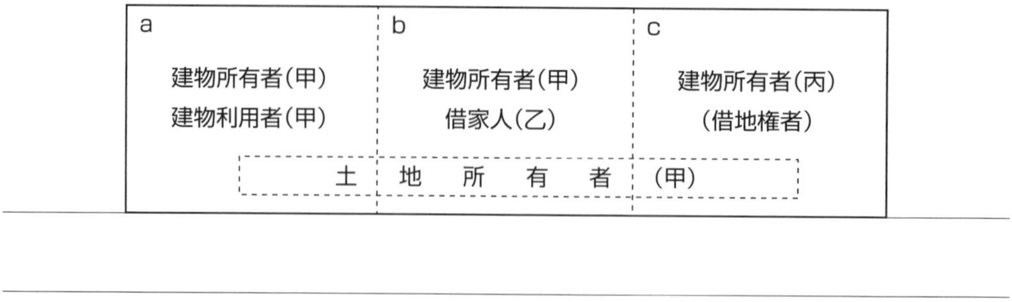

a	b	c
建物所有者(甲)	建物所有者(甲)	建物所有者(丙)
建物利用者(甲)	借家人(乙)	（借地権者）

土　地　所　有　者　（甲）

　自用地、借地権の目的となっている宅地及び貸家建付地のそれぞれが複数ある場合には、これらの内での「利用の単位となっている1区画の宅地」は次のとおり判定します。

② 自用地

　自用地とは、所有する宅地を自ら使用する場合をいいます。つまり、自用地とは宅地の使用収益を制限する他者の権利がない宅地をいいます。

　自用地に該当すれば、その全体が1画地となります。

　次の図では、事業用に使用している宅地と居住用として使用している宅地が隣接していますが、これらは自ら使用する宅地ですので、すべて自用地に該当します。そうすると、これらの宅地を同一の相続人が取得した場合には、これら全体で1画地、つまり1評価単位となります。

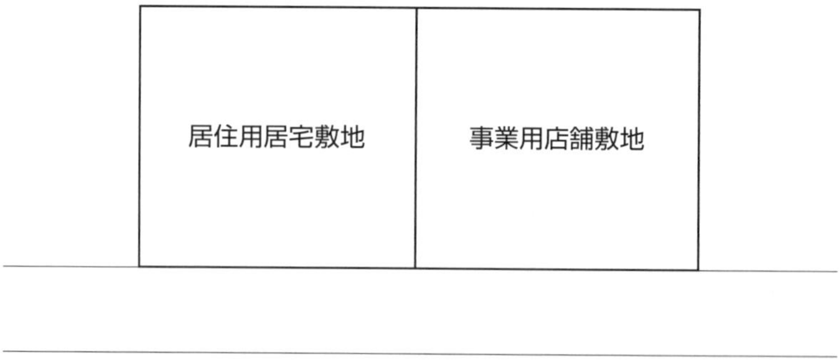

居住用居宅敷地	事業用店舗敷地

　なお、親族等に対して無償又は公租公課以下の賃料で使用させている場合（使用貸借）には、他者の権利の存在しない土地、すなわち自用地として判定することになります。これは、使用貸借権は、相続の対象とならず、また交換価値もない極めて弱い権利であるため、評価上考慮する必要のない権利と考えられているためです。

　ただし、過去に贈与税の課税が行われた使用貸借に係る宅地については、借地権の目的となっている宅地として評価します。

第1章　評価の通則

設例8　自ら使用している宅地と使用貸借により貸し付けている宅地がある場合

　被相続人甲は、次のA宅地とB宅地とを所有しています。A宅地は自ら居住用として利用していました。また、隣接するB宅地は、使用貸借により甲の長男乙に貸し付け、乙が利用していました。

　この場合、相続税の評価は、A宅地及びB宅地それぞれに行うのでしょうか。

B宅地 甲の長男乙に使用貸借 により貸し付けている宅地	A宅地 被相続人甲の居住用と して利用している宅地

解説

　使用貸借により貸し付けられている土地は、相続税評価上は原則として自用地として扱われますので、A宅地及びB宅地が同一の相続人により取得された場合には、1画地として1評価単位となります。したがって、この場合にはA宅地及びB宅地を合わせて1評価単位となります。

設例9　単独所有地と共有地が隣接している場合の評価単位

　被相続人甲は、次のA宅地及びB宅地を所有しています。A宅地は甲の単独所有ですが、B宅地は乙（甲の妻）及び丙（甲の長男）との共有です。この場合A宅地とB宅地は一体として評価すべきでしょうか。それとも区分して評価すべきでしょうか。

A宅地 甲の単独所有	B宅地 甲、乙、丙の共有

解説

　単独所有地と共有地が連続している場合の評価単位については、国税不服審判所平成24年12月13日裁決（TAINS・J89 – 4 – 15）があります。

　この裁決では、次の判断が示されています。「共有地は、その使用に他者の同意が必要である

15

など、単独所有地とは異なる法律上の制約があるため、そのことをもって単独所有地と区分して評価すべき場合が多いと考えられる。しかしながら、共有地であっても、遺産分割の前後を通じて単独所有地と同一の用途に供される蓋然性が高いと認められる状況にある場合、例えば単独所有地と共有地とが一体として建物等の敷地として貸し付けられている場合には、当該遺産分割後に当該共有地だけを独立して別途の利用に供することは通常できないことから、このような場合においては、当該各宅地の使用等に関し、共有地であることによる法律上の制約等は実質的に認められず、単独所有地と区分して評価するのは相当ではないと考えられる。」この判断から、上記の例の場合には原則として単独所有地と共有地とは別評価単位になると認められますが、一の建物の敷地等として一体利用している場合には、1画地の宅地として評価することになります。

③ 借地権の目的となっている宅地

借地権または定期借地権等の目的となっている宅地は、同一人に貸し付けられている部分ごとに1画地と判定します。

したがって、次の図のような宅地については、A宅地、B宅地ともに他人の借地権が存し、いずれも貸宅地として利用していますが、借地権者が異なることから、それぞれを1画地の宅地と判定します。

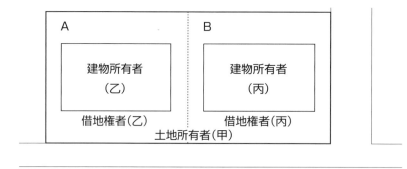

また、次の図のように自用地と借地権の目的となっている宅地とが隣接している場合には、自用地部分及び借地権の目的となっている部分それぞれが1画地となります。

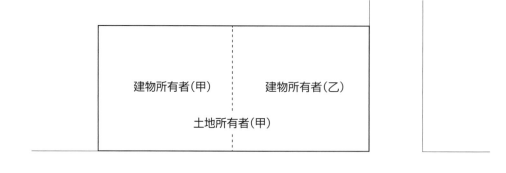

④ 貸家建付地

貸家建付地とは、貸家の敷地の用に供されている宅地をいいます。

貸家が数棟ある場合には、貸家建付地は原則として各貸家の敷地ごとに1画地として判定します。次の図の場合には、それぞれの貸家の敷地ごとに1画地として評価の対象とします。

設例10 自用地と貸家建付地が隣接している場合

甲宅地及び乙宅地ともに所有者Aが所有しています。甲宅地上にはAの自己の居住用建物があり、乙宅地は貸事務所の敷地の用に供されています。この場合の評価単位はどうなるのでしょうか。

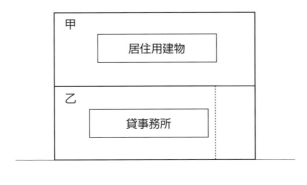

解説

甲宅地は所有者であるAの自己の居住用建物の敷地ですから自用地となります。また、乙宅地は貸事務所があることから貸家建付地に該当します。このことから、甲宅地及び乙宅地は利用の単位が異なっているといえますから、別個の評価単位となります。

なお、これらの土地は次のように評価することになります。

① 甲宅地については、通路部分が明確に区分されている場合には、その通路部分も含めたところで不整形地としての評価を行います。

通路部分が明確に区分されていない場合には、原則として、接道義務を満たす最小の幅員の通路が設置されている土地（不整形地）として評価しますが、この場合には、当該通路部分の面積は甲宅地には算入しません。また、無道路地としての補正は行ないません。

② 乙宅地については、これを貸家建付地である1評価単位として評価します。

設例11　数棟の貸家を一括して賃貸している場合の評価単位

　下図のように隣接する数棟の貸家を一括して貸し付けている場合、各貸家の敷地ごとに評価するのか、又は、一括して同一人に貸し付けていることから全体で一評価単位として評価するのか、いずれでしょうか。

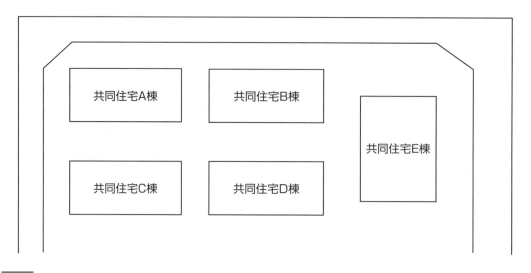

解説

　この問題については、国税不服審判所平成26年4月25日裁決があります（TAINS・F0-3-401）。

　裁決事例では、賃貸人（被相続人）と賃借会社1社との間で一の賃貸契約書で5棟が同時期に貸し付けられていますが、次の理由等からそれぞれの共同住宅の敷地ごとに評価すべきと判断されています。

① 月額賃料は住戸番号ごとに定められた月額賃料を棟ごとに合計して小計額を算出し、当該合計額を合計した額であること。
② 本件契約の解除をする場合、本件共同住宅の全てについて賃貸借契約を解除しなければならない旨の定めはなく、棟ごとの契約解除も可能であること。

　これらの事実から、本契約は、その実態において、本件各共同住宅の棟ごとに締結された賃貸借契約を1通の契約書としたにすぎないと判断されています。

　賃料については、賃貸可能面積や部屋数に応じて決めるのは経済合理性の観点からある意味当然だともいえるでしょう。上記の事実の内、特に意味があるのは②だと思われます。もし、棟ごとの解除が認められておらず、5棟全体での解約のみが可能である契約であれば、賃借会社の敷地利用権は5棟の敷地全体に一体として及ぶものとして全体で1評価単位とするべきと考えられます。

第1章　評価の通則

設例12 宅地の内に、複数の画地がある場合の各画地の範囲の判定

　次の図のように、被相続人甲が所有する次の宅地は、その内に複数の画地を包含しますが、この場合、各画地の範囲はどのように特定すべきでしょうか。

建物乙所有 （借地権者）	建物甲所有 借家人丁利用
建物甲所有 建物甲利用	建物甲所有 借家人丙利用
建物甲所有 共同住宅	

解説

　このような場合の区分の基準としては、次のものがあります。

イ　塀、生垣、通路等により物理的・外見的に各画地を区分する。

　　この場合、貸家建付地については、その貸家の専用駐車場も当該貸家建付地に含まれることとなります。したがって、利用実態や契約内容にも注意する必要があります。

ロ　建築基準法等の規定による各建物敷地に基づき区分する。

　　なお、建物敷地の範囲については各自治体（又は都道府県土木事務所等）が保管する建築計画概要書により確認することが可能です。

ハ　建物の1階部分の床面積の比によりあん分する。

　現況に基づく評価の原則からすると、まずはイの基準に基づき区分すべきでしょう。しかし、イの区分が困難な場合や、イの基準では区分できない部分がある場合には、ロやハの基準から区分することになります。

19

⑤ 所有する宅地に隣接する宅地を借りてこれらを一体として利用している場合、又は2以上の者から隣接する土地を借りて、これらを一体として利用している場合

この場合には、同一の者が権利を有し、一体として利用していることから土地全体を1画地として評価します。

設例13 所有地に隣接する宅地を借りて一体利用している場合の評価単位

甲は、次の図のように所有するA土地に隣接しているB土地を借地して、A、B土地上に建物を所有しています。この場合の宅地及び借地権の価額は、どのように評価するのでしょうか。

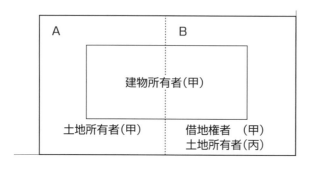

解説

甲の所有する土地及び借地権の価額は、A、B土地全体を1画地として評価した価額を基に、次の算式によって評価します。

（算式）

$$A土地の価額 = \left[\begin{array}{c} A、B土地全体を \\ 1画区の宅地とし \\ て評価した価額 \end{array} \right] \times \frac{A土地の地積}{A、B土地の地積の合計}$$

$$B借地権の価額 = \left[\begin{array}{c} A、B土地全体を \\ 1画区の宅地とし \\ て評価した価額 \end{array} \right] \times \frac{B土地の地積}{A、B土地の地積の合計} \times 借地権割合$$

なお、丙の貸宅地を評価する場合には、B土地を1画地の宅地として評価します。

また、上図の例で、B土地における甲の権利が使用貸借権である場合には、A土地単独で1画地として評価し、B土地における甲の使用貸借権は評価しません。これは、使用貸借権は、相続の対象とならず、また交換価値もない極めて弱い権利であるため、評価上考慮する必要のない権利と考えられているためです。

⑥ 不合理分割

不合理分割とは、贈与・遺産分割等による宅地の分割が親族間で行われた場合において、分割後の画地が宅地として通常の用途に供することができないなど、その分割が著しく不合理であると認められることをいいます。不合理分割と判断される場合には、分割前の画地を1画地として評価します。

不合理分割の例としては、次の図のような宅地のうちA部分は甲が、B部分は乙が相続するような場合があります。

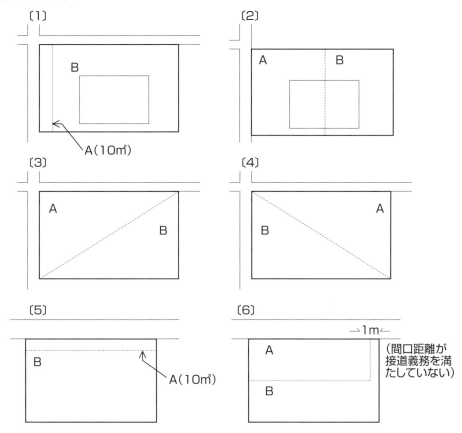

〔1〕については現実の利用状況を無視した分割であり、〔2〕は無道路地を、〔3〕は無道路地及び不整形地を、〔4〕は不整形地を、〔5〕は奥行短小な土地と無道路地を、〔6〕は接道義務を満たさないような間口が狭小な土地を創出する分割であり、分割時のみならず将来においても有効な土地利用が図られず通常の用途に供することができない、著しく不合理な分割と認められるため、全体を1画地の宅地としてその価額を評価した上で、個々の宅地を評価することとするのが相当です。

具体的な評価方法は、A、B宅地全体を1画地の宅地として評価した価額を基に、各土地の価額の比を乗じた価額より個々の土地を評価します。

なお、この取扱いは同族会社間等でこのような不合理分割が行われた場合にも適用されますので、注意してください。

⑵ 田及び畑

① 宅地比準方式により評価する農地

市街地周辺農地（評価通達39）、市街地農地（評価通達40）及び生産緑地（評価通達40－3）

これら市街地農地等の価格は、その地域の宅地の価格形成要因の影響下で形成される傾向にあります。このことから、これらの農地の評価単位は耕作の単位となっている1枚の農地ではなく、利用の単位となっている一団の農地で判定します。

具体的には、次のように判定します。

イ　所有している農地を自ら使用している場合には、耕作の単位にかかわらず、その全体をその利用の単位となっている一団の農地とします。

ロ　所有している農地を自ら使用している場合において、その一部が生産緑地である場合には、生産緑地とそれ以外の部分を区分してそれぞれ利用の単位となっている一団の農地とします。

生産緑地には、農地として管理する義務があり、宅地転用等について制限がありますので、他の市街地農地とは区分して評価の単位を判定しなければなりません。

ハ　所有する農地の一部について、永小作権又は耕作権を設定させ、他の部分を自ら使用している場合には、永小作権又は耕作権が設定されている部分と自ら使用している部分をそれぞれ利用の単位となっている一団の農地とします。

ニ　所有する農地を区分して複数の者に対して永小作権又は耕作権を設定させている場合には、同一人に貸し付けられている部分ごとに利用の単位となっている一団の農地とします。

次のa～gの農地の場合、a、b、dは自ら使用している農地ですので、これらで一団の農地になります。eは耕作権が設定されていることから、またcは生産緑地であることから、これらは単独でそれぞれが1評価単位になります。f及びgも自ら使用する農地ですが、他の農地とは公道で分断されていますので、これらで一団の農地になります。

d		e 耕作権設定地
a	b	c 生産緑地

f	g

市街地農地等については、路線価に基づき評価する場合が多いと見込まれますが、評価単位の判定は路線価評価の画地調整率に影響し、「地積規模の大きな宅地の評価（評価通達20－2）」の規定の適用可否にも関係しますので、実務上非常に重要です。

また、(1)宅地の⑥不合理分割の取扱いは、市街地農地等についても適用されます。

② ①以外の農地

①以外の農地については、1枚の農地（耕作の単位となっている1区画の農地をいいます。）が1評価単位となります。

ここに該当する農地は、倍率方式により評価する場合が多いと思われますが、倍率地域にはよく「国道沿い」や「県道沿い」を別区分にして他の地域よりも高い倍率を設定している例が見受けられます。農地が国道沿いや県道沿いにある場合、どこまでが国道又は県道沿いになるのかは、この評価単位に基づき判定します。

例えば、次のような場合には、農地aは「国道沿い」の農地に該当しますが、bは「上記以外の地域」、つまり国道沿い以外の農地の倍率を適用することになります。

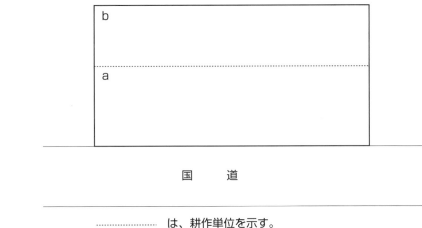

──────── は、耕作単位を示す。

(3) 山林及び原野

イ　宅地比準方式により評価する山林・原野

市街地山林（評価通達49）及び市街地原野（評価通達58－3）

これら市街地山林・原野の価格は、その地域の宅地の価格を標準として形成される傾向にあります。このことから、これらの山林・原野の評価単位は筆界ではなく、利用の単位となっている一団の山林・原野で判定します。

なお、(1)宅地の⑥不合理分割の取扱いは、市街地山林等についても適用されます。

ロ　イ以外の山林及び原野

1筆の山林又は原野を1評価単位とします。

(4) 牧場及び池沼

原野と同様です。

⑸　鉱泉地

　原則として1筆の鉱泉地が1評価単位となります。

⑹　雑種地

イ　原則

　雑種地は、利用の単位となっている一団の雑種地が1評価単位となります。この場合、一団の雑種地とは、同一の目的に供されている雑種地をいい、未利用の雑種地については、その全体を「利用の単位となっている一団の雑種地」とします。

A 駐車場	B 資材置場	C 未利用の雑種地

　上の例の場合には、A、B及びCがそれぞれ異なる用途に供されていることから、それぞれで一団の雑種地となります。

ロ　市街化区域等内において形状・地積の大小及び位置等の関係から一団の雑種地として評価する場合

　これは、上記1⑶「形状・地積の大小及び位置等の関係から地目の異なる土地を一団として評価する場合」（12ページ参照）と同じ要件及び理由から、原則からすると2以上の評価単位となる雑種地全体を一団の雑種地として評価するものです。

	C 未利用の雑種地		宅地
	A 駐車場	B 資材置場	

　上の例の場合には、A、B及びCの各雑種地は、その形状・地積の大小及び位置等からみて、全体を一団の雑種地として評価することが合理的と認められます。このような場合には、異なる用途に供されている場合にも全体を一団の雑種地として評価の対象とします。

第1章　評価の通則

3　地積（評価通達8）

地積は、課税時期における実際の面積によります。

実務的には、次の対応になるものと思われます。

(1)　実際の地積が明らかな場合

実際の地積が明らかになっており、これが登記地積や固定資産税の土地台帳地積と異なる場合には、実際の地積に基づき評価します。

なお、実測図面によっては、隣地境界の確定が行われているのか等、その精度について検討を要する場合もあります。

(2)　実際の地積が不明な場合

評価対象地の実際の地積が不明な場合には、次の①又は②の状況に応じた対応になるものと考えます。

①　相当の縄延があることが周知の事実である地域において、評価対象地にも同様の縄延があると認められる場合には、平均的な縄延割合率等を参考に実際の地積を把握します。

②　上記の方法等によっても、「その把握ができないもので、台帳地積によることが他の土地との評価の均衡を著しく失すると認められるものについて、実測を行う」〈出典：北村 厚編『平成30年版　財産評価基本通達逐条解説』大蔵財務協会43ページ〉と取り扱われることになるものと思われます。

以上のように、実務上はすべての土地について実測を求めるものではありません。

したがって、上記以外の場合には、台帳地積（登記地積）により評価することになります。

4　土地の上に存する権利の評価上の区分（評価通達9）

土地の上に存する権利は、次の権利ごとに評価します。

(1)　地上権

ここで地上権とは、「他人の土地において工作物又は竹木を所有するため、その土地を使用する権利」（民法第265条）をいい、(2)区分地上権及び(5)借地権に該当するものは除かれています。

(2)　区分地上権

区分地上権とは、民法第269条の2に規定する「地下又は空間を目的とする地上権」をいいます。同条第1項では「地下又は空間は、工作物を所有するため、上下の範囲を定めて地上権の目的とすることができる。この場合においては、設定行為で、地上権の行使のためにその土地の使用に制限を加えることができる。」とされています。

(3)　永小作権

永小作権とは、民法第270条に規定されている権利で、同条で「永小作人は、小作料を支払って他人の土地において耕作又は牧畜をする権利を有する。」とされています。

(4)　区分地上権に準ずる地役権

地価税法施行令第2条《借地権等の範囲》第1項に規定する地役権をいいます。

具体的には、「特別高圧架空電線の架設、高圧のガスを通ずる導管の敷設、飛行場の設置、建築物の建築その他の目的のため地下又は空間について上下の範囲を定めて設定された地役権で、

建造物の設置を制限するもの」（同項）をいいます。

(5) 借地権

ここで借地権とは、借地借家法第2条第1号又は借地法第1条に規定する「建物の所有を目的とする地上権又は土地の賃借権」をいい、(6)定期借地権等は除かれています。

なお、平成4年8月1日以降に設定された借地権については、借地借家法が適用され、同日より前に設定された借地権については、借地法の規定が適用されます。これらは借地権の存続期間等の定めが異なりますが、いずれも相当長期間土地を使用収益することのできる権利で、かつ更新等についても保護されていることから、ともにここでいう「借地権」として評価します。

(6) 定期借地権等

定期借地権等とは、借地借家法第22条《定期借地権》、第23条《事業用定期借地権等》、第24条《建物譲渡特約付借地権》及び第25条《一時使用目的の借地権》をいいます。

(7) 耕作権

農地又は採草放牧地の上に存する土地の耕作を目的とする賃借権をいいます。

なお、上記賃借権とは、農地法第18条《農地又は採草放牧地の賃貸借の解約等の制限》第1項の規定の適用があるものに限られていますので、いわゆる「やみ小作」は評価通達の耕作権には該当しません。

(8) 温泉権（引湯権を含む）

温泉権とは、鉱泉地において温泉を排他的に利用することができる権利をいい、引湯権とは、温泉権者から温泉を引湯することができる権利をいいます。

(9) 賃借権

土地の上に存する賃借権とは、当事者の一方が相手方に賃料を支払うことにより土地の使用収益をすることができる権利をいいます。

ただし、(5)借地権、(6)定期借地権等、(7)耕作権及び(8)温泉権に該当するものは除かれます。

(10) 占用権

地価税法施行令第2条第2項に規定する権利をいいます。

具体的には、河川法の規定による河川区域内の土地の占用許可に基づく権利でゴルフ場や自動車練習所等の設置を目的とするものや、道路法又は都市公園法の占用許可に基づく権利で駐車場、建物その他の工作物の設置を目的とするものをいいます。

第2章

宅地及び宅地の上に存する権利の評価

第1節　路線価方式と倍率方式

　宅地の評価方式には、「路線価方式」と「倍率方式」の2つの方式があります。

1　路線価方式

　路線価方式とは、その宅地の面する路線（不特定多数の者の通行の用に供されている道路をいいます。）に付された路線価に基づき評価する方式です。路線価は、その路線に面する標準的な宅地の1㎡当たりの価額です。したがって、実際に宅地を評価する際には、路線価に評価対象土地の形状等に応じた調整率（以下、「画地調整率」といいます。）を適用して評価します。

　路線価方式は、路線ごとに地価事情が異なる市街地を形成している地域に適した評価方式です。一般的には、市街化区域である地域については路線価方式が採用されています。

2　倍率方式

　倍率方式とは、固定資産税評価額に、その地域ごとに定められた倍率を乗じて評価する方法です。倍率方式は比較的地価の開差の小さい農村地域等の宅地の評価に適しています。このことから、市街化調整区域である地域については、倍率方式が採用されていることが多いようです。

3　倍率表と路線価図

　評価対象土地に適用される評価方式が、路線価方式か倍率方式であるかは、国税庁が公表している倍率表及び路線価図により確認します。次にこれらの見方について説明します。

(1) 路線価図

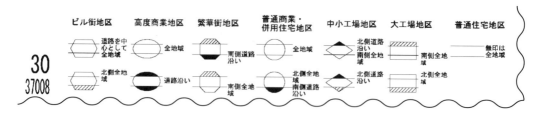

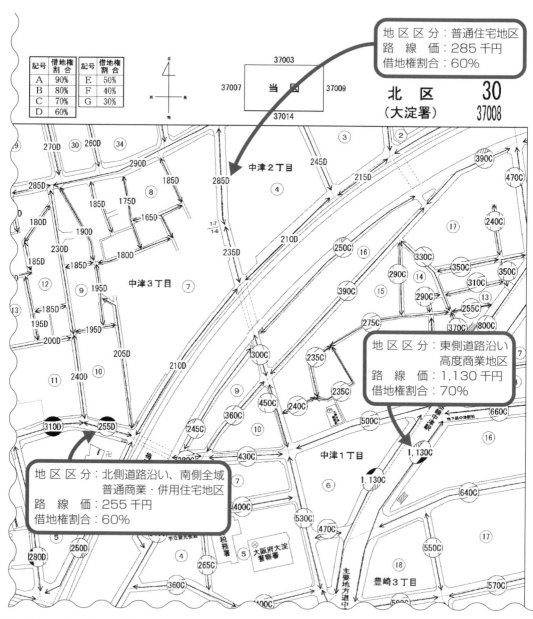

(注) 路線価は千円単位で表示されています。

第2章 宅地及び宅地の上に存する権利の評価

(2) 倍率表

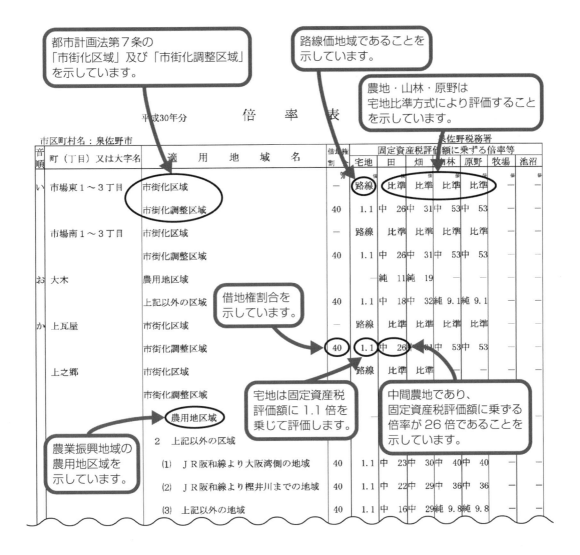

第2節 **路線価方式**

1 評価の手順の概要

路線価地域にある宅地は次の(1)～(3)の手順により評価します。

(1) 路線価の確認

路線価図で評価対象地の面する路線の路線価を確認します。

(2) 路線価の地区区分の確認

路線価地図に表示されている当該路線価の地区区分を確認します。

地区区分により、適用する画地調整率が異なります。

(3) 各種画地調整率の適用

当該路線の地区区分に応ずる画地調整率を適用して評価額（1㎡当たり単価）を算定します。

画地調整率には、

①奥行価格補正率

②側方路線影響加算率

③二方路線影響加算率

④不整形地補正率

⑤間口狭小補正率

⑥奥行長大補正率

⑦がけ地補正率

⑧規模格差補正率

があります。

これらの画地調整率は、次の「土地及び土地の上に存する権利の評価についての調整率表」（以下、「画地調整率表」といいます。）により確認します。

なお、「画地調整率表」は国税庁ホームページでも確認することができます。

また、画地調整率表にある以外にも、無道路地の評価（評価通達20－3）、容積率の異なる2以上の地域にわたる宅地の評価（評価通達20－6）、私道の用に供されている宅地の評価（評価通達24）、セットバックを必要とする宅地の評価（評価通達24－6）及び都市計画道路予定地の区域内にある宅地の評価（評価通達24－7）の各規定で宅地の状況に応じた補正率や減額方法が定められています。

路線価地域にある宅地の具体的な評価方法については、34ページ以降を確認してください。

第2章　宅地及び宅地の上に存する権利の評価

土地及び土地の上に存する権利の評価についての調整率表（平成30年分以降用）

① 奥行価格補正率表

奥行距離m ＼ 地区区分	ビル街	高度商業	繁華街	普通商業・併用住宅	普通住宅	中小工場	大工場
4未満	0.80	0.90	0.90	0.90	0.90	0.85	0.85
4以上 6未満		0.92	0.92	0.92	0.92	0.90	0.90
6 〃 8 〃	0.84	0.94	0.95	0.95	0.95	0.93	0.93
8 〃 10 〃	0.88	0.96	0.97	0.97	0.97	0.95	0.95
10 〃 12 〃	0.90	0.98	0.99	0.99	1.00	0.96	0.96
12 〃 14 〃	0.91	0.99	1.00	1.00		0.97	0.97
14 〃 16 〃	0.92	1.00				0.98	0.98
16 〃 20 〃	0.93					0.99	0.99
20 〃 24 〃	0.94					1.00	1.00
24 〃 28 〃	0.95				0.97		
28 〃 32 〃	0.96		0.98		0.95		
32 〃 36 〃	0.97		0.96	0.97	0.93		
36 〃 40 〃	0.98		0.94	0.95	0.92		
40 〃 44 〃	0.99		0.92	0.93	0.91		
44 〃 48 〃	1.00		0.90	0.91	0.90		
48 〃 52 〃		0.99	0.88	0.89	0.89		
52 〃 56 〃		0.98	0.87	0.88	0.88		
56 〃 60 〃		0.97	0.86	0.87	0.87		
60 〃 64 〃		0.96	0.85	0.86	0.86	0.99	
64 〃 68 〃		0.95	0.84	0.85	0.85	0.98	
68 〃 72 〃		0.94	0.83	0.84	0.84	0.97	
72 〃 76 〃		0.93	0.82	0.83	0.83	0.96	
76 〃 80 〃		0.92	0.81	0.82			
80 〃 84 〃		0.90	0.80	0.81	0.82	0.93	
84 〃 88 〃		0.88		0.80			
88 〃 92 〃		0.86			0.81	0.90	
92 〃 96 〃	0.99	0.84					
96 〃 100 〃	0.97	0.82					
100 〃	0.95	0.80			0.80		

② 側方路線影響加算率表

地区区分	加算率 角地の場合	加算率 準角地の場合
ビ ル 街	0.07	0.03
高度商業、繁華街	0.10	0.05
普通商業・併用住宅	0.08	0.04
普通住宅、中小工場	0.03	0.02
大 工 場	0.02	0.01

③ 二方路線影響加算率表

地区区分	加算率
ビ ル 街	0.03
高度商業、繁華街	0.07
普通商業・併用住宅	0.05
普通住宅、中小工場	0.02
大 工 場	0.02

④ 不整形地補正率を算定する際の地積区分表

地区区分 ＼ 地積区分	A	B	C
高 度 商 業	1,000 ㎡未満	1,000 ㎡以上 1,500 ㎡未満	1,500 ㎡以上
繁 華 街	450 ㎡未満	450 ㎡以上 700 ㎡未満	700 ㎡以上
普通商業・併用住宅	650 ㎡未満	650 ㎡以上 1,000 ㎡未満	1,000 ㎡以上
普 通 住 宅	500 ㎡未満	500 ㎡以上 750 ㎡未満	750 ㎡以上
中 小 工 場	3,500 ㎡未満	3,500 ㎡以上 5,000 ㎡未満	5,000 ㎡以上

⑤ 不整形地補正率表

地区区分 ＼ かげ地割合	高度商業、繁華街、普通商業・併用住宅、中小工場 A	B	C	普通住宅 A	B	C
10% 以上	0.99	0.99	1.00	0.98	0.99	0.99
15% 〃	0.98	0.99	0.99	0.96	0.98	0.99
20% 〃	0.97	0.98	0.99	0.94	0.97	0.98
25% 〃	0.96	0.98	0.99	0.92	0.95	0.97
30% 〃	0.94	0.97	0.98	0.90	0.93	0.96
35% 〃	0.92	0.95	0.98	0.88	0.91	0.94
40% 〃	0.90	0.93	0.97	0.85	0.88	0.92
45% 〃	0.87	0.91	0.95	0.82	0.85	0.90
50% 〃	0.84	0.89	0.93	0.79	0.82	0.87
55% 〃	0.80	0.87	0.90	0.75	0.78	0.83
60% 〃	0.76	0.84	0.86	0.70	0.73	0.78
65% 〃	0.70	0.75	0.80	0.60	0.65	0.70

⑥ 間口狭小補正率表

間口距離m ＼ 地区区分	ビル街	高度商業	繁華街	普通商業・併用住宅	普通住宅	中小工場	大工場
4未満	－	0.85	0.90	0.90	0.90	0.80	0.80
4以上6未満	－	0.94	1.00	0.97	0.94	0.85	0.85
6 〃 8 〃	－	0.97		1.00	0.97	0.90	0.90
8 〃 10 〃	0.95	1.00			1.00	0.95	0.95
10 〃 16 〃	0.97					1.00	0.97
16 〃 22 〃	0.98						0.98
22 〃 28 〃	0.99						0.99
28 〃	1.00						1.00

⑦ 奥行長大補正率表

奥行距離／間口距離 ＼ 地区区分	ビル街	高度商業	繁華街	普通商業・併用住宅	普通住宅	中小工場	大工場
2以上 3未満	1.00		1.00		0.98	1.00	1.00
3 〃 4 〃			0.99		0.96	0.99	
4 〃 5 〃			0.98		0.94	0.98	
5 〃 6 〃			0.96		0.92	0.96	
6 〃 7 〃			0.94		0.90	0.94	
7 〃 8 〃			0.92			0.92	
8 〃			0.90			0.90	

⑧ がけ地補正率表

がけ地地積／総地積 ＼ がけ地の方位	南	東	西	北
0.10 以上	0.96	0.95	0.94	0.93
0.20 〃	0.92	0.91	0.90	0.88
0.30 〃	0.88	0.87	0.86	0.83
0.40 〃	0.85	0.84	0.82	0.78
0.50 〃	0.82	0.81	0.78	0.73
0.60 〃	0.79	0.77	0.74	0.68
0.70 〃	0.76	0.74	0.70	0.63
0.80 〃	0.73	0.70	0.66	0.58
0.90 〃	0.70	0.65	0.60	0.53

⑨ 規模格差補正率を算定する際の表

イ 三大都市圏に所在する宅地

地積㎡ ＼ 地区区分 記号	普通商業・併用住宅 普通住宅 ⑧	ⓒ
500以上1,000未満	0.95	25
1,000 〃 3,000 〃	0.90	75
3,000 〃 5,000 〃	0.85	225
5,000 〃	0.80	475

ロ 三大都市圏以外の地域に所在する宅地

地積㎡ ＼ 地区区分 記号	普通商業・併用住宅 普通住宅 ⑧	ⓒ
1,000以上3,000未満	0.90	100
3,000 〃 5,000 〃	0.85	250
5,000 〃	0.80	500

(資4−85−A4統一)

31

2 間口距離及び奥行距離

　路線価とは、その路線に面する標準的な宅地の価格を表示するものです。しかし、実際に評価対象とする宅地は、標準的な宅地に比し、奥行距離が長かったり間口距離が狭かったりと、その形状は区々です。このため、評価対象宅地の価格を求めるためには、評価対象宅地の形状に応じた画地調整率により路線価を修正する必要があります。価格に影響を与える宅地の形状を構成する要素には各種のものがありますが、すべての土地に共通するものは、奥行距離と間口距離です。

　奥行距離、間口距離及び間口と奥行の整合性は、宅地の価格に影響を与える基本的な要因ですが、評価通達ではこれらの影響度は「奥行価格補正率」、「間口狭小補正率」及び「奥行長大補正率」により調整します。

　ここでは、奥行距離と間口距離のとり方について説明します。

(1) 奥行距離

　奥行距離とは、原則として正面路線に対して垂直的な奥行距離に基づきますが、奥行距離が一様でないものは、平均的な奥行距離によります。具体的には、不整形地にかかる想定整形地の奥行距離を限度として、その不整形地の面積をその間口距離で除して得た数値となります。

　奥行距離が一様でない宅地の奥行距離のとり方の例を図示すれば、次のとおりとなります（←――→が奥行距離です。）。

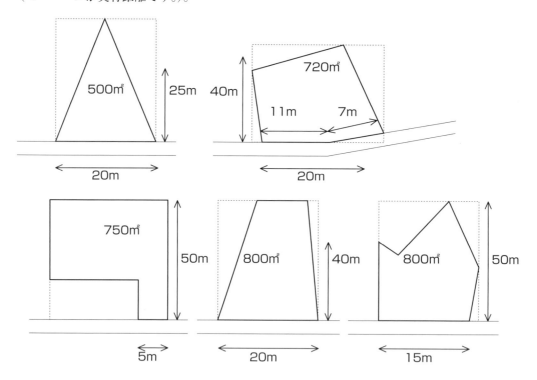

(2) 間口距離

間口距離とは、原則として評価する土地が道路と接する部分の距離をいいます。

次に間口距離の例を図示します。

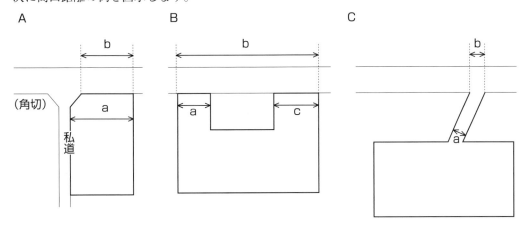

Aのように角切の場合には、角切部分も含めたaが、間口距離となります。なお、Aの場合で私道部分を評価する際には、角切で広がった部分は間口距離に含めません。

Bの場合には、a＋cが間口距離となります。

Cの場合はbによりますが、aによっても差し支えありません。

また、次のA、Bのように屈折路に面する不整形地の間口距離は、その不整形地に係る想定整形地の間口に相当する距離と、屈折路に実際に面している距離とのいずれか短い距離となります。このことから、Aの場合にはa（＜「b＋c」）が、Bの場合には「b＋c」（＜a）がそれぞれ間口距離となります。

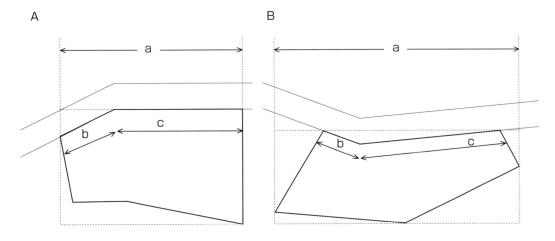

3 一路線に面する宅地の評価

一路線に面する宅地は、その接する路線の路線価に画地調整率を適用して評価します。

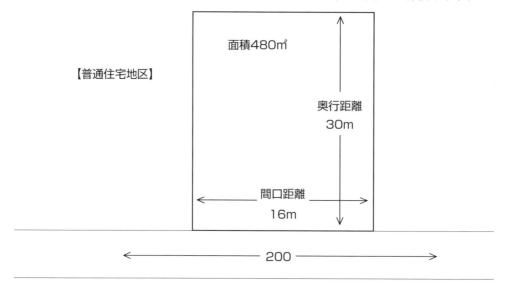

上図の宅地の場合には、評価方法は次のとおりです。

190,000 円 × 480㎡ = 91,200,000 円

また、評価明細書への記載方法は次のとおりです。

第2章　宅地及び宅地の上に存する権利の評価

土地及び土地の上に存する権利の評価明細書（第1表）

	局(所)	署
	30 年分	ページ

（平成三十年分以降用）

（住居表示）	（　　　　　　　　）	所有者	住　所（所在地）		使用者	住　所（所在地）	
所在地番			氏　名（法人名）			氏　名（法人名）	

地　目		地　積	路　　　線　　　価				
宅地　原野　田　雑種地　畑　山林　[　　]		㎡　480	正　面　200,000 円	側　方　円	側　方　円	裏　面　円	地形図及び参考事項

間口距離	16 m	利用区分	自用地　貸家建付借地権　貸宅地　転貸借地権　貸家建付地　転借権　借地権　借家人の有する権利　私道　（　　　　　　）	地区区分	ビル街地区　**普通住宅地区**　高度商業地区　中小工場地区　繁華街地区　大工場地区　普通商業・併用住宅地区	
奥行距離	30 m					省　略

自用地1平方メートル当たりの価額			（1㎡当たりの価額）円	
1　一路線に面する宅地 （正面路線価）　　　　　　（奥行価格補正率） 200,000 円 × 　　　　0.95			190,000	A
2　二路線に面する宅地 （A）　　　[側方 裏面]路線価　　（奥行価格補正率）　[側方 二方]路線影響加算率 円 ＋ （　　　　円 × 　．　　 × 0.　　　）			（1㎡当たりの価額）円	B
3　三路線に面する宅地 （B）　　　[側方 裏面]路線価　　（奥行価格補正率）　[側方 二方]路線影響加算率 円 ＋ （　　　　円 × 　．　　 × 0.　　　）			（1㎡当たりの価額）円	C
4　四路線に面する宅地 （C）　　　[側方 裏面]路線価　　（奥行価格補正率）　[側方 二方]路線影響加算率 円 ＋ （　　　　円 × 　．　　 × 0.　　　）			（1㎡当たりの価額）円	D
5-1　間口が狭小な宅地等　（間口狭小）　（奥行長大） （AからDまでのうち該当するもの）　補正率　　補正率 円 × （　　．　　 × 　　．　　）			（1㎡当たりの価額）円	E
5-2　不整形地 （AからDまでのうち該当するもの）　不整形地補正率※ 円 × 0. ※不整形地補正率の計算 （想定整形地の間口距離）（想定整形地の奥行距離）（想定整形地の地積） m × 　　　m ＝ 　　㎡ （想定整形地の地積）（不整形地の地積）（想定整形地の地積）（かげ地割合） （　　㎡ － 　　㎡）÷ 　　㎡ ＝ 　　％ （不整形地補正率表の補正率）（間口狭小補正率） 0.　　 × 　．　　 ＝ 0.　　 ① （奥行長大補正率）（間口狭小補正率） 　．　　 × 　．　　 ＝ 0.　　 ② （小数点以下2位未満切捨て）　[不整形地補正率①、②のいずれか低い率、0.6を限度とする。]			（1㎡当たりの価額）円	F
6　地積規模の大きな宅地 （AからFまでのうち該当するもの）　規模格差補正率※ 円 × 0. ※規模格差補正率の計算 （地積（Ⓐ））（Ⓑ）　（Ⓒ）　（地積（Ⓐ））（小数点以下2位未満切捨て） {（　　㎡× 　＋　） ÷ 　　㎡} × 0.8 ＝			（1㎡当たりの価額）円	G
7　無道路地 （F又はGのうち該当するもの）　　　　　　（※） 円 × （ 1 － 0.　　 ） ※割合の計算（0.4を限度とする。） （正面路線価）（通路部分の地積）（F又はGのうち該当するもの）（評価対象地の地積） （　　　円× 　　㎡）÷ （ 　　円× 　　㎡） ＝ 0.			（1㎡当たりの価額）円	H
8　がけ地等を有する宅地　　　[南 、 東 、 西 、 北] （AからHまでのうち該当するもの）　（がけ地補正率） 			（1㎡当たりの価額）円	I
9　容積率の異なる2以上の地域にわたる宅地 （AからIまでのうち該当するもの）　（控除割合（小数点以下3位未満四捨五入）） 円 × （ 1 － 0.　　 ）			（1㎡当たりの価額）円	J
10　私　道 （AからJまでのうち該当するもの） 円 × 0.3			（1㎡当たりの価額）円	K

自用地の評価額	自用地1平方メートル当たりの価額 （AからKまでのうちの該当記号）	地　積	総　　　　額 （自用地1㎡当たりの価額）×（地　積）	
	（ A ） 190,000 円	480 ㎡	91,200,000 円	L

（注）1　5-1の「間口が狭小な宅地等」と5-2の「不整形地」は重複して適用できません。
　　　2　5-2の「不整形地」の「AからDまでのうち該当するもの」欄の価額について、AからDまでの欄で計算できない場合には、（第2表）の「備考」欄等で計算してください。

（資4-25-1-A4統一）

35

設例 14　一路線に2以上の路線価が設定されている場合の評価

次の図のように、宅地の面する一の路線に2以上の路線価が設定されており、またそれぞれの路線価の地区区分が異なる場合には、どのように評価するのでしょうか。

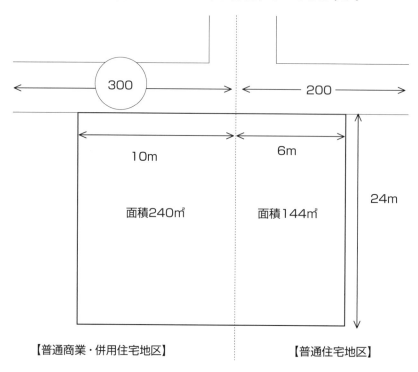

解説

その宅地の面する一の路線に2以上の路線価が設定されている場合には、路線に接する距離により加重平均した価格を適用する路線価とします。

設例の場合には、

$$\frac{300,000 \text{円} \times 10\text{m} + 200,000 \text{円} \times 6\text{m}}{16\text{m}} = 262,500 \text{円}$$

となります。

また、宅地が2以上の地区にまたがる場合には、原則として、その宅地の面積により、いずれか一の地区を判定し、判定した地区の画地調整率を適用します。設例の場合には、普通商業・併用住宅地区に該当します。

以上のことから評価額は、次のとおりです。

262,500 円 × 1.00 （普通商業・併用住宅地区の奥行距離 24mの場合の奥行価格補正率）= 262,500 円

262,500 円 × 384㎡ = 100,800,000 円

第2章　宅地及び宅地の上に存する権利の評価

土地及び土地の上に存する権利の評価明細書（第1表）

局(所)	署
30 年分	ページ

（平成三十年分以降用）

(住居表示)	(	)	所有者	住所(所在地)		使用者	住所(所在地)	
所在地番				氏名(法人名)			氏名(法人名)	

地目	地積	路　　　線　　　価	地形図及び参考事項

地目		地積 m²	正面 円	側方 円	側方 円	裏面 円
(宅地) 田 畑 山林	原野 雑種地 [　]	384	262,500			

地形図及び参考事項

300,000円×10m + 200,000円×6m
―――――――――――――――
16m

＝262,500円

間口距離	16 m	利用区分	(自用地) 貸宅地 貸家建付地 借地権 私道	貸家建付借地権 転貸借地権 転借地権 借家人の有する権利 ( )	地区区分	ビル街地区　普通住宅地区 高度商業地区　中小工場地区 繁華街地区　大工場地区 (普通商業・併用住宅地区)
奥行距離	24 m					

自用地1平方メートル当たりの価額				記号
1　一路線に面する宅地 （正面路線価）　　　　（奥行価格補正率） 262,500 円 ×　　　1.00			(1 m²当たりの価額) 円 262,500	A
2　二路線に面する宅地 （A）　　［側方 路線価］（奥行価格 補正率）［側方 路線影響加算率］ ［裏面］ 円 + (円 ×　. ×　0.)			(1 m²当たりの価額) 円	B
3　三路線に面する宅地 （B）　　［側方 路線価］（奥行価格 補正率）［側方 路線影響加算率］ ［裏面］ 円 + (円 ×　. ×　0.)			(1 m²当たりの価額) 円	C
4　四路線に面する宅地 （C）　　［側方 路線価］（奥行価格 補正率）［側方 路線影響加算率］ ［裏面］ 円 + (円 ×　. ×　0.)			(1 m²当たりの価額) 円	D
5-1　間口が狭小な宅地等 （AからDまでのうち該当するもの）（間口狭小 補正率）（奥行長大 補正率） 円 ×　. ×　.			(1 m²当たりの価額) 円	E
5-2　不整形地 （AからDまでのうち該当するもの）　不整形地補正率※ 円 ×　0. ※不整形地補正率の計算 （想定整形地の間口距離）（想定整形地の奥行距離）（想定整形地の地積） m ×　　　m ＝　　　m² （想定整形地の地積）（不整形地の地積）（想定整形地の地積）（かげ地割合） (m² - m²) ÷　　　m² ＝　　　% （不整形地補正率表の補正率）（間口狭小補正率）（小数点以下2位未満切捨て）［不整形地補正率 0. ×　. =　0.　①　①、②のいずれか低い （奥行長大補正率）（間口狭小補正率）　　　率、0.6を限度とする。］ 0. ×　. =　0.　②			(1 m²当たりの価額) 円	F
6　地積規模の大きな宅地 （AからFまでのうち該当するもの）　規模格差補正率※ 円 ×　0. ※規模格差補正率の計算 （地積(Ⓐ)）（Ⓑ）（Ⓒ）（地積(Ⓐ)）（小数点以下2位未満切捨て） { (m²× +) ÷ m² } × 0.8 =　0.			(1 m²当たりの価額) 円	G
7　無道路地 （F又はGのうち該当するもの）　　　　　　（※） 円 × (1 -　0.) ※割合の計算（0.4を限度とする。） （正面路線価）（通路部分の地積）（F又はGのうち該当するもの）（評価対象地の地積） (円× m²) ÷ (円× m²) = 0.			(1 m²当たりの価額) 円	H
8　がけ地等を有する宅地 （AからHまでのうち該当するもの）　[南 、 東 、 西 、 北]（がけ地補正率） 円 ×　.			(1 m²当たりの価額) 円	I
9　容積率の異なる2以上の地域にわたる宅地 （AからIまでのうち該当するもの）（控除割合（小数点以下3位未満四捨五入）） 円 × (1 -　0.)			(1 m²当たりの価額) 円	J
10　私道 （AからJまでのうち該当するもの） 円 ×　0.3			(1 m²当たりの価額) 円	K

自用地の評価額	自用地1平方メートル当たりの価額 （AからKまでのうちの該当記号）	地積	総額 （自用地1 m²当たりの価額）×（地積）	
	（ A ） 262,500 円	384 m²	100,800,000 円	L

(注) 1　5-1 の「間口が狭小な宅地等」と5-2 の「不整形地」は重複して適用できません。
2　5-2 の「不整形地」の「AからDまでのうち該当するもの」欄の価額について、AからDまでの欄で計算できない場合には、（第2表）の「備考」欄等で計算してください。

(資4-25-1-A4統一)

4　角地の評価
(1)　基本的な評価方法
角地とは、次の図のように側方でも道路に面する宅地をいいます。

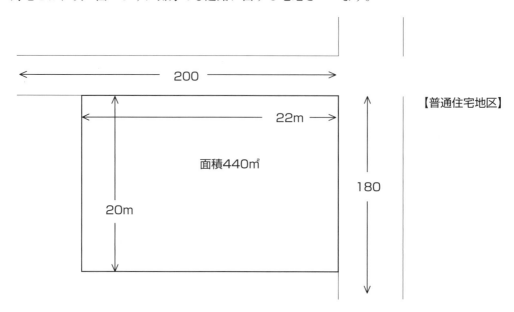

このような角地の評価は、正面路線価に側方路線価の影響額を加算して評価します。

側方路線影響加算率表

地区区分	加算率	
	角地の場合	準角地の場合
ビル街	0.07	0.03
高度商業、繁華街	0.10	0.05
普通商業・併用住宅	0.08	0.04
普通住宅、中小工場	0.03	0.02
大工場	0.02	0.01

● 正面路線価

（正面路線価）　（奥行距離20 mの場合の奥行価格補正率）
200,000 円 ×　　　1.0　　　= 200,000 円

● 側方路線影響加算額

（側方路線価）（奥行距離22 mの場合の奥行価格補正率）（普通住宅地区における側方路線影響加算率）（側方路線の影響加算額）
180,000 円 ×　　1.0　　×　　0.03　　= 5,400 円

● 評価額

（200,000 円 + 5,400 円）× 440㎡ = 90,376,000 円

評価明細書への記載方法は次のとおりです。

第2章　宅地及び宅地の上に存する権利の評価

土地及び土地の上に存する権利の評価明細書（第1表）

	局(所)	署
	30 年分	ページ

（平成三十年分以降用）

（住居表示）( )	所有者	住所(所在地)		使用者	住所(所在地)	
所在地番		氏名(法人名)			氏名(法人名)	

地目	地積 ㎡	路線価				地形図及び参考事項
⑪宅地 田 畑 原野 雑種地 山林 [ ]	440	正面 200,000 円	側方 180,000 円	側方 円	裏面 円	省　略

間口距離 22 m	利用区分	⑪自用地 貸宅地 貸家建付地 借地権 私道	貸家建付借地権 転貸借地権 転借権 借家人の有する権利 ( )	地区区分	ビル街地区 高度商業地区 繁華街地区 ⑪普通商業・併用住宅地区	⑪普通住宅地区 中小工場地区 大工場地区
奥行距離 20 m						

自用地1平方メートル当たりの価額					
	1 一路線に面する宅地 （正面路線価）　　　　（奥行価格補正率） 200,000 円 × 1.00		（1㎡当たりの価額）円 200,000	A
	2 二路線に面する宅地 （A）　（側方裏面路線価）（奥行価格補正率）[側方二方路線影響加算率] 200,000 円 + （180,000 円 ×1.00 × 0.03 ）		（1㎡当たりの価額）円 205,400	B
	3 三路線に面する宅地 （B）　[側方裏面路線価]（奥行価格補正率）[側方二方路線影響加算率] 円 + （ 円 × . × 0. ）		（1㎡当たりの価額）円 	C
	4 四路線に面する宅地 （C）　[側方裏面路線価]（奥行価格補正率）[側方二方路線影響加算率] 円 + （ 円 × . × 0. ）		（1㎡当たりの価額）円 	D
	5-1 間口が狭小な宅地等 （AからDまでのうち該当するもの）（間口狭小補正率）（奥行長大補正率） 円 × （ . × . ）		（1㎡当たりの価額）円 	E
	5-2 不整形地 （AからDまでのうち該当するもの）　不整形地補正率※ 円 × 0. ※不整形地補正率の計算 （想定整形地の間口距離）（想定整形地の奥行距離）（想定整形地の地積） m × m = ㎡ （想定整形地の地積）（不整形地の地積）÷（想定整形地の地積）（かげ地割合） （ ㎡ - ㎡）÷ ㎡ = % （不整形地補正率表の補正率）（間口狭小補正率）（小数点以下2位未満切捨て）[不整形地補正率（①、②のいずれか低い率、0.6を限度とする。)] 0. × . = 0. ① （奥行長大補正率）（間口狭小補正率） . × . = 0. ②　0.		（1㎡当たりの価額）円 	F
	6 地積規模の大きな宅地 （AからFまでのうち該当するもの）　規模格差補正率※ 円 × 0. ※規模格差補正率の計算 （地積(Ⓐ)）　(Ⓑ)　(Ⓒ)　（地積(Ⓐ)）（小数点以下2位未満切捨て） ｛（ ㎡× + ）÷ ㎡｝× 0.8 = 0.		（1㎡当たりの価額）円 	G
	7 無道路地 （F又はGのうち該当するもの）　　（※） 円 × （ 1 - 0. ） ※割合の計算（0.4を限度とする。） （正面路線価）（通路部分の地積）（F又はGのうち該当するもの）（評価対象地の地積） （ 円× ㎡）÷（ 円× ㎡）= 0.		（1㎡当たりの価額）円 	H
	8 がけ地等を有する宅地 （AからHまでのうち該当するもの）　[南、東、西、北]（がけ地補正率） 円 × 0.		（1㎡当たりの価額）円 	I
	9 容積率の異なる2以上の地域にわたる宅地 （AからIまでのうち該当するもの）（控除割合（小数点以下3位未満四捨五入）） 円 × （ 1 - 0. ）		（1㎡当たりの価額）円 	J
	10 私道 （AからJまでのうち該当するもの） 円 × 0.3		（1㎡当たりの価額）円 	K

自用地の評価額	自用地1平方メートル当たりの価額（AからKまでのうちの該当記号） （ B ） 205,400 円	地積 440 ㎡	総額（自用地1㎡当たりの価額）×（地積） 90,376,000 円	L

（注）1　5-1の「間口が狭小な宅地等」と5-2の「不整形地」は重複して適用できません。
　　　2　5-2の「不整形地」の「AからDまでのうち該当するもの」欄の価額について、AからDまでの欄で計算できない場合には、（第2表）の「備考」欄等で計算してください。

（資4-25-1-A4統一）

(2) 正面路線の判定

　正面路線とは、原則として奥行価格補正率を適用して計算した1㎡当たりの価額の高い方の路線をいいます。

　なお、各路線の地区区分が異なる場合には、それぞれの路線の地区区分に対応する奥行価格補正率を乗じて計算した金額に基づき判定します。また、このように計算した結果、同額となった場合には、原則として路線に接する距離の長い方を正面路線とします。

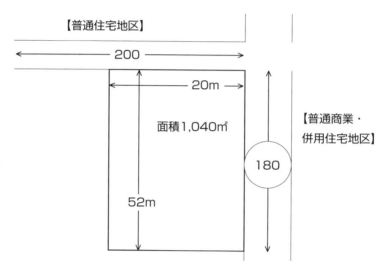

　上図の場合には、奥行価格補正率後のそれぞれの1㎡当たりの価額は、

200,000円 × 0.88 $\begin{pmatrix}\text{普通住宅地区の奥行距離52mの場合の}\\ \text{奥行価格補正率}\end{pmatrix}$ = 176,000円

180,000円 × 1.00 $\begin{pmatrix}\text{普通商業・併用住宅地区の奥行距離20mの場合の}\\ \text{奥行価格補正率}\end{pmatrix}$ = 180,000円

となり、180,000円＞176,000円から、普通商業・併用住宅地区の路線価180,000円が正面路線価となります。正面路線が決まれば、画地調整率は正面路線の地区区分のものを適用します。

　したがって、上図の宅地の評価額は次のとおりです。

●正面路線価

（正面路線価）　（奥行価格補正率）
180,000円 × 1.00 ＝ 180,000円

●側方路線影響加算額

（側方路線価）　$\begin{pmatrix}\text{普通商業・併用住宅地区の奥行距離}\\ \text{52mの場合の奥行価格補正率}\end{pmatrix}$　$\begin{pmatrix}\text{普通商業・併用住宅地区における}\\ \text{側方路線影響加算率}\end{pmatrix}$　$\begin{pmatrix}\text{側方路線の}\\ \text{影響加算額}\end{pmatrix}$

200,000円 × 0.88 × 0.08 ＝ 14,080円

●評価額

（180,000円 ＋ 14,080円）× 1,040㎡ ＝ 201,843,200円

　（注）　上記評価額は、「地積規模の大きな宅地の評価」には該当しない場合の評価額です。「地積規模の大きな宅地の評価」については、**第2章第2節8**をご覧ください。

第２章　宅地及び宅地の上に存する権利の評価

土地及び土地の上に存する権利の評価明細書（第１表）

	局(所)	署
	30 年分	ページ

（平成三十年分以降用）

（住居表示）	（　　　　　　　　）	所有者	住　所 (所在地)		使用者	住　所 (所在地)	
所在地番			氏　名 (法人名)			氏　名 (法人名)	

地　　目	地　積	路　　　　線　　　　価				地形図及び参考事項	
宅地　原野 田　　雑種地 畑 山林 [　　]	1,040 ㎡	正面 180,000 円	側方 (奥行52m) 200,000 円	側方 円	裏面 円	**省　略**	

間口距離	52 m	利用区分	自用地　　貸家建付借地権 貸宅地　　転貸借地権 貸家建付地　転借権 借地権　　借家人の有する権利 私道　　（　　　　　　）	地区区分	ビル街地区　　普通住宅地区 高度商業地区　中小工場地区 繁華街地区　　大工場地区 普通商業・併用住宅地区
奥行距離	20 m				

				（1㎡当たりの価額）円	
自用地1平方メートル当たりの価額	**1　一線に面する宅地** （正面路線価）　　　　　　　　（奥行価格補正率） 180,000円　×　　　　　1.00			180,000	A
	2　二路線に面する宅地 (A)　　　[側方 裏面]路線価　　（奥行価格補正率）　[側方 二方]路線影響加算率 180,000円　＋　（200,000円　×0.88　×　0.08　）			194,080	B
	3　三路線に面する宅地 (B)　　　[側方 裏面]路線価　　（奥行価格補正率）　[側方 二方]路線影響加算率 　　円　＋　（　　　円　×　.　×　0.　）			円	C
	4　四路線に面する宅地 (C)　　　[側方 裏面]路線価　　（奥行価格補正率）　[側方 二方]路線影響加算率 　　円　＋　（　　　円　×　.　×　0.　）			円	D
	5-1　間口が狭小な宅地等 （AからDまでのうち該当するもの）（間口狭小補正率）（奥行長大補正率） 　　円　×　（　　.　　×　　.　）			円	E
	5-2　不整形地 （AからDまでのうち該当するもの）　不整形地補正率※ 　　円　×　0. ※不整形地補正率の計算 （想定整形地の間口距離）（想定整形地の奥行距離）（想定整形地の地積） 　　m　×　　m　＝　　㎡ （想定整形地の地積）（不整形地の地積）（想定整形地の地積）（かげ地割合） （　　㎡　－　　㎡）÷　　㎡　＝　　% （不整形地補正率表の補正率）（間口狭小補正率）（小数点以下2位未満切捨て）　[不整形地補正率 ①、②のいずれか低い率、0.6を限度とする。] 0.　　×　　.　＝　0.　① （奥行長大補正率）（間口狭小補正率） 　.　×　　.　＝　0.　②			円	F
	6　地積規模の大きな宅地 （AからFまでのうち該当するもの）　規模格差補正率※ 　　円　×　0. ※規模格差補正率の計算 （地積(Ⓐ)）（Ⓑ）（Ⓒ）（地積(Ⓐ)）（小数点以下2位未満切捨て） ｛（　㎡×　＋　）÷　㎡｝× 0.8 ＝ 0.			円	G
	7　無　道　路　地 （F又はGのうち該当するもの）　　　　　　（※） 　　円　×　（　1　－　0.　） ※割合の計算（0.4を限度とする。） （正面路線価）（通路部分の地積）（F又はGのうち該当するもの）（評価対象地の地積） （　　円　×　　㎡）÷　　円　×　　㎡）＝ 0.			円	H
	8　がけ地等を有する宅地 （AからHまでのうち該当するもの）　[南、東、西、北] （がけ地補正率） 　　円　×　0.			円	I
	9　容積率の異なる2以上の地域にわたる宅地 （AからIまでのうち該当するもの）（控除割合（小数点以下3位未満四捨五入）） 　　円　×　（1　－　0.　）			円	J
	10　私　　道 （AからJまでのうち該当するもの） 　　円　×　0.3			円	K

自用地の評価額	自用地1平方メートル当たりの価額 （AからKまでのうちの該当記号）	地　積	総　額 （自用地1㎡当たりの価額）×（地積）	
	（B）　194,080 円	1,040 ㎡	201,843,200 円	L

（注）1　5-1の「間口が狭小な宅地等」と5-2の「不整形地」は重複して適用できません。
2　5-2の「不整形地」の「AからDまでのうち該当するもの」欄の価額について、AからDまでの欄で計算できない場合には、（第2表）の「備考」欄等で計算してください。

（資4-25-1-A4統一）

41

設例 15　高い路線価の路線の影響が著しく小さい場合の正面路線の判定

次の形状のような、高い路線価の方の影響が著しく小さい場合にも、高い方の路線価を正面路線とする必要があるのでしょうか。

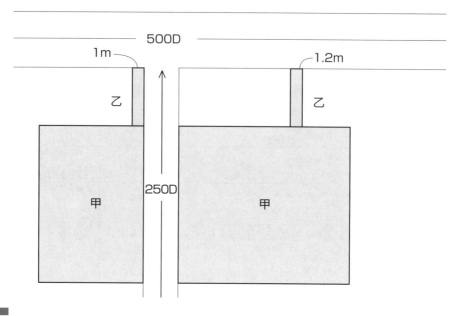

解説

正面路線とは、原則として、路線価に奥行価格補正率を乗じて計算した1㎡当たりの価額の高い路線になります。しかし、図のように間口が狭小で接道義務を満たさないなど正面路線の影響を受ける度合いが著しく低い立地条件にある宅地については、その宅地が影響を受ける度合いが最も高いと認められる路線を正面路線として評価することができます。

どのような場合が「正面路線の影響を受ける度合いが著しく低い立地条件」であるかについては、個々のケースに応じて検討する必要がありますが、次のような場合が考えられます。

　イ　間口が狭小なため建築基準法上又は条例上の接道義務を満たさない場合
　ロ　高低差が著しくその路線からの出入りが困難な場合

なお、上記のような帯状部分を有する土地は、帯状部分（乙）とその他の部分（甲）に分けて評価した価額の合計額により評価し、不整形地としての評価は行いません。これは、上図のような宅地の評価額が、帯状部分（乙）とその他の部分（甲）に分けて評価した価額の合計額よりも下回るのは不合理であると考えられるからです（不整形地の評価方法は**第2章第2節7**をご覧ください。）。

設例 16 宅地の一部分のみが側方路線に接している場合の側方路線影響加算について

次のように宅地の一部分のみが側方路線に接している場合でも、通常の側方路線影響加算率に基づき、側方路線の影響額を加算する必要があるのでしょうか。

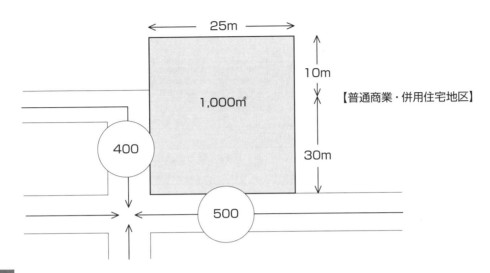

解説

上図の宅地の場合には、側方路線の影響を直接受けているのは、その側方路線に直接面している30mに対応する部分であることから、次のとおり、側方路線影響加算額を調整の上、評価します。

$$500{,}000\text{円} \times \underset{(\text{奥行価格補正率})}{0.93} = 465{,}000\text{円}$$

$$400{,}000\text{円} \times \underset{(\text{奥行価格補正率})}{1.00} \times \underset{(\text{側方路線影響加算率})}{0.08} \times \frac{30\text{ m}}{40\text{ m}} = 24{,}000\text{円}$$

(465,000 円 + 24,000 円) × 1,000㎡ = 489,000,000 円

なお、評価する宅地が正面路線に部分的に接している場合、正面路線価については上記の調整計算は行いません。

(注) 上記評価額は、「地積規模の大きな宅地の評価」には該当しない場合の評価額です。「地積規模の大きな宅地の評価」については、**第2章第2節8**をご覧ください。

土地及び土地の上に存する権利の評価明細書（第1表）

	局(所)	署
	30 年分	ページ

（平成三十年分以降用）

（住居表示）	（　）	所有者	住所（所在地）		使用者	住所（所在地）	
所在地番			氏名（法人名）			氏名（法人名）	

地目	地積	路　　線　　価				地形図及び参考事項	
⦅宅地⦆原野 田畑 雑種地 山林〔　〕	㎡ 1,000	正面 500,000円	側方 400,000円	側方 円	裏面 円		省　略

間口距離	25 m	利用区分	⦅自用地⦆ 貸家建付借地権 貸宅地 転貸借地権 貸家建付地 転借権 借地権 借家人の有する権利 私道	地区区分	ビル街地区　普通住宅地区 高度商業地区　中小工場地区 繁華街地区　大工場地区 ⦅普通商業・併用住宅地区⦆
奥行距離	40 m				

自用地1平方メートル当たりの価額

		(1㎡当たりの価額)	
1　一路線に面する宅地 （正面路線価）　　　　　　　（奥行価格補正率） 500,000円 × 0.93		465,000 円	A
2　二路線に面する宅地 （A）　　　　　⌈側方⌉路線価　（奥行価格　⌈側方⌉路線影響加算率 ⌊裏面⌋　　　補正率）⌊二方⌋ 465,000円 ＋ （400,000円 ×1.00 × 0.08×30/40 ）		489,000 円	B
3　三路線に面する宅地 （B）　　　　　⌈側方⌉路線価　（奥行価格　側方　路線影響加算率 ⌊裏面⌋　　　補正率）二方 円 ＋ （　　　　円 × .　　× 0.　　）		円	C
4　四路線に面する宅地 （C）　　　　　⌈側方⌉路線価　（奥行価格　⌈側方⌉路線影響加算率 ⌊裏面⌋　　　補正率）⌊二方⌋ 円 ＋ （　　　　円 × .　　× 0.　　）		円	D
5-1　間口が狭小な宅地等 （AからDまでのうち該当するもの）（間口狭小補正率）（奥行長大補正率） 円 × （ .　　× .　　）		円	E
5-2　不整形地 （AからDまでのうち該当するもの）　不整形地補正率※ 円 × 0. ※不整形地補正率の計算 （想定整形地の間口距離）（想定整形地の奥行距離）（想定整形地の地積） m × m = ㎡ （想定整形地の地積）（不整形地の地積）（想定整形地の地積）（かげ地割合） （ ㎡ － ㎡ ）÷ ㎡ = ％ （不整形地補正率表の補正率）（間口狭小補正率）（小数点以下2位未満切捨て） 0.　　　　　　 .　　　　 = 0.　①　⌈不整形地補正率①、②のいずれか低い率、0.6を限度とする。⌋ （奥行長大補正率）（間口狭小補正率） 0.　　　　　　 .　　　　 = 0.　②		円	F
6　地積規模の大きな宅地 （AからFまでのうち該当するもの）　規模格差補正率※ 円 × 0. ※規模格差補正率の計算 （地積(Ⓐ)）（Ⓑ）（Ⓒ）（地積(Ⓐ)）（小数点以下2位未満切捨て） {（ ㎡ ＋ ）÷ ㎡}× 0.8 = 0.		円	G
7　無道路地 （F又はGのうち該当するもの）　　　　　　（※） 円 × （ 1 － 0. ） ※割合の計算（0.4を限度とする。） （正面路線価）（通路部分の地積）（F又はGのうち該当するもの）（評価対象地の地積） （ 円 × ㎡）÷（ 円 × ㎡）= 0.		円	H
8　がけ地等を有する宅地 （AからHまでのうち該当するもの）〔南、東、西、北〕 （がけ地補正率） 円 × 0.		円	I
9　容積率の異なる2以上の地域にわたる宅地 （AからIまでのうち該当するもの）（控除割合（小数点以下3位未満四捨五入）） 円 × （ 1 － 0. ）		円	J
10　私道 （AからJまでのうち該当するもの） 円 × 0.3		円	K

自用地の評価額	自用地1平方メートル当たりの価額 （AからKまでのうちの該当記号） （ B ） 489,000 円	地積 1,000 ㎡	総額 （自用地1㎡当たりの価額）×（地積） 489,000,000 円	L

（注）1　5-1の「間口が狭小な宅地等」と5-2の「不整形地」は重複して適用できません。
　　　2　5-2の「不整形地」の「AからDまでのうち該当するもの」欄の価額について、AからDまでの欄で計算できない場合には、（第2表）の「備考」欄等で計算してください。

（資4-25-1-A4統一）

設例17 角地としての効用を有しない場合の側方路線影響加算額

次のように、側方路線に接するものの、角の部分がかけているため、角地としての効用が認められない宅地の場合、側方路線影響加算額はどのように計算するのですか。

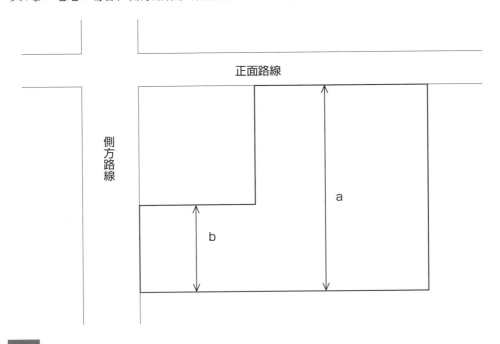

解説

上図のように、側方路線に接するものの、角地としての効用が認められない宅地については、側方路線影響加算率にかえて、二方路線影響加算率により側方路線の影響加算額を計算します。

これは、角地としての効用は認められないものの、二方路線に接する宅地としての効用は認められるためです。

具体的な加算額の計算方法は次のとおりです。

側方路線影響加算額＝側方路線価×奥行価格補正率×二方路線影響加算率×$\dfrac{b}{a}$

(3) **側方路線が2ある場合の評価方法**
　側方路線が2ある場合には、両方の側方路線価の影響額を加算して評価します。

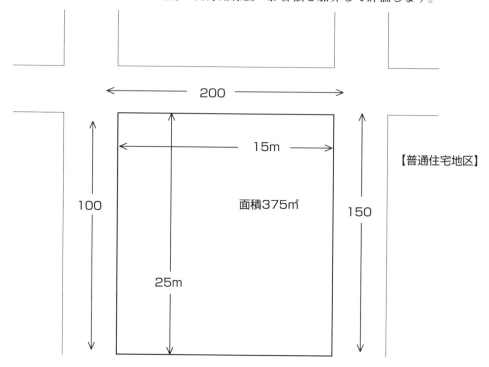

　上図の場合の評価は、次のとおりです。

　　　　　　　　　（奥行価格補正率）　　　　　　　　（奥行価格補正率）　　　　（側方路線影響加算率）
　200,000 円 ×　　　0.97　　＋ 150,000 円 ×　　　1.00　　　×　　　0.03

　　　　　　　　　（奥行価格補正率）（側方路線影響加算率）
　＋ 100,000 円 ×　　　1.00　　×　　　0.03　　　＝ 201,500 円

　201,500 円 × 375㎡ ＝ 75,562,500 円

第2章　宅地及び宅地の上に存する権利の評価

土地及び土地の上に存する権利の評価明細書（第1表）

	局(所)	署
30 年分		ページ

（平成三十年分以降用）

（住居表示）	（　　　　　　　　）	所有者	住　所 (所在地)		使用者	住　所 (所在地)	
所在地番			氏　名 (法人名)			氏　名 (法人名)	

地　目	地　積	路　　　　　線　　　　　価				地形図及び参考事項	

地目		地積	正　面	側　方	側　方	裏　面	
⊙宅地　原野 田　畑　雑種地 山林　[　　]		375 m²	200,000 円	150,000 円	100,000 円	円	省　略

間口距離	15 m	利用区分	⊙自用地　貸家建付借地権 貸宅地　転貸借地権 貸家建付地　転借地権 借地権　借家人の有する権利 私道（　　　　　）	地区区分	ビル街地区　⊙普通住宅地区 高度商業地区　中小工場地区 繁華街地区　大工場地区 普通商業・併用住宅地区	
奥行距離	25 m					

			(1 m²当たりの価額) 円	
自用地1平方メートル当たりの価額	1　一路線に面する宅地 　　（正面路線価）　　　　　　（奥行価格補正率） 　　200,000 円　×　　　　0.97		194,000	A
	2　二路線に面する宅地 　　（A）　　　　　[⊙側方/裏面]路線価　（奥行価格補正率）　[側方/二方]路線影響加算率 　194,000 円　+　（150,000 円　×1.00　×　　0.03　）		198,500	B
	3　三路線に面する宅地 　　（B）　　　　　[⊙側方/裏面]路線価　（奥行価格補正率）　[側方/二方]路線影響加算率 　198,500 円　+　（100,000 円　×1.00　×　　0.03　）		201,500	C
	4　四路線に面する宅地 　　（C）　　　　　[側方/裏面]路線価　（奥行価格補正率）　[側方/二方]路線影響加算率 　　　　円　+　（　　　　円　×　.　　×　　0.　　）			D
	5-1　間口が狭小な宅地等　（間口狭小補正率）（奥行長大補正率） 　　（AからDまでのうち該当するもの） 　　　　　円　×　（　.　　×　.　　）			E
	5-2　不　整　形　地 　　（AからDまでのうち該当するもの）　　不整形地補正率※ 　　　　　円　×　0. 　※不整形地補正率の計算 （想定整形地の間口距離）（想定整形地の奥行距離）（想定整形地の地積） 　　　　m　×　　　　m　=　　　　m² （想定整形地の地積）（不整形地の地積）（想定整形地の地積）（かげ地割合） （　　m²　−　　　m²）÷　　　m²　=　　　% （不整形地補正率表の補正率）（間口狭小補正率）　（小数点以下2位未満切捨て）　[不整形地補正率（①、②のいずれか低い率、0.6を限度とする。）] 　0.　　　　×　　　　= 0.　　① （奥行長大補正率）（間口狭小補正率） 　0.　　　　×　　　　= 0.　　②			F
	6　地積規模の大きな宅地 　　（AからFまでのうち該当するもの）　規模格差補正率※ 　　　　　円　×　0. 　※規模格差補正率の計算 （地積（Ⓐ））　　（Ⓑ）　　（Ⓒ）　　（地積（Ⓐ））　（小数点以下2位未満切捨て） ｛（　　m²×　　+　　）÷　　m²｝×0.8 = 0.			G
	7　無　道　路　地 　　（F又はGのうち該当するもの）　　　　（※） 　　　　　円　×　（　1　−　0.　） 　※割合の計算（0.4を限度とする。） （正面路線価）（通路部分の地積）（F又はGのうち該当するもの）（評価対象地の地積） 　　円　×　　m²）÷（　　円　×　　m²）= 0.			H
	8　がけ地等を有する宅地　　　　〔南、東、西、北〕 　　（AからHまでのうち該当するもの）　（がけ地補正率） 　　　　　円　×　0.			I
	9　容積率の異なる2以上の地域にわたる宅地　（控除割合（小数点以下3位未満四捨五入）） 　　（AからIまでのうち該当するもの） 　　　　　円　×　（　1　−　0.　）			J
	10　私　　　　道 　　（AからJまでのうち該当するもの） 　　　　　円　×　0.3			K

自用地の評価額	自用地1平方メートル当たりの価額 （AからKまでのうちの該当記号）	地　積	総　　　　額 （自用地1 m²当たりの価額）×（地　積）	
	（C）　　201,500 円	375 m²	75,562,500 円	L

（注）1　5-1の「間口が狭小な宅地等」と5-2の「不整形地」は重複して適用できません。
　　　2　5-2の「不整形地」の「AからDまでのうち該当するもの」欄の価額について、AからDまでの欄で計算できない場合には、（第2表）の「備考」欄等で計算してください。

（資4-25-1-A4統一）

47

(4) 準角地の評価方法

準角地とは、次の図のように1系統の路線の屈折部の内側に位置する宅地をいいます。

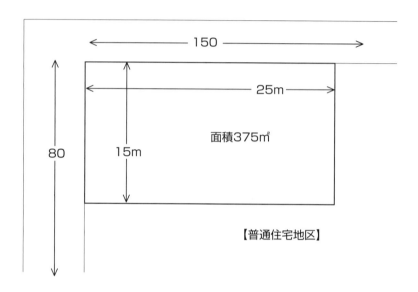

【普通住宅地区】

準角地は、1系統の路線に面することから2系統の路線に面する角地よりも宅地としての効用に劣ります。このことから、準角地の側方路線影響加算率は角地の場合よりも低く定められています。

上図の場合の評価方法は次のとおりです。

150,000 円 × 1.00 (奥行価格補正率) + 80,000 円 × 0.97 (奥行価格補正率) × 0.02 (普通住宅地区における準角地の側方路線影響加算率) = 151,552 円

151,552 円 × 375㎡ = 56,832,000 円

第2章　宅地及び宅地の上に存する権利の評価

土地及び土地の上に存する権利の評価明細書（第1表）

	局(所)	署
	30 年分	ページ

（平成三十年分以降用）

(住居表示)	(	)	所有者	住　所(所在地)		使用者	住　所(所在地)	
所在地番				氏　名(法人名)			氏　名(法人名)	

地　目	地　積	路　　　線　　　価				地形図及び参考事項	
(宅地)原野 田　畑 山林　雑種地〔　　〕	375 ㎡	正面 150,000 円	側方 80,000 円	側方 円	裏面 円	省　略	

間口距離 25 m	利用区分	自用地　貸家建付借地権 貸宅地　転貸借地権 貸家建付地　転借権 借地権　借家人の有する権利 私道　（　　　）	地区区分	ビル街地区　(普通住宅地区) 高度商業地区　中小工場地区 繁華街地区　大工場地区 普通商業・併用住宅地区
奥行距離 15 m				

自用地1平方メートル当たりの価額			(1㎡当たりの価額)	
1　一路線に面する宅地 　　(正面路線価)　　　　(奥行価格補正率) 　　150,000円　×　　　1.00			150,000 円	A
2　二路線に面する宅地 　　(A)　　[(側方)路線価]　(奥行価格補正率)　[(側方)二方 路線影響加算率] 　150,000円　+　(80,000 円 ×0.97 × 0.02)			151,552 円	B
3　三路線に面する宅地 　　(B)　　[側方 路線価]　(奥行価格補正率)　[側方 二方 路線影響加算率] 　　　　　円　+　(　　　円 × . × 　　　)			円	C
4　四路線に面する宅地 　　(C)　　[側方 路線価]　(奥行価格補正率)　[側方 二方 路線影響加算率] 　　　　　円　+　(　　　円 × . × 　　　)			円	D
5-1　間口が狭小な宅地等 　(AからDまでのうち該当するもの)　(間口狭小補正率)　(奥行長大補正率) 　　　　　円　×　(　. 　×　.)			円	E
5-2　不整形地 　(AからDまでのうち該当するもの)　不整形地補正率※ 　　　　円　× 0. 　※不整形地補正率の計算 (想定整形地の間口距離)　(想定整形地の奥行距離)　(想定整形地の地積) 　　　　m　×　　　m　=　　　㎡ (想定整形地の地積)　(不整形地の地積)　(想定整形地の地積)　(かげ地割合) (　㎡ － 　㎡) ÷ 　㎡ = 　% (不整形地補正率表の補正率)　(間口狭小補正率)　(小数点以下2位未満切捨て) 0. 　×　　. 　=　0. ① (奥行長大補正率)　(間口狭小補正率) 0. 　×　. 　=　0. ② [不整形地補正率　①、②のいずれか低い率、0.6を限度とする。]			円	F
6　地積規模の大きな宅地 　(AからFまでのうち該当するもの)　規模格差補正率※ 　　　　円　× 0. 　※規模格差補正率の計算 (地積(Ⓐ))　(Ⓑ)　(Ⓒ)　(地積(Ⓐ))　(小数点以下2位未満切捨て) 〔(　㎡× 　+ 　) ÷ 　㎡× 0.8 = 0.〕			円	G
7　無道路地 　(F又はGのうち該当するもの)　　(※) 　　　円　×　(1 － 0.) 　※割合の計算(0.4を限度とする。) (正面路線価)　(通路部分の地積)　(F又はGのうち該当するもの)　(評価対象地の地積) (　円 × 　㎡) ÷ (　円 × 　㎡) = 0.			円	H
8　がけ地等を有する宅地 　(AからHまでのうち該当するもの)　〔 南 、東 、西 、北 〕 　　　　　　(がけ地補正率) 　　　円　× 0.			円	I
9　容積率の異なる2以上の地域にわたる宅地 　(AからIまでのうち該当するもの)　(控除割合(小数点以下3位未満四捨五入)) 　　　円　×　(1 － 0.)			円	J
10　私　　　道 　(AからJまでのうち該当するもの) 　　　円　× 0.3			円	K

自用地の評価額	自用地1平方メートル当たりの価額 (AからKまでのうちの該当記号)	地　積	総　　　　額 (自用地1㎡当たりの価額) × (地　積)	
	(B)　151,552 円	375 ㎡	56,832,000 円	L

(注) 1　5-1の「間口が狭小な宅地等」と5-2の「不整形地」は重複して適用できません。
　　2　5-2の「不整形地」の「AからDまでのうち該当するもの」欄の価額について、AからDまでの欄で計算できない場合には、（第2表）の「備考」欄等で計算してください。

（資4-25-1-A4統一）

5 裏面に路線がある宅地の評価
(1) 基本的な評価方法
　次の図のような裏面に路線がある宅地の評価は、正面路線価に裏面路線価の影響額を加算して評価します。裏面路線価の影響額を算定する際に用いる画地調整率を二方路線影響加算率といいます。

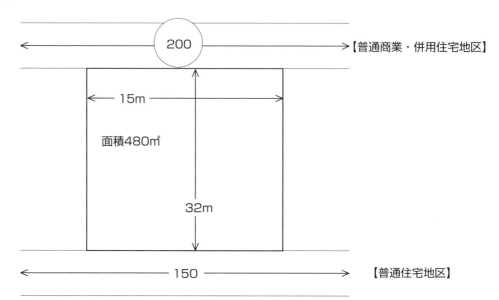

200,000 円 × 0.97（普通商業・併用住宅地区の奥行価格補正率）
＋ 150,000 円 × 0.97（普通商業・併用住宅地区の奥行価格補正率）× 0.05（普通商業・併用住宅地区の二方路線影響加算率） ＝ 201,275 円

201,275 円 × 480㎡ ＝ 96,612,000 円

第2章　宅地及び宅地の上に存する権利の評価

土地及び土地の上に存する権利の評価明細書（第1表）

	局(所)	署
	30 年分	ページ

（平成三十年分以降用）

(住居表示)	(	)	所有者	住　所(所在地)		使用者	住　所(所在地)	
所在地番				氏　名(法人名)			氏　名(法人名)	

地　目 (宅地)原野 田 畑 山 林 雑種地 [ ]	地　積 480 ㎡	路　　線　　価				地形図及び参考事項	
		正　面 200,000 円	側　方 円	側　方 円	裏　面 150,000 円		省　略

間口距離 15 m	利用区分	自用地 貸家建付地 借地権 私道	貸宅地 転貸借地権 借家人の有する権利 (	貸家建付借地権 転借権)	地区区分	ビル街地区　　普通住宅地区 高度商業地区　　中小工場地区 繁華街地区　　大工場地区 普通商業・併用住宅地区
奥行距離 32 m						

				(1㎡当たりの価額) 円	
自 用 地 1 平 方 メ ー ト ル 当 た り の 価 額	1　一路線に面する宅地 （正面路線価）　　　　　　　（奥行価格補正率） 200,000 円 × 0.97			194,000	A
	2　二路線に面する宅地 (A)　　[側方 裏面]路線価　（奥行価格補正率）　[側方 二方]路線影響加算率 194,000 円 ＋ （ 150,000 円 × 0.97 × 0.05 ）			201,275	B
	3　三路線に面する宅地 (B)　　[側方 裏面]路線価　（奥行価格補正率）　[側方 二方]路線影響加算率 円 ＋ （ 円 × 0. × 0. ）			円	C
	4　四路線に面する宅地 (C)　　[側方 裏面]路線価　（奥行価格補正率）　[側方 二方]路線影響加算率 円 ＋ （ 円 × 0. × 0. ）			円	D
	5-1　間口が狭小な宅地等 （AからDまでのうち該当するもの）（間口狭小補正率）（奥行長大補正率） 円 × （ . × . ）			円	E
	5-2　不整形地 （AからDまでのうち該当するもの）　不整形地補正率※ 円 × 0. ※不整形地補正率の計算 （想定整形地の間口距離）（想定整形地の奥行距離）（想定整形地の地積） m × m = ㎡ （想定整形地の地積）（不整形地の地積）（想定整形地の地積）（かげ地割合） （ ㎡ － ㎡）÷ ㎡ = % （不整形地補正率表の補正率）（間口狭小補正率）（小数点以下2位未満切捨て） 0. × . = ① （奥行長大補正率）（間口狭小補正率） 0. × . = ② [不整形地補正率 ①、②のいずれか低い率、0.6を限度とする。]			円	F
	6　地積規模の大きな宅地 （AからFまでのうち該当するもの）　規模格差補正率※ 円 × 0. ※規模格差補正率の計算 （地積(Ⓐ)）　（Ⓑ）　（Ⓒ）　（地積(Ⓐ)）（小数点以下2位未満切捨て） {（ ㎡× ＋ ）÷ ㎡}× 0.8 = 0.			円	G
	7　無道路地 （F又はGのうち該当するもの）　　　（※） 円 × （ 1 － 0. ） ※割合の計算（0.4を限度とする。） （正面路線価）（通路部分の地積）（F又はGのうち該当するもの）（評価対象地の地積） （ 円 × ㎡）÷（ 円 × ㎡） = 0.			円	H
	8　がけ地等を有する宅地 （AからHまでのうち該当するもの）　[南、東、西、北] （がけ地補正率） 円 × 0.			円	I
	9　容積率の異なる2以上の地域にわたる宅地 （AからIまでのうち該当するもの）　（控除割合（小数点以下3位未満四捨五入）） 円 × （ 1 － 0. ）			円	J
	10　私道 （AからJまでのうち該当するもの） 円 × 0.3			円	K

自用地の評価額	自用地1平方メートル当たりの価額 （AからKまでのうちの該当記号） (B) 201,275 円	地　積 480 ㎡	総　　額 （自用地1㎡当たりの価額）×（地積） 96,612,000 円	L

（注）1　5-1の「間口が狭小な宅地等」と5-2の「不整形地」は重複して適用できません。
　　　2　5-2の「不整形地」の「AからDまでのうち該当するもの」欄の価額について、AからDまでの欄で計算できない場合には、（第2表）の「備考」欄等で計算してください。

（資4-25-1-A4統一）

設例18 宅地の一部が裏面路線に接している場合の二方路線影響加算

次のような宅地の一部分のみが裏面路線に接している場合でも、通常の二方路線影響加算率に基づき、二方路線の影響額を加算する必要があるのでしょうか。

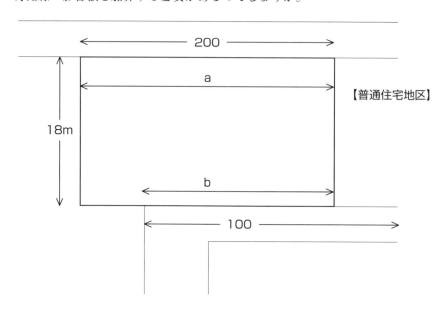

解説

上図のように、裏面路線が宅地の一部分にのみ接する場合には、次のように二方路線影響加算額を調整します。

二方路線影響加算額＝裏面路線価×奥行価格補正率×二方路線影響加算率×$\dfrac{b}{a}$

上の例の場合で、a＝20m、b＝16m とすると、評価額は次のとおりとなります。

$$200{,}000\text{円}\times \underset{(奥行価格補正率)}{1.00} + 100{,}000\text{円}\times \underset{(奥行価格補正率)}{1.00} \times \underset{(二方路線影響加算率)}{0.02} \times \dfrac{16\text{m}}{20\text{m}}$$

＝ 201,600 円

201,600 円× 360㎡ ＝ 72,576,000 円

第2章　宅地及び宅地の上に存する権利の評価

土地及び土地の上に存する権利の評価明細書（第1表）

	局(所)	署
	30 年分	ページ

（平成三十年分以降用）

(住居表示)	(	)	所有者	住　所 (所在地)		使用者	住　所 (所在地)	
所在地番				氏　名 (法人名)			氏　名 (法人名)	

地　目	地　積	路　　　線　　　価				地形図及び参考事項
ⓧ地 原野 田 畑 雑種地 山 林 [　]	㎡ 360	正　面 200,000 円	側　方 円	側　方 円	裏　面 100,000 円	省　略

間口距離	20 m	利用区分	ⓐ用地　貸家建付借地権 貸宅地　転貸借地権 貸家建付地　転借権 借地権　借家人の有する権利 私道　(　)	地区区分	ビル街地区　ⓐ通住宅地区 高度商業地区　中小工場地区 繁華街地区　大工場地区 普通商業・併用住宅地区
奥行距離	18 m				

			(1 ㎡当たりの価額) 円	
自用地1平方メートル当たりの価額	1　一路線に面する宅地 　　(正面路線価)　　　　(奥行価格補正率) 　　200,000 円　×　　　1.00		200,000	A
	2　二路線に面する宅地 　(A)　　　　[側方 裏面]路線価　(奥行価格補正率)　[側方 二方]路線影響加算率 　200,000 円　+　(100,000 円　×1.00　×　0.02×$\frac{16}{20}$)		201,600	B
	3　三路線に面する宅地 　(B)　　　　[側方 裏面]路線価　(奥行価格補正率)　[側方 二方]路線影響加算率 　　円　+　(　円　×　.　×　0.　)		円	C
	4　四路線に面する宅地 　(C)　　　　[側方 裏面]路線価　(奥行価格補正率)　[側方 二方]路線影響加算率 　　円　+　(　円　×　.　×　0.　)		円	D
	5-1　間口が狭小な宅地等 　(AからDまでのうち該当するもの)　(間口狭小補正率)　(奥行長大補正率) 　　円　×　(　.　×　.　)		円	E
	5-2　不整形地 　(AからDまでのうち該当するもの)　不整形地補正率※ 　　円　×　0. ※不整形地補正率の計算 (想定整形地の間口距離)　(想定整形地の奥行距離)　(想定整形地の地積) 　　m　×　　m　=　　㎡ (想定整形地の地積)　(不整形地の地積)　(想定整形地の地積)　(かげ地割合) (　㎡　−　㎡) ÷　㎡　=　　% (不整形地補正率表の補正率)(間口狭小補正率)　(小数点以下2位未満切捨て)　[不整形地補正率 0.　×　.　=　0.　①　　①、②のいずれか低い (奥行長大補正率)(間口狭小補正率)　　率、0.6を限度とする。] .　×　.　=　0.　②		円	F
	6　地積規模の大きな宅地 　(AからFまでのうち該当するもの)　規模格差補正率※ 　　円　×　0. ※規模格差補正率の計算 (地積(Ⓐ))　(Ⓑ)　(Ⓒ)　(地積(Ⓐ))　(小数点以下2位未満切捨て) {(　㎡×　+　) ÷　㎡} × 0.8 = 0.		円	G
	7　無道路地 　(F又はGのうち該当するもの)　　　　(※) 　　円　×　(　1　−　0.　) ※割合の計算 (0.4を限度とする。) (正面路線価)　(通路部分の地積)　(F又はGのうち該当するもの)　(評価対象地の地積) (　円×　㎡) ÷ (　円×　㎡) = 0.		円	H
	8　がけ地等を有する宅地 　(AからHまでのうち該当するもの)　〔南、東、西、北〕 　　　　　　　　　　　　(がけ地補正率) 　　円　×　0.		円	I
	9　容積率の異なる2以上の地域にわたる宅地 　(AからIまでのうち該当するもの)　(控除割合 (小数点以下3位未満四捨五入)) 　　円　×　(　1　−　0.　)		円	J
	10　私　道 　(AからJまでのうち該当するもの) 　　円　×　0.3		円	K

自用地の評価額	自用地1平方メートル当たりの価額 (AからKまでのうちの該当記号)	地　積	総　　　　額 (自用地1㎡当たりの価額) × (地積)	
	(B) 201,600 円	360 ㎡	72,576,000 円	L

(注) 1　5-1の「間口が狭小な宅地等」と5-2の「不整形地」は重複して適用できません。
　　 2　5-2の「不整形地」の「AからDまでのうち該当するもの」欄の価額について、AからDまでの欄で計算できない場合には、(第2表)の「備考」欄等で計算してください。

(資4-25-1-A4統一)

(2) 三路線に接する宅地の評価方法

　正面路線に側方路線と裏面路線がある場合の宅地は、正面路線価に側方路線影響加算額と二方路線影響加算額を加算して評価します。

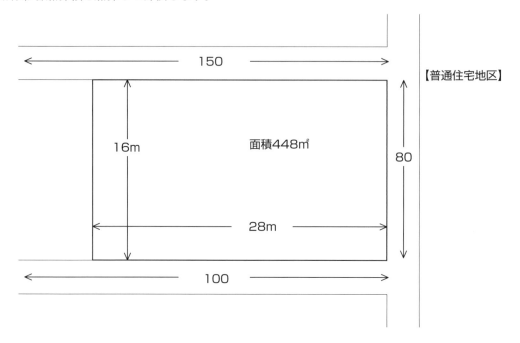

　上図の宅地の場合の評価方法は次のとおりです。

　　　　　　　　　（奥行価格補正率）　　　　　（奥行価格補正率）　（側方路線影響加算率）
　150,000 円 ×　　　1.00　　　＋ 80,000 円 ×　　0.95　　　×　　　0.03

　　　　　　　　　（奥行価格補正率）（二方路線影響加算率）
　＋ 100,000 円 ×　　1.00　　　×　　　0.02　　　　　 ＝ 154,280 円

　154,280 円 × 448㎡ ＝ 69,117,440 円

第2章　宅地及び宅地の上に存する権利の評価

土地及び土地の上に存する権利の評価明細書（第1表）

		局(所)　　署
		30 年分　　ページ

（平成三十年分以降用）

（住居表示）　（　　　　　　　　　　　）	所有者	住　所（所在地）		使用者	住　所（所在地）	
所在地番		氏　名（法人名）			氏　名（法人名）	

地　目	地　積 ㎡		路　　　　線　　　　価				地形図及び参考事項	
(宅地) 田 畑 山 林 [　] 原野 雑種地	448	正　面 150,000 円	側　方 80,000 円	側　方 円	裏　面 100,000 円		省　略

間口距離 28 m	利用区分	自用地　貸家建付借地権　貸宅地　転貸借地権　貸家建付地　転借権　借地権　借家人の有する権利　私道（　　　　　　　）	地区区分	ビル街地区　普通住宅地区　高度商業地区　中小工場地区　繁華街地区　大工場地区　普通商業・併用住宅地区	
奥行距離 16 m					

自用地1平方メートル当たりの価額			
1　一路線に面する宅地　（正面路線価）　　　　　（奥行価格補正率）　150,000円 × 1.00		（1㎡当たりの価額）円 150,000	A
2　二路線に面する宅地　（A）　[側方/裏面 路線価]（奥行価格補正率）[側方/二方 路線影響加算率]　150,000円 ＋（ 80,000円 ×0.95 × 0.03 ）		（1㎡当たりの価額）円 152,280	B
3　三路線に面する宅地　（B）　[側方/裏面 路線価]（奥行価格補正率）[側方/二方 路線影響加算率]　152,280円 ＋（ 100,000円 ×1.00 × 0.02 ）		（1㎡当たりの価額）円 154,280	C
4　四路線に面する宅地　（C）　[側方/裏面 路線価]（奥行価格補正率）[側方/二方 路線影響加算率]　円 ＋（ 円 ×． × 0． ）		（1㎡当たりの価額）円	D
5-1　間口が狭小な宅地等　（AからDまでのうち該当するもの）（間口狭小補正率）（奥行長大補正率）　円 ×　．　×　．		（1㎡当たりの価額）円	E
5-2　不整形地　（AからDまでのうち該当するもの）　不整形地補正率※　円 × 0．　　　　※不整形地補正率の計算　（想定整形地の間口距離）（想定整形地の奥行距離）（想定整形地の地積）　m × m ＝ ㎡　（想定整形地の地積）（不整形地の地積）（想定整形地の地積）（かげ地割合）　（ ㎡ － ㎡ ）÷ ㎡ ＝ ％　（不整形地補正率表の補正率）（間口狭小補正率）（小数点以下2位未満切捨て）[不整形地補正率①、②のいずれか低い率、0.6を限度とする。]　0． × ． ＝ 0．①　（奥行長大補正率）（間口狭小補正率）　0． × ． ＝ 0．②		（1㎡当たりの価額）円	F
6　地積規模の大きな宅地　（AからFまでのうち該当するもの）　規模格差補正率※　円 × 0．　　　　※規模格差補正率の計算　（地積（Ⓐ））（Ⓑ）（Ⓒ）（地積（Ⓐ））（小数点以下2位未満切捨て）　〔（ ㎡× ＋ ）÷ ㎡〕× 0.8 ＝ 0．		（1㎡当たりの価額）円	G
7　無道路地　（F又はGのうち該当するもの）（※）　円 ×（ 1 － 0． ）　　　　※割合の計算（0.4を限度とする。）　（正面路線価）（通路部分の地積）（F又はGのうち該当するもの）（評価対象地の地積）　（ 円× ㎡ ）÷（ 円× ㎡ ）＝ 0．		（1㎡当たりの価額）円	H
8　がけ地等を有する宅地　（AからHまでのうち該当するもの）〔 南 、 東 、 西 、 北 〕（がけ地補正率）　円 × 0．		（1㎡当たりの価額）円	I
9　容積率の異なる2以上の地域にわたる宅地　（AからIまでのうち該当するもの）（控除割合（小数点以下3位未満四捨五入））　円 ×（ 1 － 0． ）		（1㎡当たりの価額）円	J
10　私　　道　（AからJまでのうち該当するもの）　円 × 0.3		（1㎡当たりの価額）円	K

自用地の評価額	自用地1平方メートル当たりの価額（AからKまでのうちの該当記号）　（ C ）　154,280 円	地　積　448 ㎡	総　　　額（自用地1㎡当たりの価額）×（地積）　69,117,440 円	L

（注）1　5-1の「間口が狭小な宅地等」と5-2の「不整形地」は重複して適用できません。

　　　2　5-2の「不整形地」の「AからDまでのうち該当するもの」欄の価額について、AからDまでの欄で計算できない場合には、（第2表）の「備考」欄等で計算してください。

（資4-25-1-A4統一）

(3) 四路線に面する宅地の評価方法

正面路線に両側側方路線及び裏面路線がある宅地は、正面路線価に両側の側方路影響額及び二方路線影響加算額を加算して評価します。

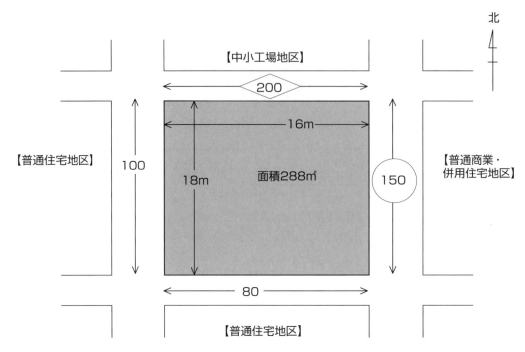

上図の宅地の場合の評価方法は次のとおりです。

●正面路線価

　　　　　　　（奥行価格補正率）
200,000 円 ×　　0.99　　= 198,000 円

●東側側方路線価影響加算額

　　　　　　　（奥行価格補正率）　（側方路線影響加算率）
150,000 円 ×　　0.99　　×　　0.03　　= 4,455 円

●西側側方路線価影響加算額

　　　　　　　（奥行価格補正率）　（側方路線影響加算率）
100,000 円 ×　　0.99　　×　　0.03　　= 2,970 円

●二方路線影響加算額

　　　　　　　（奥行価格補正率）　（二方路線影響加算率）
80,000 円 ×　　0.99　　×　　0.02　　= 1,584 円

●評価額

（198,000 円 + 4,455 円 + 2,970 円 + 1,584 円）× 288 ㎡ = 59,618,592 円

なお、上図の宅地の場合、正面路線の地区区分が中小工場地区であるため、奥行価格補正率及び各路線影響加算率は、すべて中小工場地区の率を用いることに注意してください（**第2章第2節4**(2)「正面路線の判定」（40ページ）参照）。

第2章　宅地及び宅地の上に存する権利の評価

土地及び土地の上に存する権利の評価明細書（第1表）

	局(所)		署
	30 年分		ページ

（平成三十年分以降用）

（住居表示）	（ ）	所有者	住所（所在地）		使用者	住所（所在地）	
所在地番			氏名（法人名）			氏名（法人名）	

地　目		地　積	路　線　価				地形図及び参考事項	
(宅地) 原野		㎡	正面	側方	側方	裏面		
田　雑種地		288	円 200,000	円 150,000	円 100,000	円 80,000	省　略	
畑　山林 [　]								

間口距離	16 m	利用区分	(自用地) 貸家建付借地権	地区区分	ビル街地区　　普通住宅地区
			貸宅地　転貸借地権		高度商業地区　(中小工場地区)
			貸家建付地　転　借　権		繁華街地区　　大工場地区
奥行距離	18 m		借地権　借家人の有する権利		普通商業・併用住宅地区
			私道　（　　）		

	自用地1平方メートル当たりの価額			（1㎡当たりの価額）円	
自用地1平方メートル当たりの価額	1　一路線に面する宅地　　　　　（正面路線価）　　　　　　　（奥行価格補正率） 200,000 円 ×　　　0.99			198,000	A
	2　二路線に面する宅地　(A)　　[側方裏面]路線価　（奥行価格補正率）[側方二方]路線影響加算率 198,000 円 ＋ （150,000 円 ×0.99 ×　0.03　）			（1㎡当たりの価額）円 202,455	B
	3　三路線に面する宅地　(B)　　[側方裏面]路線価　（奥行価格補正率）[側方二方]路線影響加算率 202,455 円 ＋ （100,000 円 ×0.99 ×　0.03　）			（1㎡当たりの価額）円 205,425	C
	4　四路線に面する宅地　(C)　　[側方裏面]路線価　（奥行価格補正率）[側方二方]路線影響加算率 205,425 円 ＋ （80,000 円 ×0.99 ×　0.02　）			（1㎡当たりの価額）円 207,009	D
	5-1　間口が狭小な宅地等　（AからDまでのうち該当するもの）　（間口狭小補正率）（奥行長大補正率） 円 × （　.　×　.　）			（1㎡当たりの価額）円	E
	5-2　不整形地　（AからDまでのうち該当するもの）　不整形地補正率※ 円 × 0. ※不整形地補正率の計算 （想定整形地の間口距離）（想定整形地の奥行距離）（想定整形地の地積） m　　　　m　　　　㎡ （想定整形地の地積）（不整形地の地積）（想定整形地の地積）（かげ地割合） （　　㎡ － 　　㎡）÷ 　　㎡ ＝ 　　％ （不整形地補正率表の補正率）（間口狭小補正率）（小数点以下2位未満切捨て）[不整形地補正率　①、②のいずれか低い率、0.6を限度とする。] 0.　　×　　 ＝ 0.　① （奥行長大補正率）（間口狭小補正率） 0.　　×　　 ＝ 0.　②			（1㎡当たりの価額）円	F
	6　地積規模の大きな宅地　（AからFまでのうち該当するもの）　規模格差補正率※ 円 × 0. ※規模格差補正率の計算 （地積(Ⓐ)）　　(Ⓑ)　　(Ⓒ)　　（地積(Ⓐ)）（小数点以下2位未満切捨て） {（　㎡× 　＋ 　）÷ 　㎡}× 0.8 ＝ 0.			（1㎡当たりの価額）円	G
	7　無道路地　（F又はGのうち該当するもの）　　　　　（※） 円 × （1 － 0.　） ※割合の計算（0.4を限度とする。） （正面路線価）（通路部分の地積）（F又はGのうち該当するもの）（評価対象地の地積） 円×　㎡）÷ （　円× 　㎡）＝ 0.			（1㎡当たりの価額）円	H
	8　がけ地等を有する宅地　〔南、東、西、北〕　（AからHまでのうち該当するもの）（がけ地補正率） 円 × 0.			（1㎡当たりの価額）円	I
	9　容積率の異なる2以上の地域にわたる宅地　（AからIまでのうち該当するもの）（控除割合（小数点以下3位未満四捨五入）） 円 × （1 － 0.　）			（1㎡当たりの価額）円	J
	10　私道　（AからJまでのうち該当するもの） 円 × 0.3			（1㎡当たりの価額）円	K

自用地の評価額	自用地1平方メートル当たりの価額（AからKまでのうちの該当記号）	地　積	総　額（自用地1㎡当たりの価額）×（地積）	
	（D） 円 207,009	㎡ 288	円 59,618,592	L

(注) 1　5-1の「間口が狭小な宅地等」と5-2の「不整形地」は重複して適用できません。
2　5-2の「不整形地」の「AからDまでのうち該当するもの」欄の価額について、AからDまでの欄で計算できない場合には、（第2表）の「備考」欄等で計算してください。

（資4-25-1-A4統一）

57

設例19 多数の路線に接する宅地の評価

次の宅地のように多数の路線に接する場合には、どのように評価するのでしょうか。

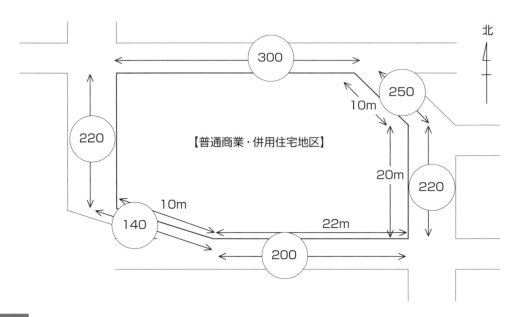

解説

多数の路線に接する宅地の価額は、各路線が正面路線に対し側方路線としての効用を果たすのか、裏面路線としての効用を果たすのかを個々に検討し、それぞれの路線価にその適用すべき側方路線影響加算率又は二方路線影響加算率を乗じた金額を基に評価します。

上図の場合、各路線の判定は次のようになります。

●正面路線価

300,000円（普通商業・併用住宅地区）

●側方路線価（東側）

230,000円 $\left[= \dfrac{250,000 \text{円} \times 10 \text{ m} + 220,000 \text{円} \times 20 \text{ m}}{10 \text{ m} + 20 \text{ m}} \right]$

●側方路線価（西側）

220,000円

●裏面路線価

181,250円 $\left[= \dfrac{140,000 \text{円} \times 10 \text{ m} + 200,000 \text{円} \times 22 \text{ m}}{10 \text{ m} + 22 \text{ m}} \right]$

6 間口狭小補正率・奥行長大補正率（評価通達20-4）

(1) 間口狭小補正率

間口が狭小であることは、宅地への進入の利便、採光等に影響し、標準的な宅地の価格に比し減価する要因となるものですから、画地調整率により間口距離に応じたマイナス度合を価格に反映させる必要があります。この時に用いる画地調整率を間口狭小補正率といいます。

間口狭小補正率表

地区区分／間口距離m	ビル街	高度商業	繁華街	普通商業・併用住宅	普通住宅	中小工場	大工場
4未満	－	0.85	0.90	0.90	0.90	0.80	0.80
4以上6未満	－	0.94	1.00	0.97	0.94	0.85	0.85
6 〃 8 〃	－	0.97		1.00	0.97	0.90	0.90
8 〃 10 〃	0.95	1.00			1.00	0.95	0.95
10 〃 16 〃	0.97					1.00	0.97
16 〃 22 〃	0.98						0.98
22 〃 28 〃	0.99						0.99
28 〃	1.00						1.00

(2) 奥行長大補正率

宅地の価格は、間口と奥行の整合性にも影響を受けます。このため、間口距離に比し奥行が長大な宅地は、標準的な宅地の価格に比べその価格が低減します。この間口と奥行の不均衡から生ずる減価割合を調整する画地補正率を奥行長大補正率といいます。

奥行長大補正率は、間口距離と奥行距離との整合性により適用するものですから、上記(1)の間口狭小な宅地に該当する場合は勿論、たとえ間口距離は標準的であっても間口距離に比し奥行が長大である場合には、適用があります。

奥行長大補正率表

地区区分／奥行距離／間口距離	ビル街	高度商業	繁華街	普通商業・併用住宅	普通住宅	中小工場	大工場
2以上3未満	1.00	1.00			0.98	1.00	1.00
3 〃 4 〃		0.99			0.96	0.99	
4 〃 5 〃		0.98			0.94	0.98	
5 〃 6 〃		0.96			0.92	0.96	
6 〃 7 〃		0.94			0.90	0.94	
7 〃 8 〃		0.92				0.92	
8 〃		0.90				0.90	

設例 20 間口狭小な宅地の評価事例

次のような間口が狭い宅地はどのように評価するのでしょうか。

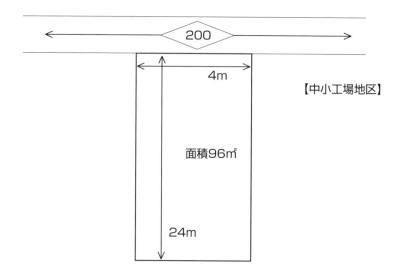

解説

上図の場合には、奥行価格補正率、間口狭小補正率及び奥行長大補正率を用いて次のように評価します。

     （奥行価格補正率）（間口狭小補正率）（奥行長大補正率）
200,000 円 × 1.00 × 0.85 × 0.94 = 159,800 円
159,800 円 × 96㎡ = 15,340,800 円

第2章　宅地及び宅地の上に存する権利の評価

土地及び土地の上に存する権利の評価明細書（第1表）

			局(所)	署
			30 年分	ページ

（平成三十年分以降用）

（住居表示）	（　　　　　　　）	所有者	住　所（所在地）		使用者	住　所（所在地）	
所在地番			氏　名（法人名）			氏　名（法人名）	

地　　目	地　積		路　　　　　線　　　　　価					地形図及び参考事項
⦿宅地　原野　田　雑種地　畑　山林　[　　]	96 ㎡	正　面 200,000	側　方　円	側　方　円	裏　面　円		省　略

間口距離	4 m	利用区分	⦿自用地　貸家建付借地権　貸宅地　転貸借地権　貸家建付地　転　借　権　借地権　借家人の有する権利　私　　道	地区区分	ビル街地区　普通住宅地区　高度商業地区　⦿中小工場地区　繁華街地区　大工場地区　普通商業・併用住宅地区
奥行距離	24 m				

		（1㎡当たりの価額）円	
自用地1平方メートル当たりの価額	1　一路線に面する宅地　　（正面路線価）　　　　　　　　　（奥行価格補正率）　　　　　　200,000円　×　　　　　　1.00	200,000	A
	2　二路線に面する宅地　　（A）　[側方裏面]路線価　（奥行価格補正率）　[側方二方]路線影響加算率　　　　　円　＋　（　　　円　×　.　　×　0.　　）		B
	3　三路線に面する宅地　　（B）　[側方裏面]路線価　（奥行価格補正率）　[側方二方]路線影響加算率　　　　　円　＋　（　　　円　×　.　　×　0.　　）		C
	4　四路線に面する宅地　　（C）　[側方裏面]路線価　（奥行価格補正率）　[側方二方]路線影響加算率　　　　　円　＋　（　　　円　×　.　　×　0.　　）		D
	5-1　間口が狭小な宅地等　（AからDまでのうち該当するもの）（間口狭小補正率）（奥行長大補正率）　　　　200,000円　×　（　0.85　×　0.94　）	159,800	E
	5-2　不　整　形　地　（AからDまでのうち該当するもの）　不整形地補正率※　　　　　円　×　0.　　※不整形地補正率の計算　（想定整形地の間口距離）（想定整形地の奥行距離）（想定整形地の地積）　　　m　×　　　m　＝　　　㎡　（想定整形地の地積）（不整形地の地積）（想定整形地の地積）（かげ地割合）　（　　㎡　－　　　㎡）÷　　　㎡　＝　　　％　（不整形地補正率表の補正率）（間口狭小補正率）（小数点以下2位未満切捨て）[不整形地補正率①、②のいずれか低い率、0.6を限度とする。]　　　×　　.　　＝　0.　①　（奥行長大補正率）（間口狭小補正率）　　　×　　.　　＝　0.　②		F
	6　地積規模の大きな宅地　（AからFまでのうち該当するもの）　規模格差補正率※　　　　　円　×　0.　　※規模格差補正率の計算　（地積Ⓐ）（Ⓑ）（Ⓒ）（地積Ⓐ）（小数点以下2位未満切捨て）　{（　㎡×　　＋　　）÷　　㎡}×　0.8　＝　0.		G
	7　無　道　路　地　（F又はGのうち該当するもの）　　　　　　（※）　　　　　円　×　（　1　－　0.　　）　　※割合の計算（0.4を限度とする。）　（正面路線価）（通路部分の地積）（F又はGのうち該当するもの）（評価対象地の地積）　（　　円×　　㎡）÷（　　円×　　㎡）＝ 0.		H
	8　がけ地等を有する宅地　（AからHまでのうち該当するもの）　[南、東、西、北]（がけ地補正率）　　　　　円　×　0.		I
	9　容積率の異なる2以上の地域にわたる宅地　（AからIまでのうち該当するもの）（控除割合（小数点以下3位未満四捨五入））　　　　　円　×　（　1　－　0.　　）		J
	10　私　　　道　（AからJまでのうち該当するもの）　　　　　円　×　0.3		K

自用地の評価額	自用地1平方メートル当たりの価額（AからKまでのうちの該当記号）	地　積	総　額（自用地1㎡当たりの価額）×（地積）	L
	（E）　159,800 円	96 ㎡	15,340,800 円	

(注)　1　5-1の「間口が狭小な宅地等」と5-2の「不整形地」は重複して適用できません。
　　　2　5-2の「不整形地」の「AからDまでのうち該当するもの」欄の価額について、AからDまでの欄で計算できない場合には、（第2表）の「備考」欄等で計算してください。

(資4-25-1-A4統一)

61

設例21 2以上の路線に接する間口狭小な宅地の評価

次のような宅地も間口狭小な宅地に該当するのでしょうか。

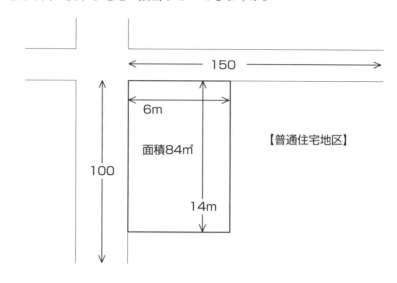

解説

　間口狭小補正率及び奥行長大補正率の適用の有無は、正面路線を基準に判定します。上図の宅地の場合には、150,000円の正面路線から判定すると間口狭小及び奥行長大な宅地に該当することとなります。

　なお、2以上の路線に接する場合には、間口狭小補正率・奥行長大補正率は、側方路線影響加算又は二方路線影響加算を行った後の価額に適用します。

```
              （奥行価格補正率）          （奥行価格補正率）    （側方路線影響加算率）
150,000 円 ×     1.00    ＋ 100,000 円 ×    0.95    ×      0.03       ＝ 152,850 円

              （間口狭小補正率）（奥行長大補正率）
152,850 円 ×     0.97    ×    0.98    ＝ 145,299 円
```

145,299 円 × 84㎡ ＝ 12,205,116 円

第2章　宅地及び宅地の上に存する権利の評価

土地及び土地の上に存する権利の評価明細書（第1表）

	局(所)	署
	30 年分	ページ

(住居表示)	(	)	所有者	住　所 (所在地)		使用者	住　所 (所在地)	
所在地番				氏　名 (法人名)			氏　名 (法人名)	

地　　目	地　積	路　　　線　　　価				地形図及び参考事項
(宅地)原野 田　　雑種地 畑 山林 [　]	84 ㎡	正　面 150,000 円	側　方 100,000 円	側　方 円	裏　面 円	省　略

間口距離	6 m	利用区分	自用地　貸家建付借地権 貸宅地　転貸借地権 貸家建付地　転借権 借地権　借家人の有する権利 私道　　( )	地区区分	ビル街地区　普通住宅地区 高度商業地区　中小工場地区 繁華街地区　大工場地区 普通商業・併用住宅地区
奥行距離	14 m				

		(1㎡当たりの価額) 円	
自用地1平方メートル当たりの価額	1　一路線に面する宅地 (正面路線価)　　　　　　　　(奥行価格補正率) 150,000円 × 1.00	150,000	A
	2　二路線に面する宅地 (A)　[側方 裏面]路線価　(奥行価格補正率)　[側方 二方]路線影響加算率 150,000 + (100,000円 ×0.95 × 0.03)	152,850	B
	3　三路線に面する宅地 (B)　[側方 裏面]路線価　(奥行価格補正率)　[側方 二方]路線影響加算率 円 + (円 × 0. × 0.)		C
	4　四路線に面する宅地 (C)　[側方 裏面]路線価　(奥行価格補正率)　[側方 二方]路線影響加算率 円 + (円 × 0. × 0.)		D
	5-1　間口が狭小な宅地等 (AからDまでのうち該当するもの)　(間口狭小補正率)　(奥行長大補正率) 152,850円 × (0.97 × 0.98)	145,299	E
	5-2　不整形地 (AからDまでのうち該当するもの)　不整形地補正率※ 円 × 0. ※不整形地補正率の計算 (想定整形地の間口距離)　(想定整形地の奥行距離)　(想定整形地の地積) m × m = ㎡ (想定整形地の地積)　(不整形地の地積)　(想定整形地の地積)　(かげ地割合) (㎡ - ㎡) ÷ ㎡ = % (不整形地補正率表の補正率)　(間口狭小補正率)　(小数点以下2位未満切捨て)　[不整形地補正率 0. × 0. = 0. ①　①、②のいずれか低い (奥行長大補正率)　(間口狭小補正率)　　　　　　　　率、0.6を限度とする。] 0. × 0. = 0. ②		F
	6　地積規模の大きな宅地 (AからFまでのうち該当するもの)　規模格差補正率※ 円 × 0. ※規模格差補正率の計算 (地積(Ⓐ))　(Ⓑ)　(Ⓒ)　(地積(Ⓐ))　(小数点以下2位未満切捨て) {(㎡× +) ÷ ㎡} × 0.8 = 0.		G
	7　無道路地 (F又はGのうち該当するもの)　　　　　　　　　　(※) 円 × (1 - 0.) ※割合の計算(0.4を限度とする。) (正面路線価)　(通路部分の地積)　(F又はGのうち該当するもの)　(評価対象地の地積) (円 × ㎡) ÷ (円 × ㎡) = 0.		H
	8　がけ地等を有する宅地 (AからHまでのうち該当するもの)　[南、東、西、北] (がけ地補正率) 円 × 0.		I
	9　容積率の異なる2以上の地域にわたる宅地 (AからIまでのうち該当するもの)　(控除割合(小数点以下3位未満四捨五入)) 円 × (1 - 0.)		J
	10　私　　道 (AからJまでのうち該当するもの) 円 × 0.3		K

自用地の評価額	自用地1平方メートル当たりの価額 (AからKまでのうちの該当記号)	地　積	総　額 (自用地1㎡当たりの価額)×(地積)	
	(E)　145,299 円	84 ㎡	12,205,116 円	L

(注) 1　5-1の「間口が狭小な宅地等」と5-2の「不整形地」は重複して適用できません。
　　　2　5-2の「不整形地」の「AからDまでのうち該当するもの」欄の価額について、AからDまでの欄で計算できない場合には、(第2表)の「備考」欄等で計算してください。

(資4-25-1-A4統一)

7 不整形地の評価（評価通達20）

(1) 評価方法

不整形地は、その形状から宅地としての効用を十分に発揮できない部分を包含する宅地であることから、標準的な形状の宅地に比し効用が劣ります。このため、不整形地の価額は、整形地の価額から減価して評価する必要があります。

このような不整形地であることの減価割合は、その不整形の程度、地積及びその所在する地区にも影響を受けます。

不整形地の評価は次の手順で行います。

① まず、不整形地補正率適用前の価額を求めます。この価額は次のAからDの4類型に応じた評価方法のうち、いずれか有利な方法により求めることができます。

また、この場合の価額は、評価通達15《奥行価格補正》から評価通達18《三方又は四方路線影響加算》までの定めによって計算します。

② ①で求めた価額に、不整形地補正率を乗じて不整形地としての価額を算定します。

適用する不整形地補正率は、「不整形地補正率を算定する際の地積区分表」及び「不整形地補正率表」に基づき確認します。

　A　不整形地を区分して求めた整形地に基づいて評価するパターン

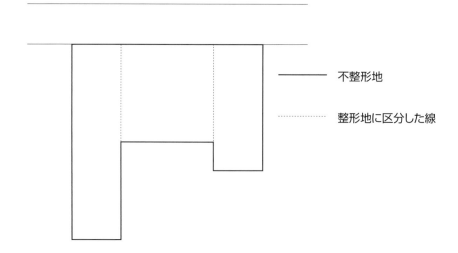

この評価方法の場合、区分した個々の整形地の価額は、間口狭小補正率及び奥行長大補正率は適用せずに計算します。

B 不整形地の地積を間口距離で除して算出した計算上の奥行距離を基として求めた整形地により評価するパターン

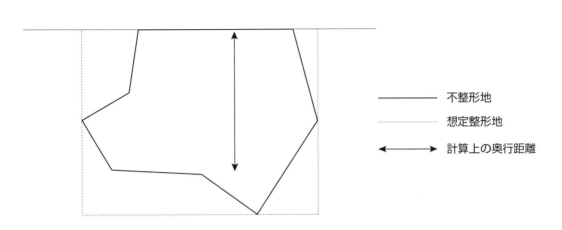

 ただし、計算上の奥行距離が想定整形地（不整形地のすべてを囲む、正面路線に面するく形又は長方形の土地。上図の ……… の土地。）の奥行距離を超える場合には、想定整形地の奥行距離を限度とします。

 例えば次の図の場合には、計算上の奥行距離が想定整形地を突き抜けていますので、想定整形地の奥行距離が不整形地の奥行距離となります。

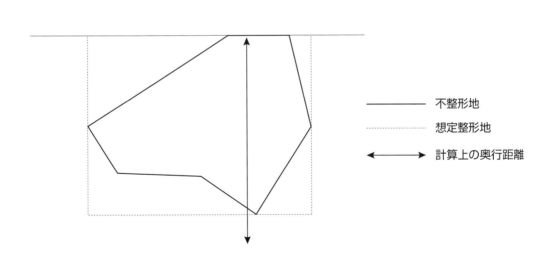

C　近似整形地（不整形地に近似する整形地をいいます。）を求め、その近似整形地に基づいて評価するパターン

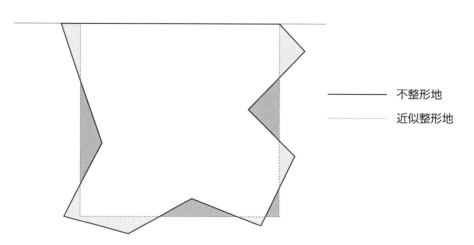

　近似整形地は、近似整形地からはみ出る不整形地の部分（■■■■の部分）と近似整形地に含まれる不整形地以外の部分（■■■■の部分）の地積がおおむね等しく、かつ、これらの合計地積ができるだけ小さくなるように設定します。
　なお、近似整形地を設定する場合、その屈折角は90度とします。

D　不整形地の近似整形地を求め、隣接する整形地と合わせた宅地の評価額を計算し、これから隣接する宅地の評価額を控除して求めた価額に基づき評価するパターン

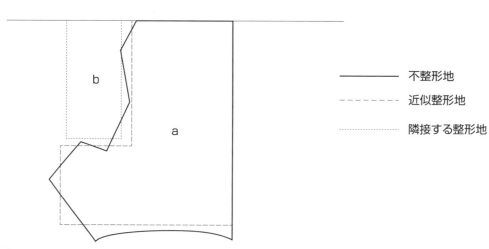

　例えば上の図の場合には、「（aとbを合せた整形地の価額）－bの価額」に基づいて評価します。

(2) 不整形地補正率

評価対象地に適用する不整形地補正率は、不整形地補正率表に基づいて求めますが、具体的な手順は次のとおりです。

① 評価する不整形地の地積と路線価の地区区分を「不整形地補正率を算定する際の地積区分表」に当てはめ、地積区分A、B、Cのいずれに該当するか判定します。

② 次に路線価の地区区分、地積区分（①で判定A、B又はC）及びかげ地割合を「不整形地補正率表」に当てはめ、該当する不整形地補正率を求めます。

なお、かげ地割合は次の算式により計算します。

かげ地割合＝（想定整形地の地積－不整形地の地積）÷想定整形地の地積

③ 不整形地が間口狭小な宅地にも該当する場合には、上記の不整形地補正率に間口狭小補正率を乗じた数値が、その不整形地に適用する不整形地補正率となります。この場合、不整形地補正率は、0.6 を下限とします。

なお、奥行長大補正率と不整形地補正率は併用することができません。奥行長大な宅地にも該当する場合には、「奥行長大補正率×間口狭小補正率」か、「不整形地補正率×間口狭小補正率」か、いずれか有利な方を選択して評価します。

また、大工場地区にある不整形地については、原則として不整形地補正は行いませんが、地積がおおむね 9,000㎡ 程度までのものについては、中小工場地区の地区区分によって不整形地補正を行っても差し支えありません。

不整形地補正率を算定する際の地積区分表

地区区分＼地積区分	A	B	C
高 度 商 業	1,000㎡未満	1,000㎡以上 1,500㎡未満	1,500㎡以上
繁 華 街	450㎡未満	450㎡以上 700㎡未満	700㎡以上
普通商業・併用住宅	650㎡未満	650㎡以上 1,000㎡未満	1,000㎡以上
普 通 住 宅	500㎡未満	500㎡以上 750㎡未満	750㎡以上
中 小 工 場	3,500㎡未満	3,500㎡以上 5,000㎡未満	5,000㎡以上

不整形地補正率表

地積区分 かげ地割合	高度商業、繁華街、普通商業・併用住宅、中小工場 A	B	C	普通住宅 A	B	C
10％以上	0.99	0.99	1.00	0.98	0.99	0.99
15％ 〃	0.98	0.99	0.99	0.96	0.98	0.99
20％ 〃	0.97	0.98	0.99	0.94	0.97	0.98
25％ 〃	0.96	0.98	0.99	0.92	0.95	0.97
30％ 〃	0.94	0.97	0.98	0.90	0.93	0.96
35％ 〃	0.92	0.95	0.98	0.88	0.91	0.94
40％ 〃	0.90	0.93	0.97	0.85	0.88	0.92
45％ 〃	0.87	0.91	0.95	0.82	0.85	0.90
50％ 〃	0.84	0.89	0.93	0.79	0.82	0.87
55％ 〃	0.80	0.87	0.90	0.75	0.78	0.83
60％ 〃	0.76	0.84	0.86	0.70	0.73	0.78
65％ 〃	0.70	0.75	0.80	0.60	0.65	0.70

(3) 想定整形地の求め方

　想定整形地とは、不整形地のすべてを囲む、正面路線に面するく形又は長方形の土地をいいますが、想定整形地の取り方の具体例は次のとおりです。

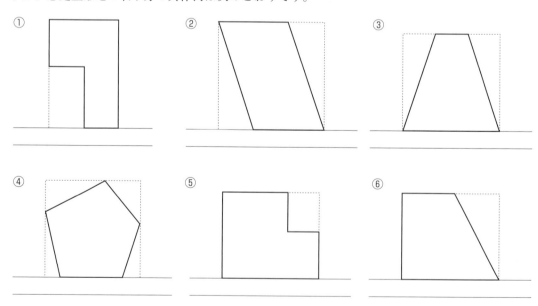

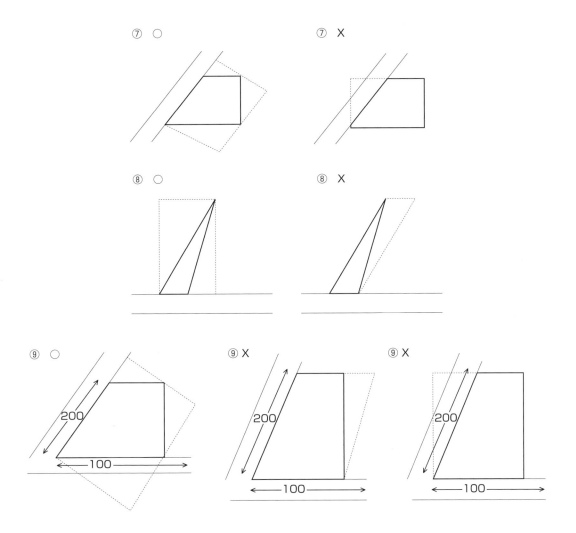

⑩ 屈折路に面する不整形地に係る想定整形地は、いずれかの路線からの垂線によって又は路線に接する両端を結ぶ直線によって、評価しようとする宅地の全域を囲むく形又は正方形のうち最も面積の小さいものを想定整形地とします

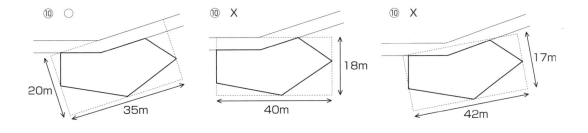

設例22 Aのパターンの不整形地の具体的評価方法

次の整形地に区分できる不整形地の評価方法について教えてください。

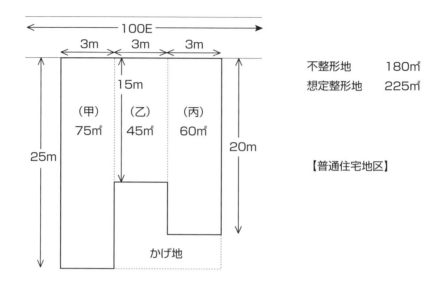

解説

上図のような場合、不整形地を区分して求めた整形地を基として計算した価額の合計額に、不整形地補正率を乗じて評価することができます。

1　不整形地を整形地に区分して個々に奥行価格補正を行った価額の合計額

甲土地　100,000円（路線価）×　0.97（奥行距離25mの場合の奥行価格補正率）×　75㎡（地積）＝ 7,275,000円

乙土地　100,000円（路線価）×　1.00（奥行距離15mの場合の奥行価格補正率）×　45㎡（地積）＝ 4,500,000円

丙土地　100,000円（路線価）×　1.00（奥行距離20mの場合の奥行価格補正率）×　60㎡（地積）＝ 6,000,000円

7,275,000円（甲土地）＋ 4,500,000円（乙土地）＋ 6,000,000円（丙土地）＝ 17,775,000円

● 奥行価格補正後の単価　17,775,000円 ÷ 180㎡ ＝ 98,750円

2　不整形地補正率

不整形地補正率 0.94（普通住宅地区　地積区分A　かげ地割合20％）

$$\text{かげ地割合} = \frac{225㎡（想定整形地の地積） - 180㎡（不整形地の地積）}{225㎡} = 20\%$$

想定整形地の地積　9m × 25m ＝ 225㎡

3　評価額

98,750円 ×　0.94（不整形地補正率）×　180㎡（地積）＝ 16,708,500円

第2章　宅地及び宅地の上に存する権利の評価

全体

土地及び土地の上に存する権利の評価明細書（第1表）

	局(所)	署
	30 年分	ページ

（平成三十年分以降用）

(住居表示)	(	)	所有者	住　所 (所在地)		使用者	住　所 (所在地)	
所在地番				氏　名 (法人名)			氏　名 (法人名)	

地　目	地　積	路　　　線　　　価				地形図及び参考事項

地　目		地　積	正　面	側　方	側　方	裏　面	
⊙宅地　原野 田　　雑種地 畑 山林〔　　〕		㎡ 180	円 98,750	円	円	円	7,275千円+4,500千円+6,000千円 180㎡ ＝98,750円

間口距離	9 m	利用区分	自用地　貸家建付借地権 貸宅地　転貸借地権 貸家建付地　転　借　権 借地権　借家人の有する権利 私　道（　　　　　）	地区区分	ビル街地区　　普通住宅地区 高度商業地区　中小工場地区 繁華街地区　　大工場地区 普通商業・併用住宅地区
奥行距離	20 m				

				(1㎡当たりの価額) 円	
自 用 地 1 平 方 メ ー ト ル 当 た り の 価 額	**1　一路線に面する宅地** 　　(正面路線価)　　　　　　　　　(奥行価格補正率) 　　　98,750 円　×　　　　　1.00			98,750	A
	2　二路線に面する宅地 　　　(A)　　　　〔側方〕路線価　(奥行価格　〔側方〕路線影響加算率 　　　　　　　　　　〔裏面〕　　　　補正率)　〔二方〕 　　　　　　円　＋　(　　　　円　×　.　×　0.　)			(1㎡当たりの価額) 円	B
	3　三路線に面する宅地 　　　(B)　　　　〔側方〕路線価　(奥行価格　〔側方〕路線影響加算率 　　　　　　　　　　〔裏面〕　　　　補正率)　〔二方〕 　　　　　　円　＋　(　　　　円　×　.　×　0.　)			(1㎡当たりの価額) 円	C
	4　四路線に面する宅地 　　　(C)　　　　〔側方〕路線価　(奥行価格　〔側方〕路線影響加算率 　　　　　　　　　　〔裏面〕　　　　補正率)　〔二方〕 　　　　　　円　＋　(　　　　円　×　.　×　0.　)			(1㎡当たりの価額) 円	D
	5-1　間口が狭小な宅地等　(間口狭小　(奥行長大 　(AからDまでのうち該当するもの)　補正率)　補正率) 　　　　　　円　×　(　.　×　.　)			(1㎡当たりの価額) 円	E
	5-2　不　整　形　地 　　(AからDまでのうち該当するもの)　　不整形地補正率※ 　　　　98,750 円　×　　　　0.94 　　※不整形地補正率の計算 　(想定整形地の間口距離)　(想定整形地の奥行距離)　(想定整形地の地積) 　　　9 m　×　　　25 m　＝　　　225 ㎡ 　(想定整形地の地積)　(不整形地の地積)　(想定整形地の地積)　(かげ地割合) 　(　225 ㎡　－　　180 ㎡　)÷　　225 ㎡　＝　20 % 　(不整形地補正率表の補正率)　(間口狭小補正率)　(小数点以下2 　　0.94　×　　1.00　＝　0.94 ①　位未満切捨て)　〔不整形地補正率 　(奥行長大補正率)　(間口狭小補正率)　　　　　　　　①、②のいずれか低い 　　0.98　×　　1.00　＝　0.98 ②　　　0.94　　率、0.6を限度とする。〕			92,825	F
	6　地積規模の大きな宅地 　　(AからFまでのうち該当するもの)　　規模格差補正率※ 　　　　　　　　　　円　×　0. 　　※規模格差補正率の計算 　(地積(Ⓐ))　　(Ⓑ)　　(Ⓒ)　　　　　　　(小数点以下2 　{(　　㎡×　　＋　　)÷　　㎡}×　0.8＝ 0.　位未満切捨て)			(1㎡当たりの価額) 円	G
	7　無　道　路　地 　　(F又はGのうち該当するもの)　　　　　　　　(※) 　　　　　　　円　×　(　1　－　0.　) 　　※割合の計算 (0.4を限度とする。) 　(正面路線価)　(通路部分の地積)　(F又はGのうち 　　　　　　　　　　　　　　　　　　該当するもの)(評価対象地の地積) 　(　　円×　　㎡)÷(　　円×　　㎡)＝ 0.			(1㎡当たりの価額) 円	H
	8　がけ地等を有する宅地　〔南　、東　、西　、北　〕 　　(AからHまでのうち該当するもの)　(がけ地補正率) 　　　　　　　円　×　0.			(1㎡当たりの価額) 円	I
	9　容積率の異なる2以上の地域にわたる宅地 　　(AからIまでのうち該当するもの)　(控除割合(小数点以下3位未満四捨五入)) 　　　　　　　円　×　(　1　－　0.　)			(1㎡当たりの価額) 円	J
	10　私　　　　道 　　(AからJまでのうち該当するもの) 　　　　　　　円　×　0.3			(1㎡当たりの価額) 円	K

自用地の評価額	自用地1平方メートル当たりの価額 (AからKまでのうちの該当記号)	地　　積	総　　　　　　額 (自用地1㎡当たりの価額)×(地積)	
	(　F　)　　92,825　円	180 ㎡	16,708,500 円	L

(注) 1　5-1の「間口が狭小な宅地等」と5-2の「不整形地」は重複して適用できません。
　　 2　5-2の「不整形地」の「AからDまでのうち該当するもの」欄の価額について、AからDまでの欄で計算できない場合には、(第2表)の「備考」欄等で計算してください。

(資4-25-1-A4統一)

71

付表1

土地及び土地の上に存する権利の評価明細書（第1表）

局(所)	署
30 年分	ページ

（平成三十年分以降用）

（住居表示）	（　　　　）	所有者	住　所（所在地）		使用者	住　所（所在地）	
所在地番	甲		氏　名（法人名）			氏　名（法人名）	

地　目		地　積	路　　　　線　　　　価				地形図及び参考事項	
(宅地) 原野 田 雑種地 畑 [　] 山林	㎡	正面	側方	側方	裏面		
		75	円 100,000	円	円	円	省　略	

間口距離	3 m	利用区分	自用地 貸家建付借地権 貸宅地 転貸借地権 貸家建付地 転　借　権 借　地　権 借家人の有する権利 私　道	地区区分	ビル街地区 (普通住宅地区) 高度商業地区 中小工場地区 繁華街地区 大工場地区 普通商業・併用住宅地区	参考事項		
奥行距離	25 m							

自用地1平方メートル当たりの価額			
1　一路線に面する宅地 　　（正面路線価）　　　　　　（奥行価格補正率） 　　100,000 円 × 0.97	（1㎡当たりの価額）円 97,000	A
2　二路線に面する宅地 　　（A）　　　　[側方 　　　　　　　　　裏面]路線価（奥行価格 補正率）[側方 二方]路線影響加算率 　　　　円 ＋ （　　　　円 × 0.　　　×　　）	（1㎡当たりの価額）円	B
3　三路線に面する宅地 　　（B）　　　　[側方 　　　　　　　　　裏面]路線価（奥行価格 補正率）[側方 二方]路線影響加算率 　　　　円 ＋ （　　　　円 × 0.　　　×　　）	（1㎡当たりの価額）円	C
4　四路線に面する宅地 　　（C）　　　　[側方 　　　　　　　　　裏面]路線価（奥行価格 補正率）[側方 二方]路線影響加算率 　　　　円 ＋ （　　　　円 × 0.　　　×　　）	（1㎡当たりの価額）円	D
5-1　間口が狭小な宅地等　　（間口狭小 　　（AからDまでのうち該当するもの）　補正率）（奥行長大 補正率） 　　　　　　円 × （ .　　　×　 .　　　）	（1㎡当たりの価額）円	E
5-2　不　整　形　地 　　（AからDまでのうち該当するもの）　不整形地補正率※ 　　　　　　　　円 × 0. 　※不整形地補正率の計算 （想定整形地の間口距離）　（想定整形地の奥行距離）　（想定整形地の地積） 　　　　　m × 　　　　m = 　　　　㎡ （想定整形地の地積）（不整形地の地積）（想定整形地の地積）（かげ地割合） （　　　㎡ － 　　　㎡）÷ 　　　㎡ = 　　　％ （不整形地補正率表の補正率）（間口狭小補正率）　（小数点以下2 位未満切捨て）　[不整形地補正率 　　0.　　　×　　0.　　　= 0.　　　①　（①、②のいずれか低い （奥行長大補正率）（間口狭小補正率）　　　　　　率、0.6を限度とする。） 　　0.　　　×　　0.　　　= 0.　　　②　　0.	（1㎡当たりの価額）円	F
6　地積規模の大きな宅地 　　（AからFまでのうち該当するもの）　規模格差補正率※ 　　　　　　　　円 × 0. 　※規模格差補正率の計算 （地積（Ⓐ））　（Ⓑ）　（Ⓒ）　（地積（Ⓐ））　（小数点以下2 位未満切捨て） {（　　　㎡× 　　　 ＋ 　　　）÷ 　　　㎡}× 0.8 = 0.	（1㎡当たりの価額）円	G
7　無　道　路　地 　　（F又はGのうち該当するもの）　　　　　　　　　（※） 　　　　　　円 × （ 1 － 0.　　　 ） 　※割合の計算（0.4を限度とする。） （正面路線価）　（通路部分の地積）（F又はGのうち 該当するもの）（評価対象地の地積） （　　　円× 　　　㎡）÷ （　　　円× 　　　㎡）= 0.	（1㎡当たりの価額）円	H
8　がけ地等を有する宅地　　　[南 、 東 、 西 、 北] 　　（AからHまでのうち該当するもの）　（がけ地補正率）	（1㎡当たりの価額）円	I
9　容積率の異なる2以上の地域にわたる宅地 　　（AからIまでのうち該当するもの）　（控除割合（小数点以下3位未満四捨五入）） 　　　　　　円 × （ 1 － 0.　　　 ）	（1㎡当たりの価額）円	J
10　私　道 　　（AからJまでのうち該当するもの） 　　　　　　円 × 0.3	（1㎡当たりの価額）円	K

自用地の評価額	自用地1平方メートル当たりの価額 （AからKまでのうちの該当記号）	地　積	総　　　　　額 （自用地1㎡当たりの価額）×（地　積）	
	（ A ） 97,000 円	75 ㎡	7,275,000 円	L

（注）1　5-1の「間口が狭小な宅地等」と5-2の「不整形地」は重複して適用できません。
　　　2　5-2の「不整形地」の「AからDまでのうち該当するもの」欄の価額について、AからDまでの欄で計算できない場合には、（第2表）の「備考」欄等で計算してください。

（資4-25-1-A4統一）

72

第2章　宅地及び宅地の上に存する権利の評価

付表2

土地及び土地の上に存する権利の評価明細書（第1表）

		局(所)	署
		30 年分	ページ

（平成三十年分以降用）

（住居表示）	（　　　　　）	所有者	住所（所在地）		使用者	住所（所在地）	
所在地番	乙		氏名（法人名）			氏名（法人名）	

地目	地積	路　　　線　　　価				地形図及び参考事項

宅地 / 田 / 畑 / 山林 / 原野 / 雑種地 [　　]

地積 45 ㎡　正面 100,000 円　側方 円　側方 円　裏面 円

省　略

間口距離	3 m	利用区分	自用地　貸家建付地　借地権　ビル街地区　普通住宅地区
奥行距離	15 m		貸宅地　転貸借地権　高度商業地区　中小工場地区
			貸家建付地　転借権　繁華街地区　大工場地区
		地区区分	借地権　借家人の有する権利　普通商業・併用住宅地区
			私道（　　　　　）

				（1㎡当たりの価額）円	
自用地1平方メートル当たりの価額	1　一路線に面する宅地 （正面路線価）　（奥行価格補正率） 100,000 円 × 1.00			100,000	A
	2　二路線に面する宅地 （A）　[側方/裏面 路線価]（奥行価格補正率）[側方/二方 路線影響加算率] 円 + （ 円 × ． × 0. ）				B
	3　三路線に面する宅地 （B）　[側方/裏面 路線価]（奥行価格補正率）[側方/二方 路線影響加算率] 円 + （ 円 × ． × 0. ）				C
	4　四路線に面する宅地 （C）　[側方/裏面 路線価]（奥行価格補正率）[側方/二方 路線影響加算率] 円 + （ 円 × ． × 0. ）				D
	5-1　間口が狭小な宅地等（間口狭小補正率）（奥行長大補正率） （AからDまでのうち該当するもの） 円 × （ ． × ． ）				E
	5-2　不整形地 （AからDまでのうち該当するもの）　不整形地補正率※ 円 × 0. ※不整形地補正率の計算 （想定整形地の間口距離）（想定整形地の奥行距離）（想定整形地の地積） m × m = ㎡ （想定整形地の地積）（不整形地の地積）（想定整形地の地積）（かげ地割合） （ ㎡ － ㎡ ） ÷ ㎡ = % （不整形地補正率表の補正率）（間口狭小補正率）（小数点以下2位未満切捨て）[不整形地補正率①、②のいずれか低い率、0.6を限度とする。] 0. × ． = 0. ① （奥行長大補正率）（間口狭小補正率） ． × ． = 0. ② 0.				F
	6　地積規模の大きな宅地 （AからFまでのうち該当するもの）　規模格差補正率※ 円 × 0. ※規模格差補正率の計算 （地積（Ⓐ））（Ⓑ）（Ⓒ）（地積（Ⓐ））（小数点以下2位未満切捨て） {（ ㎡ × ＋ ） ÷ ㎡ } × 0.8 = 0.				G
	7　無道路地 （F又はGのうち該当するもの）　（※） 円 × （ 1 － 0. ） ※割合の計算（0.4を限度とする。） （正面路線価）（通路部分の地積）（F又はGのうち該当するもの）（評価対象地の地積） （ 円 × ㎡ ） ÷ （ 円 × ㎡ ） = 0.				H
	8　がけ地等を有する宅地　[南 、 東 、 西 、 北] （AからHまでのうち該当するもの）　（がけ地補正率） 円 × 0.				I
	9　容積率の異なる2以上の地域にわたる宅地 （AからIまでのうち該当するもの）（控除割合（小数点以下3位未満四捨五入）） 円 × （ 1 － 0. ）				J
	10　私　道 （AからJまでのうち該当するもの） 円 × 0.3				K

自用地の評価額	自用地1平方メートル当たりの価額（AからKまでのうちの該当記号）	地　積	総　額（自用地1㎡当たりの価額）×（地　積）	
	（ A ） 100,000 円	45 ㎡	4,500,000 円	L

（注）1　5-1の「間口が狭小な宅地等」と5-2の「不整形地」は重複して適用できません。
　　　2　5-2の「不整形地」の「AからDまでのうち該当するもの」欄の価額について、AからDまでの欄で計算できない場合には、（第2表）の「備考」欄等で計算してください。

（資4-25-1-A4統一）

73

付表３

土地及び土地の上に存する権利の評価明細書（第１表）

		局(所)	署
	30 年分		ページ

（平成三十年分以降用）

（住居表示）	（　　　　　）	所有者	住　所 (所在地)		使用者	住　所 (所在地)	
所在地番	丙		氏　名 (法人名)			氏　名 (法人名)	

地　目	地　積	路　　　　　線　　　　　価				地形図及び参考事項	
⑳宅地　原野 田　　雑種地 畑 山林〔　　〕	㎡ 60	正　面 100,000 円	側　方 円	側　方 円	裏　面 円	省　略	

間口距離	3 m	利用区分	自用地　貸家建付借地権 貸宅地　転貸借地権 貸家建付地　転　借　権 借　地　権　借家人の有する権利 私　道（　　　　　　）	地区区分	ビル街地区　普通住宅地区 高度商業地区　中小工場地区 繁華街地区　大工場地区 普通商業・併用住宅地区		
奥行距離	20 m						

自　用　地　１　平　方　メ　ー　ト　ル　当　た　り　の　価　額			（1㎡当たりの価額）円	
1 一路線に面する宅地 （正面路線価）　　　　　　　　　（奥行価格補正率） 100,000 円 × 　　　1.00			100,000	A
2 二路線に面する宅地 （A）　　　〔側方〕路線価　（奥行価格補正率）〔側方〕路線影響加算率 　　　　　　裏面　　　　　　　　　　　　　二方 円 ＋ （　　　　　円 × 　　　× 　0.　　　）			（1㎡当たりの価額）円	B
3 三路線に面する宅地 （B）　　　〔側方〕路線価　（奥行価格補正率）〔側方〕路線影響加算率 　　　　　　裏面　　　　　　　　　　　　　二方 円 ＋ （　　　　　円 × 　　　× 　0.　　　）			（1㎡当たりの価額）円	C
4 四路線に面する宅地 （C）　　　〔側方〕路線価　（奥行価格補正率）〔側方〕路線影響加算率 　　　　　　裏面　　　　　　　　　　　　　二方 円 ＋ （　　　　　円 × 　　　× 　0.　　　）			（1㎡当たりの価額）円	D
5-1 間口が狭小な宅地等 （AからDまでのうち該当するもの）（間口狭小補正率）（奥行長大補正率） 円 × （　.　　.　）			（1㎡当たりの価額）円	E
5-2 不整形地 （AからDまでのうち該当するもの）　不整形地補正率※ 円 × 0. ※不整形地補正率の計算 （想定整形地の間口距離）（想定整形地の奥行距離）（想定整形地の地積） m × 　　m ＝ 　　㎡ （想定整形地の地積）（不整形地の地積）（想定整形地の地積）（かげ地割合） （　　㎡ － 　　㎡）÷ 　　㎡ ＝ 　　% （不整形地補正率表の補正率）（間口狭小補正率）　　（小数点以下2位未満切捨て） 0.　　　 　　　　　 ＝ 0.　　　①　〔不整形地補正率 （奥行長大補正率）（間口狭小補正率）　　　　　　　①、②のいずれか低い 　　　　 ＝ 0.　　②　 率、0.6を限度とする。〕 0.			（1㎡当たりの価額）円	F
6 地積規模の大きな宅地 （AからFまでのうち該当するもの）　規模格差補正率※ 円 × 0. ※規模格差補正率の計算 （地積(Ⓐ)）　（Ⓑ）　（Ⓒ）　（地積(Ⓐ)）　（小数点以下2位未満切捨て） 〔（　　㎡× 　＋ 　　）÷ 　　㎡〕× 0.8 ＝ 0.			（1㎡当たりの価額）円	G
7 無道路地 （F又はGのうち該当するもの）　　　　　　　　　　（※） 円 × （ 1 － 0.　　　） ※割合の計算（0.4を限度とする。） （正面路線価）（通路部分の地積）（F又はGのうち該当するもの）（評価対象地の地積） （　　円× 　　㎡）÷（　　円× 　　㎡）＝ 0.			（1㎡当たりの価額）円	H
8 がけ地等を有する宅地　　　　　〔 南 、 東 、 西 、 北 〕 （AからHまでのうち該当するもの）　　（がけ地補正率） 円 × 0.			（1㎡当たりの価額）円	I
9 容積率の異なる2以上の地域にわたる宅地 （AからIまでのうち該当するもの）　（控除割合（小数点以下3位未満四捨五入）） 円 × （ 1 － 0.　　　）			（1㎡当たりの価額）円	J
10 私　道 （AからJまでのうち該当するもの） 円 × 0.3			（1㎡当たりの価額）円	K

自用地の評価額	自用地1平方メートル当たりの価額 （AからKまでのうちの該当記号）	地　積	総　　　　　額 （自用地1㎡当たりの価額）×（地　積）	
	（ A ） 100,000 円	60 ㎡	6,000,000 円	L

（注）1 5-1の「間口が狭小な宅地等」と5-2の「不整形地」は重複して適用できません。
　　　2 5-2の「不整形地」の「AからDまでのうち該当するもの」欄の価額について、AからDまでの欄で計算できない場合には、（第2表）の「備考」欄等で計算してください。

（資4-25-1-A4統一）

設例23 Bのパターンの不整形地の具体的評価方法

不整形地の地積を間口距離で除して算出した計算上の奥行距離を基として求めた整形地により評価する具体的方法を教えてください。

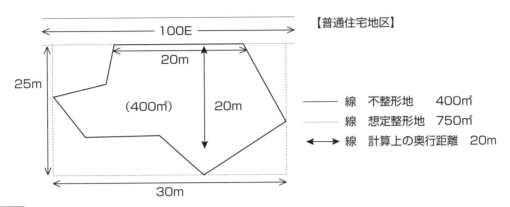

解説

上図のような不整形地の場合には、不整形地の地積を間口距離で除して算出した計算上の奥行距離を基として求めた整形地としての価額に、不整形地補正率を乗じて評価します。

計算例

1　不整形地の計算上の奥行距離による奥行価格補正

　　（地積）　（間口距離）　（計算上の奥行距離）（想定整形地の奥行距離）
　　400㎡ ÷ 20m ＝ 20m （＜25m）

「計算上の奥行距離」が「想定整形地の奥行距離」に満たないため、「計算上の奥行距離」が平均的な奥行距離になります。

　　（路線価）　（奥行距離20mの場合の奥行価格補正率）（1㎡当たりの価額）
　　100,000円 × 1.00 ＝ 100,000円

2　不整形地補正率

不整形地補正率 0.82（普通住宅地区　地積区分A　かげ地割合 46.66％）

$$かげ地割合 = \frac{750㎡ - 400㎡}{750㎡} ≒ 46.66\%$$

（想定整形地の地積）（不整形地の地積）
（想定整形地の地積）

3　評価額

　　（整形地とした場合の1㎡当たりの価額）（不整形地補正率）（地積）
　　100,000円 × 0.82 × 400㎡ ＝ 32,800,000円

土地及び土地の上に存する権利の評価明細書（第1表）

			局(所)	署
			30 年分	ページ

（平成三十年分以降用）

（住居表示）（　　　　　　　）	所有者	住　所（所在地）		使用者	住　所（所在地）	
所在地番		氏　名（法人名）			氏　名（法人名）	

地　目	地　積	路　　線　　価				地形図及び参考事項	
ⓧ宅地　原野 田畑　雑種地 山林 [　　]	400 ㎡	正面 100,000 円	側方 円	側方 円	裏面 円	省　略	

間口距離 20 m	利用区分	ⓧ自用地 貸家建付借地権 貸宅地 転貸借地権 貸家建付地 転借権 借地権 借家人の有する権利 私道（　　）	地区区分	ビル街地区　ⓧ普通住宅地区 高度商業地区　中小工場地区 繁華街地区　大工場地区 普通商業・併用住宅地区
奥行距離 20 m				

自用地1平方メートル当たりの価額

1　一路線に面する宅地 　　（正面路線価）　　　　　　　　（奥行価格補正率） 　　100,000 円 × 　1.00	（1㎡当たりの価額）円 100,000	A

2　二路線に面する宅地 　　（A）　　　　 [側方 裏面] 路線価　（奥行価格 補正率）[側方 二方 路線影響加算率] 　　　　円 ＋ （　　　　円 × ．　 × 0.　　　）	（1㎡当たりの価額）円	B

3　三路線に面する宅地 　　（B）　　　　 [側方 裏面] 路線価　（奥行価格 補正率）[側方 二方 路線影響加算率] 　　　　円 ＋ （　　　　円 × ．　 × 0.　　　）	（1㎡当たりの価額）円	C

4　四路線に面する宅地 　　（C）　　　　 [側方 裏面] 路線価　（奥行価格 補正率）[側方 二方 路線影響加算率] 　　　　円 ＋ （　　　　円 × ．　 × 0.　　　）	（1㎡当たりの価額）円	D

5-1　間口が狭小な宅地等　（間口狭小）　（奥行長大） 　　（AからDまでのうち該当するもの）　補正率　　補正率 　　　　円 × （　 ．　 × ．　　）	（1㎡当たりの価額）円	E

5-2　不整形地 　（AからDまでのうち該当するもの）　　不整形地補正率※ 　　　　100,000 円 × 　0.82	（1㎡当たりの価額）円	F

※不整形地補正率の計算

（想定整形地の間口距離）（想定整形地の奥行距離）（想定整形地の地積）
　30 m × 25 m = 750㎡

（想定整形地の地積）（不整形地の地積）（想定整形地の地積）（かげ地割合）
（ 750㎡ － 400㎡ ）÷ 750㎡ = 46.66 %

（不整形地補正率表の補正率）（間口狭小補正率）（小数点以下2位未満切捨て）[不整形地補正率
（①、②のいずれか低い率、0.6を限度とする。）]
0.82 × 1.00 = 0.82 ①

（奥行長大補正率）（間口狭小補正率）
．　 × ．　 = 0.　 ②　　0.82

（1㎡当たりの価額）82,000

6　地積規模の大きな宅地 　（AからFまでのうち該当するもの）　規模格差補正率※ 　　　　円 × 0.	（1㎡当たりの価額）円	G

※規模格差補正率の計算

（地積（Ⓐ））（Ⓑ）（Ⓒ）（地積（Ⓐ））（小数点以下2位未満切捨て）
{（ ㎡× ＋ ）÷ ㎡ × 0.8 = 0.　}

7　無道路地 　（F又はGのうち該当するもの）　　　　　　（※） 　　　　円 × （ 1 － 0.　 ）	（1㎡当たりの価額）円	H

※割合の計算（0.4を限度とする。）

（正面路線価）（通路部分の地積）（F又はGのうち
該当するもの）（評価対象地の地積）
　　　円× ㎡）÷（　　円× ㎡）= 0.

8　がけ地等を有する宅地 　（AからHまでのうち該当するもの）　[南、東、西、北] 　　　　　　　　　　　　　　　（がけ地補正率） 　　　　円 × 0.	（1㎡当たりの価額）円	I

9　容積率の異なる2以上の地域にわたる宅地 　（AからIまでのうち該当するもの）　（控除割合（小数点以下3位未満四捨五入）） 　　　　円 × （ 1 － 0.　 ）	（1㎡当たりの価額）円	J

10　私　　道 　（AからJまでのうち該当するもの） 　　　　円 × 0.3	（1㎡当たりの価額）円	K

自用地の評価額	自用地1平方メートル当たりの価額 （AからKまでのうちの該当記号） （ F ） 82,000 円	地　積 400 ㎡	総　　額 （自用地1㎡当たりの価額）×（地積） 32,800,000 円	L

（注）1　5-1の「間口が狭小な宅地等」と5-2の「不整形地」は重複して適用できません。
　　　2　5-2の「不整形地」の「AからDまでのうち該当するもの」欄の価額について、AからDまでの欄で計算できない場合には、（第2表）の「備考」欄等で計算してください。

（資4-25-1-A4統一）

設例24 Cのパターンの不整形地の具体的評価方法

近似整形地（不整形地に近似する整形地をいいます。）を求め、その近似整形地に基づいて評価する具体的方法を教えてください。

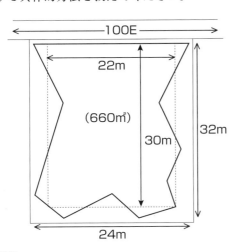

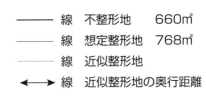

【普通住宅地区】

― 線　不整形地　　660㎡
― 線　想定整形地　768㎡
‥‥‥ 線　近似整形地
⟵⟶ 線　近似整形地の奥行距離

解説

上図のような場合には、不整形地に近似する整形地を求め、その近似整形地を基として求めた価額に不整形地補正率を乗じて評価します。

(注) 1　近似整形地は、近似整形地からはみ出す不整形地の部分の地積と近似整形地に含まれる不整形地以外の部分の地積がおおむね等しく、かつ、その合計地積ができるだけ小さくなるように求めます。
　　 2　近似整形地の屈折角は90度とします。
　　 3　近似整形地と想定整形地の地積は必ずしも同一ではありません。

計算例

1　近似整形地の奥行価格補正後の1㎡当たりの価額（不整形地の奥行価格補正後の1㎡当たりの価額）

　　（路線価）　　（奥行距離30mの場合の奥行価格補正率）
　　100,000円　×　　　0.95　　　＝　95,000円

2　不整形地補正率

　　不整形地補正率0.99（普通住宅地区　地積区分B　かげ地割合14.06％）

$$\text{かげ地割合} = \frac{\overset{\text{（想定整形地の地積）}}{768㎡} - \overset{\text{（不整形地の地積）}}{660㎡}}{\underset{\text{（想定整形地の地積）}}{768㎡}} = 14.06\%$$

3　評価額

　　（近似整形地の単価）（不整形地補正率）（不整形地の地積）
　　　95,000円　×　　0.99　　×　660㎡　＝　62,073,000円

(注) 上記評価額は、「地積規模の大きな宅地の評価」に該当しない場合の評価額です。「地積規模の大きな宅地の評価」については、**第2章第2節8**をご覧ください。

土地及び土地の上に存する権利の評価明細書（第1表）

	局（所）	署
	30 年分	ページ

（平成三十年分以降用）

（住居表示）	（　　　　　　）	所有者	住　所（所在地）		使用者	住　所（所在地）	
所在地番			氏　名（法人名）			氏　名（法人名）	

地　目	地　積	路　　　　線　　　　価				地形図及び参考事項
ⓧ宅地　原野 田　畑　雑種地 山林〔　〕	660 ㎡	正面 100,000 円	側方 円	側方 円	裏面 円	近似整形地に基づく 不整形地の評価

間口距離	22 m	利用区分	ⓧ自用地　貸家建付借地権 貸宅地　転貸借地権 貸家建付地　転　借　権 借地権　借家人の有する権利	地区区分	ビル街地区　ⓧ普通住宅地区 高度商業地区　中小工場地区 繁華街地区　大工場地区 普通商業・併用住宅地区
奥行距離	30 m		私　　　道		

自用地1平方メートル当たりの価額

1　一路線に面する宅地 （正面路線価）　　　　　　（奥行価格補正率） 100,000円 × 0.95	（1㎡当たりの価額）円 95,000	A
2　二路線に面する宅地 （A）　〔側方 　　　裏面〕路線価　（奥行価格補正率）〔側方 　　　　　　　　　　　　　　　　　　　　二方〕路線影響加算率 円 ＋ （　　　円 × ． × 0.　）	（1㎡当たりの価額）円 	B
3　三路線に面する宅地 （B）　〔側方 　　　裏面〕路線価　（奥行価格補正率）〔側方 　　　　　　　　　　　　　　　　　　　　二方〕路線影響加算率 円 ＋ （　　　円 × ． × 0.　）	（1㎡当たりの価額）円 	C
4　四路線に面する宅地 （C）　〔側方 　　　裏面〕路線価　（奥行価格補正率）〔側方 　　　　　　　　　　　　　　　　　　　　二方〕路線影響加算率 円 ＋ （　　　円 × ． × 0.　）	（1㎡当たりの価額）円 	D
5-1　間口が狭小な宅地等　（間口狭小補正率）（奥行長大補正率） （AからDまでのうち該当するもの） 円 × （　　 × ．　）	（1㎡当たりの価額）円 	E
5-2　不整形地 （AからDまでのうち該当するもの）　　不整形地補正率※ 95,000 円 × 0.99	（1㎡当たりの価額）円 	F

※不整形地補正率の計算

（想定整形地の間口距離）　（想定整形地の奥行距離）　（想定整形地の地積）
24 m × 32 m = 768 ㎡

（想定整形地の地積）　（不整形地の地積）　（想定整形地の地積）　（かげ地割合）
（ 768㎡ － 660㎡ ） ÷ 768㎡ = 14.06 %

（不整形地補正率表の補正率）　（間口狭小補正率）　（小数点以下2 位未満切捨て）	〔不整形地補正率〕 ①、②のいずれか低い 率、0.6を限度とする。
0.99 × 1.00 = 0.99 …①	
（奥行長大補正率）　（間口狭小補正率） ． × ． = 0.　 …②	0.99

94,050

6　地積規模の大きな宅地 （AからFまでのうち該当するもの）　規模格差補正率※ 円 × 0.	（1㎡当たりの価額）円 	G

※規模格差補正率の計算

（地積（Ⓐ））　　（Ⓑ）　　　（Ⓒ）　　（地積（Ⓐ））　　（小数点以下2 位未満切捨て）
（ 　　㎡× ＋ ） ÷ 　　㎡ × 0.8 = 0.

7　無　道　路　地 （F又はGのうち該当するもの）　　　　　　　　　（※） 円 × （ 1 － 0.　 ）	（1㎡当たりの価額）円 	H

※割合の計算（0.4を限度とする。）

（正面路線価）　（通路部分の地積）　（F又はGのうち 該当するもの）（評価対象地の地積） （ 　円 × 　　㎡） ÷ （ 　円 × 　　㎡） = 0.

8　がけ地等を有する宅地 （AからHまでのうち該当するもの）　〔 南 、 東 、 西 、 北 〕 （がけ地補正率） 円 × 0.	（1㎡当たりの価額）円 	I
9　容積率の異なる2以上の地域にわたる宅地 （AからIまでのうち該当するもの）　（控除割合（小数点以下3位未満四捨五入）） 円 × （ 1 － 0.　 ）	（1㎡当たりの価額）円 	J
10　私　　　道 （AからJまでのうち該当するもの） 円 × 0.3	（1㎡当たりの価額）円 	K

自用地の評価額	自用地1平方メートル当たりの価額 （AからKまでのうちの該当記号）	地　積	総　　　額 （自用地1㎡当たりの価額）×（地　積）	
	（ F ） 94,050 円	660 ㎡	62,073,000 円	L

（注）1　5-1の「間口が狭小な宅地等」と5-2の「不整形地」は重複して適用できません。
　　　2　5-2の「不整形地」の「AからDまでのうち該当するもの」欄の価額について、AからDまでの欄で計算できない場合には、（第2表）の「備考」欄等で計算してください。

（資4-25-1-A4統一）

設例25 Dのパターンの不整形地の具体的評価方法

不整形地の近似整形地を求め、隣接する整形地と合わせた宅地の評価額を計算し、これから隣接する宅地の評価額を控除して求めた価額に基づき評価する具体的方法を教えてください。

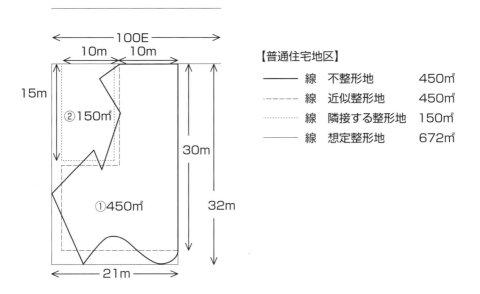

解説

近似整形地(①)を求め、隣接する整形地(②)と合わせて全体の整形地の価額の計算をしてから隣接する整形地(②)の価額を差し引いた価額を基として計算した価額に、不整形地補正率を乗じて評価します。

計算例

1 近似整形地(①)と隣接する整形地(②)を合わせた全体の整形地の奥行価格補正後の価額

　　(路線価)　　(奥行距離30mの場合の奥行価格補正率)　(①＋②の地積)
　　100,000円　×　　0.95　　×　　600㎡　＝　57,000,000円

2 隣接する整形地(②)の奥行価格補正後の価額

　　(路線価)　　(奥行距離15mの場合の奥行価格補正率)　(②の地積)
　　100,000円　×　　1.00　　×　　150㎡　＝　15,000,000円

3 1の価額から2の価額を控除して求めた近似整形地(①)の奥行価格補正後の価額

　　①＋②　　　　②　　　　近似整形地(①)の価額
　　57,000,000円　－　15,000,000円　＝　42,000,000円

4 近似整形地の奥行価格補正後の1㎡当たりの価額

近似整形地(①)の評価額　　①の地積

42,000,000 円　　　÷　450㎡　＝　93,333 円

5 不整形地補正後の価額

（不整形地補正率）

93,333 円　　×　　0.90　＝　　83,999 円

不整形地補正率 0.90（普通住宅地区　地積区分 A　かげ地割合 33.03％）

$$
かげ地割合 = \frac{\underset{(想定整形地の地積)}{672㎡} - \underset{(不整形地の地積)}{450㎡}}{\underset{(想定整形地の地積)}{672㎡}} ≒ 33.03\%
$$

（不整形地の地積）

83,999 円　　×　　450㎡　　＝　37,799,550 円

(注) 1　近似整形地を設定する場合、その屈折角は 90 度とします。

2　想定整形地の地積は、近似整形地の地積と隣接する整形地の地積との合計と必ずしも一致しません。

3　全体の整形地の価額から差し引く隣接する整形地の価額の計算に当たって、奥行距離が短いため奥行価格補正率が 1.00 未満となる場合においては、当該奥行価格補正率は 1.00 とします。

ただし、全体の整形地の奥行距離が短いため奥行価格補正率が 1.00 未満の数値となる場合には、隣接する整形地の奥行価格補正率もその数値とします。

第２章　宅地及び宅地の上に存する権利の評価

総括表

土地及び土地の上に存する権利の評価明細書（第１表）

		局（所）	署
		30 年分	ページ

（平成三十年分以降用）

（住居表示）	（ ）	所有者	住 所（所在地）		使用者	住 所（所在地）	
所在地番			氏 名（法人名）			氏 名（法人名）	

地 目	地 積	路 　　線 　　価				地形図及び参考事項	差し引き計算による奥行価格補正後の単価による計算
⃝宅 地　原 野 田　　畑 雑種地 山 林［ 　］	㎡ 450	正 面 93,333 円	側 方 円	側 方 円	裏 面 円		

間口距離	10 m	利用区分	⃝自 用 地　貸家建付借地権 貸 宅 地　転 貸 借 地 権 貸家建付地　転 借 権 借 地 権　借家人の有する権利 私　　道（　　　　　　）
奥行距離	32 m	地区区分	ビル街地区　⃝普通住宅地区 高度商業地区　中小工場地区 繁華街地区　大工場地区 普通商業・併用住宅地区

差し引き計算による奥行価格補正後の単価による計算

$$\frac{57,000,000円 - 15,000,000円}{450㎡} = 93,333円$$

自 用 地 １ 平 方 メ ー ト ル 当 た り の 価 額	1　一路線に面する宅地 （正面路線価） 93,333 円 × （奥行価格補正率） 1.00	ソフトで計算する場合には、手入力で「1.00」を入力してください。	（１㎡当たりの価額）円 93,333	A
	2　二路線に面する宅地 （Ａ） 円 ＋ （ ［側方 裏面 路線価］ 円 × （補正率） ． ［側方 二方 路線影響加算率］ 0. ）		（１㎡当たりの価額）円	B
	3　三路線に面する宅地 （Ｂ） 円 ＋ （ ［側方 裏面 路線価］ 円 × （奥行価格補正率） ． ［側方 二方 路線影響加算率］ 0. ）		（１㎡当たりの価額）円	C
	4　四路線に面する宅地 （Ｃ） 円 ＋ （ ［側方 裏面 路線価］ 円 × （奥行価格補正率） ． ［側方 二方 路線影響加算率］ 0. ）		（１㎡当たりの価額）円	D
	5-1　間口が狭小な宅地等 （ＡからＤまでのうち該当するもの） 円 × （ （間口狭小補正率） ． × （奥行長大補正率） ． ）		（１㎡当たりの価額）円	E
	5-2　不 整 形 地 （ＡからＤまでのうち該当するもの） （不整形地補正率※） 93,333 円 × 0.90 ※不整形地補正率の計算 （想定整形地の間口距離） （想定整形地の奥行距離） （想定整形地の地積） 21 m × 32 m = 672 ㎡ （想定整形地の地積） （不整形地の地積） （想定整形地の地積） （かげ地割合） （ 672 ㎡ － 450 ㎡ ）÷ 672 ㎡ = 33.03 % （不整形地補正率表の補正率） （間口狭小補正率） （小数点以下２位未満切捨て） ［不整形地補正率 （①、②のいずれか低い 0.90 × 1.00 = 0.90 ① 率、0.6を限度とする。）］ （奥行長大補正率） （間口狭小補正率） 0.96 × 1.00 = 0.96 ② 0.90		（１㎡当たりの価額）円 83,999	F
	6　地積規模の大きな宅地 （ＡからＦまでのうち該当するもの） （規模格差補正率※） 円 × 0. ※規模格差補正率の計算 （地積（Ⓐ）） （Ⓑ） （Ⓒ） （地積（Ⓐ）） （小数点以下２位未満切捨て） ｛（ ㎡ × ＋ ）÷ ㎡ ｝× 0.8 = 0.		（１㎡当たりの価額）円	G
	7　無 道 路 地 （Ｆ又はＧのうち該当するもの） （※） 円 × （ 1 － 0. ） ※割合の計算（0.4を限度とする。） （正面路線価） （通路部分の地積） （Ｆ又はＧのうち該当するもの） （評価対象地の地積） （ 円× ㎡）÷（ 円 × ㎡）= 0.		（１㎡当たりの価額）円	H
	8　がけ地等を有する宅地 （ＡからＨまでのうち該当するもの） ［ 南 、 東 、 西 、 北 ］ （がけ地補正率） 円 × 0.		（１㎡当たりの価額）円	I
	9　容積率の異なる２以上の地域にわたる宅地 （ＡからＩまでのうち該当するもの） （控除割合（小数点以下３位未満四捨五入）） 円 × （ 1 － 0. ）		（１㎡当たりの価額）円	J
	10 私 　　道 （ＡからＪまでのうち該当するもの） 円 × 0.3		（１㎡当たりの価額）円	K

自用地の評価額	自用地１平方メートル当たりの価額 （ＡからＫまでのうちの該当記号） （ Ｆ ） 83,999 円	地 　積 ㎡ 450	総 　　　　　 額 （自用地１㎡当たりの価額）×（地 積） 37,799,550 円	L

（注）1　5-1の「間口が狭小な宅地等」と5-2の「不整形地」は重複して適用できません。
　　　2　5-2の「不整形地」の「ＡからＤまでのうち該当するもの」欄の価額について、ＡからＤまでの欄で計算できない場合には、（第２表）の「備考」欄等で計算してください。

（資4−25−1−A4統一）

81

付表1

土地及び土地の上に存する権利の評価明細書（第1表）

	局(所)	署
	30 年分	ページ

（平成三十年分以降用）

(住居表示)	(	)	所有者	住 所 (所在地)		使用者	住 所 (所在地)	
所在地番				氏 名 (法人名)			氏 名 (法人名)	

地 目	地 積	路 線 価				地形図及び参考事項	
ⓔ宅地 原野 田 雑種地 畑 山林 [ ]	m²	正面	側方	側方	裏面		**隣接する整形地を合わせた全体の近似整形地の価額**
	600	円	円	円	円		

間口距離	20 m	利用区分	ⓐ自用地 貸家建付借地権 貸宅地 転貸借地権 貸家建付地 転 借 権 借 地 権 借家人の有する権利 私 道 ( )	地区区分	ビル街地区 ⓐ普通住宅地区 高度商業地区 中小工場地区 繁華街地区 大工場地区 普通商業・併用住宅地区
奥行距離	30 m				

自用地1平方メートル当たりの価額		(1 m²当たりの価額)	
1 一路線に面する宅地 (正面路線価) (奥行価格補正率) 100,000円 × 0.95		95,000 円	A
2 二路線に面する宅地 (A) [側方 裏面]路線価 (奥行価格補正率) [側方 二方]路線影響加算率 円 + (円 × . × 0.)		円	B
3 三路線に面する宅地 (B) [側方 裏面]路線価 (奥行価格補正率) [側方 二方]路線影響加算率 円 + (円 × . × 0.)		円	C
4 四路線に面する宅地 (C) [側方 裏面]路線価 (奥行価格補正率) [側方 二方]路線影響加算率 円 + (円 × . × 0.)		円	D
5-1 間口が狭小な宅地等 (AからDまでのうち該当するもの) (間口狭小補正率) (奥行長大補正率) 円 × (. × .)		円	E
5-2 不整形地 (AからDまでのうち該当するもの) 不整形地補正率※ 円 × 0. ※不整形地補正率の計算 (想定整形地の間口距離) (想定整形地の奥行距離) (想定整形地の地積) m × m = m² (想定整形地の地積) (不整形地の地積) (想定整形地の地積) (かげ地割合) (m² - m²) ÷ m² = % (不整形地補正率表の補正率) (間口狭小補正率) (小数点以下2位未満切捨て) [不整形地補正率 ①、②のいずれか低い 率、0.6を限度とする。] 0. × . = 0. ① (奥行長大補正率) (間口狭小補正率) 0. × . = 0. ② 0.		円	F
6 地積規模の大きな宅地 (AからFまでのうち該当するもの) 規模格差補正率※ 円 × 0. ※規模格差補正率の計算 (地積(Ⓐ)) (Ⓑ) (Ⓒ) (地積(Ⓐ)) (小数点以下2位未満切捨て) { (m²× +) ÷ m²} × 0.8 = 0.		円	G
7 無道路地 (F又はGのうち該当するもの) (※) 円 × (1 - 0.) ※割合の計算 (0.4を限度とする。) (正面路線価) (通路部分の地積) (F又はGのうち該当するもの) (評価対象地の地積) (円× m²) ÷ (円 × m²) = 0.		円	H
8 がけ地等を有する宅地 (AからHまでのうち該当するもの) [南 、 東 、 西 、 北] (がけ地補正率) 円 × 0.		円	I
9 容積率の異なる2以上の地域にわたる宅地 (AからIまでのうち該当するもの) (控除割合 (小数点以下3位未満四捨五入)) 円 × (1 - 0.)		円	J
10 私 道 (AからJまでのうち該当するもの) 円 × 0.3		円	K

自用地の評価額	自用地1平方メートル当たりの価額 (AからKまでのうちの該当記号)	地 積	総 額 (自用地1m²当たりの価額) × (地 積)	
	(A) 95,000 円	600 m²	57,000,000 円	L

(注) 1 5−1の「間口が狭小な宅地等」と5−2の「不整形地」は重複して適用できません。
2 5−2の「不整形地」の「AからDまでのうち該当するもの」欄の価額について、AからDまでの欄で計算できない場合には、（第2表）の「備考」欄等で計算してください。

(資4−25−1−A4統一)

82

第2章　宅地及び宅地の上に存する権利の評価

付表2

土地及び土地の上に存する権利の評価明細書（第1表）

	局(所)　　署
	30 年分　　ページ

（平成三十年分以降用）

(住居表示)	(	)	所有者	住　所 (所在地)		使用者	住　所 (所在地)	
所在地番				氏　名 (法人名)			氏　名 (法人名)	

地　目	地　積	路　　　線　　　価				地形図及び参考事項
⑳地 田 畑 山 林 〔 〕 原 野 雑種地	㎡ 150	正面 円 100,000	側　方 円	側　方 円	裏　面 円	差し引く隣接する 近似整形地の価額

間口距離 10 m	利用区分	⑳自 用 地　貸家建付借地権 貸 宅 地　転 貸 借 地 権 貸家建付地　転　借　権 借 地 権　借家人の有する権利 私　　道　(　　　　)	地区区分	ビル街地区 高度商業地区 繁華街地区 普通商業・併用住宅地区	⑳普通住宅地区 中小工場地区 大工場地区
奥行距離 15 m					

				(1㎡当たりの価額) 円	
自 用 地 1 平 方 メ ー ト ル 当 た り の 価 額	1　一路線に面する宅地 （正面路線価）　　　　　　　　（奥行価格補正率） 100,000 円　×　　　　　　1.00			100,000	A
	2　二路線に面する宅地 （A） 　　　　　　円　＋　（	［側方 裏面］路線価 円　×　.	（奥行価格 補正率）×［側方 二方］	路線影響加算率 0. ）	(1㎡当たりの価額) 円	B
	3　三路線に面する宅地 （B） 　　　　　　円　＋　（	［側方 裏面］路線価 円　×　.	（奥行価格 補正率）×［側方 二方］	路線影響加算率 0. ）	(1㎡当たりの価額) 円	C
	4　四路線に面する宅地 （C） 　　　　　　円　＋　（	［側方 裏面］路線価 円　×　.	（奥行価格 補正率）×［側方 二方］	路線影響加算率 0. ）	(1㎡当たりの価額) 円	D
	5-1　間口が狭小な宅地等 （AからDまでのうち該当するもの） 　　　　　　円　×　（	（間口狭小 補正率）×	（奥行長大 補正率） . ）		(1㎡当たりの価額) 円	E
	5-2　不　整　形　地 （AからDまでのうち該当するもの）　　　不整形地補正率※ 　　　　　　　　　円　×　0. ※不整形地補正率の計算 （想定整形地の間口距離）　（想定整形地の奥行距離）　（想定整形地の地積） 　　　　m　×　　　　　　m　＝　　　　　㎡ （想定整形地の地積）（不整形地の地積）（想定整形地の地積）　（かげ地割合） （　　　㎡　－　　　　㎡）÷　　　　㎡　＝　　　　％ （不整形地補正率表の補正率）（間口狭小補正率）（小数点以下2 位未満切捨て） 0.　　　×　　．　　＝　0.　　　①　　［不整形地補正率 （奥行長大補正率）（間口狭小補正率）　　（①、②のいずれか低い ．　　×　　．　　＝　0.　　　②　　率、0.6を限度とする。） 0.					F
	6　地積規模の大きな宅地 （AからFまでのうち該当するもの）　　　規模格差補正率※ 　　　　　　　　　円　×　0. ※規模格差補正率の計算 （地積（Ⓐ））　　（Ⓑ）　　　（Ⓒ）　　　（地積（Ⓐ））　　　（小数点以下2 {（　　　㎡×　　　＋　　　）÷　　　　㎡}×　0.8　＝　0.　　位未満切捨て）				(1㎡当たりの価額) 円	G
	7　無　道　路　地 （F又はGのうち該当するもの）　　　　　　　　　　　　（※） 　　　　　　　　円　×　（　1　－　　0.　　　） ※割合の計算（0.4を限度とする。） （正面路線価）（通路部分の地積）　（F又はGのうち 該当するもの）（評価対象地の地積） （　　　円×　　　㎡）÷（　　　円　　　㎡）＝ 0.				(1㎡当たりの価額) 円	H
	8　がけ地等を有する宅地　　　　　［　南　、　東　、　西　、　北　］ （AからHまでのうち該当するもの）　　　　（がけ地補正率） 　　　　　　　円　×　0.				(1㎡当たりの価額) 円	I
	9　容積率の異なる2以上の地域にわたる宅地 （AからIまでのうち該当するもの）　　（控除割合（小数点以下3位未満四捨五入）） 　　　　　　　円　×　（　1　－　0.　　　）				(1㎡当たりの価額) 円	J
	10　私　　　　　道 （AからJまでのうち該当するもの） 　　　　　　　円　×　0.3				(1㎡当たりの価額) 円	K

自用地の評価額	自用地1平方メートル当たりの価額 （AからKまでのうちの該当記号）	地　　積	総　　　　　　額 （自用地1㎡当たりの価額）×（地積）	
	（ A ）　100,000 円	㎡ 150	15,000,000 円	L

(注) 1　5-1の「間口が狭小な宅地等」と5-2の「不整形地」は重複して適用できません。
　　2　5-2の「不整形地」の「AからDまでのうち該当するもの」欄の価額について、AからDまでの欄で計算できない場合には、（第2表）の 「備考」欄等で計算してください。

(資4-25-1-A4統一)

83

(4) 不整形地としての評価を行わない場合

次の①及び②の事例のような帯状部分を有する宅地は、不整形地としての評価を行いません。

① 不整形地としての評価を行わない事例1

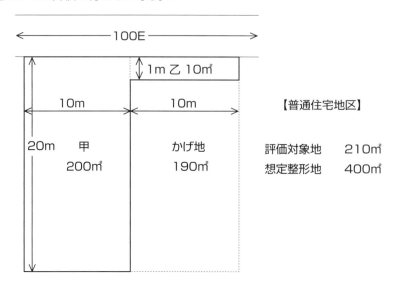

上の例のような帯状部分を有する宅地は、帯状部分（乙）とその他の部分とに区分して評価したそれぞれの評価額の合計額により評価し、不整形地補正率は適用しません。

これは、帯状部分を有する宅地について不整形地補正率を適用して評価すると、かげ地部分が過大となり、帯状部分とそれ以外の部分を別個に評価した合計額よりも低い評価額となる不合理な結果となるためです。

上図の場合の具体的な評価方法は次のとおりです。

■ 計算例

1　甲土地の評価額

　　（路線価）　（奥行価格補正率）　　　（地積）
　　100,000 円 ×　　1.00　　× 200㎡ ＝ 20,000,000 円

2　乙土地の評価額

　　（路線価）　（奥行価格補正率）　　　（地積）
　　100,000 円 ×　　0.90　　× 10㎡ ＝ 900,000 円

3　評価額

　　（甲土地の評価額）　（乙土地の評価額）
　　20,000,000 円　＋　900,000 円　＝ 20,900,000 円

(参考)

評価対象地を不整形地として評価するとした場合

((甲+乙)土地の評価額)　　(不整形地補正率)　　　　　　(甲土地のみの評価額)
　20,900,000 円　　×　　0.82　　=　17,138,000 円　＜ 20,000,000 円

不整形地補正率 0.82（普通住宅地区　地積区分 A　かげ地割合 47.5％）

$$かげ地割合 = \frac{400㎡（想定整形地の地積） - 210㎡（不整形地の地積）}{400㎡（想定整形地の地積）} = 47.5\%$$

　このように、帯状部分を有する土地について、形式的に不整形地補正を行うと、かげ地割合が過大となり、帯状部分以外の部分を単独で評価した価額（20,000 千円）より低い不合理な評価額となるため、不整形地としての評価は行いません。

② 不整形地としての評価を行わない事例２

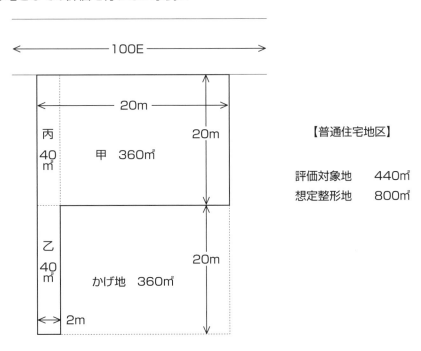

【普通住宅地区】

評価対象地　440㎡
想定整形地　800㎡

　帯状部分（乙）とその他部分（甲・丙）に分けて評価した価額の合計額により評価し、不整形地としての評価は行いません。

■ 計算例

1 甲、丙土地を合わせて評価した価額

（路線価） （奥行価格補正率） （地積） （（甲＋丙）土地の評価額）
100,000 円 × 1.00 × 400㎡ ＝ 40,000,000 円

2 乙土地の評価額

(1) 乙、丙土地を合わせた土地の奥行価格補正後の価額

（路線価） （奥行価格補正率） （地積）
100,000 円 × 0.91 × 80㎡ ＝ 7,280,000 円

(2) 丙土地の奥行価格補正後の価額

（路線価） （奥行価格補正率） （地積）
100,000 円 × 1.00 × 40㎡ ＝ 4,000,000 円

(3) (1)の価額から(2)の価額を差し引いて求めた乙土地の奥行価格補正後の価額

（(1)の価額） （(2)の価額） （乙土地の奥行価格補正後の価額）
7,280,000 円 － 4,000,000 円 ＝ 3,280,000 円

(4) 乙土地の評価額

　乙土地が帯状部分でないその他部分（丙、甲）に面している長さを乙土地の間口距離（2ｍ）と、乙＋丙の奥行距離を乙土地の奥行距離（40ｍ）とみなし、(3)で求めた価額に間口狭小・奥行長大補正率を適用します。なお、乙土地は前面の道路に接する丙土地を通じて道路に到達するので無道路地としての評価はしません。

（乙土地の奥行価格補正後の価額）（間口狭小補正率）（奥行長大補正率）（乙土地の評価額）
3,280,000 円 × 0.90 × 0.90 ＝ 2,656,800 円

3 評価額

（（甲＋丙）土地の評価額） （乙土地の評価額）
40,000,000 円 ＋ 2,656,800 円 ＝ 42,656,800 円

（参考）

　評価対象地を不整形地として評価するとした場合

① 甲地の奥行価格補正後の価額

（路線価） （奥行価格補正率） （地積）
100,000 円 × 1.00 × 360㎡ ＝ 36,000,000 円

② 乙、丙土地の奥行価格補正後の価額

（路線価） （奥行価格補正率） （地積）
100,000 円 × 0.91 × 80㎡ ＝ 7,280,000 円

③ 不整形地補正率

不整形地補正率 0.82（普通住宅地区　地積区分 A　かげ地割合 45％）

$$
かげ地割合 = \frac{\overset{(想定整形地の地積)}{800㎡} - \overset{(不整形地の地積)}{440㎡}}{\underset{(想定整形地の地積)}{800㎡}} = 45\%
$$

④ 評価額

　　((甲＋乙・丙)土地)　　(不整形地補正率)　　　　　　((甲＋丙)土地)
　　43,280,000 円　　×　　0.82　　＝ 35,489,600 円 ＜ 40,000,000 円

　このように、帯状部分を有する土地について、形式的に不整形地補正を行うと、かげ地割合が過大となり、帯状部分以外の部分を単独で評価した価額（40,000 千円）より低い不合理な評価額となるため、不整形地としての評価は行いません。

(5) 不整形地の側方路線影響加算

　角地は側方路線にも接することにより、一路線にのみ接する宅地よりも効用が大きくなり、この効用の増加を側方路線影響加算率によって加算して評価します。

　しかし、不整形地の場合には、整形地に比して側方路線に接することの効用が大きくない場合があります。このような場合には、側方路線影響加算を調整する必要があります。

設例 26　不整形地の側方路線影響加算

次図のような不整形地の評価額は、具体的にはどのようにして計算するのでしょうか。

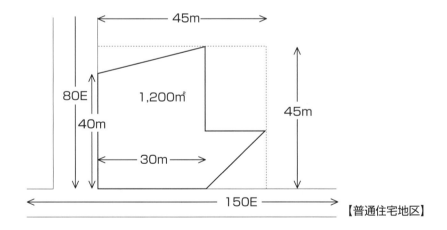

【普通住宅地区】

解説

　不整形地の地積を間口距離で除して算出した計算上の奥行距離を基とし、側方路線影響加算、不整形地補正を行い評価します。

87

■ **計算例**

不整形地の計算上の奥行距離による奥行価格補正

(1) 正面路線に対応する奥行距離……40 m

（地積）　　（間口距離）　（計算上の奥行距離）　　（想定整形地の奥行距離）

$1,200㎡ ÷ 30 m = 40 m < 45 m$

（正面路線価）　（奥行距離 40 mの場合の奥行価格補正率）　（奥行価格補正後の価額）

$150,000 円 × 0.91 = 136,500 円①$

(2) 側方路線影響加算を行う場合の奥行距離……30 m

（地積）　　（間口距離）　（計算上の奥行距離）　　（想定整形地の奥行距離）

$1,200㎡ ÷ 40 m = 30 m < 45 m$

(3) 側方路線影響加算額の計算

（側方路線価）　（奥行距離 30 mの場合の奥行価格補正率）　（側方路線影響加算率）　　（側方路線影響加算額）

$80,000 円 × 0.95 × 0.03 × \dfrac{40m}{45m} = 2,026 円 ②$

(4) 側方路線影響加算後の価額

$136,500 円① + 2,026 円② = 138,526 円$

(5) 不整形地補正後の価額

（不整形地補正率）

$138,526 円 × 0.92 = 127,443 円$

不整形地補正率 0.92（普通住宅地区　地積区分 C　かげ地割合 40.74%）

$$かげ地割合 = \dfrac{2,025㎡ - 1,200㎡}{2,025㎡} = 40.74\%$$

（地積）

$127,443 円 × 1,200㎡ = 152,931,600 円$

(注)　上記評価額は、「地積規模の大きな宅地の評価」には該当しない場合の評価額です。「地積規模の大きな宅地の評価」については、**第2章2節8**をご覧ください。

第2章　宅地及び宅地の上に存する権利の評価

土地及び土地の上に存する権利の評価明細書（第1表）

	局(所)	署
	30 年分	ページ

（平成三十年分以降用）

（住居表示）	（　　　　　　　　）	所有者	住　所（所在地）		使用者	住　所（所在地）	
所在地番			氏　名（法人名）			氏　名（法人名）	

地　目	地　積	路　　　線　　　価				地形図及び参考事項	
⦿宅地　原野　田　雑種地　畑　山林　[　]	1,200 ㎡	正面	側方	側方	裏面		省　略
		150,000 円	80,000 円	円	円		

間口距離	30 m	利用区分	⦿自用地　貸家建付借地権 貸宅地　転貸借地権 貸家建付地　転借権 借地権　借家人の有する権利 私道（　　　　　　）	地区区分	ビル街地区　⦿普通住宅地区 高度商業地区　中小工場地区 繁華街地区　大工場地区 普通商業・併用住宅地区
奥行距離	40 m				

				（1㎡当たりの価額）円	
自用地1平方メートル当たりの価額	1　一路線に面する宅地 　　（正面路線価）　　　　　（奥行価格補正率） 　　150,000 円　×　　　　0.91			136,500	A
	2　二路線に面する宅地 　　（A）　　　[側方裏面 路線価]　（奥行価格補正率）[側方二方 路線影響加算率] 　136,500 円　+　（　80,000 円　×0.95　×　0.03×40/45　）			138,526	B
	3　三路線に面する宅地 　　（B）　　　[側方裏面 路線価]　（奥行価格補正率）[側方二方 路線影響加算率] 　　　円　+　（　　円　×　　×　0.　　）				C
	4　四路線に面する宅地 　　（C）　　　[側方裏面 路線価]　（奥行価格補正率）[側方二方 路線影響加算率] 　　　円　+　（　　円　×　　×　0.　　）				D
	5-1　間口が狭小な宅地等　（間口狭小 補正率）（奥行長大 補正率） 　　（AからDまでのうち該当するもの） 　　　円　×　（　.　　×　.　　）				E
	5-2　不整形地 　　（AからDまでのうち該当するもの）　　不整形地補正率※ 　　138,526 円　×　　0.92 　※不整形地補正率の計算 （想定整形地の間口距離）（想定整形地の奥行距離）（想定整形地の地積） 　　45 m　×　　45 m　=　　2,025 ㎡ （想定整形地の地積）　（不整形地の地積）　（想定整形地の地積）（かげ地割合） （　2,025 ㎡　−　1,200 ㎡）÷　2,025 ㎡　=　40.74% （不整形地補正率表の補正率）（間口狭小補正率）（小数点以下2位未満切捨て）　[不整形地補正率（①、②のいずれか低い率、0.6を限度とする。）] 　0.92　×　1.00　=　0.92　① （奥行長大補正率）（間口狭小補正率） 　1.00　×　1.00　=　1.00　②　　0.92			127,443	F
	6　地積規模の大きな宅地 　　（AからFまでのうち該当するもの）　規模格差補正率※ 　　　円　×　0. 　※規模格差補正率の計算 （地積（Ⓐ））　（Ⓑ）　（Ⓒ）　（地積（Ⓐ））（小数点以下2位未満切捨て） {（　㎡×　+　）÷　㎡}×　0.8　=　0.				G
	7　無道路地 　　（F又はGのうち該当するもの）　　　　（※） 　　　円　×　（　1　−　0.　） 　※割合の計算（0.4を限度とする。） （正面路線価）（通路部分の地積）（F又はGのうち該当するもの）（評価対象地の地積） （　円×　㎡）÷（　円×　㎡）=　0.				H
	8　がけ地等を有する宅地　　[南、東、西、北] 　　（AからHまでのうち該当するもの）（がけ地補正率） 　　　円　×　0.				I
	9　容積率の異なる2以上の地域にわたる宅地 　　（AからIまでのうち該当するもの）（控除割合（小数点以下3位未満四捨五入）） 　　　円　×　（　1　−　0.　）				J
	10　私　道 　　（AからJまでのうち該当するもの） 　　　円　×　0.3				K

自用地の評価額	自用地1平方メートル当たりの価額（AからKまでのうちの該当記号）	地　積	総　　額（自用地1㎡当たりの価額）×（地積）	
	（ F ）　127,443 円	1,200 ㎡	152,931,600 円	L

（注）1　5-1の「間口が狭小な宅地等」と5-2の「不整形地」は重複して適用できません。
　　　2　5-2の「不整形地」の「AからDまでのうち該当するもの」欄の価額について、AからDまでの欄で計算できない場合には、（第2表）の「備考」欄等で計算してください。

（資4−25−1−A4統一）

設例27 角地としての効用が認められない場合の側方路線影響加算

次の図のように2の路線に接する宅地Bの価額を評価する場合にも、角地に該当するものとして側方路線影響加算率を適用して評価するのでしょうか。

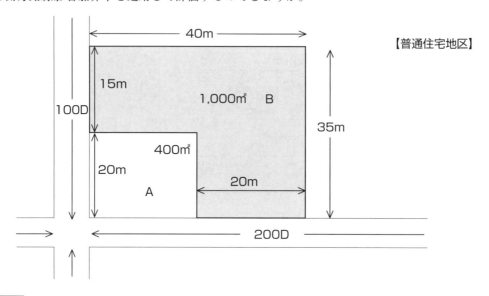

解説

1　奥行価格補正後の正面路線価に対応する価額

上図のように角が欠けているため、現実に角地としての効用を有しない場合には、側方路線影響加算率に代えて二方路線影響加算率を適用して評価します。

図の場合には、具体的には次のように評価します。

A、Bを合わせた全体の整形地の奥行価格補正後の価額からA部分の奥行価格補正後の価額を差し引き、宅地Bの奥行価格補正後の1㎡当たりの価額を算出します。

(1) A、Bを合わせた全体の整形地の奥行価格補正後の価額

(正面路線価)　(奥行距離35mの場合の奥行価格補正率)　(A+Bの地積)
200,000円 × 0.93 × 1,400㎡ ＝ 260,400,000円 ①

(2) Aの部分の奥行価格補正後の価額

(正面路線価)　(奥行距離20mの場合の奥行価格補正率)　(Aの地積)
200,000円 × 1.00 × 400㎡ ＝ 80,000,000円 ②

(3) 宅地Bの奥行価格補正後の1㎡当たりの価額

(A、Bを合わせた価額)　(Aの部分の価額)　(Bの地積)
(260,400,000円① － 80,000,000円②) ÷ 1,000㎡ ＝ 180,400円 ③

第2章　宅地及び宅地の上に存する権利の評価

2　側方路線影響加算額

図のように角地としての効用が認められない場合には、二方路線影響加算率を用いて側方路線影響加算額を算出します。

（1）　側方路線影響加算額の算出

（側方路線価）　（奥行距離40mの場合の奥行価格補正率）　（二方路線影響加算率）

$$100,000 \text{円} \times 0.91 \times 0.02 \times \frac{15m}{20m + 15m} = 780 \text{円④}$$

（2）　側方路線影響加算後の価額

180,400円③　＋　780円④　＝　181,180円⑤

（3）　不整形地補正後の宅地Bの価額

（不整形地補正率）

181,180円⑤　×　0.97　＝　175,744円

$$\left[\begin{array}{l} \text{不整形地補正率}\quad 0.97 \\[2mm] \text{かげ地割合}\quad \dfrac{1,400\text{㎡} - 1,000\text{㎡}}{1,400\text{㎡}} \fallingdotseq 28.57\% \\[2mm] \text{地積区分 C} \end{array} \right.$$

（地積）

175,744円　×　1,000㎡　＝　175,744,000円

（注）1　側方路線影響加算額は次の計算方法により算出しても差し支えありません。

（1）　側方路線価を基にした宅地Bの1㎡当たりの奥行価格補正後の価額

$$(100,000 \text{円} \times 0.91 \times 1,400\text{㎡} - 100,000 \text{円} \times 1.00 \times 400\text{㎡}) \div 1,000\text{㎡}$$

（A、Bを合わせた奥行価格補正後の価額）　（Aの奥行価格補正後の価額）

＝ 87,400円⑥

（2）　側方路線影響加算額

（側方路線価を基にした　（二方路線
　Bの1㎡当たりの価額）　　影響加算率）

$$87,400 \text{円⑥} \times 0.02 \times \frac{15m}{20m + 15m} = 749 \text{円}$$

2　上記評価額は、「地積規模の大きな宅地の評価」には該当しない場合の評価額です。「地積規模の大きな宅地の評価」については、**第2章2節8**をご覧ください。

総括表

土地及び土地の上に存する権利の評価明細書（第1表）

				局(所)	署
				30 年分	ページ

（平成三十年分以降用）

（住居表示）	（ ）	所有者	住　所（所在地）		使用者	住　所（所在地）	
所在地番			氏　名（法人名）			氏　名（法人名）	

地　目	地　積	路　　線　　価				
（宅地）田 畑 山林 原野 雑種地 [ ]	㎡ 1,000	正　面 円 180,400	側　方 円 100,000	側　方 円	裏　面 円	地形図及び参考事項

宅地 B の奥行価格補正後の単価

$$\frac{260,400,000円 - 80,000,000円}{1,000 ㎡} = 180,400円$$

間口距離	20 m	利用区分	(自 用 地) 貸家建付地 貸宅地 転貸借地権 貸家建付地 転　借　権 借　地　権 借家人の有する権利 私　道	地区区分	ビル街地区 高度商業地区 繁華街地区 (普通住宅地区) 中小工場地区 大工場地区
奥行距離	35 m				

自用地 1 平方メートル当たりの価額		
1 一路線に面する宅地 （正面路線価） （奥行価格補正率） 180,400 円 × 1.00	（1 ㎡当たりの価額）円 180,400	A

> ソフトで計算する場合には、手入力で「1.00」を入力してください。

2 二路線に面する宅地 （A） [側方 裏面]路線価 （奥行価格補正率） [側方 二方]路線影響加算率 180,400 円 ＋ （ 100,000 円 × 0.91 × 0.02 × $\frac{15}{35}$）	（1 ㎡当たりの価額）円 181,180	B
3 三路線に面する宅地 （B） [側方 裏面]路線価 （奥行価格補正率） [側方 二方]路線影響加算率 円 ＋ （ 円 × × 0. ）	（1 ㎡当たりの価額）円	C
4 四路線に面する宅地 （C） [側方 裏面]路線価 （奥行価格補正率） [側方 二方]路線影響加算率 円 ＋ （ 円 × × 0. ）	（1 ㎡当たりの価額）円	D
5-1 間口が狭小な宅地等 （AからDまでのうち該当するもの） （間口狭小補正率） （奥行長大補正率） 円 × （ . × . ）	（1 ㎡当たりの価額）円	E
5-2 不整形地 （AからDまでのうち該当するもの） 不整形地補正率※ 181,180 円 × 0.97 ※不整形地補正率の計算 （想定整形地の間口距離） （想定整形地の奥行距離） （想定整形地の地積） 40 m × 35 m ＝ 1,400 ㎡ （想定整形地の地積） （不整形地の地積） （想定整形地の地積） （かげ地割合） （ 1,400 ㎡ － 1,000 ㎡ ）÷ 1,400 ㎡ ＝ 28.57% （不整形地補正率表の補正率） （間口狭小補正率） （小数点以下2位未満切捨て） 0.97 × 1.00 ＝ 0.97 ① （奥行長大補正率） （間口狭小補正率） 1.00 × 1.00 ＝ 1.00 ② [不整形地補正率 ①、②のいずれか低い率、0.6 を限度とする。] 0.97	（1 ㎡当たりの価額）円 175,744	F
6 地積規模の大きな宅地 （AからFまでのうち該当するもの） 規模格差補正率※ 円 × 0. ※規模格差補正率の計算 （地積（Ⓐ）） （Ⓑ） （Ⓒ） （地積（Ⓐ）） （小数点以下2位未満切捨て） ｛（ ㎡× ＋ ）÷ ㎡｝× 0.8 ＝ 0.	（1 ㎡当たりの価額）円	G
7 無　道　路　地 （F又はGのうち該当するもの） （※） 円 × （ 1 － 0. ） ※割合の計算（0.4 を限度とする。） （正面路線価） （通路部分の地積） （F又はGのうち該当するもの） （評価対象地の地積） （ 円× ㎡）÷（ 円× ㎡）＝ 0.	（1 ㎡当たりの価額）円	H
8 がけ地等を有する宅地 ［ 南 、 東 、 西 、 北 ］ （AからHまでのうち該当するもの） （がけ地補正率） 円 × 0.	（1 ㎡当たりの価額）円	I
9 容積率の異なる 2 以上の地域にわたる宅地 （AからIまでのうち該当するもの） （控除割合（小数点以下 3 位未満四捨五入）） 円 × （ 1 － 0. ）	（1 ㎡当たりの価額）円	J
10 私　道 （AからJまでのうち該当するもの） 円 × 0.3	（1 ㎡当たりの価額）円	K

自用地の評価額	自用地 1 平方メートル当たりの価額 （AからKまでのうちの該当記号） （ F ） 円 175,744	地　積 ㎡ 1,000	総　　　額 （自用地 1 ㎡当たりの価額）×（地　積） 円 175,744,000	L

（注）1　5−1 の「間口が狭小な宅地等」と 5−2 の「不整形地」は重複して適用できません。
　　　2　5−2 の「不整形地」の「AからDまでのうち該当するもの」欄の価額について、AからDまでの欄で計算できない場合には、（第2表）の「備考」欄等で計算してください。

（資4−25−1−A4統一）

第2章　宅地及び宅地の上に存する権利の評価

付表1

土地及び土地の上に存する権利の評価明細書（第1表）

	局(所)	署
30 年分		ページ

（平成三十年分以降用）

（住居表示）	（　　　　　　　　）	所有者	住所 (所在地)		使用者	住所 (所在地)	
所 在 地 番			氏　名 (法人名)			氏　名 (法人名)	

地　　目	地　　積	路　　　　　線　　　　　価				地	A、Bを合わせた全体
(宅地) 原野 田　　雑種地 畑 山　林 [　　]	㎡ 1,400	正　面 円 200,000	側　方 円	側　方 円	裏　面 円	形図及び参考事項	の整形地の奥行価格 補正後の価格

間口距離	40 m	利 用 区 分	(自用地) 貸家建付借地権 貸 宅 地　転 貸 借 地 権 貸家建付地　転　借　権 借 地 権　借家人の有する権利 私　　道（　　　　　　　　）	地 区 区 分	ビル街地区　(普通住宅地区) 高度商業地区　中小工場地区 繁華街地区　大工場地区 普通商業・併用住宅地区
奥行距離	35 m				

				(1㎡当たりの価額) 円	
自 用 地 1 平 方 メ ー ト ル 当 た り の 価 額	1　一路線に面する宅地 　　（正面路線価）　　　　　　　　　（奥行価格補正率） 　　200,000円 ×　　　0.93			186,000	A
	2　二路線に面する宅地 　　（A）　　　　　[側方]路線価　（奥行価格[側方 　　　　　　　　　　[裏面]　　　補正率）　二方]路線影響加算率] 　　　　　　円 + (　　　円 ×　　0.　　)			(1㎡当たりの価額) 円	B
	3　三路線に面する宅地 　　（B）　　　　　[側方]路線価　（奥行価格[側方 　　　　　　　　　　[裏面]　　　補正率）　二方]路線影響加算率] 　　　　　　円 + (　　　円 ×　　0.　　)			(1㎡当たりの価額) 円	C
	4　四路線に面する宅地 　　（C）　　　　　[側方]路線価　（奥行価格[側方 　　　　　　　　　　[裏面]　　　補正率）　二方]路線影響加算率] 　　　　　　円 + (　　　円 ×　　0.　　)			(1㎡当たりの価額) 円	D
	5-1 間口が狭小な宅地等　　（間口狭小）（奥行長大） 　　（AからDまでのうち該当するもの）　補正率　　補正率 　　　　　　円 × (　　.　　× 　　.　　)			(1㎡当たりの価額) 円	E
	5-2 不 整 形 地 　　（AからDまでのうち該当するもの）　　不整形地補正率※ 　　　　　　円 ×　　0. 　※不整形地補正率の計算 　（想定整形地の間口距離）（想定整形地の奥行距離）（想定整形地の地積） 　　　　m ×　　　m =　　　㎡ 　（想定整形地の地積）（不整形地の地積）（想定整形地の地積）（かげ地割合） 　（　　㎡ −　　㎡）÷　　㎡ =　　% 　（不整形地補正率表の補正率）（間口狭小補正率）　[不整形地補正率 　　0.　　　　　　　　.　　 = 0.　①　（①、②のいずれか低い 　（奥行長大補正率）（間口狭小補正率）　　　　率、0.6を限度とする。） 　　0.　　　×　　.　　 = 0.　② 　0.			(1㎡当たりの価額) 円	F
	6　地積規模の大きな宅地 　　（AからFまでのうち該当するもの）　規模格差補正率※ 　　　　　　円 ×　　0. 　※規模格差補正率の計算 　　（地積（Ⓐ））（Ⓑ）　（Ⓒ）　（地積（Ⓐ））（小数点以下2 　　{(　㎡×　　+　　) ÷　　㎡} × 0.8 = 0.　位未満切捨て）			(1㎡当たりの価額) 円	G
	7　無 道 路 地 　　（F又はGのうち該当するもの）　　　　（※） 　　　　　　円 × (　1 −　　0.　) 　※割合の計算（0.4を限度とする。） 　（正面路線価）（通路部分の地積）（F又はGのうち該当するもの）（評価対象地の地積） 　（　　円×　　㎡）÷ (　　円×　　㎡) = 0.			(1㎡当たりの価額) 円	H
	8　がけ地等を有する宅地　　　[南 、 東 、 西 、 北] 　　（AからHまでのうち該当するもの）　（がけ地補正率） 　　　　　　円 ×　　0.			(1㎡当たりの価額) 円	I
	9　容積率の異なる2以上の地域にわたる宅地 　　（AからIまでのうち該当するもの）（控除割合（小数点以下3位未満四捨五入）） 　　　　　　円 × (　1 −　　0.　)			(1㎡当たりの価額) 円	J
	10 私　　　　道 　　（AからJまでのうち該当するもの） 　　　　　　円 ×　　0.3			(1㎡当たりの価額) 円	K

自用地の評価額	自用地1平方メートル当たりの価額 （AからKまでのうちの該当記号）	地　　積	総　　　　額 （自用地1㎡当たりの価額）×（地　積）	
	（ A ） 186,000　円	㎡ 1,400	円 260,400,000	L

（注）1　5-1の「間口が狭小な宅地等」と5-2の「不整形地」は重複して適用できません。
　　　2　5-2の「不整形地」の「AからDまでのうち該当するもの」欄の価額について、AからDまでの欄で計算できない場合には、（第2表）の
　　　　「備考」欄等で計算してください。

（資4-25-1-A4統一）

付表2

土地及び土地の上に存する権利の評価明細書（第1表）

局(所)	署
30 年分	ページ

(平成三十年分以降用)

(住居表示)	( )	所有者	住 所 (所在地)		使用者	住 所 (所在地)
所在地番			氏 名 (法人名)			氏 名 (法人名)

地 目	地 積	路 線 価				地形図及び参考事項
宅 地 田 畑 山 林 原 野 雑種地 [ ]	㎡ 400	正 面 200,000 円	側 方 円	側 方 円	裏 面 円	Aの部分の奥行価格補正後の価額

間口距離	20 m	利用区分	自用地 貸家建付地 貸宅地 貸家建付借地権 借地権 私道	借地権 転貸借地権 転借権 借家人の有する権利	地区区分	ビル街地区 高度商業地区 繁華街地区 普通商業・併用住宅地区	普通住宅地区 中小工場地区 大工場地区
奥行距離	20 m						

			(1㎡当たりの価額) 円	
自 用 地 1 平 方 メ ー ト ル 当 た り の 価 額	1 一路線に面する宅地 (正面路線価) (奥行価格補正率) 200,000 円 × 1.00		200,000	A
	2 二路線に面する宅地 (A) [側方 裏面] 路線価 (奥行価格 補正率) [側方 二方] 路線影響加算率 円 + 円 × × 0.		(1㎡当たりの価額) 円	B
	3 三路線に面する宅地 (B) [側方 裏面] 路線価 (奥行価格 補正率) [側方 二方] 路線影響加算率 円 + 円 × × 0.		(1㎡当たりの価額) 円	C
	4 四路線に面する宅地 (C) [側方 裏面] 路線価 (奥行価格 補正率) [側方 二方] 路線影響加算率 円 + 円 × × 0.		(1㎡当たりの価額) 円	D
	5-1 間口が狭小な宅地等 (AからDまでのうち該当するもの) (間口狭小 補正率) (奥行長大 補正率) 円 × . × .		(1㎡当たりの価額) 円	E
	5-2 不 整 形 地 (AからDまでのうち該当するもの) 不整形地補正率※ 円 × 0. ※不整形地補正率の計算 (想定整形地の間口距離) (想定整形地の奥行距離) (想定整形地の地積) m × m = ㎡ (想定整形地の地積) (不整形地の地積) (想定整形地の地積) (かげ地割合) (㎡ − ㎡) ÷ ㎡ = % (不整形地補正率表の補正率) (間口狭小補正率) [不整形地補正率] 0. × = 0. ① (①、②のいずれか低い (奥行長大補正率) (間口狭小補正率) 率、0.6を限度とする。) × = 0. ② 0.		(1㎡当たりの価額) 円	F
	6 地積規模の大きな宅地 (AからFまでのうち該当するもの) 規模格差補正率※ 円 × 0. ※規模格差補正率の計算 (地積(Ⓐ)) (Ⓑ) (Ⓒ) (地積(Ⓐ)) (小数点以下2位未満切捨て) {(㎡× +) ÷ ㎡} × 0.8 = 0.		(1㎡当たりの価額) 円	G
	7 無 道 路 地 (F又はGのうち該当するもの) (※) 円 × (1 − 0.) ※割合の計算 (0.4を限度とする。) (正面路線価) (通路部分の地積) (F又はGのうち 該当するもの) (評価対象地の地積) (円× ㎡) ÷ (円× ㎡) = 0.		(1㎡当たりの価額) 円	H
	8 がけ地等を有する宅地 [南 、 東 、 西 、 北] (AからHまでのうち該当するもの) (がけ地補正率)		(1㎡当たりの価額) 円	I
	9 容積率の異なる2以上の地域にわたる宅地 (AからIまでのうち該当するもの) (控除割合 (小数点以下3位未満四捨五入)) 円 × (1 − 0.)		(1㎡当たりの価額) 円	J
	10 私 道 (AからJまでのうち該当するもの) 円 × 0.3		(1㎡当たりの価額) 円	K

自用地の評価額	自用地1平方メートル当たりの価額 (AからKまでのうちの該当記号)	地 積	総 額 (自用地1㎡当たりの価額) × (地 積)	
	(A) 200,000 円	㎡ 400	80,000,000 円	L

(注) 1 5-1の「間口が狭小な宅地等」と5-2の「不整形地」は重複して適用できません。
2 5-2の「不整形地」の「AからDまでのうち該当するもの」欄の価額について、AからDまでの欄で計算できない場合には、(第2表)の「備考」欄等で計算してください。

(資4-25-1-A4統一)

(6) 不整形地の二方路線影響加算

二方路線に接する宅地は、裏面でも路線に接することにより一路線にのみ接する宅地よりも効用が大きくなり、この効用の増加を二方路線影響加算率によって加算して評価します。

しかし、不整形地の場合には、整形地に比して裏面路線に接することの効用が大きくない場合があります。このような場合には、側方路線影響加算の場合と同様に二方路線影響加算額を調整する必要があります。

> **設例28　宅地の一部が裏面路線に接している場合の二方路線影響加算額**

次のような宅地の一部が裏面路線に接している不整形地の二方路線影響加算額はどのように計算するのですか。

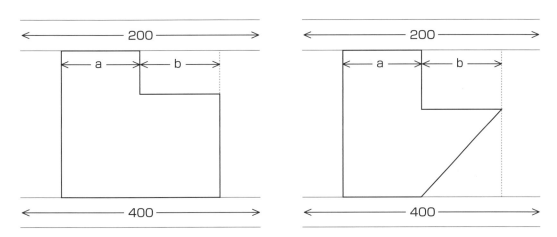

解説

上図のように、裏面路線に接する部分がその宅地に係る想定整形地の間口距離より短い場合には、裏面路線に接する部分がその宅地に係る想定整形地の間口距離に占める割合により加算額を調整します。

$$\text{二方路線影響加算額} = \text{(裏面路線価)}200{,}000\text{円} \times \text{奥行価格補正率} \times \text{二方路線影響加算率} \times \frac{a}{a+b}$$

8　地積規模の大きな宅地の評価（評価通達20-2）

(1) 「地積規模の大きな宅地の評価」通達の趣旨

① 従来の「広大地の評価」の問題点

平成29年分までは、地積が著しく大きい宅地の評価方法としては「広大地の評価」（削除前の評価通達24-4、以下「旧広大地評価」といいます。）がありました。旧広大地評価における広大地の要件の概要は次のとおりでした。

　ⅰ　その地域の標準的な宅地の地積に比して著しく地積が広大であること
　ⅱ　開発を想定した場合には、開発道路等の潰れ地の負担が見込まれること

ⅲ　マンション等適地には該当しないこと

　上記のⅰからⅲの各要件の判定には主観的な判断に基づく場合が多く、評価対象宅地が通達で規定する広大地に該当するか否かの判断が非常に困難な場合が多くありました。また、旧広大地評価では、地積に応じて計算される広大地補正率に基づき評価し、単純に面積が大きくなると比例的に評価額が下がり、形状等の個別的要因は考慮されない評価方法になっていました。このため、相続税評価額と取引価額が乖離する傾向がありました。このような理由から、旧広大地評価は廃止され、平成30年1月1日以後の相続等又は贈与については、新設された「地積規模の大きな宅地の評価」（評価通達20－2）を適用することとなりました。

② 新設された「地積規模の大きな宅地の評価」の概要

　「地積規模の大きな宅地の評価」の対象となる宅地も、旧広大地評価における広大地と同様に、規模の大きい宅地を戸建開発分譲すると見込まれる地域に所在する宅地です。しかし、通達の対象となる宅地の判定にあたっては路線価図の地区区分や指定容積率等の客観的な事実に基づき判断できるようになっています。

　また、評価額の算定については、「規模格差補正率」という補正率を用いることとされ、次の算式で評価することになりました。

> 路線価×奥行価格補正率
> 　×不整形地補正率などの各種画地補正率×**規模格差補正率**×地積
> ＝地積規模の大きな宅地の評価額

　規模格差補正率の趣旨は次のとおりです。

　地積規模の大きな宅地を売却する場合、一般的にはその購入者は不動産開発業者に限定されます。不動産開発業者は地積規模の大きな宅地を戸建分譲用地として開発・分割して個々の区画をエンドユーザーに転売します。戸建分譲用地に分割する際には、用地内に開発道路を敷設するなど公共公益的施設用地の負担が必要となりますが、このような公共公益的施設用地はエンドユーザーに価格転嫁することができません。また、開発するについては相当な造成費を要することとなるばかりではなく、造成費以外にも開発負担金や広告宣伝費等の諸経費も発生します。地積規模の大きな宅地の市場価格は、エンドユーザーへの見込み転売価格の総額から上記の造成費及び必要諸経費を控除し、さらに仕入れから転売までの期間に応ずる収益率や利回りにも影響されて成立します。「規模格差補正率」は、戸建開発をする際に生じる上記の各減価を評価額に反映させる補正率です。

　また、「規模格差補正率」は旧広大地評価における「広大地補正率」と異なり、他の画地調整率も適用できることになっています。つまり、「規模格差補正率」は画地調整率の一つという扱いになっています。地積規模に応じた減価は規模格差補正率で、形状等の個別的要因に応じた減価は他の画地調整率を適用することにより評価額に反映される評価方法になっています。宅地比準方式で農地や山林等を評価する際には、宅地価額を算定する段階で「規模格差補正率」を適用し、さらに宅地造成費を控除することになります。

(2) 「地積規模の大きな宅地の評価」の対象となる宅地

具体的に「地積規模の大きい宅地の評価」の対象となる宅地は、次のAからEの各要件を満たすものをいいます。

A 地積の要件

次の地積以上の宅地であること。

ⅰ 三大都市圏に所在する宅地については500㎡以上

ⅱ 上記以外の地域に所在する宅地については1,000㎡以上

（注）「三大都市圏」とは、次の地域をいいます。

イ 首都圏整備法（昭和31年法律第83号）第2条《定義》第3項に規定する既成市街地又は同条第4項に規定する近郊整備地帯

ロ 近畿圏整備法（昭和38年法律第129号）第2条《定義》第3項に規定する既成都市区域又は同条第4項に規定する近郊整備区域

ハ 中部圏開発整備法（昭和41年法律第102号）第2条《定義》第3項に規定する都市整備区域

B 路線価の地区区分の要件

評価対象宅地が路線価地域に所在する場合、正面路線の地区区分が次のいずれかの地区であること。

ⅰ 普通住宅地区

ⅱ 普通商業・併用住宅地区

評価対象宅地が倍率地域に所在する場合には、普通住宅地区にある宅地として扱います。

なお、上記のⅰ及びⅱ以外の地区（ビル街地区、高度商業地区、繁華街地区、中小工場地区及び大工場地区）は、通常戸建住宅用地として分割分譲されることは想定されない地域という理由で、対象から除外されています。

C 都市計画に関する要件

次のイ及びロの要件を満たす必要があります。

イ 「都市計画法第7条第3項に規定する市街化調整区域」以外の地域に所在する宅地であること。

市街化調整区域は、原則として宅地開発ができない地域であるので、戸建開発をする場合に発生する減価を反映させる評価方法である「地積規模の大きな宅地の評価」の対象とはなりません。

ただし、市街化調整区域内にある宅地であっても、次の地域に所在する宅地については、「地積規模の大きな宅地の評価」の対象となります。

ⅰ 都市計画法第34条第10号の規定により地区計画又は集落地区計画の区域（地区整備計画又は集落地区整備計画が定められている地域に限る）内にあり、当該計画に適合する開発行為が認められ、宅地分譲に係る開発が可能な地域

ⅱ 都市計画法第34条第11号の規定によりいわゆる条例指定区域となっている地域で宅地分譲に係る開発が可能な地域

ロ 都市計画法第8条第1項第1号に規定する用途地域が、「工業専用地域」以外の地域に所在する宅地であること。

工業専用地域は、「工業の利便を増進するための地域（都市計画法第9条第12項）」であり、住宅の建築ができません。このため、工業専用地域に所在する宅地は、戸建開発をする際に生じる減価を反映させる評価方法である「地積規模の大きな宅地の評価」の対象にはなりません。

D　容積率に関する要件

建築基準法第52条第1項に定める容積率（指定容積率）が次の容積率の地域に所在すること。

　　　i　東京都の特別区に所在する宅地については300％未満

　　　ii　上記以外の地域に所在する宅地については400％未満

i及びiiの地域において、指定容積率が上記の容積率以上である地域に所在する宅地はマンション等敷地として一体として利用されることが標準である、という理由から戸建開発分譲を想定する「地積規模の大きな宅地の評価」の対象からは除外されています。

なお、容積率には都市計画により指定された指定容積率のほか、前面道路幅員により計算される基準容積率（建築基準法第52条第2項）がありますが、「地積規模の大きな宅地の評価」の判定に際して用いる容積率は指定容積率のみです。

E　その他の要件

評価通達22－2に規定する大規模工場用地に該当しないこと。

「大規模工場用地」とは、一団の工場用地の地積が5万㎡以上のものをいいます。

⑶　「地積規模の大きな宅地の評価」の評価方法

「地積規模の大きな宅地の評価」の対象となる宅地は、評価通達15《奥行価格補正》から評価通達20《不整形地の評価》により計算した価額に、規模格差補正率を適用して評価します。

規模格差補正率は画地調整率の一つとして計算しますので、評価対象の宅地の形状等の個別的要因に応じて他の画地調整率や宅地の減額規定と同時に適用します。

つまり、次の算式で評価することになります。

　　　　路線価×奥行価格補正率

　　　　×不整形地補正率などの各種画地補正率×**規模格差補正率**×地積

　　　　＝地積規模の大きな宅地の評価額

規模格差補正率の計算方法は次のとおりです。

$$規模格差補正率 = \frac{Ⓐ \times Ⓑ + Ⓒ}{地積規模の大きな宅地の地積（Ⓐ）} \times 0.8$$

上の算式中の「Ⓑ」及び「Ⓒ」は、地積規模の大きな宅地が所在する地域に応じ、それぞれ次に掲げる表のとおりとされています。

第2章　宅地及び宅地の上に存する権利の評価

イ　三大都市圏に所在する宅地

地区区分　記号　地積	普通商業・併用住宅地区、普通住宅地区	
	Ⓑ	Ⓒ
500㎡以上　1,000㎡未満	0.95	25
1,000㎡以上　3,000㎡未満	0.90	75
3,000㎡以上　5,000㎡未満	0.85	225
5,000㎡以上	0.80	475

ロ　三大都市圏以外の地域に所在する宅地

地区区分　記号　地積	普通商業・併用住宅地区、普通住宅地区	
	Ⓑ	Ⓒ
1,000㎡以上　3,000㎡未満	0.90	100
3,000㎡以上　5,000㎡未満	0.85	250
5,000㎡以上	0.80	500

　（注）規模格差補正率は、小数点以下第2位未満を切り捨てます。

　なお、「地積規模の大きな宅地の評価」は倍率地域に所在する宅地にも適用することができます。倍率地域に所在する場合には、具体的には次の手順で計算します。

　ⅰ　その宅地が標準的な形状であるとした場合の1㎡当たりの固定資産税評価額にその地域の評価倍率を乗じて標準的な宅地の1㎡当たりの相続税評価額を算定する。

　ⅱ　ⅰで算定した価額を路線価として、その宅地が普通住宅地区にある宅地として規模格差補正率やその他の画地調整率などを適用する。

　上記ⅰ及びⅱの方法により計算した価額と通常の倍率方式により計算した価額とのいずれか低い方が評価額となります。

⑷　「地積規模の大きな宅地の評価」の対象となる宅地の判定及び計算に当たって注意すべき事項

①　対象となる宅地の規模の判定

　「地積規模の大きな宅地の評価」の対象となる宅地の規模の要件は、

　ⅰ　三大都市圏に所在する宅地については500㎡以上

　ⅱ　上記以外の地域に所在する宅地については1,000㎡以上

のみです。したがって、旧広大地評価のような、その地域の標準的な宅地規模との比較は不要です。また、非線引き都市計画区域や準都市計画区域についての別途の地積基準もありません。すべて、上記のⅰ及びⅱの地積基準により判定します。ただし、市街化調整区域については、原則として宅地開発ができない地域であることから、一定の要件を満たす地域（⑵Ｃイ（97ページ）参照）のみが対象となりますので、市街化調整区域についてはこの要件を満たす地域に所在する宅地について上記の規模の判定をすることに留意してください。

99

② 開発道路等の潰れ地の負担が不要

旧広大地評価では、開発を想定した場合には開発道路等の潰れ地（公共公益的施設用地）の負担が必要な宅地とされていました。このため、開発道路の負担が必要でない奥行が浅い宅地は適用対象外となっていました。しかし、「地積規模の大きな宅地の評価」にはこのような形状についての要件はありませんので、奥行が浅く開発道路の負担が見込まれない宅地であっても、適用対象から除外されることはありません。

③ マンション適地として適用対象から除外される宅地

旧広大地評価と同様に、「地積規模の大きな宅地の評価」においてもマンション適地はその対象から除外されています。しかし、旧広大地評価とは異なり、「地積規模の大きな宅地の評価」においては、マンション適地か否かの判断は、指定容積率に基づいて一律に行います。

　　ⅰ　東京都の特別区に所在する宅地については300％
　　ⅱ　上記以外の地域に所在する宅地については400％

ⅰ又はⅱの地域において上記の指定容積率未満である宅地は、マンション適地には該当しません。評価対象宅地の所在する地域にマンションが多数あっても、また、評価対象宅地が既に開発を了してマンション等の敷地となっていても、上記の指定容積率の要件を満たせばマンション適地となることはなく、「地積規模の大きな宅地の評価」の対象となります。

④ 評価対象宅地が指定容積率の異なる2以上の地域にわたる場合

この場合には、建築基準法の考え方に基づき、各地域の指定容積率に、その宅地の当該地域内にある各部分の面積の敷地面積に対する割合を乗じて得たものの合計により容積率を判定します。

指定容積率　200% 600㎡	指定容積率　400% 400㎡

指定容積率　400% 400㎡
指定容積率　200% 600㎡

例えば、上記の2つの例の場合には、容積率の計算方法は

$$\frac{200\% \times 600㎡ + 400\% \times 400㎡}{600㎡ + 400㎡} = 280\%$$

となり、「地積規模の大きな宅地の評価」の対象となります。

⑤ 評価対象の宅地の正面路線が２以上の地区にわたる場合

　評価対象となる宅地の正面路線が２以上の地区にわたる場合には、地区について都市計画法の用途地域を判断要素の一つとして設定していることから、建築基準法における用途地域の判定の考え方を踏まえ、当該宅地の過半の属する地区をもって、当該宅地の全部が所在する地区とします。

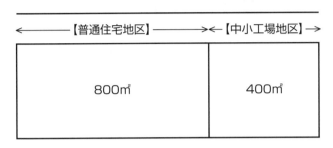

　上記の場合には、評価対象の宅地の過半の属する地区は普通住宅地区であることから、全部が普通住宅地区に所在する宅地として「地積規模の大きな宅地の評価」の対象となります。

⑥ 複数の者に共有されている場合の地積規模の判定

　複数の者に共有されている場合の地積規模は、共有者の持分に応じてあん分する前の共有地全体の地積により地積規模を判定します。

　（例）　Ａ地（三大都市圏内に所在する宅地）

　　　　地積：800㎡　　　持分：甲１／２、乙１／２

　上記の場合には、共有者の持分に応じてあん分する前の共有地全体の地積は800㎡ですので、三大都市圏内に所在する場合には、「地積規模の大きな宅地の評価」の規模の要件を満たすことになります。

⑦ 評価単位と地積規模の判定

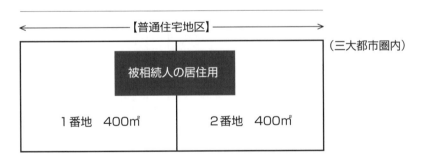

　上図のように被相続人の居住用宅地として一体として利用されていた２筆の宅地が相続財産である場合、これらを１人の者が、又は１番地及び２番地全体を共有で相続した場合には、２筆で１評価単位となることから、「地積規模の大きな宅地の評価」の規模の要件を満たすことになります。

　しかし、１番地を相続人甲が、２番地を相続人乙が相続する場合には、取得者ごとに評価することになりますので、規模の要件を満たさなくなり「地積規模の大きな宅地の評価」の対象外となります。

　また、上図の場合には、1番地と2番地は1画地として評価しますので、「地積規模の大きな宅地の評価」により、規模格差補正率を適用して全体の評価額を算定します。そしてその価額を面積比によりあん分し、2番地については借地権割合を乗じて借地権の評価額を算定します。

(5) 「地積規模の大きな宅地の評価」の計算例
① 三大都市圏以外の地域に所在する1,200㎡の宅地の場合
　　他の「地積規模の大きな宅地の評価」の要件は満たしているものとします。

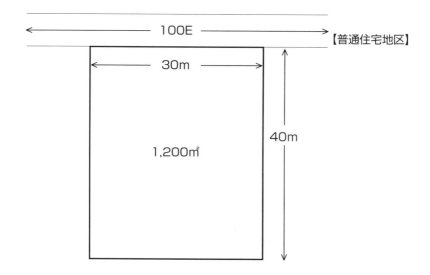

(評価)

1　規模格差補正率

$$\frac{1,200㎡ \times 0.9 + 100}{1,200㎡} \times 0.8 = 0.78$$

2　評価額

　　　　　　　　　　(奥行価格補正率) (規模格差補正率)　(地積)　　(評価額)
　　100,000 円　×　　0.91　　×　　0.78　　× 1,200㎡ ＝ 85,176,000 円
　　(注)　規模格差補正率は、小数点以下第2位未満を切り捨てます。

第2章　宅地及び宅地の上に存する権利の評価

土地及び土地の上に存する権利の評価明細書（第1表）

	局(所)　署
	30 年分　ページ

（平成三十年分以降用）

（住居表示）　（　　　　　　　）	所有者	住　所（所在地）		使用者	住　所（所在地）	
所在地番		氏　名（法人名）			氏　名（法人名）	

地　目	地　積	路　　　線　　　価				地形図及び参考事項
⦿宅地 原野 田　雑種地 畑 山林〔　　〕	1,200 ㎡	正　面 100,000 円	側　方 円	側　方 円	裏　面 円	省　略

間口距離	30 m	利用区分	⦿自用地　貸家建付借地権 貸宅地　転貸借地権 貸家建付地　転借権 借地権　借家人の有する権利 私道（　　　　　　）	地区区分	ビル街地区　⦿普通住宅地区 高度商業地区　中小工場地区 繁華街地区　大工場地区 普通商業・併用住宅地区	
奥行距離	40 m					

			（1㎡当たりの価額）円	
自用地1平方メートル当たりの価額	1　一路線に面する宅地 （正面路線価）　　　　（奥行価格補正率） 100,000 円　×　0.91		91,000	A
	2　二路線に面する宅地 （A）　[側方/裏面]路線価　（奥行価格補正率）[側方/二方]路線影響加算率 円 ＋ （　　円 × . × 0. ）		（1㎡当たりの価額）円	B
	3　三路線に面する宅地 （B）　[側方/裏面]路線価　（奥行価格補正率）[側方/二方]路線影響加算率 円 ＋ （　　円 × . × 0. ）		（1㎡当たりの価額）円	C
	4　四路線に面する宅地 （C）　[側方/裏面]路線価　（奥行価格補正率）[側方/二方]路線影響加算率 円 ＋ （　　円 × . × 0. ）		（1㎡当たりの価額）円	D
	5-1　間口が狭小な宅地等 （AからDまでのうち該当するもの）（間口狭小補正率）（奥行長大補正率） 円 × （ . × . ）		（1㎡当たりの価額）円	E
	5-2　不整形地 （AからDまでのうち該当するもの）　不整形地補正率※ 円 × 0. ※不整形地補正率の計算 （想定整形地の間口距離）（想定整形地の奥行距離）＝（想定整形地の地積） 　　m　×　　m　＝　　㎡ （想定整形地の地積）（不整形地の地積）（想定整形地の地積）（かげ地割合） （　　㎡ － 　　㎡）÷ 　　㎡ ＝ 　　% （不整形地補正率表の補正率）（間口狭小補正率）（小数点以下2位未満切捨て）[不整形地補正率（①、②のいずれか低い率、0.6を限度とする。）] 0. × . ＝ 0. ① （奥行長大補正率）（間口狭小補正率） . × . ＝ 0. ②		（1㎡当たりの価額）円	F
	6　地積規模の大きな宅地 （AからFまでのうち該当するもの）　規模格差補正率※ 91,000 円 × 0.78 ※規模格差補正率の計算 （地積Ⓐ）　　Ⓑ　　Ⓒ　（地積Ⓐ）　（小数点以下2位未満切捨て） {（ 1,200 ㎡×0.90 ＋ 100 ）÷ 1,200 ㎡}× 0.8 ＝ 0.78		70,980	G
	7　無道路地 （F又はGのうち該当するもの）　　　（※） 円 × （ 1 － 0. ） ※割合の計算（0.4を限度とする。） （正面路線価）（通路部分の地積）（F又はGのうち該当するもの）（評価対象地の地積） （　　円× 　　㎡）÷ （ 　　円 × 　　㎡） ＝ 0.		（1㎡当たりの価額）円	H
	8　がけ地等を有する宅地〔 南 、 東 、 西 、 北 〕 （AからHまでのうち該当するもの）　　（がけ地補正率） 円 × 0.		（1㎡当たりの価額）円	I
	9　容積率の異なる2以上の地域にわたる宅地 （AからIまでのうち該当するもの）　（控除割合（小数点以下3位未満四捨五入）） 円 × （ 1 － 0. ）		（1㎡当たりの価額）円	J
	10　私　　道 （AからJまでのうち該当するもの） 円 × 0.3		（1㎡当たりの価額）円	K

自用地の評価額	自用地1平方メートル当たりの価額 （AからKまでのうちの該当記号） （ G ）　70,980 円	地　積 1,200 ㎡	総　　　額 （自用地1㎡当たりの価額）×（地積） 85,176,000 円	L

（注）　1　5-1の「間口が狭小な宅地等」と5-2の「不整形地」は重複して適用できません。
　　　　2　5-2の「不整形地」の「AからDまでのうち該当するもの」欄の価額について、AからDまでの欄で計算できない場合には、（第2表）の「備考」欄等で計算してください。

（資4-25-1-A4統一）

② 三大都市圏に所在する不整形な800㎡の市街地農地の場合

他の「地積規模の大きな宅地の評価」の要件は満たしているものとします。

また、宅地造成費は整地費が1㎡当たり600円必要とします。

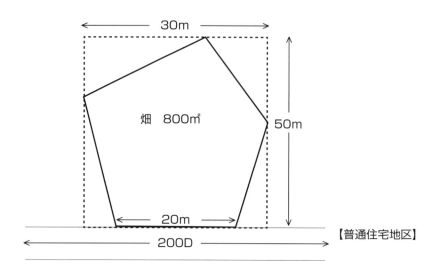

（評価）

1　規模格差補正率

$$\frac{800㎡ \times 0.95 + 25}{800㎡} \times 0.8 = 0.78$$

2　不整形地補正率

$$\frac{(30\,m \times 50\,m) - 800㎡}{30\,m \times 50\,m} = 0.46 \text{(かげ地割合)} \Rightarrow 不整形地補正率 0.90$$

3　宅地としての価額

（路線価）　　（奥行価格補正率）（不整形地補正率）（規模格差補正率）
200,000 円　×　0.89　×　0.90　×　0.78　= 124,956 円（単価）

4　市街地農地の評価額

　　　　　　　　　（造成費）　（地積）
(124,956 円 − 600円) × 800㎡ = 99,484,800 円

(注) 1　規模格差補正率は、小数点以下第2位未満を切り捨てます。
　　 2　不整形地補正率等の形状に応じた補正率の適用がある宅地の場合には、規模格差補正率とそれらの画地調整率とを併用します。
　　 3　市街地農地等については、「地積規模の大きな宅地の評価」により宅地としての価額を計算し、その価額から宅地造成費を控除して評価します。

第２章　宅地及び宅地の上に存する権利の評価

土地及び土地の上に存する権利の評価明細書（第１表）

		局(所)	署
		30 年分	ページ

（平成三十年分以降用）

（住居表示）	（　　　　　　）	所有者	住　所（所在地）		使用者	住　所（所在地）	
所 在 地 番			氏　名（法人名）			氏　名（法人名）	

地　　目	地　積	路　　　線　　　価				地形図及び参考事項	
宅地 原野 田 雑種地 ⑳畑 山 林［　］	800 ㎡	正　面 200,000 円	側　方 円	側　方 円	裏　面 円	省　略	

間口距離	20 m	利用区分	⑳自用地　貸家建付借地権 貸 宅 地　転 貸 借 地 権 貸家建付地　転　借　権 借 地 権　借家人の有する権利 私　道（　　　　　　　　　）	地区区分	ビル街地区　⑳普通住宅地区 高度商業地区　中小工場地区 繁華街地区　大工場地区 普通商業・併用住宅地区		
奥行距離	50 m						

			（1 ㎡当たりの価額）円	
自用地1平方メートル当たりの価額	1　一路線に面する宅地 （正面路線価）　　　　　　　　（奥行価格補正率） 200,000 円　×　　0.89		178,000	A
	2　二路線に面する宅地 （A）　［側方 裏面 路線価］（奥行価格補正率）［側方 二方 路線影響加算率］ 円 ＋ （　　　　円 ×.　×0.　）		（1 ㎡当たりの価額）円	B
	3　三路線に面する宅地 （B）　［側方 裏面 路線価］（奥行価格補正率）［側方 二方 路線影響加算率］ 円 ＋ （　　　　円 ×.　×0.　）		（1 ㎡当たりの価額）円	C
	4　四路線に面する宅地 （C）　［側方 裏面 路線価］（奥行価格補正率）［側方 二方 路線影響加算率］ 円 ＋ （　　　　円 ×.　×0.　）		（1 ㎡当たりの価額）円	D
	5-1　間口が狭小な宅地等 （AからDまでのうち該当するもの）（間口狭小補正率）（奥行長大補正率） （.　×.　）		（1 ㎡当たりの価額）円	E
	5-2　不整形地 （AからDまでのうち該当するもの）　不整形地補正率※ 178,000 円　×　　0.90 ※不整形地補正率の計算 （想定整形地の間口距離）（想定整形地の奥行距離）（想定整形地の地積） 30 m　×　　50 m　＝　　1,500 ㎡ （想定整形地の地積）（不整形地の地積）（想定整形地の地積）（かげ地割合） （ 1,500 ㎡ －　　800 ㎡ ）÷　1,500 ㎡ ＝　　46 % （不整形地補正率表の補正率）（間口狭小補正率）（小数点以下2位未満切捨て） 0.90　×1.00　＝ 0.90 ①　［不整形地補正率 （奥行長大補正率）（間口狭小補正率）　　　　　①、②のいずれか低い 0.98　×1.00　＝ 0.98 ②　率、0.6を限度とする。］ 0.90		160,200	F
	6　地積規模の大きな宅地 （AからFまでのうち該当するもの）　規模格差補正率※ 160,200 円　×　　0.78 ※規模格差補正率の計算 （地積（Ⓐ））　（Ⓑ）　（Ⓒ）　（地積（Ⓐ））　（小数点以下2位未満切捨て） ｛（ 800 ㎡×0.95 ＋ 25 ）÷　800 ㎡｝× 0.8 ＝ 0.78		124,956	G
	7　無　道　路　地 （F又はGのうち該当するもの）　　　　　　　　　（※） 円 × （ 1 － 0. ） ※割合の計算（0.4を限度とする。） （正面路線価）（通路部分の地積）（F又はGのうち該当するもの）（評価対象地の地積） （　円×　㎡）÷（　円×　㎡）＝ 0.		（1 ㎡当たりの価額）円	H
	8　がけ地等を有する宅地 （AからHまでのうち該当するもの）　［南　、東　、西　、北 ］（がけ地補正率） 円 × 0.		（1 ㎡当たりの価額）円	I
	9　容積率の異なる2以上の地域にわたる宅地 （AからIまでのうち該当するもの）（控除割合（小数点以下3位未満四捨五入）） 円 × （ 1 － 0. ）		（1 ㎡当たりの価額）円	J
	10　私　　　　道 （AからJまでのうち該当するもの） 円 × 0.3		（1 ㎡当たりの価額）円	K

自用地の評価額	自用地1平方メートル当たりの価額 （AからKまでのうちの該当記号） （　　）円	地　積 ㎡	総　　　額 （自用地1㎡当たりの価額）×（地 積） 円	L

（注）1　5-1の「間口が狭小な宅地等」と5-2の「不整形地」は重複して適用できません。
2　5-2の「不整形地」の「AからDまでのうち該当するもの」欄の価額について、AからDまでの欄で計算できない場合には、（第2表）の「備考」欄等で計算してください。

（資4-25-1-A4統一）

105

市 街 地 農 地 等 の 評 価 明 細 書

市 街 地 農 地	市 街 地 山 林
市街地周辺農地	市 街 地 原 野

（平成十八年分以降用）

所 在 地 番					
現 況 地 目		畑	① 地積	800	㎡

評価の基とした宅地の1平方メートル当たりの評価額	所 在 地 番				
	② 評価額の計算内容	土地及び土地の上に存する 権利の評価明細書（第1表）のとおり	③ （ 評 価 額 ）	124,956	円
評価する農地等が宅地であるとした場合の1平方メートル当たりの評価額	④ 評価上考慮したその農地等の道路からの距離、形状等の条件に基づく評価額の計算内容		⑤ （ 評 価 額 ） 124,956		円

宅地造成費の計算	平坦地	整地費	整 地 費	（ 整 地 を 要 す る 面 積 ）　　　　　（ 1 ㎡ 当 た り の 整 地 費 ） 800 ㎡　×　　　　　600 円	⑥	480,000	円
			伐採・抜根費	（ 伐 採 ・ 抜 根 を 要 す る 面 積 ）　　（ 1 ㎡ 当 た り の 伐 採 ・ 抜 根 費 ） ㎡　×　　　　　円	⑦		円
			地盤改良費	（ 地 盤 改 良 を 要 す る 面 積 ）　　　（ 1 ㎡ 当 た り の 地 盤 改 良 費 ） ㎡　×　　　　　円	⑧		円
		土 盛 費		（ 土 盛 り を 要 す る 面 積 ）（ 平 均 の 高 さ ）（ 1 ㎡ 当 た り の 土 盛 費 ） ㎡ ×　　　　 m ×　　　　 円	⑨		円
		土 止 費		（ 擁 壁 面 の 長 さ ）（ 平 均 の 高 さ ）（ 1 ㎡ 当 た り の 土 止 費 ） m ×　　　　 m ×　　　　 円	⑩		円
		合計額の計算		⑥ ＋ ⑦ ＋ ⑧ ＋ ⑨ ＋ ⑩	⑪	480,000	円
		1㎡当たりの計算		⑪ ÷ ①	⑫	600	円
	傾斜地	傾斜度に係る造成費		（ 傾 斜 度 ）　　　　　度	⑬		円
		伐採・抜根費		（ 伐 採 ・ 抜 根 を 要 す る 面 積 ）　　（ 1 ㎡ 当 た り の 伐 採 ・ 抜 根 費 ） ㎡　×　　　　　円	⑭		円
		1㎡当たりの計算		⑬ ＋ （ ⑭ ÷ ① ）	⑮		円

市 街 地 農 地 等 の 評 価 額	（ ⑤ － ⑫ （ 又 は ⑮ ） ） × ① （注） 市街地周辺農地については、さらに0.8を乗ずる。	99,484,800	円

（注）　1　「②評価額の計算内容」欄には、倍率地域内の市街地農地等については、評価の基とした宅地の固定資産税評価額及び倍率を記載し、路線価地域内の市街地農地等については、その市街地農地等が宅地である場合の画地計算の内容を記載してください。なお、画地計算が複雑な場合には、「土地及び土地の上に存する権利の評価明細書」を使用してください。

　　　2　「④評価上考慮したその農地等の道路からの距離、形状等の条件に基づく評価額の計算内容」欄には、倍率地域内の市街地農地等について、「③評価額」欄の金額と「⑤評価額」欄の金額とが異なる場合に記載し、路線価地域内の市街地農地等については記載の必要はありません。

　　　3　「傾斜地の宅地造成費」に加算する伐採・抜根費は、「平坦地の宅地造成費」の「伐採・抜根費」の金額を基に算出してください。

③ 三大都市圏に所在する正面路線が２以上の地区にわたる 1,200㎡の宅地の場合
他の「地積規模の大きな宅地の評価」の要件は満たしているものとします。

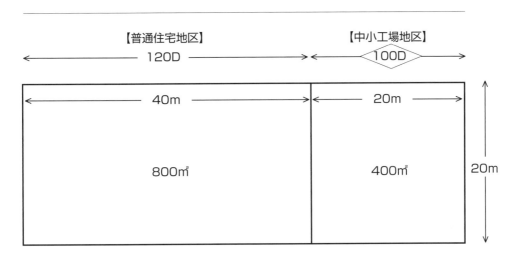

（評価）
1　路線価の地区区分の要件
　評価対象となる宅地の正面路線が２以上の地区にわたる場合には、当該宅地の過半の属する地区をもって、当該宅地の全部が所在する地区とします。上図の場合には普通住宅地区に属する部分が過半を占めていますので、その宅地が全部普通住宅地区に所在するものとして判定します。そうすると、路線価の地区区分の要件は満たしていることになります。

2　規模格差補正率
$$\frac{1,200㎡ \times 0.90 + 75}{1,200㎡} \times 0.8 = 0.77$$

3　評価額

（正面路線価）　（普通住宅地区の奥行価格補正率）　（規模格差補正率）　（地積）　（評価額）
113,333 円　×　1.00　×　0.77　×　1,200㎡　＝　104,719,200 円

＊正面路線価 ＝ $\dfrac{120,000 円 \times 40 m + 100,000 円 \times 20 m}{40 m + 20 m}$ ＝ 113,333 円

土地及び土地の上に存する権利の評価明細書（第1表）

	局(所)	署
	30 年分	ページ

（平成三十年分以降用）

（住居表示）	（　　　　　）	住　所（所在地）		使用者	住　所（所在地）	
所在地番		所有者 氏　名（法人名）			氏　名（法人名）	

地　目	地　積		路　　　線　　　価				地	正面路線価

| ⊛宅地 田 畑 山林 ［　　］ 原野 雑種地 | 1,200 m² | 113,333 円 | 正面 | 側方 円 | 側方 円 | 裏面 円 | 地形図及び参考事項 | **正面路線価** |

$$\frac{120{,}000\text{円}\times40\text{m}+100{,}000\text{円}\times20\text{m}}{40\text{m}+20\text{m}}=113{,}333\text{円}$$

間口距離	60 m	利用区分	⊛自用地 貸家建付借地権 貸宅地 転貸借地権 貸家建付地 転貸借権 借地権 借家人の有する権利 私道 （　　　　　）	地区区分	ビル街地区　⊛普通住宅地区 高度商業地区　中小工場地区 繁華街地区　大工場地区 普通商業・併用住宅地区
奥行距離	20 m				

自用地1平方メートル当たりの価額	1 一路線に面する宅地 （正面路線価）　　　　　　　（奥行価格補正率） **113,333** 円 × **1.00**			（1 m²当たりの価額）円 **113,333**	A
	2 二路線に面する宅地 (A)　　［側方 裏面］路線価　（奥行価格補正率）　［側方二方］路線影響加算率 円 ＋ （　　　円 × ． × 0．　）			（1 m²当たりの価額）円	B
	3 三路線に面する宅地 (B)　　［側方 裏面］路線価　（奥行価格補正率）　［側方二方］路線影響加算率 円 ＋ （　　　円 × ． × 0．　）			（1 m²当たりの価額）円	C
	4 四路線に面する宅地 (C)　　［側方 裏面］路線価　（奥行価格補正率）　［側方二方］路線影響加算率 円 ＋ （　　　円 × ． × 0．　）			（1 m²当たりの価額）円	D
	5-1 間口が狭小な宅地等 （AからDまでのうち該当するもの）（間口狭小補正率）（奥行長大補正率） 円 × （ ． × ． ）			（1 m²当たりの価額）円	E
	5-2 不整形地 （AからDまでのうち該当するもの）　不整形地補正率※ 円 × 0． ※不整形地補正率の計算 （想定整形地の間口距離）（想定整形地の奥行距離）（想定整形地の地積） 　m × 　m = 　m² （想定整形地の地積）（不整形地の地積）（想定整形地の地積）（かげ地割合） （ 　m² － 　m²）÷ 　m² = 　% （不整形地補正率表の補正率）（間口狭小補正率）（小数点以下2位未満切捨て）［不整形地補正率 0．　　×　　．　　=　0．　　　①　（①、②のいずれか低い率、0.6を限度とする。） （奥行長大補正率）（間口狭小補正率） 　．　　×　　．　　=　0．　　　② 0．			（1 m²当たりの価額）円	F
	6 地積規模の大きな宅地 （AからFまでのうち該当するもの）　規模格差補正率※ **113,333** 円 × **0.77** ※規模格差補正率の計算 （地積 Ⓐ）　（Ⓑ）　　（Ⓒ）　（地積 Ⓐ）（小数点以下2位未満切捨て） ｛（**1,200** m²×**0.90** ＋ **75**）÷ **1,200** m²｝× **0.8** ＝ **0.77**			（1 m²当たりの価額）円 **87,266**	G
	7 無道路地 （F又はGのうち該当するもの）　　　　　（※） 円 × （ 1 － 0．　） ※割合の計算（0.4を限度とする。） （正面路線価）（通路部分の地積）（F又はGのうち該当するもの）（評価対象地の地積） （ 　円 × 　m²）÷（ 　円 × 　m²）= 0．			（1 m²当たりの価額）円	H
	8 がけ地等を有する宅地〔 南 、 東 、 西 、 北 〕 （AからHまでのうち該当するもの）（がけ地補正率） 円 × 0．			（1 m²当たりの価額）円	I
	9 容積率の異なる2以上の地域にわたる宅地 （AからIまでのうち該当するもの）　（控除割合（小数点以下3位未満四捨五入）） 円 × （ 1 － 0．　）			（1 m²当たりの価額）円	J
	10 私道 （AからJまでのうち該当するもの） 円 × 0.3			（1 m²当たりの価額）円	K
自用地の評価額	自用地1平方メートル当たりの価額 （AからKまでのうちの該当記号） （ G ） **87,266** 円	地　積 **1,200** m²	総　　額 （自用地1 m²当たりの価額）×（地　積） **104,719,200** 円		L

（注）1 5-1の「間口が狭小な宅地等」と5-2の「不整形地」は重複して適用できません。
2 5-2の「不整形地」の「AからDまでのうち該当するもの」欄の価額について、AからDまでの欄で計算できない場合には、（第2表）の「備考」欄等で計算してください。

（資4-25-1-A4統一）

④ 三大都市圏以外の倍率地域に所在する地積 4,000㎡の宅地の場合

　他の「地積規模の大きな宅地の評価」の要件は満たしているものとします。

　また、その宅地が標準的な形状であるとした場合の固定資産税評価額は 40,000 円（1 ㎡当たり）で、その宅地の実際の固定資産税評価額は 112,000,000 円とします。その地域の宅地の評価倍率は 1.1 倍です。

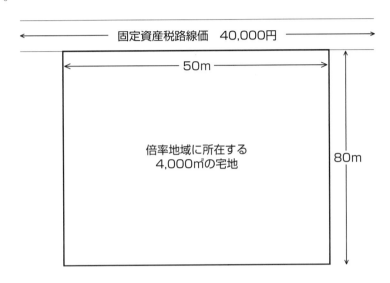

（評価）

1　その宅地が標準的な間口距離及び奥行距離を有する宅地であるとした場合の 1 ㎡当たりの価額

　　40,000 円　×　1.1 倍　＝　44,000 円
　　　　　　　（評価倍率）　（標準的な形状とした場合の相続税評価額単価）

2　規模格差補正率

$$\frac{4,000㎡ \times 0.85 + 250}{4,000㎡} \times 0.8 = 0.73$$

3　「地積規模の大きな宅地の評価」に基づく評価額

　　44,000 円　×　0.82　×　0.73　×　4,000㎡　＝　105,352,000 円
　　　　　　（普通住宅地区の奥行価格補正率）（規模格差補正率）　（地積）

　　（注）　倍率地域に所在する宅地の場合には、普通住宅地区の画地調整率を適用します（(3)ⅱ（99 ページ）参照）。

4　通常の倍率方式による評価額

　　112,000,000 円　×　1.1 倍　＝　123,200,000 円

5　相続税評価額

　　105,352,000 円（105,352,000 円＜ 123,200,000 円）

土地及び土地の上に存する権利の評価明細書（第1表）

局(所)	署
30 年分	ページ

（平成三十年分以降用）

（住居表示）	（ ）	所有者	住 所 （所在地）		使用者	住 所 （所在地）	
所在地番			氏 名 （法人名）			氏 名 （法人名）	

地 目	地 積	路 線 価				地形図及び参考事項	
㊁地 原野 田 畑 雑種地 山 林 [ ]	㎡ **4,000**	正面 円 **44,000**	側方 円	側方 円	裏面 円		固定資産税標準宅地単価 40,000円×1.1倍（評価倍率） ＝44,000 円

間口距離	50 m	利用区分	自用地 貸家建付借地権 貸宅地 転貸借地権 貸家建付地 転借権 借地権 借家人の有する権利 私道（ ）	地区区分	ビル街地区 ㊪普通住宅地区㊪ 高度商業地区 中小工場地区 繁華街地区 大工場地区 普通商業・併用住宅地区
奥行距離	80 m				

自用地1平方メートル当たりの価額		
1 一路線に面する宅地 （正面路線価） （奥行価格補正率） 　**44,000** 円 × 　**0.82**	（1 ㎡当たりの価額）円 **36,080**	A
2 二路線に面する宅地 （A）　　　　［側方 　　　　　　　裏面］路線価（奥行価格補正率）［側方 二方］路線影響加算率 　　　　円 ＋ （ 　　円 × 　　× 0. 　）	（1 ㎡当たりの価額）円	B
3 三路線に面する宅地 （B）　　　　［側方 　　　　　　　裏面］路線価（奥行価格補正率）［側方 二方］路線影響加算率 　　　　円 ＋ （ 　　円 × 　　× 0. 　）	（1 ㎡当たりの価額）円	C
4 四路線に面する宅地 （C）　　　　［側方 　　　　　　　裏面］路線価（奥行価格補正率）［側方 二方］路線影響加算率 　　　　円 ＋ （ 　　円 × 　　× 0. 　）	（1 ㎡当たりの価額）円	D
5-1 間口が狭小な宅地等 （AからDまでのうち該当するもの）（間口狭小補正率）（奥行長大補正率） 　　　　円 × （ 　. 　 × 　. 　 ）	（1 ㎡当たりの価額）円	E
5-2 不 整 形 地 （AからDまでのうち該当するもの）　不整形地補正率※ 　　　　円 × 0.　 ※不整形地補正率の計算 （想定整形地の間口距離）（想定整形地の奥行距離）（想定整形地の地積） 　　　m × 　　　m ＝ 　　　㎡ （想定整形地の地積）（不整形地の地積）（想定整形地の地積）（かげ地割合） （ 　　㎡ － 　　㎡）÷ 　　㎡ ＝ 　　　% （不整形地補正率表の補正率）（間口狭小補正率）（小数点以下2位未満切捨て） 0.　 × 　. 　 ＝ 0. 　 ①　　［不整形地補正率 （奥行長大補正率）（間口狭小補正率）　　　　　　　　　　　　①、②のいずれか低い 　. 　 × 　. 　 ＝ 0. 　 ②　　率、0.6を限度とする。］0.	（1 ㎡当たりの価額）円	F
6 地積規模の大きな宅地 （AからFまでのうち該当するもの）　規模格差補正率※ 　**36,080** 円 × 　**0.73** ※規模格差補正率の計算 （地積㊐）（㋑）（㋒）（地積㊐）（小数点以下2位未満切捨て） ｛（ **4,000** ㎡× **0.85** ＋ **250** ）÷ **4,000** ㎡｝× **0.8** ＝ **0.73**	（1 ㎡当たりの価額）円 **26,338**	G
7 無 道 路 地 （F又はGのうち該当するもの）　　　　　　（※） 　　　　円 × （ 1 － 0. 　 ） ※割合の計算（0.4を限度とする。） （正面路線価）（通路部分の地積）（F又はGのうち該当するもの）（評価対象地の地積） （ 　円× 　㎡）÷ （ 　円× 　㎡）＝ 0.	（1 ㎡当たりの価額）円	H
8 がけ地等を有する宅地　　［南 、東 、西 、北 ］ （AからHまでのうち該当するもの）　（がけ地補正率） 　　　　円 × 0.	（1 ㎡当たりの価額）円	I
9 容積率の異なる2以上の地域にわたる宅地 （AからIまでのうち該当するもの）（控除割合（小数点以下3位未満四捨五入）） 　　　　円 × （ 1 － 0. 　 ）	（1 ㎡当たりの価額）円	J
10 私 道 （AからJまでのうち該当するもの） 　　　　円 × 0.3	（1 ㎡当たりの価額）円	K

自用地の評価額	自用地1平方メートル当たりの価額 （AからKまでのうちの該当記号）	地 積	総 額 （自用地1㎡当たりの価額）×（地 積）	
	（ G ） **26,338** 円	**4,000** ㎡	**105,352,000** 円	L

（注）1 5-1の「間口が狭小な宅地等」と5-2の「不整形地」は重複して適用できません。
2 5-2の「不整形地」の「AからDまでのうち該当するもの」欄の価額について、AからDまでの欄で計算できない場合には、（第2表）の「備考」欄等で計算してください。

（資4-25-1-A4統一）

110

「地積規模の大きな宅地の評価」の適用対象の判定のためのフローチャート

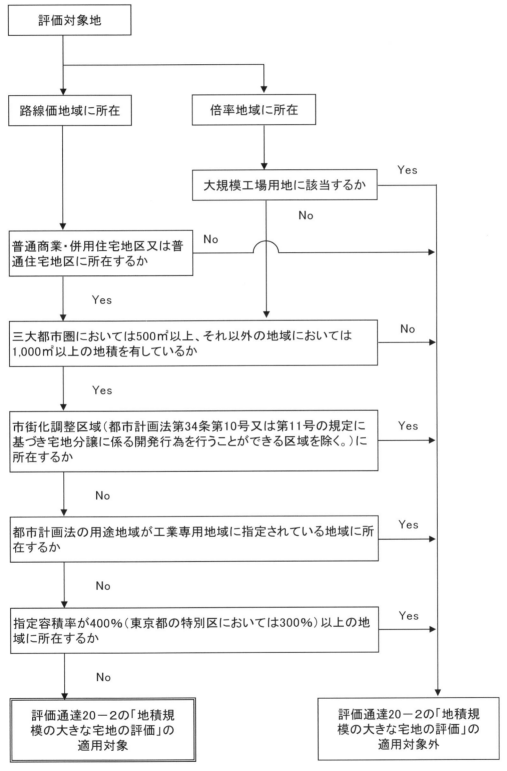

（出典：国税庁ホームページ）

（平成30年１月１日以降用）　「地積規模の大きな宅地の評価」の適用要件チェックシート（１面）

（はじめにお読みください。）

1　このチェックシートは、財産評価基本通達20－2に定める「地積規模の大きな宅地」に該当するかを確認する際にご使用ください（宅地等の評価額を計算するに当たっては、「土地及び土地の上に存する権利の評価明細書」をご使用ください。）。

2　評価の対象となる宅地等が、路線価地域にある場合はＡ表を、倍率地域にある場合はＡ表及びＢ表をご使用ください。

3　「確認結果」欄の全てが「はい」の場合にのみ、「地積規模の大きな宅地の評価」を適用して評価することになります。

4　「地積規模の大きな宅地の評価」を適用して申告する場合、このチェックシートを「土地及び土地の上に存する権利の評価明細書」に添付してご提出ください。

宅地等の所在地番			地　積		㎡
所有者	住所（所在地）		評価方式	路線価　・　倍率	
	氏名（法人名）			（Ａ表で判定）	（Ａ表及びＢ表で判定）
被相続人	氏名		相続開始日又は受贈日		

【Ａ表】

項　目	確認内容（適用要件）	確認結果	
面　積	○　評価の対象となる宅地等（※2）は、次に掲げる面積を有していますか。 ①　三大都市圏（注1）に所在する宅地については、500㎡以上 ②　上記以外の地域に所在する宅地については、1,000㎡以上	はい	いいえ
地区区分	○　評価の対象となる宅地等は、路線価図上、次に掲げる地区のいずれかに所在しますか。 ①　普通住宅地区 ②　普通商業・併用住宅地区 ＊　評価の対象となる宅地等が倍率地域にある場合、普通住宅地区内に所在するものとしますので、確認結果は「はい」を選択してください。	はい	いいえ
都市計画（※1）	○　評価の対象となる宅地等は、市街化調整区域（注2）以外の地域に所在しますか。 ＊　評価の対象となる宅地等が都市計画法第34条第10号又は第11号の規定に基づき宅地分譲に係る開発行為（注3）ができる区域にある場合、確認結果は「はい」を選択してください。	はい	いいえ
	○　評価の対象となる宅地等は、都市計画の用途地域（注4）が「工業専用地域」（注5）に指定されている地域以外の地域に所在しますか。 ＊　評価の対象となる宅地等が用途地域の定められていない地域にある場合、「工業専用地域」に指定されている地域以外の地域に所在するものとなりますので、確認結果は「はい」を選択してください。	はい	いいえ
容積率（※1）	○　評価の対象となる宅地等は、次に掲げる容積率（注6）の地域に所在しますか。 ①　東京都の特別区（注7）に所在する宅地については、300％未満 ②　上記以外の地域に所在する宅地については、400％未満	はい	いいえ

【Ｂ表】

項　目	確認内容（適用要件）	確認結果	
大規模工場用地	○　評価の対象となる宅地等は、「大規模工場用地」（注8）に該当しない土地ですか。 ＊　該当しない場合は「はい」を、該当する場合は「いいえ」を選択してください。	はい	いいえ

※1　都市計画の用途地域や容積率等については、評価の対象となる宅地等の所在する市（区）町村のホームページ又は窓口でご確認ください。

　2　市街地農地、市街地周辺農地、市街地山林及び市街地原野についても、それらが宅地であるとした場合に上記の確認内容（適用要件）を満たせば、「地積規模の大きな宅地の評価」の適用があります（宅地への転用が見込めないと認められるものを除きます。）。

　3　注書については、2面を参照してください。

（出典：国税庁ホームページ）

第2章　宅地及び宅地の上に存する権利の評価

（平成30年1月1日以降用）「地積規模の大きな宅地の評価」の適用要件チェックシート（2面）

（注）1　三大都市圏とは、次に掲げる区域等をいいます（具体的な市町村は下記の（表）をご参照ください。）。
　　　①　首都圏整備法第2条第3項に規定する既成市街地又は同条第4項に規定する近郊整備地帯
　　　②　近畿圏整備法第2条第3項に規定する既成都市区域又は同条第4項に規定する近郊整備区域
　　　③　中部圏開発整備法第2条第3項に規定する都市整備区域
　　　2　市街化調整区域とは、都市計画法第7条第3項に規定する市街化調整区域をいいます。
　　　3　開発行為とは、都市計画法第4条第12項に規定する開発行為をいいます。
　　　4　用途地域とは、都市計画法第8条第1項第1号に規定する用途地域をいいます。
　　　5　工業専用地域とは、都市計画法第8条第1項第1号に規定する工業専用地域をいいます。
　　　6　容積率は、建築基準法第52条第1項の規定に基づく容積率（指定容積率）により判断します。
　　　7　東京都の特別区とは、地方自治法第281条第1項に規定する特別区をいいます。
　　　8　大規模工場用地とは、一団の工場用地の地積が5万㎡以上のものをいいます。

（表）　三大都市圏（平成28年4月1日現在）

圏名	都府県名		都市名
首都圏	東京都	全域	特別区、武蔵野市、八王子市、立川市、三鷹市、青梅市、府中市、昭島市、調布市、町田市、小金井市、小平市、日野市、東村山市、国分寺市、国立市、福生市、狛江市、東大和市、清瀬市、東久留米市、武蔵村山市、多摩市、稲城市、羽村市、あきる野市、西東京市、瑞穂町、日の出町
	埼玉県	全域	さいたま市、川越市、川口市、行田市、所沢市、加須市、東松山市、春日部市、狭山市、羽生市、鴻巣市、上尾市、草加市、越谷市、蕨市、戸田市、入間市、朝霞市、志木市、和光市、新座市、桶川市、久喜市、北本市、八潮市、富士見市、三郷市、蓮田市、坂戸市、幸手市、鶴ケ島市、日高市、吉川市、ふじみ野市、白岡市、伊奈町、三芳町、毛呂山町、越生町、滑川町、嵐山町、川島町、吉見町、鳩山町、宮代町、杉戸町、松伏町
		一部	熊谷市、飯能市
	千葉県	全域	千葉市、市川市、船橋市、松戸市、野田市、佐倉市、習志野市、柏市、流山市、八千代市、我孫子市、鎌ケ谷市、浦安市、四街道市、印西市、白井市、富里市、酒々井町、栄町
		一部	木更津市、成田市、市原市、君津市、富津市、袖ケ浦市
	神奈川県	全域	横浜市、川崎市、横須賀市、平塚市、鎌倉市、藤沢市、小田原市、茅ケ崎市、逗子市、三浦市、秦野市、厚木市、大和市、伊勢原市、海老名市、座間市、南足柄市、綾瀬市、葉山町、寒川町、大磯町、二宮町、中井町、大井町、松田町、開成町、愛川町
		一部	相模原市
	茨城県	全域	龍ケ崎市、取手市、牛久市、守谷市、坂東市、つくばみらい市、五霞町、境町、利根町
		一部	常総市
近畿圏	京都府	全域	亀岡市、向日市、八幡市、京田辺市、木津川市、久御山町、井手町、精華町
		一部	京都市、宇治市、城陽市、長岡京市、南丹市、大山崎町
	大阪府	全域	大阪市、堺市、豊中市、吹田市、泉大津市、守口市、富田林市、寝屋川市、松原市、門真市、摂津市、高石市、藤井寺市、大阪狭山市、忠岡町、田尻町
		一部	岸和田市、池田市、高槻市、貝塚市、枚方市、茨木市、八尾市、泉佐野市、河内長野市、大東市、和泉市、箕面市、柏原市、羽曳野市、東大阪市、泉南市、四条畷市、交野市、阪南市、島本町、豊能町、能勢町、熊取町、岬町、太子町、河南町、千早赤阪村
	兵庫県	全域	尼崎市、伊丹市
		一部	神戸市、西宮市、芦屋市、宝塚市、川西市、三田市、猪名川町
	奈良県	全域	大和高田市、安堵町、川西町、三宅町、田原本町、上牧町、王寺町、広陵町、河合町、大淀町
		一部	奈良市、大和郡山市、天理市、橿原市、桜井市、五條市、御所市、生駒市、香芝市、葛城市、宇陀市、平群町、三郷町、斑鳩町、高取町、明日香村、吉野町、下市町
中部圏	愛知県	全域	名古屋市、一宮市、瀬戸市、半田市、春日井市、津島市、碧南市、刈谷市、安城市、西尾市、犬山市、常滑市、江南市、小牧市、稲沢市、東海市、大府市、知多市、知立市、尾張旭市、高浜市、岩倉市、豊明市、日進市、愛西市、清須市、北名古屋市、弥富市、みよし市、あま市、長久手市、東郷町、豊山町、大口町、扶桑町、大治町、蟹江町、阿久比町、東浦町、南知多町、美浜町、武豊町、幸田町、飛島村
		一部	岡崎市、豊田市
	三重県	全域	四日市市、桑名市、木曽岬町、東員町、朝日町、川越町
		一部	いなべ市

（注）　「一部」の欄に表示されている市町村は、その行政区域の一部が区域指定されているものです。評価対象となる宅地等が指定された区域内に所在するか否かは、当該宅地等の所在する市町村又は府県の窓口でご確認ください。

（出典：国税庁ホームページ）

9　無道路地の評価（評価通達20-3）

(1)　無道路地とは

　建築基準法（昭和25年5月24日法律第201号）第43条は、「建築物の敷地は、道路に2ｍ以上接しなければならない。」と規定しています。つまり、接道部分の距離が2ｍ未満の宅地には原則として建物を建築することはできません。この敷地と道路との関係は、建築基準法以外にも、各自治体の条例（例：東京都建築安全条例第3条）などの法令で定めている場合もあります。無道路地とは、これらの法令等が規定する建物建築に必要な道路に接すべき最小限の間口距離の要件（以下、「接道義務」といいます。）を満たさない宅地をいいます。

　評価通達における無道路地とは、①建物の建築が認められる道路に接していない宅地、又は②一部は接しているものの接道義務を満たさない宅地をいいます。

参　考

【建築基準法】

第43条（敷地等と道路との関係）

1　建築物の敷地は、道路（次に掲げるものを除く。第44条第1項を除き、以下同じ。）に2メートル以上接しなければならない。ただし、その敷地の周囲に広い空地を有する建築物その他の国土交通省令で定める基準に適合する建築物で、特定行政庁が交通上、安全上、防火上及び衛生上支障がないと認めて建築審査会の同意を得て許可したものについては、この限りでない。

　一　自動車のみの交通の用に供する道路

　二　地区計画の区域（地区整備計画が定められている区域のうち都市計画法第12条の11の規定により建築物その他の工作物の敷地として併せて利用すべき区域として定められている区域に限る。）内の道路

2　地方公共団体は、特殊建築物、階数が3以上である建築物、政令で定める窓その他の開口部を有しない居室を有する建築物又は延べ面積（同一敷地内に2以上の建築物がある場合においては、その延べ面積の合計。第4節、第7節及び別表第3において同じ。）が1,000平方メートルを超える建築物の敷地が接しなければならない道路の幅員、その敷地が道路に接する部分の長さその他その敷地又は建築物と道路との関係についてこれらの建築物の用途又は規模の特殊性により、前項の規定によっては避難又は通行の安全の目的を充分に達し難いと認める場合においては、条例で、必要な制限を付加することができる。

【東京都建築安全条例】

第3条（路地状敷地の形態）

1　建築物の敷地が路地状部分のみによって道路（都市計画区域外の建築物の敷地にあっては、道とする。以下同じ。）に接する場合には、その敷地の路地状部分の幅員は、路地状部分の長さに応じて、次の表に掲げる幅員以上としなければならない。ただし、建築物の配置、用途及び構造、建築物の周囲の空地の状況その他土地及び周囲の状況により知事が安全上支障がないと認める場合は、この限りでない。

敷地の路地状部分の長さ	幅員
20メートル以下のもの	2メートル
20メートルを超えるもの	3メートル

2 耐火建築物及び準耐火建築物以外の建築物で延べ面積（同一敷地内に2以上の建築物がある場合は、それらの延べ面積の合計とする。）が200平方メートルを超えるものの敷地に対する前項の規定の適用については、同項の表中「2メートル」とあるのは「3メートル」と、「3メートル」とあるのは「4メートル」とする。

設例29 間口距離が2mでも接道義務を満たさない土地

次の各宅地は、接道義務を満たしているのでしょうか。

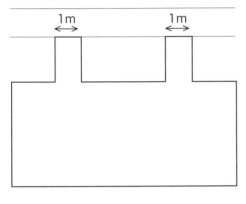 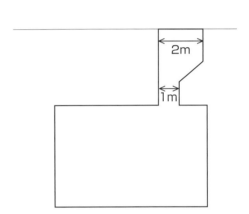

解説

接道義務を満たすためには、分かりやすく言えば、直径2mの球が通路部分を通り抜けることができなければなりません。したがって、上図の宅地はいずれも接道義務を満たしていることにはなりませんので、無道路地（接道義務を満たさない宅地）として評価する必要があります。

(2) 無道路地の評価方法

路線価は、その路線に接する標準的な宅地の価格に基づき評定されています。

宅地とは、一般的に建物の敷地の用に供される土地をいいますが、無道路地の状態では建物を建築することができませんので、標準的な宅地に比し大きな減価要因を有することになります。

このような無道路地の評価は、実際に利用している路線の路線価に基づき評価通達20《不整形地の評価》の定めにより計算した価額からその価額の100分の40の範囲内において相当と認める金額を控除して評価します。この場合において、100分の40の範囲内において相当と認める金額は、建築基準法等の法令において規定されている建築物を建築するために必要な道路に接すべき最小限の間口距離の要件（接道義務）に基づき最小限度の通路を開設する場合のその通路に相当する部分の金額（路線価に地積を乗じた価額）とされています。

無道路地の具体的な評価手順は次のとおりです。
① 無道路地の奥行価格補正後の価額の算出
(i) 無道路地と前面宅地部分を合わせた土地の価額の算出

実際に利用している路線の路線価に基づき、無道路地と前面宅地部分とを合わせた土地の奥行（ａ＋ｂ）価格補正後の価額を求めます。

図で言えば、Ａ（無道路地）とＢ（前面宅地）とを合わせた土地の奥行価格補正後の評価額を算出します。

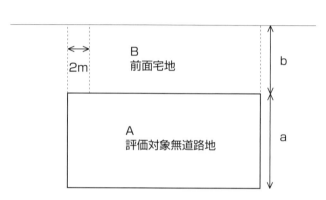

(ii) 前面宅地部分の評価額の算出

前面宅地Ｂの奥行（ｂ）価格補正後の価額を求めます。

なお、ｂの奥行距離が短いため、その奥行価格補正率が1.00未満の場合には、奥行価格補正率は1.00として計算します。これは、(iii)において無道路地の奥行価格補正後の価額を算出する場合、無道路地と前面宅地を合わせた整形地の奥行価格補正後の単価より道路に接する部分が欠落している不整形地（無道路地）の奥行価格補正後の単価の方が高くなり不合理であるためです。ただし、（ａ＋ｂ）の奥行距離が短いため、（ａ＋ｂ）の奥行距離に応じる奥行価格補正率が1.00未満の場合には、前面宅地の奥行価格補正率もその値とします。

(iii) 前面宅地価額控除後の無道路地の奥行価格補正後の価額

(i)の価額から(ii)の価額を控除して、無道路地の奥行価格補正後の価額を算出します。

つまり、ＡとＢを一体とした奥行価格補正後の評価額から、Ｂの奥行価格補正後の価額を控除します。この価額が「無道路地の奥行価格補正後の価額」になります。

② 不整形地としての価額の算出

①の価額に基づき前面宅地部分をかげ地として不整形地の評価を行います。

この場合、無道路地の間口距離は、上記接道義務を満たす最小限度の間口距離（原則として２ｍ）とします。

不整形地の評価は、次の(i)または(ii)のいずれか有利な方法で行います。

(i) 間口狭小補正率と不整形地補正率との連乗値により評価する。

不整形地補正率を算出する場合のかげ地割合は、前面宅地部分をかげ地として求めます。

図の場合では、ＡとＢを合わせた土地が想定整形地となりますので、かげ地割合は、

$\dfrac{\text{Bの面積}}{(\text{A}+\text{B})\text{の面積}}$ となります。

なお、間口狭小補正率と不整形地補正率との連乗値は0.6を最小値とします。

(ⅱ) 間口狭小補正率と奥行長大補正率の連乗値により評価する。

③　規模格差補正率の適用

評価対象地（A）が「地積規模の大きな宅地の評価」の要件を満たす宅地の場合は、規模格差補正率を適用します。

④　無道路地補正の適用

③までで求めた価額から通路開設費相当額を無道路地補正として控除して、無道路地の評価額を算定します。

この場合の通路は、法令の規定する接道義務を満たす最小限度の間口距離を有する通路を想定します。そして、通路開設費相当額は、正面路線価に通路部分の面積を乗じて求めます。

図の場合には、通路部分の面積は２ｍ×ｂｍとなります。

なお、無道路地補正は、③までで求めた価額の100分の40を限度とします。

設例30　道路に接する部分が全くない宅地の評価方法

次のような、道路に接する部分が全くない宅地は、具体的にどのように評価すればよいのでしょうか。

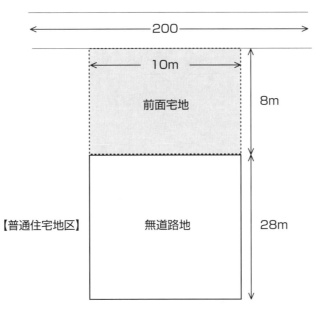

解説

具体的な評価方法は、次のとおりです。

1　無道路地と前面宅地部分を合わせた土地の価額の算出

実際に利用している路線の路線価に基づき、評価する無道路地と全面宅地とを合わせた土地の奥行価格補正後の価額を算定します。

$$\underset{\text{（路線価）}}{200,000\,円} \quad\times\quad \underset{\substack{\text{（奥行距離36mの場合}\\\text{の奥行価格補正率）}}}{0.92} \quad\times\quad \underset{\substack{\text{（無道路地と全面宅地と}\\\text{を合わせた土地の面積）}}}{360\,㎡} \quad=\quad 66,240,000\,円$$

2 前面宅地部分の評価額の算出

$$\underset{\text{（路線価）}}{200,000\,円} \quad\times\quad \underset{\text{（奥行価格補正率＊）}}{1.00} \quad\times\quad 80\,㎡ \quad=\quad 16,000,000\,円$$

＊ 奥行距離8mに対応する普通住宅地区の奥行価格補正率は0.97ですが、奥行距離が短いため1.00未満となっていますので、奥行価格補正率1.00を適用して計算します。

3 無道路地の奥行価格補正後の価額の算出

66,240,000円 － 16,000,000円 ＝ 50,240,000円 （単価179,428円）

4 不整形地としての価額の算出

●不整形地補正率と間口狭小補正率との連乗値

不整形地補正率0.94（普通住宅地区　地積区分A　かげ地割合22.22%）

$$\left[\quad かげ地割合 = \frac{80\,㎡}{360\,㎡} = 22.22\% \quad\right]$$

間口狭小補正率（間口距離2m　0.90）

0.94（不整形地補正率）× 0.90（間口狭小補正率）＝ 0.846

●奥行長大補正率と間口狭小補正率の連乗値

奥行長大補正率

$$\frac{奥行距離8\,m + 28\,m}{間口距離2\,m} = 18 \quad\Longrightarrow\quad 奥行長大補正率\quad 0.90$$

0.90（奥行長大補正率）× 0.90（間口狭小補正率）＝ 0.81

●不整形地補正率0.81

0.846 ＞ 0.81

●不整形地補正率適用後の単価

179,428円 × 0.81 ＝ 145,336円

5 無道路地補正の適用

●無道路地補正額（通路開設費相当額）

200,000円 × 2m（建築基準法上の接道義務を満たす間口距離）× 8m ＝ 3,200,000円

3,200,000円 ÷（145,336円 × 280㎡）＝ 0.0786355

（注） 通路開設費相当額は正面路線価に通路部分の面積を乗じて求め、画地調整率は適用しないことに注意してください。

●無道路地補正後の単価

145,336円 ×（1 － 0.0786355）＝ 133,907円

●無道路地の評価額

133,907円 × 280㎡ ＝ 37,493,960円

第２章　宅地及び宅地の上に存する権利の評価

総括表

土地及び土地の上に存する権利の評価明細書（第１表）

		局(所)　　　署
		30 年分　ページ

（平成三十年分以降用）

（住居表示）	（　　　　　　　　）	所有者	住　所(所在地)		使用者	住　所(所在地)	
所 在 地 番	＼		氏　名(法人名)			氏　名(法人名)	

地　目	地　積	路　　線　　価				地形図及び参考事項
(宅 地) 原野 田 雑種地 畑 山 林 [　　]	㎡ 280	正　面 179,428 円	側　方 円	側　方 円	裏　面 円	○奥行価格補正後の単価

間口距離	2 m	利用区分	(自 用 地) 貸家建付借地権 貸 宅 地 転 貸 借 地 権 貸家建付地 転 借 権 借 地 権 借家人の有する権利 私 道	地区区分	ビル街地区 (普通住宅地区) 高度商業地区 中小工場地区 繁華街地区 大工場地区 普通商業・併用住宅地区	$\dfrac{66,240,000円 - 16,000,000円}{280㎡}$ = 179,428円
奥行距離	36 m					

			(1㎡当たりの価額) 円	
自 用 地 1 平 方 メ ー ト ル 当 た り の 価 額	1　一路線に面する宅地 (正面路線価) 179,428 円 ×	(奥行価格補正率) 1.00	※ソフトで計算する場合には、手入力で「1.00」を入力してください。	179,428	A
	2　二路線に面する宅地 (A) 円 ＋	[側方 裏面]路線価 (　　円 ×	(奥行価格補正率) [側方 二方]路線影響加算率 .　 × 0.　)	(1㎡当たりの価額) 円	B
	3　三路線に面する宅地 (B) 円 ＋	[側方 裏面]路線価 (　　円 ×	(奥行価格補正率) [側方 二方]路線影響加算率 .　 × 0.　)	(1㎡当たりの価額) 円	C
	4　四路線に面する宅地 (C) 円 ＋	[側方 裏面]路線価 (　　円 ×	(奥行価格補正率) [側方 二方]路線影響加算率 .　 × 0.　)	(1㎡当たりの価額) 円	D
	5-1　間口が狭小な宅地等 (AからDまでのうち該当するもの) 円 ×	(間口狭小補正率) (　.　 ×	(奥行長大補正率) .　)	(1㎡当たりの価額) 円	E
	5-2　不 整 形 地 (AからDまでのうち該当するもの) 179,428 円 × ※不整形地補正率の計算 (想定整形地の間口距離) 10m × (想定整形地の地積) (　 360㎡ − (不整形地補正率表の補正率) 0.94 × (奥行長大補正率) 0.90 ×	不整形地補正率※ 0.81 (想定整形地の奥行距離) 36m (不整形地の地積) 280㎡ (間口狭小補正率) 0.90 (間口狭小補正率) 0.90	＝ (想定整形地の地積) 360㎡ ÷ (想定整形地の地積) 360㎡ (小数点以下2位未満切捨て) ＝ 0.84 ① ＝ 0.81 ② (かげ地割合) 22.22% [不整形地補正率 (①、②のいずれか低い 率、0.6を限度とする。) 0.81	(1㎡当たりの価額) 円 145,336	F
	6　地積規模の大きな宅地 (AからFまでのうち該当するもの) 円 × ※規模格差補正率の計算 (地積 (Ⓐ)) (　　㎡ ×	規模格差補正率※ 0. (Ⓑ) (Ⓒ) + 　　) ÷	(地積 (Ⓐ)) 　　㎡ } × 0.8 = 0.	(1㎡当たりの価額) 円 (小数点以下2位未満切捨て)	G
	7　無　道　路　地 (F又はGのうち該当するもの) 145,336 円 × (1 ※割合の計算 (0.4を限度とする。) (正面路線価) (通路部分の地積) (200,000円 × 16㎡	(※) − 0.0786355) (F又はGのうち該当するもの) (評価対象地の地積) ÷ (145,336 円 × 280㎡)	= 0.0786355	(1㎡当たりの価額) 円 133,907	H
	8　がけ地等を有する宅地 (AからHまでのうち該当するもの) 円 ×	[南 、 東 、 西 、 北] (がけ地補正率) 0.		(1㎡当たりの価額) 円	I
	9　容積率の異なる2以上の地域にわたる宅地 (AからHまでのうち該当するもの) 円 × (1 −	(控除割合 (小数点以下3位未満四捨五入)) 0.)		(1㎡当たりの価額) 円	J
	10　私　　　　道 (AからJまでのうち該当するもの) 円 ×	0.		(1㎡当たりの価額) 円	K

吹き出し1: ソフトで計算する場合には、179,428 円を自動的に選択することがありますが、その時には本来の正面路線価を手入力で入力してください。

自用地の評価額	自用地1㎡当たりの価額 (AからKまでのうちの該当記号) (H) 133,907 円	地　積 280 ㎡	総　　　　額 (自用地1㎡当たりの価額) × (地　積) 37,493,960 円	L

（注）1　5-1の「間口が狭小な宅地等」と5-2の「不整形地」は重複して適用できません。
　　　2　5-2の「不整形地」の「AからDまでのうち該当するもの」欄の価額について、AからDまでの欄で計算できない場合には、（第2表）の「備考」欄等で計算してください。

（資4−25−1−A4統一）

119

付表1

土地及び土地の上に存する権利の評価明細書（第1表）

	局(所)	署
	30 年分	ページ

（平成三十年分以降用）

（住居表示）	（　　　　　　　）	所有者	住　所 (所在地)		使用者	住　所 (所在地)	
所在地番			氏　名 (法人名)			氏　名 (法人名)	

地　目	地　積	路　　　　線　　　　価				地形図及び参考事項

地　目	地　積	正　面	側　方	側　方	裏　面	
⊙宅地 田 原野 畑 雑種地 山林 〔　　〕	㎡ 360	200,000 円	円	円	円	無道路地と前面宅地を 合わせた土地の価額

間口距離	10 m	利用区分	⊙自 用 地　貸家建付借地権 貸 宅 地　転 貸 借 地 権 貸家建付地　転　借　権 借 地 権　借家人の有する権利 私　　道　（　　　　　　　）	地区区分	ビル街地区　⊙普通住宅地区 高度商業地区　中小工場地区 繁華街地区　大工場地区 普通商業・併用住宅地区	地形図及び参考事項
奥行距離	36 m					

自用地1平方メートル当たりの価額				
1　一路線に面する宅地 （正面路線価）　　　　　（奥行価格補正率） 200,000円　×　　0.92	（1㎡当たりの価額）円 184,000	A
2　二路線に面する宅地 （A）　　〔側方〕路線価　（奥行価格　〔側方〕路線影響加算率 　　　　〔裏面〕　　　　　補正率）　〔二方〕 円　＋　（　　　　円　×　　　×　0.　）	（1㎡当たりの価額）円	B
3　三路線に面する宅地 （B）　　〔側方〕路線価　（奥行価格　〔側方〕路線影響加算率 　　　　〔裏面〕　　　　　補正率）　〔二方〕 円　＋　（　　　　円　×　　　×　0.　）	（1㎡当たりの価額）円	C
4　四路線に面する宅地 （C）　　〔側方〕路線価　（奥行価格　〔側方〕路線影響加算率 　　　　〔裏面〕　　　　　補正率）　〔二方〕 円　＋　（　　　　円　×　　　×　0.　）	（1㎡当たりの価額）円	D
5-1　間口が狭小な宅地等　（間口狭小）（奥行長大） （AからDまでのうち該当するもの）補正率　補正率 円　×　（　.　　×　　.　）	（1㎡当たりの価額）円	E
5-2　不　整　形　地 （AからDまでのうち該当するもの）　不整形地補正率※ 円　×　0. ※不整形地補正率の計算 （想定整形地の間口距離）（想定整形地の奥行距離）（想定整形地の地積） m　×　　m　＝　　㎡ （想定整形地の地積）（不整形地の地積）（想定整形地の地積）（かげ地割合） （　　㎡　－　　㎡）÷　　㎡　＝　　% （不整形地補正率表の補正率）（間口狭小補正率）（小数点以下2位未満切捨て）〔不整形地補正率 0.　　×　　.　　＝　0.　①　（①、②のいずれか低い率、0.6を限度とする。） （奥行長大補正率）（間口狭小補正率） .　　×　　.　　＝　0.　②　　0.	（1㎡当たりの価額）円	F
6　地積規模の大きな宅地 （AからFまでのうち該当するもの）　規模格差補正率※ 円　×　0. ※規模格差補正率の計算 （地積（Ⓐ））（Ⓑ）　（Ⓒ）　（地積（Ⓐ））（小数点以下2位未満切捨て） ｛（　㎡×　　＋　　）÷　　㎡｝×　0.8　＝　0.	（1㎡当たりの価額）円	G
7　無　道　路　地 （F又はGのうち該当するもの）　　　　　　　（※） 円　×　（　1　－　0.　） ※割合の計算（0.4を限度とする。） （正面路線価）　（通路部分の地積）（F又はGのうち該当するもの）（評価対象地の地積） （　　円×　　㎡）÷（　　円×　　㎡）＝0.	（1㎡当たりの価額）円	H
8　がけ地等を有する宅地　　〔　南　、　東　、　西　、　北　〕 （AからHまでのうち該当するもの）　　（がけ地補正率） 円　×　0.	（1㎡当たりの価額）円	I
9　容積率の異なる2以上の地域にわたる宅地 （AからIまでのうち該当するもの）　（控除割合（小数点以下3位未満四捨五入）） 円　×　（　1　－　0.　）	（1㎡当たりの価額）円	J
10 私　　道 （AからJまでのうち該当するもの） 円　×　0.3	（1㎡当たりの価額）円	K

自用地の評価額	自用地1平方メートル当たりの価額 （AからKまでのうちの該当記号）	地　　積	総　　　　　額 （自用地1㎡当たりの価額）×（地　積）	
	（　A　） 184,000 円	360 ㎡	66,240,000 円	L

（注）1　5-1の「間口が狭小な宅地等」と5-2の「不整形地」は重複して適用できません。

2　5-2の「不整形地」の「AからDまでのうち該当するもの」欄の価額について、AからDまでの欄で計算できない場合には、（第2表）の「備考」欄等で計算してください。

（資4-25-1-A4統一）

第２章　宅地及び宅地の上に存する権利の評価

付表2

土地及び土地の上に存する権利の評価明細書（第１表）

	局(所)	署
30 年分		ページ

（平成三十年分以降用）

（住居表示）	（　　　　　）	所有者	住　所（所在地）		使用者	住　所（所在地）	
所在地番			氏　名（法人名）			氏　名（法人名）	

地　目	地　積	路　　　線　　　価				地形図及び参考事項	前面宅地部分の評価額
⊙宅地　原野　田　畑　山林〔　〕　雑種地	㎡　80	正面 200,000 円	側方 円	側方 円	裏面 円		

| 間口距離 | 10 m | 利用区分 | ⊙自用地　貸家建付借地権　貸宅地　転貸借地権　貸家建付地　転借権　借地権　借家人の有する権利　私道 | 地区区分 | ビル街地区　高度商業地区　繁華街地区　普通商業・併用住宅地区　⊙普通住宅地区　中小工場地区　大工場地区 | | |
| 奥行距離 | 8 m | | | | | | |

					（1㎡当たりの価額） 円	
自用地1平方メートル当たりの価額	1　一路線に面する宅地　（正面路線価） 200,000 円　×　（奥行価格補正率） 1.00				200,000	A
	2　二路線に面する宅地　（A）　円　＋　（ 側方 裏面 路線価　円 ×　奥行価格補正率　0. ） ［側方二方 路線影響加算率］				（1㎡当たりの価額） 円	B
	3　三路線に面する宅地　（B）　円　＋　（ 側方 裏面 路線価　円 ×　奥行価格補正率　0. ） ［側方二方 路線影響加算率］				（1㎡当たりの価額） 円	C
	4　四路線に面する宅地　（C）　円　＋　（ 側方 裏面 路線価　円 ×　奥行価格補正率　0. ） ［側方二方 路線影響加算率］				（1㎡当たりの価額） 円	D
	5-1　間口が狭小な宅地等　（AからDまでのうち該当するもの）　円 ×（ 間口狭小補正率 ×　奥行長大補正率 .　）				（1㎡当たりの価額） 円	E
	5-2　不整形地　（AからDまでのうち該当するもの）　不整形地補正率※　円 ×　0.				（1㎡当たりの価額） 円	F

※ソフトで計算する場合には、手入力で「1.00」を入力してください。

※不整形地補正率の計算			
（想定整形地の間口距離） m × （想定整形地の奥行距離） m ＝ （想定整形地の地積） ㎡			
（想定整形地の地積） ㎡ － （不整形地の地積） ㎡ ÷ （想定整形地の地積） ㎡ ＝ （かげ地割合） ％			
（不整形地補正率表の補正率） 0. × （間口狭小補正率） ＝ 0. ① （小数点以下2位未満切捨て）			
（奥行長大補正率） 0. × （間口狭小補正率） ＝ 0. ②			
［不整形地補正率 ①、②のいずれか低い率、0.6を限度とする。］ 0.			

		（1㎡当たりの価額） 円	
6　地積規模の大きな宅地　（AからFまでのうち該当するもの）　規模格差補正率※　円 ×　0.			G
※規模格差補正率の計算　｛ （地積（Ⓐ）） ㎡ × （Ⓑ） ＋ （Ⓒ） ｝ ÷ （地積（Ⓐ）） ㎡ × 0.8 ＝ 0.　（小数点以下2位未満切捨て）			
7　無道路地　（F又はGのうち該当するもの）　（※）　円 ×（ 1 － 0. ）		（1㎡当たりの価額） 円	H
※割合の計算（0.4を限度とする。）（正面路線価）（通路部分の地積）（F又はGのうち該当するもの）（評価対象地の地積）（ 円× ㎡）÷（ 円× ㎡）＝ 0.			
8　がけ地等を有する宅地　（AからHまでのうち該当するもの）　〔 南 、 東 、 西 、 北 〕（がけ地補正率）　円 ×　0.		（1㎡当たりの価額） 円	I
9　容積率の異なる2以上の地域にわたる宅地　（AからIまでのうち該当するもの）　（控除割合（小数点以下3位未満四捨五入））　円 ×（ 1 － 0. ）		（1㎡当たりの価額） 円	J
10　私道　（AからJまでのうち該当するもの）　円 ×　0.3		（1㎡当たりの価額） 円	K

自用地の評価額	自用地1平方メートル当たりの価額（AからKまでのうちの該当記号）	地　積	総　額（自用地1㎡当たりの価額）×（地積）	
	（ A ）　200,000 円	80 ㎡	16,000,000 円	L

（注）　1　5-1の「間口が狭小な宅地等」と5-2の「不整形地」は重複して適用できません。
　　　　2　5-2の「不整形地」の「AからDまでのうち該当するもの」欄の価額について、AからDまでの欄で計算できない場合には、（第2表）の「備考」欄等で計算してください。

（資4-25-1-A4統一）

121

設例31　宅地の一部は道路に接するが、接道義務を満たさない宅地の評価方法

次のように、道路に接する間口距離が1mであるため接道義務を満たしていない宅地は、具体的にどのように評価するのでしょうか。

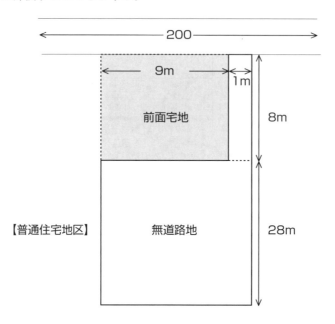

解説

具体的な評価方法は次のとおりです。

1　無道路地と前面宅地部分を合わせた土地の価額の算出

（路線価）　（奥行距離36mの場合の奥行価格補正率）　（無道路地と全面宅地とを合わせた土地の面積）
200,000円　×　0.92　×　360㎡　= 66,240,000円

2　前面宅地部分の評価額の算出

（路線価）　（奥行価格補正率＊）
200,000円　×　1.00　×　72㎡　= 14,400,000円

＊　奥行距離8mに対応する普通住宅地区の奥行価格補正率は0.97ですが、奥行距離が短いため1.00未満となっていますので、奥行価格補正率1.00を適用して計算します。

3　無道路地の奥行価格補正後の価額の算出

66,240,000円 − 14,400,000円 = 51,840,000円（単価180,000円）

第2章　宅地及び宅地の上に存する権利の評価

4　不整形地としての価額の算出

●不整形地補正率と間口狭小補正率との連乗値

不整形地補正率 0.94（普通住宅地区　地積区分 A　かげ地割合 20％）

$$\left(\text{かげ地割合} = \frac{72\text{㎡}}{360\text{㎡}} = 20.0\% \right)$$

間口狭小補正率 0.90（通路拡張後の間口距離 2 m に対応する補正率）

0.94（不整形補正率）× 0.90（間口狭小補正率）= 0.846

●奥行長大補正率と間口狭小補正率の連乗値

奥行長大補正率

$$\frac{\text{奥行距離 8 m} +28 \text{ m}}{\text{通路拡張後の間口距離 2 m}} = 18 \quad \Longrightarrow \quad \text{奥行長大補正率　0.90}$$

0.90（奥行長大補正率）× 0.90（間口狭小補正率）= 0.81

●不整形地補正率 0.81

0.846 ＞ 0.81

●不整形地補正率適用後の単価

180,000 円 × 0.81 = 145,800 円

5　無道路地補正の適用

●無道路地補正額（通路開設費相当額）

200,000 円 × 1 m（拡張を要する幅員）× 8 m = 1,600,000 円

1,600,000 円 ÷（145,800 円 × 288㎡）= 0.0381039

（注）　通路開設費相当額は正面路線価に通路部分の面積を乗じて求め、画地調整率は適用しないことに注意してください。

●無道路地補正後の単価

145,800 円 ×（1 － 0.0381039）= 140,244 円

●無道路地の評価額

140,244 円 × 288㎡ = 40,390,272 円

123

総括表

土地及び土地の上に存する権利の評価明細書（第1表）

局(所)	署
30 年分	ページ

（平成三十年分以降用）

				住　所 (所在地)			住　所 (所在地)	
(住居表示)	(	)	所有者	氏　名 (法人名)		使用者	氏　名 (法人名)	
所在地番								

地　目		地　積	路　　線　　価				地形図及び参考事項	
(宅地) 田 畑 山林 [ ]	原野 雑種地	㎡ 288	正　面 円 180,000	側　方 円	側　方 円	裏　面 円	66,240,000円 - 14,400,000円 / 288㎡ = 180,000円	

間口距離	2 m	利用区分	(自用地) 貸家建付借地権 / 貸宅地 転貸借地権 / 貸家建付地 転借権 / 借地権 借家人の有する権利 / 私道 ( )	地区区分	ビル街地区　(普通住宅地区) 高度商業地区　中小工場地区 繁華街地区　大工場地区	
奥行距離	36 m					

				(1㎡当たりの価額) 円	
自用地1平方メートル当たりの価額	1 一路線に面する宅地 (正面路線価) 180,000 円 × (奥行価格補正率) 1.00		ソフトで計算する場合には、手入力で「1.00」を入力してください。	180,000	A
	2 二路線に面する宅地 (A) [側方 裏面]路線価 円 + (円 × . (奥行価格補正率) × 0. [側方 二方 路線影響加算率])			(1㎡当たりの価額) 円	B
	3 三路線に面する宅地 (B) [側方 裏面]路線価 円 + (円 × . (奥行価格補正率) × 0. [側方 二方 路線影響加算率])			(1㎡当たりの価額) 円	C
	4 四路線に面する宅地 (C) [側方 裏面]路線価 円 + (円 × . (奥行価格補正率) × 0. [側方 二方 路線影響加算率])			(1㎡当たりの価額) 円	D
	5-1 間口が狭小な宅地等 (AからDまでのうち該当するもの) 円 × ((間口狭小補正率) . × (奥行長大補正率) .)			(1㎡当たりの価額) 円	E
	5-2 不整形地 (AからDまでのうち該当するもの) 180,000 円 × 不整形地補正率※ 0.81 ※不整形地補正率の計算 (想定整形地の間口距離) 10 m × (想定整形地の奥行距離) 36 m = (想定整形地の地積) 360 ㎡ (想定整形地の地積) (360 ㎡ - (不整形地の地積) 288 ㎡) ÷ (想定整形地の地積) 360 ㎡ = (かげ地割合) 20 % (不整形地補正率表の補正率) 0.94 × (間口狭小補正率) 0.90 = 0.84 ① (小数点以下2位未満切捨て) (奥行長大補正率) 0.90 × (間口狭小補正率) 0.90 = 0.81 ② [不整形地補正率 (①、②のいずれか低い率、0.6を限度とする。)] 0.81			145,800	F
	6 地積規模の大きな宅地 (AからFまでのうち該当するもの) 円 × 規模格差補正率※ 0. ※規模格差補正率の計算 (地積(Ⓐ)) (Ⓑ) (Ⓒ) {(㎡× +) ÷ (地積(Ⓐ)) ㎡}× 0.8 = 0. (小数点以下2位未満切捨て)			(1㎡当たりの価額) 円	G
	7 無道路地 (F又はGのうち該当するもの) 145,800 円 × (1 - 0.0381039) ※割合の計算 (0.4を限度とする。) (正面路線価) (通路部分の地積) (200,000 円× 8 ㎡) ÷ (F又はGのうち該当するもの) (145,800 円× (評価対象地の地積) 288 ㎡) = 0.0381039			(1㎡当たりの価額) 円 140,244	H
	8 がけ地等を有する宅地 (AからHまでのうち該当するもの) [南 、 東 、 西 、 北] 円 × (がけ地補正率) 0.		ソフトで計算する場合には、180,000円を自動的に選択することがありますが、その時には本来の正面路線価を手入力で入力してください。	(1㎡当たりの価額) 円	I
	9 容積 (A			(1㎡当たりの価額) 円	J
	(控除割合 (小数点以下3位未満四捨五入)) 0.				
	10 私 (A			(1㎡当たりの価額) 円	K

自用地の評価額	自用地 (AからKまでのうちの該当記号) (H) 140,244 円	地　積 288 ㎡	総　　　額 (自用地1㎡当たりの価額) × (地積) 40,390,272 円	L

(注) 1 5-1の「間口が狭小な宅地等」と5-2の「不整形地」は重複して適用できません。
　　 2 5-2の「不整形地」の「AからDまでのうち該当するもの」欄の価額について、AからDまでの欄で計算できない場合には、（第2表）の「備考」欄等で計算してください。

(資4-25-1-A4統一)

第2章　宅地及び宅地の上に存する権利の評価

付表1

土地及び土地の上に存する権利の評価明細書（第1表）

		局(所)	署
	30 年分		ページ

（平成三十年分以降用）

（住居表示）	（　　　　　）	所有者	住　所（所在地）		使用者	住　所（所在地）	
所在地番			氏　名（法人名）			氏　名（法人名）	

地　目	地　積	路　　　線　　　価				地形図及び参考事項	
ⓧ宅地 原野 田　雑種地 畑 山　林〔　　〕	㎡ 360	正　面 円 200,000	側　方 円	側　方 円	裏　面 円	接道義務を満たさない宅地と前面宅地を合わせた土地の価額	

間口距離	10 m	利用区分	ⓧ自用地　貸家建付借地権 貸　宅　地　転　貸　借　地　権 貸家建付地　転　　　借　　　権 借　地　権　借家人の有する権利 私　　道　（　　　　　　　　）	地区区分	ビル街地区　　　ⓧ普通住宅地区 高度商業地区　　中小工場地区 繁華街地区　　　大工場地区 普通商業・併用住宅地区		
奥行距離	36 m						

				（1㎡当たりの価額）円	
自用地1平方メートル当たりの価額	1　一路線に面する宅地 （正面路線価）　　　　　　（奥行価格補正率） 200,000 円 × 0.92			184,000	A
	2　二路線に面する宅地 （A）　　［側方 　　　　裏面］路線価　（奥行価格補正率）［側方 　　　　　　　　　　　　　　　　　　　　二方］路線影響加算率］ 円 ＋（　　　　円 ×　.　　×　0.　　）			（1㎡当たりの価額）円	B
	3　三路線に面する宅地 （B）　　［側方 　　　　裏面］路線価　（奥行価格補正率）［側方 　　　　　　　　　　　　　　　　　　　　二方］路線影響加算率］ 円 ＋（　　　　円 ×　.　　×　0.　　）			（1㎡当たりの価額）円	C
	4　四路線に面する宅地 （C）　　［側方 　　　　裏面］路線価　（奥行価格補正率）［側方 　　　　　　　　　　　　　　　　　　　　二方］路線影響加算率］ 円 ＋（　　　　円 ×　.　　×　0.　　）			（1㎡当たりの価額）円	D
	5-1　間口が狭小な宅地等　（間口狭小補正率）（奥行長大補正率） （AからDまでのうち該当するもの） 円 ×（　.　　×　.　　）			（1㎡当たりの価額）円	E
	5-2　不　整　形　地 （AからDまでのうち該当するもの）　　不整形地補正率※ 円 ×　0. ※不整形地補正率の計算 （想定整形地の間口距離）（想定整形地の奥行距離）（想定整形地の地積） 　　m ×　　　m ＝　　　㎡ （想定整形地の地積）（不整形地の地積）（想定整形地の地積）（かげ地割合） （　　㎡ －　　㎡）÷　　㎡ ＝　　% （不整形地補正率表の補正率）（間口狭小補正率）（小数点以下2位未満切捨て） 0.　　×　.　　 ＝ 0.　　① （奥行長大補正率）（間口狭小補正率）　不整形地補正率 0.　　×　.　　 ＝ 0.　　②（①、②のいずれか低い率、0.6を限度とする。）			（1㎡当たりの価額）円	F
	6　地積規模の大きな宅地 （AからFまでのうち該当するもの）　　規模格差補正率※ 円 ×　0. ※規模格差補正率の計算 （地積(Ⓐ)）　　（Ⓑ）　　（Ⓒ）　　（地積(Ⓐ)） ｛（　　㎡×　　＋　　）÷　　㎡｝× 0.8 ＝ 0.（小数点以下2位未満切捨て）			（1㎡当たりの価額）円	G
	7　無　道　路　地 （F又はGのうち該当するもの）　　　　　　　　　（※） 円 ×（ 1 － 0.　　） ※割合の計算（0.4を限度とする。） （正面路線価）（通路部分の地積）（F又はGのうち該当するもの）（評価対象地の地積） （　　円×　㎡）÷（　　円×　㎡）＝ 0.			（1㎡当たりの価額）円	H
	8　がけ地等を有する宅地　　　〔 南 、 東 、 西 、 北 〕 （AからHまでのうち該当するもの）（がけ地補正率） 円 × 0.			（1㎡当たりの価額）円	I
	9　容積率の異なる2以上の地域にわたる宅地 （AからIまでのうち該当するもの）（控除割合（小数点以下3位未満四捨五入）） 円 ×（ 1 － 0.　　）			（1㎡当たりの価額）円	J
	10　私　　　道 （AからJまでのうち該当するもの） 円 × 0.3			（1㎡当たりの価額）円	K

自用地の評価額	自用地1平方メートル当たりの価額 （AからKまでのうちの該当記号）	地　積	総　額（自用地1㎡当たりの価額）×（地積）	
	（ A ） 184,000 円	㎡ 360	66,240,000 円	L

（注）1　5-1の「間口が狭小な宅地等」と5-2の「不整形地」は重複して適用できません。
　　　2　5-2の「不整形地」の「AからDまでのうち該当するもの」欄の価額について、AからDまでの欄で計算できない場合には、（第2表）の「備考」欄等で計算してください。

（資4-25-1-A4統一）

付表2

土地及び土地の上に存する権利の評価明細書（第1表）

局(所)		署
30 年分		ページ

（平成三十年分以降用）

(住居表示)	(	)	所有者	住所(所在地)		使用者	住所(所在地)	
所在地番				氏名(法人名)			氏名(法人名)	

地 目	地 積 ㎡	路 線 価					地形図及び参考事項
⑯宅地 原野 田 雑種地 畑 山林 [ ]	72	正面 200,000 円	側方 円	側方 円	裏面 円		前面宅地部分の評価額

間口距離	9 m	利用区分	⑯自用地 貸家建付借地権 貸宅地 転貸借地権 貸家建付地 転借地権 借地権 借家人の有する権利 私道 ( )	地区区分	ビル街地区 高度商業地区 繁華街地区 普通商業・併用	⑯普通住宅地区 中小工場地区 大工場地区	
奥行距離	8 m						

ソフトで計算する場合には、手入力で「1.00」を入力してください。

	自 用 地 1 平 方 メ ー ト ル 当 た り の 価 額			
	1 一路線に面する宅地 （正面路線価） （奥行価格補正率） 200,000 円 × 1.00		(1㎡当たりの価額) 円 200,000	A
	2 二路線に面する宅地 （A） ［側方裏面］路線価 （奥行価格補正率） ［側方二方］路線影響加算率 円 ＋ (円 × . × 0.)		(1㎡当たりの価額) 円	B
	3 三路線に面する宅地 （B） ［側方裏面］路線価 （奥行価格補正率） ［側方二方］路線影響加算率 円 ＋ (円 × . × 0.)		(1㎡当たりの価額) 円	C
	4 四路線に面する宅地 （C） ［側方裏面］路線価 （奥行価格補正率） ［側方二方］路線影響加算率 円 ＋ (円 × . × 0.)		(1㎡当たりの価額) 円	D
	5-1 間口が狭小な宅地等 （AからDまでのうち該当するもの） （間口狭小補正率） （奥行長大補正率） 円 × (. × .)		(1㎡当たりの価額) 円	E
	5-2 不 整 形 地 （AからDまでのうち該当するもの） 不整形地補正率※ 円 × 0. ※不整形地補正率の計算 (想定整形地の間口距離) (想定整形地の奥行距離) (想定整形地の地積) m × m = ㎡ (想定整形地の地積) (不整形地の地積) (想定整形地の地積) (かげ地割合) (㎡ － ㎡) ÷ ㎡ = % (不整形地補正率表の補正率) (間口狭小補正率) 0. × . = 0. ① (奥行長大補正率) (間口狭小補正率) . × . = 0. ② ［不整形地補正率 (①、②のいずれか低い率、0.6を限度とする。)］ 0.		(1㎡当たりの価額) 円	F
	6 地積規模の大きな宅地 （AからFまでのうち該当するもの） 規模格差補正率※ 円 × 0. ※規模格差補正率の計算 (地積(Ⓐ)) (Ⓑ) (Ⓒ) (地積(Ⓐ)) (小数点以下2位未満切捨て) { (㎡× ＋) ÷ ㎡ } × 0.8 = 0.		(1㎡当たりの価額) 円	G
	7 無 道 路 地 （F又はGのうち該当するもの） (※) 円 × (1 － 0.) ※割合の計算(0.4を限度とする。) (正面路線価) (通路部分の地積) (F又はGのうち該当するもの) (評価対象地の地積) (円× ㎡) ÷ (円× ㎡) = 0.		(1㎡当たりの価額) 円	H
	8 がけ地等を有する宅地 ［ 南 、 東 、 西 、 北 ］ （AからHまでのうち該当するもの） （がけ地補正率） 円 × 0.		(1㎡当たりの価額) 円	I
	9 容積率の異なる2以上の地域にわたる宅地 （AからIまでのうち該当するもの） (控除割合(小数点以下3位未満四捨五入)) 円 × (1 － 0.)		(1㎡当たりの価額) 円	J
	10 私 道 （AからJまでのうち該当するもの） 円 × 0.3		(1㎡当たりの価額) 円	K

自用地の評価額	自用地1平方メートル当たりの価額 （AからKまでのうちの該当記号） (A) 200,000 円	地 積 72 ㎡	総 額 (自用地1㎡当たりの価額)×(地積) 14,400,000 円	L

(注) 1 5-1の「間口が狭小な宅地等」と5-2の「不整形地」は重複して適用できません。

2 5-2の「不整形地」の「AからDまでのうち該当するもの」欄の価額について、AからDまでの欄で計算できない場合には、（第2表）の「備考」欄等で計算してください。

(資4-25-1-A4統一)

10 がけ地等を有する宅地の評価（評価通達20－5）
(1) 「がけ地等を有する宅地」とは
　「がけ地等を有する宅地」とは、平坦部分とがけ地部分等（宅地である土地のうちの傾斜部分又は法地部分）を一体として包含している宅地をいいます。

　このような宅地に該当する例としては、山林等の傾斜地を造成して宅地化した場合の擁壁で保護された法面部分と一体となった宅地や、隣地との高低差が大きいためがけ地部分を含む宅地等があります。

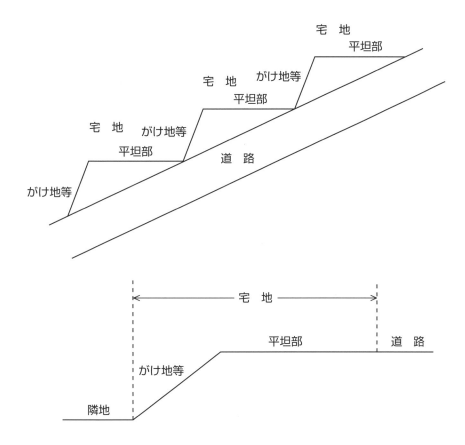

　なお、「がけ地等を有する宅地」とは、平坦部分とがけ地部分が一体となった宅地のことですから、傾斜地部分が山林等として平坦地とは評価の区分を別にする場合には、ここでいう「がけ地等を有する宅地」には該当しません。

(2) 評価方法
　がけ地等で通常の用途に供することができないと認められる部分を有する宅地の価額は、その宅地のうちに存するがけ地等ががけ地等でないとした場合の価額に、その宅地の総地積に対するがけ地部分等通常の用途に供することができないと認められる部分の地積の割合に応じて「がけ地補正率表」に定める補正率を乗じて計算した価額によって評価します。

がけ地補正率表

がけ地地積／総地積＼がけ地の方位	南	東	西	北
0.10 以上	0.96	0.95	0.94	0.93
0.20 〃	0.92	0.91	0.90	0.88
0.30 〃	0.88	0.87	0.86	0.83
0.40 〃	0.85	0.84	0.82	0.78
0.50 〃	0.82	0.81	0.78	0.73
0.60 〃	0.79	0.77	0.74	0.68
0.70 〃	0.76	0.74	0.70	0.63
0.80 〃	0.73	0.70	0.66	0.58
0.90 〃	0.70	0.65	0.60	0.53

なお、がけ地補正率表の「がけ地の方位」とは、斜面の向きをいいます。

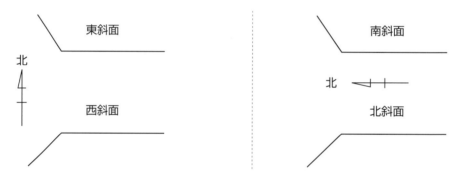

また、評価する宅地に2方位以上のがけ地がある場合、またはがけ地の方位が南東のように中間の方位である場合には、がけ地補正率は次のように算定します。

① 2方位以上のがけ地がある場合のがけ地補正率

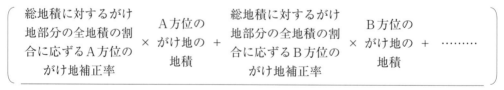

② がけ地である斜面の向きが中間方位である場合のがけ地補正率

この場合には、それぞれの方位に応ずるがけ地補正率の平均により計算します。

例えば、がけ地の方位が南東であり、$\frac{がけ地地積}{総地積}$ が「0.20以上」に該当する場合には、がけ地補正率は、

$$\frac{\underset{(南方位のがけ地補正率)}{0.92} + \underset{(東方位のがけ地補正率)}{0.91}}{2} = 0.91 \text{（小数点第2位未満切捨て）となります。}$$

なお、中間方位であっても、「北北西」のような場合には、「北」のみの方位によることとしても差し支えありません。

設例32 がけ地等を有する宅地の具体的な評価事例

次のようながけ地部分を有する宅地の評価方法について教えてください。

総地積　240㎡
内がけ地部分　40㎡
がけ地の方位　西

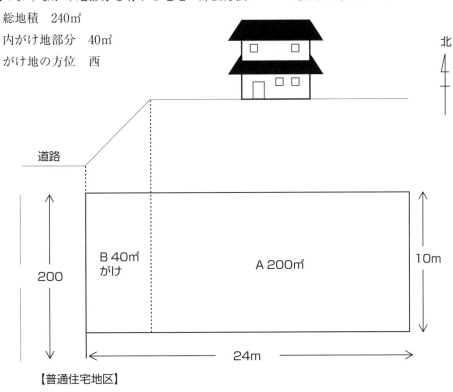

【普通住宅地区】

（上図においては、法面部分は道路区域外であり、宅地の一部を構成しているものとしています。）

解説

上図のがけ地を有する宅地の具体的な評価方法は次のとおりです。

1　がけ地部分の割合

$$\frac{40㎡}{240㎡} = 0.16$$

2　がけ地補正率

0.94

3　評価額

　　　　　　　（奥行価格補正率）（奥行長大補正率）（がけ地補正率）
200,000円×　　0.97　　×　　0.98　　×　　0.94　　＝ 178,712 円

　　　　　　（総地積）
178,712 円× 240㎡ ＝ 42,890,880 円

土地及び土地の上に存する権利の評価明細書（第1表）

	局(所)	署
	30 年分	ページ

（平成三十年分以降用）

（住居表示）	（ ）	所有者	住　所（所在地）		使用者	住　所（所在地）	
所在地番			氏　名（法人名）			氏　名（法人名）	

地　目	地　積	路　　線　　価				地形図及び参考事項	
宅　地　原　野 田　畑　雑種地 山　林　[　]	㎡ 240	正　面 円 200,000	側　方 円	側　方 円	裏　面 円		省　略

間口距離	10 m	利用区分	自用地　貸家建付借地権 貸宅地　転貸借地権 貸家建付地　転　借　権 借地権　借家人の有する権利 私　道　（　　　）	地区区分	ビル街地区　　　普通住宅地区 高度商業地区　　中小工場地区 繁華街地区　　　大工場地区 普通商業・併用住宅地区
奥行距離	24 m				

（宅地に○、自用地に○、普通住宅地区に○）

自用地1平方メートル当たりの価額

1　一路線に面する宅地

（正面路線価）　　　　　　（奥行価格補正率）	（1㎡当たりの価額）円	A
200,000 円 × 0.97	194,000	

2　二路線に面する宅地（A）

[側方・裏面] 路線価　＋（（奥行価格補正率）× [側方・二方] 路線影響加算率）	（1㎡当たりの価額）円	B
円 ＋ (円 × ． × 0．)		

3　三路線に面する宅地（B）

[側方・裏面] 路線価　＋（（奥行価格補正率）× [側方・二方] 路線影響加算率）	（1㎡当たりの価額）円	C
円 ＋ (円 × ． × 0．)		

4　四路線に面する宅地（C）

[側方・裏面] 路線価　＋（（奥行価格補正率）× [側方・二方] 路線影響加算率）	（1㎡当たりの価額）円	D
円 ＋ (円 × ． × 0．)		

5-1　間口が狭小な宅地等（AからDまでのうち該当するもの）

（間口狭小補正率）（奥行長大補正率）	（1㎡当たりの価額）円	E
194,000 円 × (1.00 × 0.98)	190,120	

5-2　不整形地（AからDまでのうち該当するもの）　不整形地補正率※

円 × 0．

※不整形地補正率の計算

（想定整形地の間口距離）（想定整形地の奥行距離）（想定整形地の地積）

m × m = ㎡

（想定整形地の地積）（不整形地の地積）（想定整形地の地積）（かげ地割合）

(㎡ － ㎡) ÷ ㎡ = ％

（不整形地補正率表の補正率）（間口狭小補正率）　（小数点以下2位未満切捨て）

0． × ． = 0．　①

（奥行長大補正率）（間口狭小補正率）

． × ． = 0．　②

不整形地補正率（①、②のいずれか低い率、0.6を限度とする。）

	（1㎡当たりの価額）円	F

6　地積規模の大きな宅地（AからFまでのうち該当するもの）　規模格差補正率※

円 × 0．

※規模格差補正率の計算

（地積（Ⓐ））（Ⓑ）（Ⓒ）（地積（Ⓐ））（小数点以下2位未満切捨て）

{ (㎡ × ＋) ÷ ㎡ } × 0.8 = 0．

	（1㎡当たりの価額）円	G

7　無道路地（F又はGのうち該当するもの）

円 × (1 － 0．)　（※）

※割合の計算（0.4を限度とする。）

（正面路線価）（通路部分の地積）（F又はGのうち該当するもの）（評価対象地の地積）

(円 × ㎡) ÷ (円 × ㎡) = 0．

	（1㎡当たりの価額）円	H

8　がけ地等を有する宅地（AからHまでのうち該当するもの）　[南 、 東 、西 、 北]（がけ地補正率）

190,120 円 × 0.94	（1㎡当たりの価額）円 178,712	I

（西に○）

9　容積率の異なる2以上の地域にわたる宅地（AからIまでのうち該当するもの）（控除割合（小数点以下3位未満四捨五入））

円 × (1 － 0．)	（1㎡当たりの価額）円	J

10　私　道（AからJまでのうち該当するもの）

円 × 0.3	（1㎡当たりの価額）円	K

自用地の評価額

自用地1平方メートル当たりの価額（AからKまでのうちの該当記号）	地　積	総　額（自用地1㎡当たりの価額）×（地積）	
（ I ）円 178,712	㎡ 240	円 42,890,880	L

（注）1　5-1の「間口が狭小な宅地等」と5-2の「不整形地」は重複して適用できません。
2　5-2の「不整形地」の「AからDまでのうち該当するもの」欄の価額について、AからDまでの欄で計算できない場合には、（第2表）の「備考」欄等で計算してください。

（資4-25-1-A4統一）

設例33 方位の異なる2以上のがけ地を有する場合のがけ地補正率

評価対象地は総地積が510㎡で、その内南方位斜面のがけ地60㎡及び東方位斜面のがけ地50㎡を有しています。このような2以上のがけ地を有する場合のがけ地補正率はどのように算定するのでしょうか。

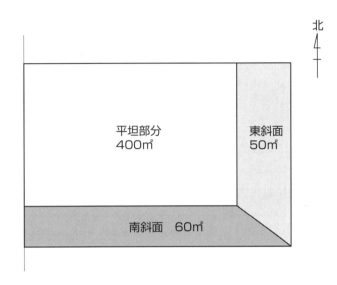

解説

上図のような、方位の異なる2以上のがけ地を有する宅地を評価する場合のがけ地補正率は、次のように算定します。

1 がけ地部分の全地積

　　南斜面60㎡ + 東斜面50㎡ = 110㎡

2 総地積に対するがけ地部分の全地積の割合

$$0.21 \left(\frac{110㎡}{510㎡} \right)$$

3 がけ地補正率

$$\frac{\overset{\begin{subarray}{c}\text{南方位・がけ}\\\text{地割合0.21の}\\\text{がけ地補正率}\end{subarray}}{0.92} \times \overset{\begin{subarray}{c}\text{南方位の}\\\text{がけ地の}\\\text{地積}\end{subarray}}{60㎡} + \overset{\begin{subarray}{c}\text{東方位・がけ}\\\text{地割合0.21の}\\\text{がけ地補正率}\end{subarray}}{0.91} \times \overset{\begin{subarray}{c}\text{東方位の}\\\text{がけ地の}\\\text{地積}\end{subarray}}{50㎡}}{110㎡\ （がけ地部分の全地積）}$$

　　= 0.91（小数点第2位未満切捨て）

設例34 宅地造成費用とがけ地補正率の重複適用について

　評価しようとしている宅地は、傾斜地を造成して開発した一団の住宅地内にあります。その地勢から、評価対象宅地は、道路とはフラットな位置関係にありますが、隣接地とは相当な高低差があります（評価対象宅地が高く、隣接地が低い。）。現在は更地ですが、建物を建築するためには、がけ地部分に擁壁を築造して固定する必要があると建築士から指摘されています。また、安全面から擁壁は垂直に築造することはできず、がけ地の傾斜に沿った形状になるため、擁壁築造後もがけ地となる部分が残ります。

　このような宅地は、がけ地補正率と造成費（土止費）を重複適用して評価することができるでしょうか。

解説

　がけ地補正率は、がけ地を有する宅地を評価する場合に適用するものです。一方宅地造成費用は、農地や山林など、宅地化するためには造成が必要である土地を評価する場合に用いるものです。

　このことから、がけ地補正率と宅地造成費用は原則として重複して適用することはできません。

　しかしながら、ご質問の土地のように、建物の敷地とするためには土止費等の宅地造成費が不可欠で、かつ造成後も斜面の状況からがけ地部分が残る場合には、がけ地補正率と宅地造成費用の重複適用が可能であるものと考えます。

11　容積率の異なる2以上の地域にわたる宅地の評価（評価通達20−6）

⑴　「容積率の異なる2以上の地域にわたる宅地」とは

　容積率とは、建築基準法第52条に規定する建築物の延べ床面積の敷地面積に対する割合をいいます。建物の延床面積は、当該敷地に適用される容積率の範囲内としなければなりません。

　容積率は、土地の価格に影響を与える重要な要因の一つです。特に収益性が重視される商業系の地域においては、活用できる床面積の大小が収益の多寡に直接に関連し、これがその宅地の価格に大きな影響を及ぼします。このような容積率は、都市計画においてある一定の地域ごとに定められています。

　上記のように容積率は、土地の価格に影響を及ぼす重要な要因であることから、路線価を評定する際にも容積率が考慮されています。したがって、次図の宅地のように、正面路線価に接する部分が高い容積率が適用される地域であり、その背後部分が低い容積率が適用される地域にあるような場合、正面路線価でそのまま宅地全体を評価すると、高い容積率の路線価で低い容積率の部分も評価することになってしまいます。

第2章　宅地及び宅地の上に存する権利の評価

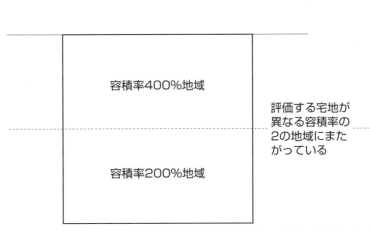

　評価通達20-6では《容積率の異なる2以上の地域にわたる宅地の評価》として、このような宅地を調整評価する方法を定めています。

(2) 評価通達20-6の容積率について

　建築基準法第52条《容積率》は、数種の容積率について規定しています。第1項では都市計画において定められる容積率（以下「指定容積率」といいます。）を、第2項では前面道路幅員が12ｍ未満の場合の前面道路幅員に基づく容積率（以下「基準容積率」といいます。）を定めています。実際に適用されるのは、これらのうち厳しい方の容積率です。評価通達20-6でいう容積率もこれらの容積率をいい、いずれか厳しい方の容積率に基づき(3)で説明する調整計算をします。

　なお、建築基準法第52条では、上記指定容積率や基準容積率以外にも第9項から第14項において、「特定道路との位置関係における容積率の緩和」、「計画道路に接する場合または敷地内に計画道路がある場合の特例」、「壁面線の指定がある場合の特例」及び「交通上、安全上、防火上及び衛生上支障がない場合の特定行政庁の許可による特例」の容積率の緩和規定が定められています。しかし、評価通達20-6の調整計算は、減額調整方法としての統一基準を定めたものであることから、これらの容積率緩和の規定は考慮しません。評価通達20-6で考慮する容積率とは、上記都市計画で定められる指定容積率（第1項）と前面道路幅員に基づく基準容積率（第2項）です。

参　考

【建築基準法】
第52条（容積率）
1　建築物の延べ面積の敷地面積に対する割合（以下「容積率」という。）は、次の各号に掲げる区分に従い、当該各号に定める数値以下でなければならない。ただし、当該建築物が第5号に掲げる建築物である場合において、第3項の規定により建築物の延べ面積の算定に当たりその床面積が当該建築物の延べ面積に算入されない部分を有するときは、当該部

分の床面積を含む当該建築物の容積率は、当該建築物がある第一種住居地域、第二種住居地域、準住居地域、近隣商業地域又は準工業地域に関する都市計画において定められた第2号に定める数値の1.5倍以下でなければならない。

一　第一種低層住居専用地域、第二種低層住居専用地域又は田園住居地域内の建築物（第六号に掲げる建築物を除く。）　10分の5、10分の6、10分の8、10分の10、10分の15又は10分の20のうち当該地域に関する都市計画において定められたもの

二　第一種中高層住居専用地域若しくは第二種中高層住居専用地域内の建築物（第6号に掲げる建築物を除く。）又は第一種住居地域、第二種住居地域、準住居地域、近隣商業地域若しくは準工業地域内の建築物（第5号及び第6号に掲げる建築物を除く。）　10分の10、10分の15、10分の20、10分の30、10分の40又は10分の50のうち当該地域に関する都市計画において定められたもの

三　商業地域内の建築物（第6号に掲げる建築物を除く。）　10分の20、10分の30、10分の40、10分の50、10分の60、10分の70、10分の80、10分の90、10分の100、10分の110、10分の120又は10分の130のうち当該地域に関する都市計画において定められたもの

四　工業地域内の建築物（第6号に掲げる建築物を除く。）又は工業専用地域内の建築物　10分の10、10分の15、10分の20、10分の30又は10分の40のうち当該地域に関する都市計画において定められたもの

五　高層住居誘導地区内の建築物（第6号に掲げる建築物を除く。）であって、その住宅の用途に供する部分の床面積の合計がその延べ面積の3分の2以上であるもの（当該高層住居誘導地区に関する都市計画において建築物の敷地面積の最低限度が定められたときは、その敷地面積が当該最低限度以上のものに限る。）　当該建築物がある第一種住居地域、第二種住居地域、準住居地域、近隣商業地域又は準工業地域に関する都市計画において定められた第2号に定める数値から、その1.5倍以下で当該建築物の住宅の用途に供する部分の床面積の合計のその延べ面積に対する割合に応じて政令で定める方法により算出した数値までの範囲内で、当該高層住居誘導地区に関する都市計画において定められたもの

六　特定用途誘導地区内の建築物であって、その全部又は一部を当該特定用途誘導地区に関する都市計画において定められた誘導すべき用途に供するもの　当該特定用途誘導地区に関する都市計画において定められた数値

七　用途地域の指定のない区域内の建築物　10分の5、10分の8、10分の10、10分の20、10分の30又は10分の40のうち、特定行政庁が土地利用の状況等を考慮し当該区域を区分して都道府県都市計画審議会の議を経て定めるもの

2　前項に定めるもののほか、前面道路（前面道路が2以上あるときは、その幅員の最大のもの。以下この項及び第12項において同じ。）の幅員が12メートル未満である建築物の容積率は、当該前面道路の幅員のメートルの数値に、次の各号に掲げる区分に従い、当該各

号に定める数値を乗じたもの以下でなければならない。

一　第一種低層住居専用地域、第二種低層住居専用地域又は田園住居地域内の建築物
10分の4

二　第一種中高層住居専用地域若しくは第二種中高層住居専用地域内の建築物又は第一種
住居地域、第二種住居地域若しくは準住居地域内の建築物（高層住居誘導地区内の建築
物であって、その住宅の用途に供する部分の床面積の合計がその延べ面積の3分の2以
上であるもの（当該高層住居誘導地区に関する都市計画において建築物の敷地面積の最
低限度が定められたときは、その敷地面積が当該最低限度以上のものに限る。第56条第
1項第2号ハ及び別表第三の四の項において同じ。）を除く。）　10分の4（特定行政庁
が都道府県都市計画審議会の議を経て指定する区域内の建築物にあっては、10分の6）

三　その他の建築物　10分の6（特定行政庁が都道府県都市計画審議会の議を経て指定
する区域内の建築物にあっては、10分の4又は10分の8のうち特定行政庁が都道府県都
市計画審議会の議を経て定めるもの）

（第3項以下省略）

(3)　「容積率の異なる2以上の地域にわたる宅地」の評価方法

　容積率の異なる2以上の地域にわたる宅地の価額は、評価通達15《奥行価格補正》から20-5
《がけ地等を有する宅地の評価》までの定めにより評価した価額から、その価額に次の割合を乗
じて計算した金額を控除して評価します。

$$1 - \frac{\text{容積率の異なる部分の各部分に適用される容積率にその各部分の地積を乗じて計算した数値の合計}}{\text{正面路線に接する部分の容積率} \times \text{宅地の総地積}} \times \text{容積率が価額に及ぼす影響度}$$

●容積率が価額に及ぼす影響度

地　区　区　分	影響度
高度商業地区、繁華街地区	0.8
普通商業地区・併用住宅地区	0.5
普　通　住　宅　地　区	0.1

（注）1　上記算式により計算した割合は、小数点第3位未満を四捨五入してください。

　　　2　正面路線に接する部分の容積率が他の部分の容積率よりも低い場合など、上記割合が負数となるとき
　　　　は適用しません。

　　　3　2以上の路線に接する宅地について、正面路線の路線価に奥行価格補正率を乗じて計算した価額から
　　　　その価額に上記算式により計算した割合を乗じて計算した金額を控除した価額が、正面路線以外の路線
　　　　の路線価に奥行価格補正率を乗じて計算した価額を下回る場合には、それらのうち最も高い価額となる
　　　　路線を正面路線とみなして評価通達15《奥行価格補正》から20-5《がけ地等を有する宅地の評価》ま
　　　　での規定を適用して評価します。

　　　　なお、評価通達15《奥行価格補正》から20-5《がけ地等を有する宅地の評価》までの規定の適用に
　　　　ついては、正面路線とみなした路線の14-2《地区》に定める地区区分によることに注意してください。

設例35 容積率の異なる2の地域にわたる宅地の評価事例

次のように、路線価に面する部分の容積率が400％で、その背後の部分に適用される容積率が200％の宅地は、どのように評価するのでしょうか。なお、この宅地は三大都市圏（東京都の特別区以外）にあります。

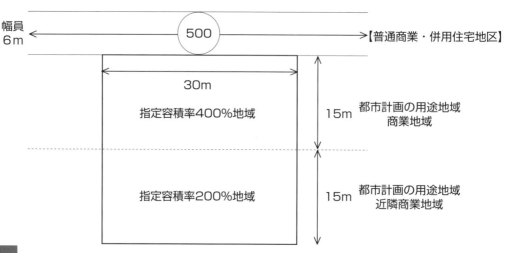

解説

具体的な評価方法は次のとおりです。

1 評価通達15《奥行価格補正》から20-5《がけ地等を有する宅地の評価》までの定めにより評価した価額

$$500{,}000 \text{円} \times \underset{\text{(奥行価格補正率)}}{1.00} \times \underset{\text{(規模格差補正率)}}{0.78} = 390{,}000 \text{円}$$

（注）加重平均した容積率（指定容積率）は、$\dfrac{400\% \times 450\text{㎡} + 200\% \times 450\text{㎡}}{900\text{㎡}} = 300\%$ となり、「地積規模の大きな宅地の評価」の容積率の要件を満たします。

2 減額割合

$$\left(1 - \dfrac{\underset{\text{(正面路線に接する部分の容積率)}}{360\% \times 450\text{㎡}} + 200\% \times 450\text{㎡}}{360\% \times \underset{\text{(総地積)}}{900\text{㎡}}}\right) \times 0.5 = 0.111 \quad \text{(小数点第3位未満は四捨五入)}$$

（注）「容積率の異なる2以上の地域にわたる宅地の評価」は、指定容積率と基準容積率のいずれか小さい方の容積率に基づき減額割合を計算します。

商業地域	指定容積率	400％		
	基準容積率	$6\text{m} \times \dfrac{6}{10} = 360\%$	∴	360％
近隣商業地域	指定容積率	200％		
	基準容積率	$6\text{m} \times \dfrac{6}{10} = 360\%$	∴	200％

3 減額調整後の単価

390,000円×（1 － 0.111）＝ 346,710円

4 評価額

346,710円× 900㎡ ＝ 312,039,000円

第2章　宅地及び宅地の上に存する権利の評価

土地及び土地の上に存する権利の評価明細書（第1表）

		局(所)	署
		30 年分	ページ

（平成三十年分以降用）

(住居表示)	(	)	所有者	住　所 (所在地)		使用者	住　所 (所在地)	
所在地番				氏　名 (法人名)			氏　名 (法人名)	

地目		地　積	路　　　線　　　価				地形図及び参考事項	
(宅地) 原野 田　雑種地 畑 山林 [　　]		㎡ 900	正　面 500,000 円	側　方 円	側　方 円	裏　面 円		容積率の異なる地域にわたる宅地

間口距離	30 m	利用区分	自用地　貸家建付借地権 貸宅地　転貸借地権 貸家建付地　転借権 借地権　借家人の有する権利 私道　( )	地区区分	ビル街地区　普通住宅地区 高度商業地区　中小工場地区 繁華街地区　大工場地区 普通商業・併用住宅地区	地形図及び参考事項	
奥行距離	30 m						

				(1㎡当たりの価額)円	
自用地1平方メートル当たりの価額	1　一路線に面する宅地 　(正面路線価)　　　　　　(奥行価格補正率) 　　500,000円　×　　　1.00			500,000	A
	2　二路線に面する宅地 (A)　[側方/裏面]路線価　(奥行価格補正率)　[側方/二方]路線影響加算率 　　　円　+　(　　　円　×　　　　×　0.　　)			(1㎡当たりの価額)円	B
	3　三路線に面する宅地 (B)　[側方/裏面]路線価　(奥行価格補正率)　[側方/二方]路線影響加算率 　　　円　+　(　　　円　×　　　　×　0.　　)			(1㎡当たりの価額)円	C
	4　四路線に面する宅地 (C)　[側方/裏面]路線価　(奥行価格補正率)　[側方/二方]路線影響加算率 　　　円　+　(　　　円　×　　　　×　0.　　)			(1㎡当たりの価額)円	D
	5-1　間口が狭小な宅地等 　(AからDまでのうち該当するもの)　(間口狭小補正率)　(奥行長大補正率) 　　　円　×　(　.　　×　.　　)			(1㎡当たりの価額)円	E
	5-2　不整形地 　(AからDまでのうち該当するもの)　不整形地補正率※ 　　　円　×　0. ※不整形地補正率の計算 (想定整形地の間口距離)(想定整形地の奥行距離)(想定整形地の地積) 　　m　×　　　m　=　　　㎡ (想定整形地の地積)(不整形地の地積)(想定整形地の地積)(かげ地割合) (　　㎡ −　　㎡) ÷　　㎡ =　　% (不整形地補正率表の補正率)(間口狭小補正率)(小数点以下2位未満切捨て)[不整形地補正率①、②のいずれか低い率、0.6を限度とする。] 　0.　×　.　= 0.　① (奥行長大補正率)(間口狭小補正率) 　.　×　.　= 0.　②　0.			(1㎡当たりの価額)円	F
	6　地積規模の大きな宅地 　(AからFまでのうち該当するもの)　規模格差補正率※ 　　500,000円　×　　0.78 ※規模格差補正率の計算 (地積(Ⓐ))　(Ⓑ)　(Ⓒ)　(地積(Ⓐ))　(小数点以下2位未満切捨て) {(900㎡×0.95+25) ÷ 900㎡}×0.8 = 0.78			(1㎡当たりの価額)円 390,000	G
	7　無道路地 　(F又はGのうち該当するもの)　　　　(※) 　　　円　×　(　1　−　0.　　) ※割合の計算(0.4を限度とする。) (正面路線価)(通路部分の地積)(F又はGのうち該当するもの)(評価対象地の地積) (　　円×　　㎡) ÷ (　　円×　　㎡) = 0.			(1㎡当たりの価額)円	H
	8　がけ地等を有する宅地　[南、東、西、北] 　(AからHまでのうち該当するもの)　(がけ地補正率) 　　　円　×			(1㎡当たりの価額)円	I
	9　容積率の異なる2以上の地域にわたる宅地 　(AからIまでのうち該当するもの)　(控除割合(小数点以下3位未満四捨五入)) 　　390,000円　×　(　1　−　0.111　)			(1㎡当たりの価額)円 346,710	J
	10　私　道 　(AからJまでのうち該当するもの) 　　　円　×　0.3			(1㎡当たりの価額)円	K

自用地の評価額	自用地1平方メートル当たりの価額 (AからKまでのうちの該当記号) (J)　346,710 円	地　積 900 ㎡	総　　　　　　　額 (自用地1㎡当たりの価額) × (地積) 312,039,000 円	L

(注)1　5-1の「間口が狭小な宅地等」と5-2の「不整形地」は重複して適用できません。
　　2　5-2の「不整形地」の「AからDまでのうち該当するもの」欄の価額について、AからDまでの欄で計算できない場合には、(第2表)の「備考」欄等で計算してください。

(資4-25-1-A4統一)

137

設例 36　正面路線に接する部分の容積率が2以上あり、その背後地部分の容積率がこれらと異なる場合の評価方法

評価対象地は、路線価に面する部分の容積率が500％と400％であり、その背後地の一部は容積率が300％となっています。このような宅地はどのように評価するのでしょうか。なお、この宅地は三大都市圏以外にあります。

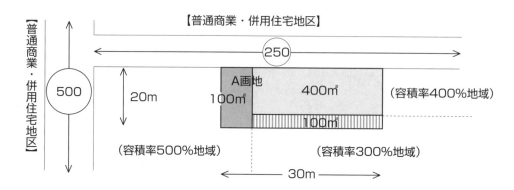

解説

具体的な評価方法は次のとおりです。

1　評価通達15《奥行価格補正》から20-5《がけ地等を有する宅地の評価》までの定めにより評価した価額

　250,000円 × 1.00（奥行価格補正率）＝ 250,000円

2　減額割合

この場合の調整計算に当たっては、容積率500％地域は容積率400％地域と一体であるものとして取扱い、容積率400％地域と容積率300％地域との格差の調整計算とします。

$$\left(1 - \frac{\underset{\substack{\text{正面路線に接する}\\\text{部分の容積率}}}{400\% \times 500㎡} + 300\% \times 100㎡}{400\% \times \underset{\text{(総地積)}}{600㎡}}\right) \times 0.5 = 0.021 \quad \text{(小数点3位未満は四捨五入)}$$

3　減額調整後の単価

　250,000円 ×（1 － 0.021）＝ 244,750円

4　評価額

　244,750円 × 600㎡ ＝ 146,850,000円

(4) 調整計算をしない場合

① 1画地の宅地の正面路線に接する部分の容積率が2以上であるが、その正面路線に接する部分の容積率と異なる容積率の部分がない場合には、財産評価基本通達20-6による容積率の格差による減額調整を行いません。

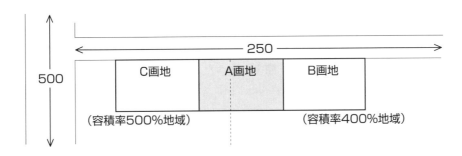

② 1画地の宅地が2以上の路線に面する場合において、正面路線の路線価に奥行価格補正率を乗じて求めた価額について容積率の格差による減額調整を行った価額が、正面路線以外の各路線の路線価に奥行価格補正率を乗じて求めた価額のいずれかを下回る場合には、容積率の格差による減額調整を適用せず、正面路線以外の路線の路線価について、それぞれ奥行価格補正率を乗じて計算した価額のうち最も高い価額となる路線を当該画地の正面路線とみなして、財産評価基本通達15《奥行価格補正》から20-5《がけ地等を有する宅地の評価》までの定めにより計算した価額によって評価します。

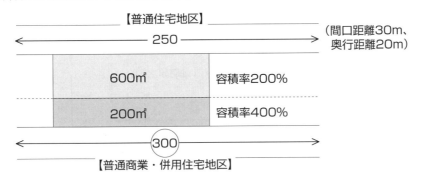

▽容積率の格差に基づく減額率

$$\left[1 - \frac{400\% \times 200㎡ + 200\% \times 600㎡}{400\% \times 800㎡}\right] \times 0.5 = 0.188 \quad \begin{pmatrix}小数点3位未満\\は四捨五入\end{pmatrix}$$

a 正面路線の路線価に奥行価格補正率を乗じて求めた価額に容積率の格差による減額調整を行った価額

300,000円×(1 - 0.188) = 243,600円

b 裏面路線の路線価に奥行価格補正率を乗じて求めた価額

250,000円× 1.00 = 250,000円

c a＜bとなるので、容積率の格差による減額調整の適用はなく、裏面路線を正面路線とみなして、当該画地の評価額を求めます。

なお、この場合、宅地の価額は最も高い効用を有する路線から影響を強く受けることから、正面路線とみなされた路線（裏面路線）の路線価の地区区分に応じた補正率を適用することに留意してください。

12　特定路線価（評価通達 14－3）
(1)　特定路線価とは

　路線価地図を見れば分かりますが、路線価地域内においてもすべての道路に路線価が設定されているわけではありません。**第2章第1節1**で述べたように路線価の付されている路線とは、不特定多数の通行の用に供されている道路をいいます。したがって、行き止まり等のために特定の者の通行の用に供されている下図のような道路には路線価が設定されていません。このような路線価の設定されていない道路にのみ接している宅地を評価する場合には、納税義務者からの申出等に基づき税務署長は当該道路に路線価を設定することができるものとされています。この場合の路線価を特定路線価といいます。

　特定路線価は、その特定路線価を設定しようとする道路に接続する路線及び当該道路の付近の路線に設定されている路線価を基に、当該道路の状況、路線価の地区の別等を考慮して評定することとされています。

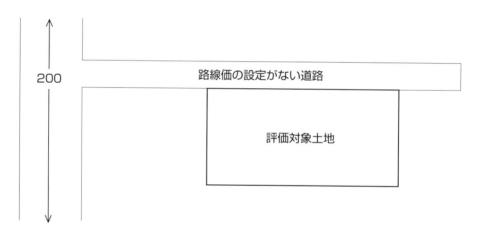

(2)　特定路線価の設定申請手続き

　特定路線価の設定申請は、「平成_____年分　特定路線価設定申出書」を提出することにより行います。提出先は、原則として納税地を所轄する税務署です。この申出書は各税務署に備え付けられているほか、国税庁ホームページからダウンロードすることができます。

　特定路線価の設定を申請する際には、参考となる物件案内図（住宅地図）、地形図（公図、実測図の写し）、現地写真等を添付してください。

第2章　宅地及び宅地の上に存する権利の評価

	整理簿
	※

平成＿＿年分　特定路線価設定申出書

※印欄は記入しないでください。

＿＿＿＿＿＿＿＿＿税務署長　殿

平成＿＿年＿＿月＿＿日　　申 出 者　住所（所在地）〒＿＿＿＿＿＿＿＿＿＿＿＿＿＿＿
　　　　　　　　　　　　　（納税義務者）

　　　　　　　　　　　　　　　　氏名（名称）＿＿＿＿＿＿＿＿＿＿＿＿＿印

　　　　　　　　　　　　　　　　職業（業種）＿＿＿＿＿電話番号＿＿＿＿＿＿

　　相続税等の申告のため、路線価の設定されていない道路のみに接している土地等を
評価する必要があるので、特定路線価の設定について、次のとおり申し出ます。

1　特定路線価の設定を必要とする理由	□　相続税申告のため（相続開始日＿＿年＿＿月＿＿日） 　　被相続人［住所＿＿＿＿＿＿＿＿＿＿＿＿＿＿＿＿＿ 　　　　　　　　氏名＿＿＿＿＿＿＿＿＿＿＿＿＿＿＿＿＿ 　　　　　　　　職業＿＿＿＿＿＿＿＿＿＿＿＿＿＿＿＿＿ □　贈与税申告のため（受贈日＿＿年＿＿月＿＿日）
2　評価する土地等及び特定路線価を設定する道路の所在地、状況等	「別紙　特定路線価により評価する土地等及び特定路線価を設定する道路の所在地、状況等の明細書」のとおり
3　添付資料	(1)　物件案内図（住宅地図の写し） (2)　地形図（公図、実測図の写し） (3)　写真　　　撮影日＿＿年＿＿月＿＿日 (4)　その他　［＿＿＿＿＿＿＿＿＿＿＿＿＿＿＿＿＿＿＿］
4　連絡先	〒 住　　所＿＿＿＿＿＿＿＿＿＿＿＿＿＿＿＿＿＿＿ 氏　　名＿＿＿＿＿＿＿＿＿＿＿＿＿＿＿＿＿＿＿ 職　　業＿＿＿＿＿＿＿＿電話番号＿＿＿＿＿＿＿＿
5　送付先	□　申出者に送付 □　連絡先に送付
＊　□欄には、該当するものにレ点を付してください。	

141

別紙　特定路線価により評価する土地等及び特定路線価を設定する道路の所在地、状況等の明細書

土地等の所在地 （住居表示）	〔　　　　　　　　　　　〕	〔　　　　　　　　　　　〕
土地等の利用者名、 利用状況及び地積	（利用者名） （利用状況）　　　　　　　　　㎡	（利用者名） （利用状況）　　　　　　　　　㎡
道路の所在地		
道路の幅員及び奥行	（幅員）　　　m　（奥行）　　　m	（幅員）　　　m　（奥行）　　　m
舗装の状況	□舗装済　・　□未舗装	□舗装済　・　□未舗装
道路の連続性	□通抜け可能 　（□車の進入可能・□不可能） □行止まり 　（□車の進入可能・□不可能）	□通抜け可能 　（□車の進入可能・□不可能） □行止まり 　（□車の進入可能・□不可能）
道路のこう配	度	度
上　水　道	□有 □無（□引込み可能・□不可能）	□有 □無（□引込み可能・□不可能）
下　水　道	□有 □無（□引込み可能・□不可能）	□有 □無（□引込み可能・□不可能）
都　市　ガ　ス	□有 □無（□引込み可能・□不可能）	□有 □無（□引込み可能・□不可能）
用途地域等の制限	（　　　　　　　　　）地域 建ぺい率（　　　　　　）％ 容積率（　　　　　　　）％	（　　　　　　　　　）地域 建ぺい率（　　　　　　）％ 容積率（　　　　　　　）％
その他（参考事項）		

記載方法等

　この申出書は、課税の対象となる路線価地域内に存する土地等について、その土地等に接している道路に路線価が設定されていないため、路線価を基に評価することができない場合に、その土地等を評価するための路線価（特定路線価）の設定を申し出るときに使用します。

1　この申出書は、相続税、贈与税の申告のため、路線価の設定されていない道路のみに接している土地等を評価することが必要な場合に提出してください。
2　この申出書は、原則として、納税地を所轄する税務署に提出してください。
3　「特定路線価により評価する土地等」、「特定路線価を設定する道路」及び「特定路線価を設定する道路に接続する路線価の設定されている路線」の状況等がわかる資料（物件案内図、地形図、写真等）を添付してください。

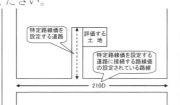

4　「特定路線価により評価する土地等」及び「特定路線価を設定する道路」の所在地、状況等については、「別紙　特定路線価により評価する土地等及び特定路線価を設定する道路の所在地、状況等の明細書」に記載してください。
(1)　「土地等の所在地（住居表示）」欄には、「特定路線価により評価する土地等」の所在地を画地ごとに記載してください。
(2)　「土地等の利用者名、利用状況及び地積」欄には、その土地等の利用者名、利用状況及び地積を記載してください。土地等の利用状況については、「宅地（自用地）」、「宅地（貸地）」などと記載してください。
(3)　「道路の所在地」欄は、「特定路線価を設定する道路」の所在地の地番を記載してください。
(4)　「道路の幅員及び奥行」欄には、「特定路線価を設定する道路」の幅員及び「特定路線価を設定する道路に接続する路線価の設定されている路線」からその土地等の最も奥までの奥行距離を記載してください。
(5)　「舗装の状況」欄は、該当するものにレ点を付してください。
(6)　「道路の連続性」欄は、該当するものにレ点を付してください。
(7)　「道路のこう配」欄には、傾斜度を記載してください。
(8)　「上水道」、「下水道」、「都市ガス」欄は、該当するものにレ点を付してください。各欄の「引込み可能」とは、「特定路線価を設定する道路」に上下水道、都市ガスが敷設されている場合及び「特定路線価を設定する道路」にはないが、引込距離約50m程度のもので、容易に引込み可能な場合をいいます。
(9)　「用途地域等の制限」欄には、その土地等の存する地域の都市計画法による用途地域（例えば、第1種低層住居専用地域等）、建ぺい率及び容積率を記載してください。
(10)　「その他（参考事項）」欄には、上記以外に土地の価格に影響を及ぼすと認められる事項がある場合に記載してください。
　（注）　この申出書を提出した場合でも、路線価を基に課税の対象となる土地等を評価することができるときには、特定路線価を設定しないことになりますので留意してください。

(3) 特定路線価設定申出を行う際の注意点

① 特定路線価に基づき評価すべき宅地か、または既存の路線価に基づき評価すべき宅地か

　路線価とは、その路線に面する標準的な宅地の価格を示すものです。そして宅地とは、建物の敷地及びその維持若しくは効用を果たすために必要な土地をいいます。また、**第2章第2節9**で説明しましたように、接道義務を満たさない宅地は無道路地として評価することとなっています。これらのことから、原則として特定路線価を設定する道路とは、その道路に接することにより建物の建築が可能と見込まれる道路と考えられます。その道路に面していても建物の建築が認められない場合には、既存の路線価に基づき無道路地として評価することになります。

　上記の理由等から、道路によっては特定路線価設定申出がされても設定されない場合があります。このため上記「記載方法等」には、「（注）この申出書を提出した場合でも、路線価を基に課税の対象となる土地等を評価することができるときには、特定路線価を設定しないことになりますので留意してください。」と記載されています。

　しかしながら、例えば、下図のように表通りは繁華性が高くその通り沿いは繁華街地域となっていますが、その背後地は閑散とした普通住宅地区であるような場合には、表通りの路線価に基づき評価対象土地を評価することは実情に即さないと認められます。このように既存の路線価から評価することが実情に即さないと認められる場合には、接道義務を満たさない道路であっても特定路線価の設定ができるものと思われます。

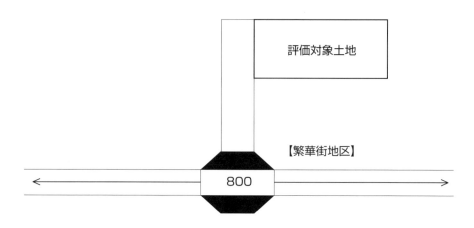

② ライフラインの調査について

　「別紙　特定路線価により評価する土地等及び路線価を設定する道路の所在地、状況等の明細書」には、上水道、下水道及び都市ガスのライフラインの状態について記載する欄があります。

　例えば、すでに路線価の設定されている道路には各種のライフラインが整備されていますが、行き止まり道路である特定路線価の設定対象道路には上下水管の埋設がない、というような場合もあります。このようなときには、離れた道路から個人負担で評価対象土地まで引き込み管を設けなければならないこともあります。このことは、評価対象土地については大きな減価要因となります。

　特定路線価設定対象道路におけるライフラインの整備の状況が、評価対象土地の価格に影響を

及ぼすと認められる場合には、早期かつ的確な価格評定のためにも必ずその状況を記載し、管の埋設状況等がわかる図面を参考資料として添付してください。

なお、ライフラインの確認方法については**第9章**「不動産調査」を参照してください。

設例37 特定路線価に基づく評価事例

次図のB宅地のように、特定路線価の設定された道路にのみ面する宅地はどのように評価すればよいのでしょうか。

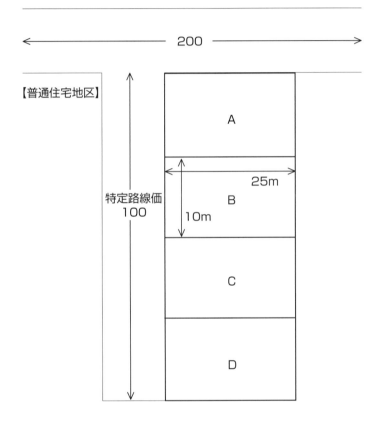

解説

特定路線価の設定された道路にのみ面する宅地を評価する場合には、特定路線価の設定された道路からの奥行距離及び間口距離等に基づき画地調整を行って評価します。

上図のB宅地は次のように特定路線価に基づき評価します。

100,000円 × 0.97（奥行価格補正率）× 0.98（奥行長大補正率）＝ 95,060円

なお、既存の路線価200,000円の設定されている路線に面するA宅地を評価する場合には、200,000円の路線を正面路線として評価し、特定路線価は側方路線影響加算の対象とはしません。

特定路線価は、路線価の設定されていない道路のみに接している宅地を評価するためのものであることから、「側方路線影響加算」、「二方路線影響加算」又は「三方又は四方路線影響加算」の対象とはしないこととされています。

第3節	倍率方式

1　倍率方式とは

　倍率方式とは、固定資産税評価額に一定の地域ごとに定められた倍率を乗じて評価する方法をいいます。

　つまり倍率方式とは、次の算式により評価額を計算する方法です。

　　　固定資産税評価額　×　倍率　＝　評価額

　なお、評価する宅地が「地積規模の大きな宅地の評価」（評価通達20−2）の対象となる宅地の要件を満たしている場合には、その宅地が標準的な形状の宅地であるとした場合の1㎡当たりの価額を路線価として、かつ、普通住宅地区にある宅地として「地積規模の大きな宅地の評価」（評価通達20−2）の規模格差補正率やその他の画地調整率などを適用して計算します。そしてこの価額と上記の方法により計算した価額を比較して、低い方の価額を評価額とします。

　「地積規模の大きな宅地の評価」の具体的な評価方法等については、**第2章第2節8**「地積規模の大きな宅地の評価」（評価通達20−2）をご覧ください。

2　固定資産税評価額

　地方税法第349条では、固定資産税評価額は基準年度の価格を3年間据え置く旨が定められています。平成30年分から平成32年分については平成30年度が基準年度となりますが、据置年度において地価が下落している場合には簡易な方法により価格の下落修正を行うことができる特例措置（地方税法附則第17条の2）が講じられています。

　また、固定資産税は、固定資産税評価額に一定の課税上の措置が適用された課税標準額に税率を乗じて算定されることとなっていますが、倍率方式で用いるのは、課税標準額ではなく、固定資産税評価額ですので注意してください。

　以上のことからも、実務的には、市区町村長から発行を受けることができる固定資産税評価証明書に記載されている評価額に基づき倍率評価を行うのが誤りのない方法といえるでしょう。

設例38　倍率地域における画地調整率の適用

　評価する宅地は間口狭小な不整形地ですが、この場合、評価通達の間口狭小補正率や不整形地補正率を適用して評価することができますか。

解説

　固定資産評価基準（昭和38年12月25日自治省告示第158号）では、宅地の評価方法として「市街地宅地評価法（路線価方式）」と「その他の宅地評価法（標準地比準方式）」とがあり、それぞれに適用される補正率表や比準表が定められ、これに基づき評価されています。したがって、固

第2章　宅地及び宅地の上に存する権利の評価

定資産税評価ではすでに形状に応じた評価がされていますので、倍率方式における評価では、評価通達の画地調整率を適用することは原則としてできません。

3　評価単位についての注意点

評価通達に基づく評価と固定資産税評価とでは、画地の認定方法が異なります。

固定資産評価基準では、「1画地は、原則として、土地課税台帳又は土地補充課税台帳に登録された1筆の宅地によるものとする。ただし、1筆の宅地又は隣接する2筆以上の宅地について、その形状、利用状況等からみて、これを一体をなしていると認められる部分に区分し、又はこれらを合わせる必要がある場合においては、その一体をなしている部分の宅地ごとに1画地とする。」と規定されています。

上記の1筆1画地による場合でも、利用状況等からの1画地の認定の場合でも、固定資産税評価においては、貸付等の権利関係は原則的に画地認定には考慮されていません。したがって、固定資産税の画地と評価通達の評価単位とが異なる場合があります。このような場合には、次の方法により、固定資産税の評価額を評価通達の評価単位に相応するように調整計算を行う必要があります。

① 評価通達の1評価単位が、固定資産税評価の複数の画地からなっている場合

原則として、その1評価単位を構成する各画地の状況を勘案して、その1評価単位が固定資産税評価の1画地からなっているとした場合の固定資産税評価額を求めます。

課税上弊害がなければ、簡便な方法として、各画地の固定資産税評価額の合計額をその評価単位の固定資産税とすることも認められるものと考えられます。

② 固定資産税評価の1画地が、複数の評価通達の評価単位として利用されている場合

原則として、固定資産税評価の1画地に付された固定資産税評価額を基に、各評価単位が1画地とした場合の固定資産税評価額を求めます。

課税上弊害がなければ、簡便な方法として、その1画地の固定資産税評価額を各評価単位の面積比によりあん分することも認められるものと考えられます。

設例39 **評価通達では無道路地であるが、固定資産税評価では無道路地評価されていない場合**

今、倍率地域にある乙所有のB宅地を評価しようとしています。

A宅地及びB宅地上にはスーパーマーケットを運営する企業の借地権が設定されており、スーパーマーケット及びその附属店舗の敷地として外見上は一体として利用されています。評価対象地であるB宅地部分には、附属店舗が建っています。

A宅地とB宅地は所有者が異なりますが、外観上はスーパーマーケット敷地として一体となっていることから、固定資産税では両土地とも県道沿いの宅地として1画地として評価されています。

倍率方式によりB宅地（底地）を評価する場合、借地権割合を控除する前の価額は、B宅地の固定資産税評価額に倍率を乗じて計算すればよいのでしょうか。

147

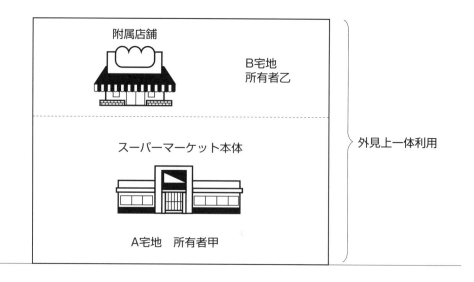

> **解説**

 3 「評価単位についての注意点」で説明しましたように、固定資産税評価においては、利用状況等から一体となっていると認められる場合には評価通達の複数の評価単位を1画地として認定して評価することもあります。ご質問の場合には、A宅地とB宅地を1画地として認定して評価しているものと思われます。

 しかし、評価通達の評価単位においては、B宅地所有者の乙はA宅地については何らの権原も有していないことから、乙の所有するB宅地（底地）はそれのみで1評価単位となります。この結果、B宅地（底地）は無道路地となります。

 仮にB宅地が路線価地域にある場合には、県道の路線価に基づき無道路地評価をすることになることからも、倍率地域においても同様に無道路地として評価すべきものと考えられます。

 具体的な評価方法としては、県道沿いの標準的な宅地の固定資産税評価額に倍率を乗じて評価額を算出し、これに評価通達の普通住宅地区の画地調整率等を準用して借地権割合控除前の無道路地としての評価額を算定します。

4　固定資産税評価の地積と実際の地積が異なる場合

 評価通達の評価においては、実際の地積が明らかである場合には、これに基づき評価する必要がありますが、固定資産評価基準では地積の認定について、一定の場合を除き原則として「登記簿に登記されている土地については登記簿に登記されている地積によるもの」とされています。

 実際の地積が登記されている地積と異なる場合には、固定資産税評価額を実際の地積に対応するものに修正して評価する必要があります。このような場合には、次のように評価します。

第2章　宅地及び宅地の上に存する権利の評価

宅地の固定資産税評価額	5,000,000 円
登記地積（土地課税台帳上の地積）	500㎡
実際の地積	700㎡
倍率	1.1 倍

$$\underset{\text{評価額}}{\underset{\text{固定資産税}}{5{,}000{,}000\text{ 円}}} \times \underset{\text{（登記地積）}}{\frac{\overset{\text{（実際の地積）}}{700㎡}}{500㎡}} \times \underset{\text{（倍率）}}{1.1} = \underset{\text{（相続税評価額）}}{7{,}700{,}000}$$

第4節　大規模工場用地の評価（評価通達22、22-2）

1　大規模工場用地とは

　評価通達の大規模工場用地とは、工場、研究開発施設等の敷地の用に供されている宅地及びこれらの宅地に隣接する駐車場、福利厚生施設等の敷地の用に供されている土地（工場等の用に供されている貸宅地を含みます。）又は土地の上に存する権利で、その一団の工場用地の地積が５万㎡以上のものをいいます。ただし、路線価地域にあるものについては、「大工場地区」内にあるものに限られています。

　なお、大工場地区に所在する工場用地以外の宅地や雑種地についても５万㎡以上の大規模のものは、大工場用地と代替関係にあることから、大工場用地と同様に評価します。

2　大規模工場用地の評価単位

　大規模工場用地の評価単位は、「一団の工場用地」です。不特定多数の者の通行の用に供されている道路や水路等で分離されている場合には、その分離されている部分ごとで「一団の工場用地」を判定します。また、工場用地内の軌道や道路については、これらも含めて「一団の工場用地」と判定することになります。

　なお、「一団の工場用地」は所有者ごとに判定しますので、複数の土地所有者から借地して工場用地の敷地としている場合には、土地所有者の評価単位と借地権者（工場所有者）の評価単位は異なる場合があります。ただし、専属下請け業者が敷地の一部を賃借している場合などのように、その部分のみを分離して評価することが不合理であると認められる場合には、それらの敷地も含めて一団の工場用地として評価します。

設例40　大規模工場用地の評価単位について

　大工場地区にある次の工場用地について、甲の所有する宅地（工場部分）、借地権（福利厚生施設部分）、賃借権（グランド部分）の評価単位はどうなりますか。また、丙及び乙の所有する

149

宅地の評価単位についても教えてください。

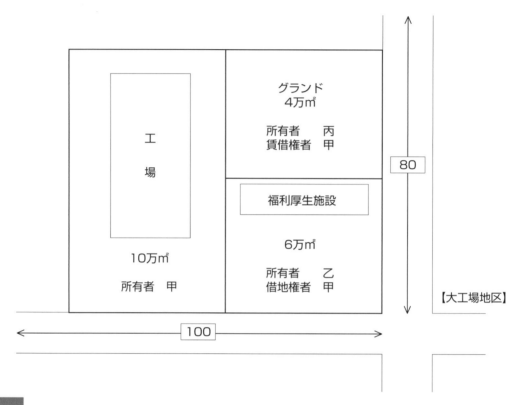

> **解説**

甲の所有する宅地（工場部分）、借地権（福利厚生施設部分）及び賃借権（グランド部分）については、これらの全体を一団の工場用地として評価した価額を基に所有する宅地、借地権、賃借権について各々評価します。

また、乙が所有する貸宅地、丙が所有する貸し付けられている雑種地は、その貸宅地、雑種地をそれぞれ1画地又は一団の雑種地として評価します（乙の貸宅地は5万㎡以上であることから、大規模工場用地に該当することになります。）。

3　大規模工場用地の評価方法

大規模工業用地の評価は、路線価方式・倍率方式の区分に応じて、それぞれ次のとおり評価します。

(1) 路線価地域に所在する大規模工場用地

　　正面路線の路線価×地積

なお、通常の路線価方式の場合とは異なり、側方路線影響加算等の画地調整は一切行わず、また地形がく形又は正方形でない場合であってもそれに伴うしんしゃくは行ないません。

第2章　宅地及び宅地の上に存する権利の評価

⑵　倍率地域に所在する大規模工場用地

　倍率地域にあるものは、大規模工場用地の固定資産税評価額（複数の地目からなる場合には、その総額）にその大規模工場用地ごとに定められた倍率を乗じて評価します。大規模工場用地用に適用する倍率は「大規模工場用地用」として一般の土地の倍率とは別に表示されています。

　なお、大規模工場用地の面積が20万㎡以上の場合には、⑴又は⑵により計算した価額から5％減額して評価します。

設例41　大規模工場用地の評価方法について

　設例40　の図の大工場地区内にある土地はどのように評価するのでしょうか。

解説

　甲の所有する土地、借地権及び賃借権は全体で一団の大工場用地となりますので、これらについては全体で大規模工場用地として評価します。それぞれの価額は面積比によりあん分し、借地権及び賃借権についてはそれぞれの権利割合を乗じて計算します。

　乙及び丙の所有地は、それぞれの土地を1画地として評価します。丙の所有地は5万㎡に満たないことから、大規模工場用地には該当しませんので、通常の雑種地評価を行うことになります。

　　一団の工場用地の価額 = 100千円 × 20万㎡ × 0.95 = 190億円

　　甲の所有地の価額 = 190億円 × $\dfrac{10万㎡}{20万㎡}$

　　甲の借地権の価額 = 190億円 × $\dfrac{6万㎡}{20万㎡}$ × 借地権割合

　　甲の賃借権の価額 = 190億円 × $\dfrac{4万㎡}{20万㎡}$ × 賃借権割合

　　　　　　　　　　　　　　　　　　　　（奥行価格補正率）
　　丙の所有する雑種地の価額 = 80千円 × 1.00 × 4万㎡ × （1 − 賃借権割合）
　　乙の所有する宅地の価額 = 100千円 × 6万㎡ × （1 − 借地権割合）

151

第5節 農業用施設用地の評価（評価通達24−5）

1 農業用施設用地とは

評価通達でいう農業用施設用地とは、農業振興地域の整備に関する法律第8条第2項第1号に規定する農用地区域内又は市街化調整区域内に存する農業用施設の用に供されている宅地をいいます。

農業用施設用地は、通常周囲が農地であり、立地条件及び法的規制から住宅や店舗等の他の用途への転用が見込まれないことから、通常の宅地とは価格水準が異なります。このため、農業用施設用地は地目は宅地であっても、通常の宅地とは異なる評価方法が定められています。

なお、農業用施設用地は一般的には倍率地域に所在することが多いと思われますが、地目が宅地となっているため通常の宅地の倍率を乗じて評価することがないように注意してください。

2 農業用施設用地の評価方法

農業用施設用地は、その宅地が農地であるとした場合の1㎡当たりの価額に、1㎡当たりの造成費相当額（整地費、土盛費及び土止費）を加算した金額に、その宅地の地積を乗じて評価します。

（評価式）

$$\left[\begin{array}{l} \text{その宅地が農地とした場合} \\ \text{の1㎡当たりの価額} \end{array} + \text{1㎡当たりの造成費相当額} \right] \times \text{地積}$$

= 農業用施設用地の価額

「その宅地が農地であるとした場合の1㎡当たりの価額」及び「1㎡当たりの造成費相当額」の内容は次のとおりです。

① その宅地が農地であるとした場合の1㎡当たりの価額

その宅地が所在する周囲の、立地条件が同様の農地の1㎡当たりの価額です。

一般的には、倍率地域内に所在すると思われますので、基準とする農地の1㎡当たりの固定資産税評価額にその地域の農地の評価倍率を乗じて算定します。

② 1㎡当たりの造成費相当額

農地を農業用施設用地に造成するために必要な造成費をいいます。当該造成費は、各国税局長が定めている「市街地農地等の評価に係る宅地造成費」と同じです。基準とする農地と評価する農業用施設用地との状況を比較して、整地費、土盛費又は土止費のうちから必要と認められる造成費を加算します。

「市街地農地等の評価に係る宅地造成費」の詳細については**第4章第1節4(3)「宅地造成費」**（240ページ）を参照してください。

ただし、その農業用施設用地の位置、都市計画法の規定による建築物の建築に関する制限の内容等により、その付近にある宅地（農業用施設用地を除く。）の価額に類似する価額で取引され

ると認められることから、上記の方法によって評価することが不適当であると認められる農業用施設用地（農用地区域内に存するものを除きます。）については、その付近にある通常の宅地の価額に比準して評価することになります。

このような農地には、都市計画法第34条第11号に定められているいわゆる条例指定区域内の農地があります。

参　考

【農業振興地域の整備に関する法律（昭和44年法律第58号）】

第3条（定義）

　この法律において「農用地等」とは、次に掲げる土地をいう。

　一　耕作の目的又は主として耕作若しくは養畜の業務のための採草若しくは家畜の放牧の目的に供される土地（以下「農用地」という。）

　二　木竹の生育に供され、併せて耕作又は養畜の業務のための採草又は家畜の放牧の目的に供される土地（農用地を除く。）

　三　農用地又は前号に掲げる土地の保全又は利用上必要な施設の用に供される土地

　四　耕作又は養畜の業務のために必要な農業用施設（前号の施設を除く。）で農林水産省令で定めるものの用に供される土地

【農業振興地域の整備に関する法律施行規則（昭和44年農林省令第45号）】

第1条（耕作又は養畜の業務のために必要な農業用施設）

　農業振興地域の整備に関する法律（以下「法」という。）第3条第4号の農林水産省令で定める農業用施設は、次に掲げるものとする。

　一　畜舎、蚕室、温室（床面がコンクリート敷のものを含む。）、植物工場（閉鎖された空間において生育環境を制御して農産物を安定的に生産する施設をいう。）、農産物集出荷施設、農産物調製施設、農産物貯蔵施設その他これらに類する農畜産物の生産、集荷、調製、貯蔵又は出荷の用に供する施設

　二　堆肥舎、種苗貯蔵施設、農機具収納施設その他これらに類する農業生産資材の貯蔵又は保管（農業生産資材の販売の事業のための貯蔵又は保管を除く。）の用に供する施設

　三　耕作又は養畜の業務を営む者が設置し、及び管理する次に掲げる施設

　　イ　主として、自己の生産する農畜産物又は当該農畜産物及び当該施設が設置される市町村の区域内若しくは農業振興地域内において生産される農産物（ロにおいて「自己の生産する農畜産物等」という。）を原料又は材料として使用する製造又は加工の用に供する施設

　　ロ　主として、自己の生産する農畜産物等又は自己の生産する農畜産物等を原料若しくは材料として製造され若しくは加工されたものの販売の用に供する施設

　四　廃棄された農産物又は廃棄された農業生産資材の処理の用に供する施設（第38条において「農業廃棄物処理施設」という。）

　五　農用地又は前各号に掲げる施設に附帯して設置される休憩所、駐車場及び便所

設例42 農用地区域内にある農業用施設用地の評価方法

農用地区域内に、耕作用農機具を収納する農業用施設を所有していますが、この施設の敷地はどのように評価するのですか。

なお、この農業用施設用地の状況はつぎのとおりです。

地積	500㎡
周辺の農地の固定資産税評価額（1㎡当たり）	200円
周辺の農地の評価倍率	20倍
周辺の農地を当該農業用施設用地に造成するために必要と見込まれる造成費の1㎡当たりの金額	1,500円

解説

農業用施設用地は、その宅地が農地であるとした場合の1㎡当たりの価額に、1㎡当たりの造成費相当額（整地費、土盛費及び土止費）を加算した金額に、その宅地の地積を乗じて評価します。

したがって、設例の場合には、次のようになります。

○農業用施設用地の1㎡当たりの価額

200円×20倍＋1,500円＝5,500円

○農業用施設用地の価額

5,500円×500㎡＝2,750,000円

第6節 その他の路線価方式及び倍率方式に共通する評価方法

1　余剰容積率の移転がある場合の宅地の評価（評価通達23、23-2）

(1)　「余剰容積率を移転している宅地」又は「余剰容積率の移転を受けている宅地」とは

①　余剰容積率を移転している宅地

「余剰容積率を移転している宅地」とは、容積率の制限に満たない延べ面積の建築物が存する宅地（以下「余剰容積率を有する宅地」といいます。）で、その宅地以外の宅地に容積率の制限を超える延べ面積の建築物を建築することを目的とし、区分地上権、地役権、賃借権等の建築物の建築に関する制限が存する宅地をいいます。

②　余剰容積率の移転を受けている宅地

「余剰容積率の移転を受けている宅地」とは、余剰容積率を有する宅地に区分地上権、地役権、賃借権の設定を行う等の方法により建築物の建築に関する制限をすることによって容積率の制限を超える延べ面積の建築物を建築している宅地をいいます。

154

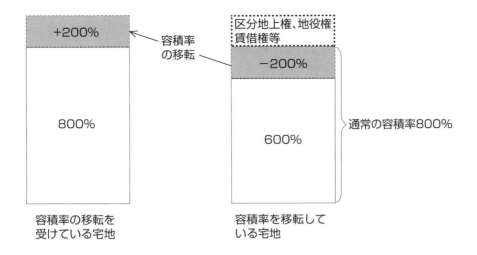

(2) 評価方法

　土地の高度利用がされている地域においては、隣接する宅地間で、一方の宅地で未利用となっている容積率（余剰容積率）を他方の宅地に移転する事例が見受けられます。このような余剰容積率の移転があった場合には、移転を受けた側は通常の容積率を超える容積率の建物を建築できることとなり、他方、移転した側は、通常の容積率を活用できないこととなります。

　そこで、このような余剰容積率を移転している宅地又は余剰容積率の移転を受けている宅地の価額は、通常の自用地としての宅地の評価額を基に、設定されている権利の内容、建築物の建築制限の内容等を勘案して評価することとされています。ただし、一般的には、容積率の移転に際しては、不動産鑑定評価に基づく対価の授受が行われていることから、この対価の額が評価対象宅地の通常取引価額に占める割合を用いた次の算式により評価することもできます。

① 余剰容積率を移転している宅地の価額

$$A \times \left[1 - \frac{B}{C} \right]$$

上の算式中のA、B、Cは、それぞれ次によります。

A：余剰容積率を移転している宅地の自用地の評価額

B：区分地上権の設定等に当たり収受した対価の額

C：区分地上権の設定等の直前における余剰容積率を移転している宅地の通常の取引価額に相当する金額

② 余剰容積率の移転を受けている宅地の価額

$$D \times \left[1 + \frac{E}{F} \right]$$

上の算式中のD、E、Fは、それぞれ次によります。

D：余剰容積率の移転を受けている宅地の自用地の評価額

E：区分地上権の設定等に当たり支払った対価の額

F：区分地上権の設定等の直前における余剰容積率の移転を受けている宅地の通常の取引価
　　　額に相当する金額
　なお、余剰容積率を有する宅地に設定された区分地上権等は、独立した財産としては評価せず、
余剰容積率の移転を受けている宅地の価額に含めて評価します。

2　私道となっている宅地の評価（評価通達24）
(1)　私道とは
　評価通達でいう私道とは、事実上複数の者の通行の用に供されている道をいい、道路法等の法律により規定されているものではありません。
　このような私道の評価は、①「不特定多数の者の通行の用に供されている私道」と、②「特定の複数の者の通行の用に供されている私道」とに区分する必要があります。①の私道の場合には公共的性格があるため、その私道は評価する必要がありません。②の私道については、評価通達24の規定に基づき、私道としての評価を行うことになります。

① 不特定多数の者の通行の用に供されている私道（評価を要しない私道）
　「不特定多数の者の通行の用に供されている私道」とは、一定の公共性が認められるもので次のようなものがあります。
　　イ　公道から公道へ通り抜けできる私道
　　ロ　行き止まりとなっているが、その私道を通行して公共施設へ出入りするなど、不特定多数
　　　の者が利用していると認められる私道

② 特定の複数の者の通行の用に供されている私道（評価通達に基づき評価する私道）
　特定多数の者の通行の用に供されている私道の例としては、次のような行き止まり私道があります。

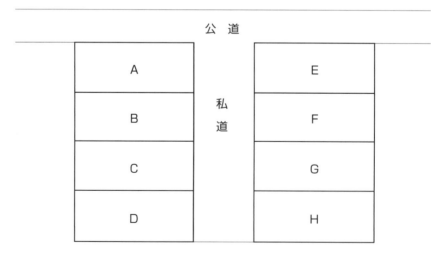

　上図の場合で、画地A～Hがそれぞれ別人の所有であり、私道がこれらの者により共有で所有されている場合や、画地A～Hが貸家建付地であり、これらの画地及び私道が同一人に所有されているような場合がありますが、いずれの場合も私道に該当します。

私道が共有である場合には、私道の評価額に共有割合を乗じて評価し、貸家建付地の私道である場合には、私道の評価額に貸家建付地割合を乗じて評価することになります。

　なお、次のようなある宅地の通路と認められるものについては、その宅地の一部として評価し、私道としての評価は行いません。

・甲と乙は同一の所有者により所有されており、甲部分は乙への通路としてのみ使用されている場合

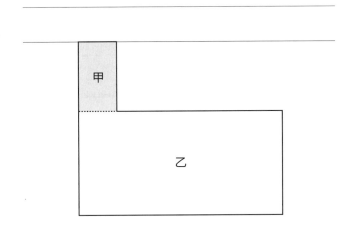

(2) 私道の評価方法

　私道となっている宅地の評価は、自用地としての評価額の30％相当額で評価します。

　私道は間口が狭い直線状の形状が一般的ですので、路線価地域の私道は、通常は次の画地調整率の適用により評価することになります。

　　正面路線価×奥行価格補正率×間口狭小補正率×奥行長大補正率×0.3

　なお、私道に面した宅地を評価するためにその私道に特定路線価が設定されている場合には、特定路線価の30％相当額で評価しても差し支えありません。

　また、倍率地域にある私道は、その宅地が私道でないものとした場合の固定資産税評価額に倍率を乗じて評価した価額の30％相当額で評価します。

設例43 特定路線価の設定されている私道の評価

次の私道は、路線価に基づきどのように評価するのでしょうか。

なお、私道部分の形状は、間口が4mで奥行は30mです。

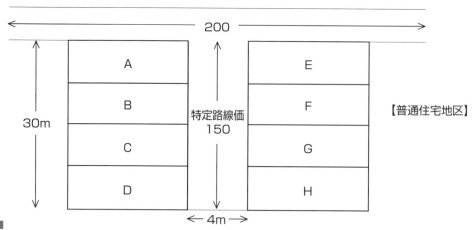

解説

私道の評価は、私道でないものとした評価額の30%相当額で評価します。

上図の場合には、正面路線価に基づいて画地調整率を適用して評価する方法と特定路線価に基づいて評価する方法があります。

① 正面路線価に基づいて画地調整率を適用して評価する場合

　　　　　　　　　　　（奥行価格補正率）（間口狭小補正率）（奥行長大補正率）（私道の評価割合）
　200,000円×　　0.95　　×　　0.94　　×　　0.90　　×　　0.3　　= 48,222円

　48,222円×120㎡ = 5,786,640円

② 特定路線価に基づいて評価する場合

　　　　　　（特定路線価）（私道の評価割合）
　150,000円×　　0.3　　×120㎡ = 5,400,000円

この設例の場合には、特定路線価に基づいて評価する方が有利となりますので、②の方法により評価して申告することができます。

第2章　宅地及び宅地の上に存する権利の評価

土地及び土地の上に存する権利の評価明細書（第1表）

	局(所)	署
	30 年分	ページ

（平成三十年分以降用）

（住居表示）	（　　　　　　）	住　所（所在地）		所有者		住　所（所在地）		使用者	
所在地番		氏　名（法人名）				氏　名（法人名）			

地　目	地　積	路　　　線　　　価				地形図及び参考事項	画地調整率に基づく私道の評価（①の評価方法）
(宅地) 原野 田 畑 山林 〔　〕 雑種地	㎡ 120	正面 200,000 円	側方 円	側方 円	裏面 円		

間口距離	4 m	利用区分	自用地　貸家建付借地権　ビル街地区　(普通住宅地区)	地区区分
			貸宅地　転貸借地権　高度商業地区　中小工場地区	
			貸家建付地　転　借　権　繁華街地区　大工場地区	
奥行距離	30 m		借地権　借家人の有する権利　普通商業・併用住宅地区	
			(私　道) （　　　　　　）	

		（1 ㎡当たりの価額）円	
自用地1平方メートル当たりの価額	1　一路線に面する宅地　（正面路線価）　　　　　　　（奥行価格補正率）　200,000 円 ×　　0.95	190,000	A
	2　二路線に面する宅地　（A）　［側方裏面］路線価　（奥行価格補正率）　［側方二方］路線影響加算率　円 ＋ （　　円 × ． × 0. ）		B
	3　三路線に面する宅地　（B）　［側方裏面］路線価　（奥行価格補正率）　［側方二方］路線影響加算率　円 ＋ （　　円 × ． × 0. ）		C
	4　四路線に面する宅地　（C）　［側方裏面］路線価　（奥行価格補正率）　［側方二方］路線影響加算率　円 ＋ （　　円 × ． × 0. ）		D
	5-1　間口が狭小な宅地等　（AからDまでのうち該当するもの）　（間口狭小補正率）　（奥行長大補正率）　190,000 円 × （　0.94 × 0.90 ）	160,740	E
	5-2　不整形地　（AからDまでのうち該当するもの）　不整形地補正率※　円 × 0. ※不整形地補正率の計算（想定整形地の間口距離）（想定整形地の奥行距離）（想定整形地の地積）　m × m ＝ ㎡ （想定整形地の地積）（不整形地の地積）（想定整形地の地積）（かげ地割合）（ ㎡ － ㎡ ）÷ ㎡ ＝ ％ （不整形地補正率表の補正率）（間口狭小補正率）（小数点以下2位未満切捨て）0. × ． ＝ 0. ①　〔不整形地補正率　①、②のいずれか低い率、0.6を限度とする。〕（奥行長大補正率）（間口狭小補正率）0. × ． ＝ 0. ②　0.		F
	6　地積規模の大きな宅地　（AからFまでのうち該当するもの）　規模格差補正率※　円 × 0. ※規模格差補正率の計算（地積(Ⓐ)）（Ⓑ）（Ⓒ）（地積(Ⓐ)）（小数点以下2位未満切捨て）｛（ ㎡ × ＋ ）÷ ㎡ ｝× 0.8 ＝ 0.		G
	7　無　道　路　地　（F又はGのうち該当するもの）（※）　円 × （ 1 － 0. ） ※割合の計算（0.4を限度とする。）（正面路線価）（通路部分の地積）（F又はGのうち該当するもの）（評価対象地の地積）（ 円 × ㎡ ）÷ （ 円 × ㎡ ）＝ 0.		H
	8　がけ地等を有する宅地　〔 南 、 東 、 西 、 北 〕　（AからHまでのうち該当するもの）（がけ地補正率）　円 × 0.		I
	9　容積率の異なる2以上の地域にわたる宅地　（AからIまでのうち該当するもの）（控除割合（小数点以下3位未満四捨五入））　円 × （ 1 － 0. ）		J
	10　私　道　（AからJまでのうち該当するもの）　160,740 円 × 0.3	48,222	K

自用地の評価額	自用地1平方メートル当たりの価額（AからKまでのうちの該当記号）	地　積	総　額（自用地1㎡当たりの価額）×（地積）	
	（ K ） 48,222 円	120 ㎡	5,786,640 円	L

（注）1　5-1の「間口が狭小な宅地等」と5-2の「不整形地」は重複して適用できません。
　　　2　5-2の「不整形地」の「AからDまでのうち該当するもの」欄の価額について、AからDまでの欄で計算できない場合には、（第2表）の「備考」欄等で計算してください。

（資4-25-1-A4統一）

土地及び土地の上に存する権利の評価明細書（第1表）

局(所)		署
30 年分		ページ

（平成三十年分以降用）

(住居表示)	(	)	所有者	住　所 (所在地)		使用者	住　所 (所在地)	
所 在 地 番				氏　名 (法人名)			氏　名 (法人名)	

地　　目	地　積	路　　　　線　　　　価				地形図及び参考事項	
(宅 地) 原野 田　畑 山　林　[　　] 雑種地	㎡ 120	正　面 円 150,000	側　方 円	側　方 円	裏　面 円		特定路線価に基づく 私道の評価 （②の評価方法）

間口距離	4 m	利用区分	自 用 地　貸家建付借地権 貸 宅 地　転貸借地権 貸家建付地　転 借 権 借 地 権　借家人の有する権利 私　道　（　　　）	地区区分	ビル街地区　普通住宅地区 高度商業地区　中小工場地区 繁華街地区　大工場地区 普通
奥行距離	30 m				

ソフトで計算する場合には、手入力で「1.00」を入力してください。

				(1 ㎡当たりの価額)　円	
自用地 1 平 方 メ ー ト ル 当 た り の 価 額	1　一路線に面する宅地 　　（正面路線価） 150,000 円　×　（奥行価格補正率） 1.00			150,000	A
	2　二路線に面する宅地 　　（A） 円　+　（[側方]路線価 [裏面] 円　×　（奥行価格補正率）．　×　[側方]路線影響加算率 [二方]　0.　）			(1 ㎡当たりの価額)　円	B
	3　三路線に面する宅地 　　（B） 円　+　（[側方]路線価 [裏面] 円　×　（奥行価格補正率）．　×　[側方]路線影響加算率 [二方]　0.　）			(1 ㎡当たりの価額)　円	C
	4　四路線に面する宅地 　　（C） 円　+　（[側方]路線価 [裏面] 円　×　（奥行価格補正率）．　×　[側方]路線影響加算率 [二方]　0.　）			(1 ㎡当たりの価額)　円	D
	5-1　間口が狭小な宅地等 　　（AからDまでのうち該当するもの） 円　×　（間口狭小補正率）　（奥行長大補正率） （　．　×　．　）			(1 ㎡当たりの価額)　円	E
	5-2　不整形地 　　（AからDまでのうち該当するもの） 円　×　不整形地補正率※ 0. ※不整形地補正率の計算 （想定整形地の間口距離）（想定整形地の奥行距離）（想定整形地の地積） m　×　m　=　㎡ （想定整形地の地積）（不整形地の地積）（想定整形地の地積）（かげ地割合） （　㎡　-　㎡）÷　㎡　=　% （不整形地補正率表の補正率）（間口狭小補正率）（小数点以下2位未満切捨て） 0.　×　．　=　①　[不整形地補正率 （①、②のいずれか低い 率、0.6を限度とする。）] （奥行長大補正率）（間口狭小補正率） ．　×　．　=　0.　②			(1 ㎡当たりの価額)　円	F
	6　地積規模の大きな宅地 　　（AからFまでのうち該当するもの） 円　×　規模格差補正率※ 0. ※規模格差補正率の計算 （地積（Ⓐ））（Ⓑ）（Ⓒ）（地積（Ⓐ））（小数点以下2位未満切捨て） {（　㎡×　+　）÷　㎡}×　0.8　=　0.			(1 ㎡当たりの価額)　円	G
	7　無　道　路　地 　　（F又はGのうち該当するもの） 円　×　（　1　-　0.　（※）　） ※割合の計算（0.4を限度とする。） （正面路線価）（通路部分の地積）（F又はGのうち該当するもの）（評価対象地の地積） （　円　×　㎡）÷　（　円　×　㎡）=　0.			(1 ㎡当たりの価額)　円	H
	8　がけ地等を有する宅地 　　（AからHまでのうち該当するもの） 円　×　（がけ地補正率）［南、東、西、北］ 0.			(1 ㎡当たりの価額)　円	I
	9　容積率の異なる2以上の地域にわたる宅地 　　（AからIまでのうち該当するもの） 円　×　（　1　-　0.　（控除割合（小数点以下3位未満四捨五入）） ）			(1 ㎡当たりの価額)　円	J
	10　私　　　　道 　　（AからJまでのうち該当するもの） 150,000 円　×　0.3			(1 ㎡当たりの価額)　円 45,000	K

自用地の評価額	自用地1平方メートル当たりの価額 （AからKまでのうちの該当記号） （　K　）　円 45,000	地　　積 ㎡ 120	総　　　額 （自用地1㎡当たりの価額）×（地積） 円 5,400,000	L

(注) 1　5−1の「間口が狭小な宅地等」と5−2の「不整形地」は重複して適用できません。
　　 2　5−2の「不整形地」の「AからDまでのうち該当するもの」欄の価額について、AからDまでの欄で計算できない場合には、（第2表）の「備考」欄等で計算してください。

(資4−25−1−A4統一)

160

設例44　歩道状空地の用に供されている宅地の評価（国税庁ホームページ質疑応答事例より）

　都市計画法所定の開発行為の許可を受けるため、地方公共団体の指導要綱等を踏まえた行政指導によって設置された、次のような「歩道状空地」の用に供されている宅地については、どのように評価するのでしょうか。

　なお、この「歩道状空地」はインターロッキング舗装が施されたもので、居住者等以外の第三者による自由な通行の用に供されています。

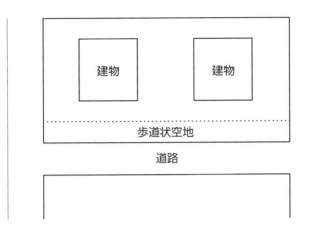

解説

　「歩道状空地」の用に供されている宅地が、法令上の制約の有無のみならず、その宅地の位置関係、形状等や道路としての利用状況、これらを踏まえた道路以外の用途への転用の難易等に照らし、客観的交換価値に低下が認められる場合には、その宅地を財産評価基本通達24に基づき評価します。

　具体的には、①都市計画法所定の開発行為の許可を受けるために、地方公共団体の指導要綱等を踏まえた行政指導によって整備され、②道路に沿って、歩道としてインターロッキングなどの舗装が施されたものであり、③居住者等以外の第三者による自由な通行の用に供されている上図の「歩道状空地」は、財産評価基本通達24に基づき評価することとなります。

　上図の「歩道状空地」が、不特定多数の者の通行の用に供されている場合には、その価額は評価しません。

3　土地区画整理事業施行中の宅地の評価（評価通達24-2）

　土地区画整理事業の施行地区内にある宅地について、土地区画整理法第98条《仮換地の指定》の規定に基づき仮換地が指定されている場合には、その宅地の価額は、仮換地の価額に相当する価額によって評価します。

　これは、①仮換地の指定があると、その指定を受けた者は、従前の宅地を使用できなくなり、代わりに、従前の宅地について使用収益していた内容と同じ内容で仮換地を使用収益することができるようになること、②造成工事の進行により、従前の宅地はその形骸をとどめないような場合があり、従前の宅地を評価できなくなる場合がある、などの理由によるものです。

　ただし、その仮換地の造成工事が施行中で、当該工事が完了するまでの期間が1年を超えると

見込まれる場合の仮換地の価額に相当する価額は、その仮換地について造成工事が完了したものとして、路線価方式又は倍率方式によって評価した価額の100分の95に相当する価額によって評価します。

　換地処分の公告により確定した清算金は、債権又は債務となりますが、課税時期が換地処分の公告前である場合は、換地処分により徴収又は交付されることとなる清算金のうち、課税時期において確実と見込まれるものがあるときには、その金額を評価上考慮して、徴収されるものは仮換地の価額から減算し、交付されるものは加算して評価します。

　なお、仮換地が指定されている場合であっても、次の事項のいずれにも該当するときには、従前の宅地の価額により評価します。

　イ　仮換地について使用又は収益を開始する日を別に定めるとされているため、当該仮換地について使用又は収益を開始することができないこと

　ロ　仮換地の造成工事が行われていないこと

4　造成中の宅地の評価（評価通達24－3）

　造成中の宅地の価額は、次の①及び②の合計額により評価します。

　①　課税時期現在のその土地の造成工事着手直前の地目での評価額

　　　例えば、造成工事着手直前の地目が山林である場合には、課税時期現在の山林としての評価額を求めます。

　②　その宅地の造成に係る費用現価の80％相当額

　　　費用現価とは、課税時期までに投下した造成費用の合計額をいいます。

　　　なお、80％相当額とされているのは、一般に土地の評価水準が80％であることとの均衡を保つためです。

5　セットバックを必要とする宅地の評価（評価通達24－6）

(1)　セットバックを必要とする宅地とは

①　建築基準法上の道路

　建築基準法第43条では、原則として建物の敷地は道路に2ｍ以上接していることが必要であるという接道義務を定めていますが、同法でいう「道路」とは、一定の要件に該当する幅員4ｍ以上のものをいいます。したがって、幅員4ｍ未満の道は原則的には接道義務の要件を満たす道路にはなりません。

　しかし、同法第42条第2項では幅員4ｍ未満の道であっても、一定の要件に該当するものについては、「道路」とみなす旨が規定されています。

②　セットバックとは

　上記建築基準法第42条第2項に定める幅員4ｍ未満の道は、一般的にはその中心線から2ｍ（道の反対側ががけ地、川、線路等である場合には、その反対側から敷地側に4ｍ）の線が道路境界とみなされます。

　したがって、将来建築工事を行う場合には道路境界とみなされる線まで後退して道路敷きとし

て宅地の一部を提供する必要がありますが、これをセットバックといいます。セットバックを要する部分は、敷地面積には算入されません。

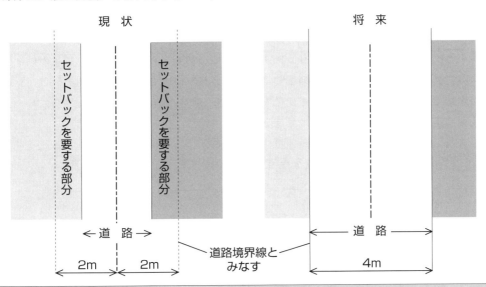

> **参　考**
>
> **【建築基準法（昭和25年法律第201号）】**
> 第42条（道路の定義）
> 1　省略
> 2　この章の規定が適用されるに至った際現に建築物が立ち並んでいる幅員4メートル未満の道で、特定行政庁の指定したものは、前項の規定にかかわらず、同項の道路とみなし、その中心線からの水平距離2メートル（前項の規定により指定された区域内においては、3メートル（特定行政庁が周囲の状況により避難及び通行の安全上支障がないと認める場合は、2メートル）。以下この項及び次項において同じ。）の線をその道路の境界線とみなす。ただし、当該道がその中心線からの水平距離2メートル未満でがけ地、川、線路敷地その他これらに類するものに沿う場合においては、当該がけ地等の道の側の境界線及びその境界線から道の側に水平距離4メートルの線をその道路の境界線とみなす。
> 3～6　省略

(2) 評価方法

上記のとおり、セットバックを要する部分は、道路敷きとする必要があり、容積率や建ぺい率の計算の基となる敷地面積に算入されないことから、セットバックを要しない宅地の価額に比して減価することになります。このため、セットバックを要する宅地は、次の算式により計算した金額を控除して評価します。

$$\text{セットバックが必要ないとした場合の価額} \times \frac{\text{セットバックを要する部分の地積}}{\text{総地積}} \times 0.7$$

なお、セットバックを了した宅地のセットバック部分については、所有権を有している場合で

あっても、建築基準法上の道路となることから、私道として評価します。この場合、その部分が不特定多数の通行の用に供されている場合には評価を要しません。

(3) 市街地農地等への準用

評価する土地が宅地比準方式により評価する市街地農地等である場合には、宅地の価額を基に評価することとなり、またその市街地農地等を宅地として使用する場合には、セットバックすることが建築条件となることから、宅地比準方式により市街地農地等を評価する場合にも、この評価方法を適用します。

設例45 角地であるセットバックを要する宅地の評価

次のセットバックを要する宅地は、どのように評価するのでしょうか。

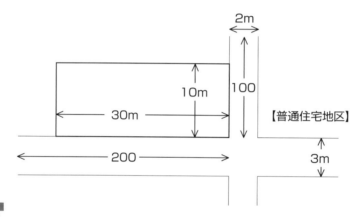

解説

上図の場合には、セットバックを要する部分の面積は25㎡となります。
- セットバックを要する面積
  （2m − 3m ÷ 2）× 30m = 15㎡
  （2m − 2m ÷ 2）× 10m = 10㎡
  15㎡ + 10㎡ = 25㎡

したがって、評価額は次のとおりです。
- セットバックを要しない宅地とした場合の価額

  　　　　　　　（奥行価格補正率）　　　　　（奥行価格補正率）（側方路線影響加算率）
  (200,000円× 　1.0　 + 100,000円× 　0.95　 × 　0.03) × 300㎡
  = 60,855,000円

- セットバックを要する宅地であるため控除する金額

  60,855,000円 × $\dfrac{25㎡}{300㎡}$ × 0.7 = 3,549,875円

- 評価額

  60,855,000円 − 3,549,875円 = 57,305,125円

第2章　宅地及び宅地の上に存する権利の評価

土地及び土地の上に存する権利の評価明細書（第1表）

		局(所)	署
		30 年分	ページ

（平成三十年分以降用）

（住居表示）	（　　　　　　　）	所有者	住　所 （所在地）		使用者	住　所 （所在地）	
所在地番			氏　名 （法人名）			氏　名 （法人名）	

地　　目	地　積	路　　　　線　　　　価				地形図及び参考事項	
宅地 原野 田 畑 山林 雑種地 〔 　 〕	m² 300	正　面 円 200,000	側　方 円 100,000	側　方 円	裏　面 円	省　略	

間口距離	30 m	利用区分	自用地 貸家建付借地権 貸宅地 転貸借地権 貸家建付地 転借権 借地権 借家人の有する権利 私道	地区区分	ビル街地区　普通住宅地区 高度商業地区　中小工場地区 繁華街地区　大工場地区 普通商業・併用住宅地区
奥行距離	10 m				

				（1 m²当たりの価額）円	
自 用 地 1 平 方 メ ー ト ル 当 た り の 価 額	1　一路線に面する宅地 （正面路線価）　　　　　　　（奥行価格補正率） 　200,000 円　×　　　　　1.00			200,000	A
	2　二路線に面する宅地 （A）　　　〔側方〕路線価 （奥行価格 〔側方〕路線影響加算率 　　　　　　　　裏面　　　 補正率）　二方 200,000 円　+　（100,000 円 ×0.95 ×　0.03　　）			202,850	B
	3　三路線に面する宅地 （B）　　　〔側方〕路線価 （奥行価格 〔側方〕路線影響加算率 　　　　　　　　裏面　　　 補正率）　二方 　　円　+　（　　　 円 × ． × 0. 　　）				C
	4　四路線に面する宅地 （C）　　　〔側方〕路線価 （奥行価格 〔側方〕路線影響加算率 　　　　　　　　裏面　　　 補正率）　二方 　　円　+　（　　　 円 × ． × 0. 　　）				D
	5-1　間口が狭小な宅地等 （間口狭小） （奥行長大） （AからDまでのうち該当するもの） 補正率　　 補正率 　　円　×　（　　 ． 　×　　 ． 　）				E
	5-2　不　整　形　地 （AからDまでのうち該当するもの）　　不整形地補正率※ 　　円　×　　　　0. ※不整形地補正率の計算 （想定整形地の間口距離）（想定整形地の奥行距離）（想定整形地の地積） 　　　 m　　　　　　　　 m　　　　　　　　 m² （想定整形地の地積）（不整形地の地積）　（想定整形地の地積）　（かげ地割合） （　　 m²　−　　　 m²）÷　　　 m²　=　　　 % （不整形地補正率表の補正率）（間口狭小補正率）（小数点以下2 〔不整形地補正率 0.　　　×　 ．　　　=　 0.　　 ① 位未満切捨て）①、②のいずれか低い （奥行長大補正率）（間口狭小補正率）　　　　　　　　　 率、0.6を限度とする。〕 0.　　　×　 ．　　　=　 0.　　 ②				F
	6　地積規模の大きな宅地 （AからFまでのうち該当するもの）　　規模格差補正率※ 　　円　×　　　　0. ※規模格差補正率の計算 （地積（Ⓐ））　　（Ⓑ）　　（Ⓒ）　　（地積（Ⓐ）） （小数点以下2 {（　　 m²×　　+　　）÷　　 m²} × 0.8 = 0. 位未満切捨て）				G
	7　無　道　路　地 （F又はGのうち該当するもの）　　　　　　　　（※） 　　円　×　（　1　−　　0.　　） ※割合の計算（0.4を限度とする。） （正面路線価）　（通路部分の地積）（F又はGのうち （評価対象地の地積） 　　　　　　　　　　　　　該当するもの） （　　 円×　　 m²）÷（　　 円×　　 m²）= 0.				H
	8　がけ地等を有する宅地 〔　南　、　東　、　西　、　北　〕 （AからHまでのうち該当するもの）　（がけ地補正率） 　　円　×　　　　0.				I
	9　容積率の異なる2以上の地域にわたる宅地 （AからIまでのうち該当するもの）　（控除割合（小数点以下3位未満四捨五入）） 　　円　×　（　1　−　0.　　）				J
	10 私　　　道 （AからJまでのうち該当するもの） 　　円　×　0.3				K

自用地の評価額	自用地1平方メートル当たりの価額 （AからKまでのうちの該当記号）	地　　積	総　　　　　　額 （自用地1 m²当たりの価額）×（地 積）	L
	（ B ）円 202,850	m² 300	円 60,855,000	

（注）　1　5-1の「間口が狭小な宅地等」と5-2の「不整形地」は重複して適用できません。
　　　2　5-2の「不整形地」の「AからDまでのうち該当するもの」欄の価額について、AからDまでの欄で計算できない場合には、（第2表）の「備考」欄等で計算してください。

（資4-25-1-A4統一）

土地及び土地の上に存する権利の評価明細書（第2表）

<table>
<tr>
<td rowspan="2">セットバックを必要とする宅地の評価額</td>
<td>（自用地の評価額）
60,855,000円</td>
<td colspan="2">（自用地の評価額）
60,855,000円 ×</td>
<td>（該当地積）
25 ㎡
（総地積）
300 ㎡</td>
<td>× 0.7 ）</td>
<td>（ 自用地の評価額 ）
円
57,305,125</td>
<td rowspan="8">（平成三十年分以降用）</td>
<td>M</td>
</tr>
</table>

都市計画道路予定地の区域内にある宅地の評価額	（自用地の評価額）　　　　　　（補正率） 円 × 0.	（ 自用地の評価額 ） 円	N
大規模工場用地等の評価額	○ 大規模工場用地等 　（正面路線価）　　　（ 地 積 ）　　　　　（地積が20万㎡以上の場合は0.95） 　　　　　　円 ×　　　　　　㎡ ×	円	O
	○ ゴルフ場用地等 　（宅地とした場合の価額）（地積）　　　（1㎡当たりの造成費）　　　（地積） 　（　　　円 ×　　　㎡×0.6）－（　　　円×　　㎡)	円	P

	利用区分	算　　　　式	総　　額	記号
総額計算による価額	貸宅地	（自用地の評価額）　　　（借地権割合） 　　円 ×（1－ 0.　　）	円	Q
	貸家建付地	（自用地の評価額又はS）　（借地権割合）（借家権割合）（賃貸割合） 　　円 ×（1－ 0.　　×0.　　×　㎡／㎡ ）	円	R
	（　）目的となっている土地	（自用地の評価額）　　　（　　割合） 　　円 ×（1－ 0.　　）	円	S
	借地権	（自用地の評価額）　　　（借地権割合） 　　円 × 0.	円	T
	貸家建付借地権	（T,AAのうちの該当記号）　（借家権割合）　（賃貸割合） （　） 　　円 ×（1－ 0.　　×　㎡／㎡ ）	円	U
	転貸借地権	（T,AAのうちの該当記号）　（借地権割合） （　） 　　円 ×（1－ 0.　　）	円	V
	転借権	（T,U,AAのうちの該当記号）　（借地権割合） （　） 　　円 × 0.	円	W
	借家人の有する権利	（T,W,AAのうちの該当記号）　（借家権割合）　（賃借割合） （　） 　　円 × 0.　　×　㎡／㎡	円	X
	（　）権	（自用地の評価額）　　　（　　割合） 　　円 × 0.	円	Y
	権利が競合する場合の土地	（Q,Sのうちの該当記号）　（　　割合） （　） 　　円 ×（1－ 0.　　）	円	Z
	他の権利と競合する場合の権利	（T,Yのうちの該当記号）　（　　割合） （　） 　　円 ×（1－ 0.　　）	円	AA
備考				

(注)　区分地上権と区分地上権に準ずる地役権とが競合する場合については、備考欄等で計算してください。

（資4－25－2－A4統一）

第 2 章　宅地及び宅地の上に存する権利の評価

設例 46 告示建築線指定に基づくセットバックについて

建物を建築するに際し、道路中心線より 2 m セットバックすればよいと思っていましたが、敷地の一部に告示建築線が通っているため、この部分まで後退して建築するよう行政担当部署から指導されました。

このような告示建築線に基づくセットバックが必要な宅地についても「セットバックを必要とする宅地の評価」方法により評価することができるのですか。

解説

告示建築線とは、「旧市街地建築物法第 7 条但書」に基づき、行政官庁が告示により指定した建築線です。

代表的なものには昭和 14 年 4 月に大阪府告示第 404 号によって指定された大阪市中央区の船場地区における船場建築線があります。船場建築線は、一般的には南北方向の道路については中心より 5 m、東西方向の道路については 6 m 後退した位置に、両方向の建築線の交わる地点については 2.5 m の隅切りができる地点に設定されています。

船場建築線等の告示建築線は、道路の境界線とみなされるためその内側には建物を建築することができません。したがって、評価通達 24 − 6 の「セットバックを必要とする宅地の評価」と同様の考え方により評価することになります。

船場建築線の場合には、セットバックを要する部分の現況に応じた減価割合等は、自用地価額に対して次のとおりです。

① 車道・歩道として公共の用に供しているもの………評価しない
② 構築物を設置して公共の用に供していないもの……70％減額
③ 建物の敷地の用に供しているもの…………………70％減額

なお、①の場合で、地下を利用しているものについては、その部分の自用地価額に階層別利用率に基づく割合を乗じた金額を評価額とすべきものと考えられますが、この割合を 20％として評価しても差し支えないものと考えます。

167

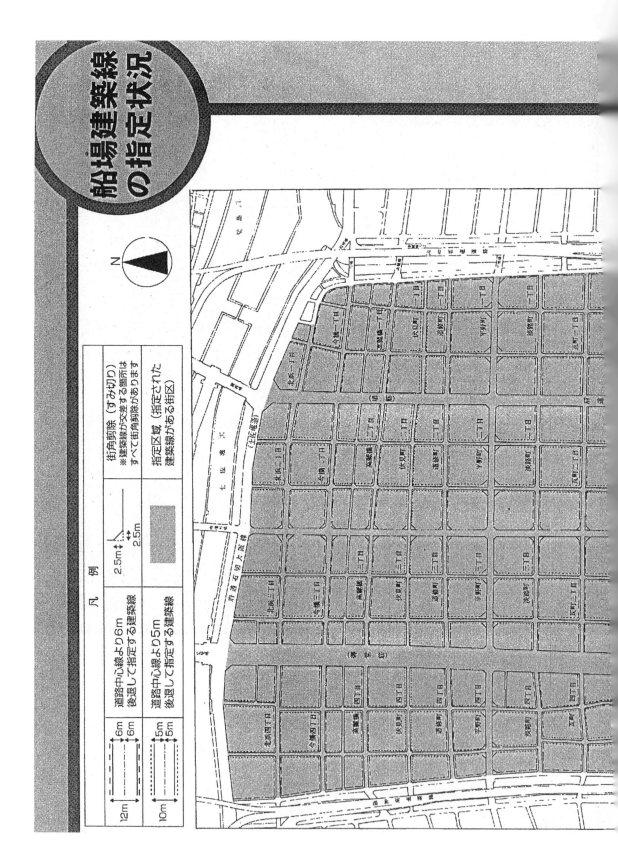

第2章　宅地及び宅地の上に存する権利の評価

6　都市計画道路予定地の区域内にある宅地の評価（評価通達24－7）

(1)　「都市計画道路予定地の区域内にある宅地の評価」の対象となる宅地

①　都市計画道路予定地の区域とは

　都市計画法第11条では、交通施設（道路、都市高速鉄道等）、公共空地（公園、緑地、広場等）、供給・処理施設（水道、下水道、ごみ焼却場等）などの都市施設について規定しています。

　これらの都市施設はまず都市計画において定められ（都市計画において定められた都市施設を「都市計画施設」といいます。）、都市計画の告示（都市計画法第20条）、事業の認可の告示（同法第62条）を経て都市計画事業として整備されます。

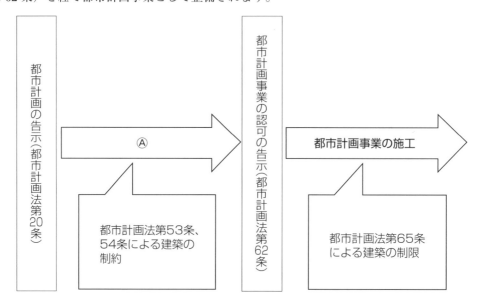

　評価通達24-7の「都市計画道路予定地の区域」とは、都市計画施設のうち道路予定地に係る区域で上図のⒶの間にあるものをいいます。

　この都市計画道路予定地の区域内にある宅地は、事業が施工されて道路用地として買収されるまでの期間が長期間にわたること及び通常2階建て以下の木造等の建物しか建築できないこと等の制限を受けることから（都市計画法第53条及び第54条）、評価について一定の減価方法が定められているものです。

②　都市計画事業認可の告示後の取扱い

　都市計画事業の事業認可等がなされた場合には、早晩用地買収が見込まれることや土地の買取請求が可能になる（都市計画法第68条）ことから減価はないものと考えることもできる反面、都市計画法第65条の建築制限の規制を受けることとなるため、建築の制約はより厳格なものとなります。

　このようなことから、例えば、課税時期において早晩買い取られることが確実であり、かつ予定対価の額が明らかである場合を除き、予定地の取扱いを準用して差し支えないものとされています。

第2章　宅地及び宅地の上に存する権利の評価

③　道路以外の都市計画施設の予定地について

　道路以外の都市計画施設の予定地の場合も、都市計画道路予定地と同様に都市計画法第53条及び54条の建築制限があることから、都市計画の告示後長期間にわたって事業決定の認可がされない場合には、都市計画道路予定地の取扱いを準用できます。

⑵　「都市計画道路予定地の区域内にある宅地」の評価方法

　都市計画道路予定地の区域内となる部分を有する宅地の価額は、その宅地のうちの都市計画道路予定地の区域内となる部分が都市計画道路予定地の区域内となる部分でないものとした場合の価額に、次表の地区区分、容積率、地積割合の別に応じて定める補正率を乗じて計算した価額によって評価します。

地区区分 / 容積率 / 地積割合	ビル街地区、高度商業地区			繁華街地区、普通商業・併用住宅地区			普通住宅地区、中小工場地区、大工場地区	
	600%未満	600%以上700%未満	700%以上	300%未満	300%以上400%未満	400%以上	200%未満	200%以上
30%未満	0.91	0.88	0.85	0.97	0.94	0.91	0.99	0.97
30%以上60%未満	0.82	0.76	0.70	0.94	0.88	0.82	0.98	0.94
60%以上	0.70	0.60	0.50	0.90	0.80	0.70	0.97	0.90

　(注)　1　地積割合とは、その宅地の総地積に対する都市計画道路予定地の部分の地積の割合をいいます。
　　　　2　容積率には、指定容積率（都市計画において定められるもの）と基準容積率（道路幅員等に基づき計算して求める建築基準法の規定によるもの）とがありますが、実際に適用される容積率はどちらか厳しい方になりますので、上表の容積率もこれによります。
　　　　3　一区画のうちに容積率の異なる部分がある場合には、加重平均した容積率により上表を適用します。
　　　　4　評価する宅地が倍率地域にあるときは、「普通住宅地区」内にあるものとした場合の容積率、地積割合の別に定めた補正率を適用することができます。

参　考

【都市計画法（昭和43年法律第100号）】

第三章　都市計画制限等

第二節　都市計画施設等の区域内における建築の規制

第53条（建築の許可）

1　都市計画施設の区域又は市街地開発事業の施行区域内において建築物の建築をしようとする者は、国土交通省令で定めるところにより、都道府県知事等の許可を受けなければならない。ただし、次に掲げる行為については、この限りでない。

　一　政令で定める軽易な行為

　二　非常災害のため必要な応急措置として行う行為

　三　都市計画事業の施行として行う行為又はこれに準ずる行為として政令で定める行為

　四　第11条第3項後段の規定により離隔距離の最小限度及び載荷重の最大限度が定めら

171

れている都市計画施設の区域内において行う行為であって、当該離隔距離の最小限度
及び載荷重の最大限度に適合するもの

　五　第12条の11に規定する道路（都市計画施設であるものに限る。）の区域のうち建築
物等の敷地として併せて利用すべき区域内において行う行為であって、当該道路を整
備する上で著しい支障を及ぼすおそれがないものとして政令で定めるもの

2　省略

3　第1項の規定は、第65条第1項に規定する告示があった後は、当該告示に係る土地の
区域内においては、適用しない。

第54条（許可の基準）

都道府県知事等は、前条第1項の規定による許可の申請があった場合において、当該申
請が次の各号のいずれかに該当するときは、その許可をしなければならない。

　一　当該建築が、都市計画施設又は市街地開発事業に関する都市計画のうち建築物につ
いて定めるものに適合するものであること。

　二　当該建築が、第11条第3項の規定により都市計画施設の区域について都市施設を整
備する立体的な範囲が定められている場合において、当該立体的な範囲外において行
われ、かつ、当該都市計画施設を整備する上で著しい支障を及ぼすおそれがないと認
められること。ただし、当該立体的な範囲が道路である都市施設を整備するものとし
て空間について定められているときは、安全上、防火上及び衛生上支障がないものと
して政令で定める場合に限る。

　三　当該建築物が次に掲げる要件に該当し、かつ、容易に移転し、又は除却することが
できるものであると認められること。

　　イ　階数が2以下で、かつ、地階を有しないこと。

　　ロ　主要構造部（建築基準法第2条第5号に定める主要構造部をいう。）が木造、鉄骨造、
コンクリートブロック造その他これらに類する構造であること。

第四章　都市計画事業

第二節　都市計画事業の施行

第65条（建築等の制限）

1　第62条第1項の規定による告示又は新たな事業地の編入に係る第63条第2項におい
て準用する第62条第1項の規定による告示があった後においては、当該事業地内におい
て、都市計画事業の施行の障害となるおそれがある土地の形質の変更若しくは建築物の
建築その他工作物の建設を行い、又は政令で定める移動の容易でない物件の設置若しく
は堆積を行おうとする者は、都道府県知事の許可を受けなければならない。

2　省略

3　省略

設例47 都市計画道路予定地の区域内にある宅地の評価方法

次の宅地は、面積450㎡のうち、150㎡が都市計画施設である道路予定地の区域となっています。このため、その部分には2階建て以下の木造等の建築物しか建てることができません。

このような都市計画道路予定地の区域内となる部分を有する宅地はどのように評価するのでしょうか。なお、評価対象地に適用される容積率は300%です。

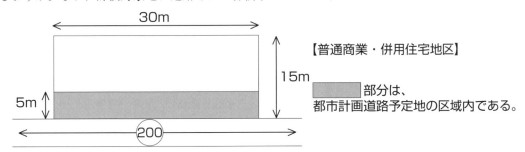

解説

上図の土地の評価方法は、以下のとおりです。

- ○通常の評価額　　200,000円×1.0（奥行価格補正率）×450㎡＝90,000,000円
- ○地積割合　　150㎡÷450㎡＝33.3%
- ○評価額　　90,000,000円×0.88＝79,200,000円

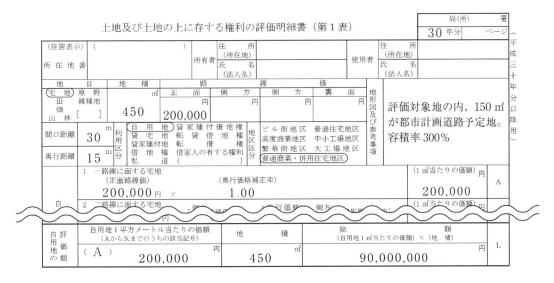

7　文化財建造物である家屋の敷地の用に供されている宅地の評価(評価通達24－8)

⑴　「文化財建造物である家屋の敷地の用に供されている宅地」とは

文化財建造物である家屋の敷地の用に供されている宅地とは、次の①から③の建造物である家屋の敷地の用に供されている宅地をいいます。

①　文化財保護法第27条第1項に規定する重要文化財に指定された建造物

②　同法第58条第1項に規定する登録有形文化財である建造物

③　文化財保護法施行令第4条第3項第1号に規定する伝統的建造物

⑵　文化財建造物である家屋の敷地の用に供されている宅地の評価方法

文化財建造物である家屋の敷地の用に供されている宅地の評価は、それが文化財建造物である家屋の敷地でないものとした価額から次の控除割合を乗じて計算した金額を控除して評価します。

文化財建造物の種類	控除割合
①重要文化財	0.7
②登録有形文化財	0.3
③伝統的建造物	0.3（注）

なお、文化財建造物である家屋の敷地とともに、その文化財建造物である家屋と一体をなして価値を形成している土地がある場合には、その土地の価額は、本項の定めを適用して評価します。したがって、例えば、その文化財建造物である家屋と一体をなして価値を形成している山林がある場合には、評価通達の定めにより評価した山林の価額から、その価額に本項の文化財建造物の種類に応じて定める割合を乗じて計算した金額を控除した金額によって評価することになります。

（注）　昭和50年の文化財保護法の改正により「伝統的建造物群保存地区制度」が創設されました。「伝統的建造物群保存地区」とは、伝統的建造物群及びこれと一体をなしてその価値を形成している環境を保存するため、市町村が都市計画において定めることができる地区です。「伝統的建物群保存地区」における規制は、地価に対してマイナス要因となりえますが、また、住環境の整備や集客力の向上によりプラス要因ともなりえます。したがって、この地区内の面的な土地の評価は、その地域の行政的条件や環境条件等の地域条件として路線価等の評定において反映されるものです。

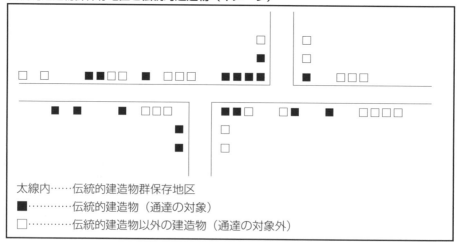

8 貸家建付地の評価（評価通達26）
(1) 貸家建付地とは

貸家建付地とは、貸家（借家権の目的となっている家屋をいいます。）の敷地の用に供されている宅地をいいます。貸家には、一戸建て貸家、アパート、賃貸マンション等の居住用を目的とするものはもちろん、貸店舗、貸事務所、貸倉庫等も含まれます。

また、借家権とは借地借家法により保護される借家人の賃借権をいいます。したがって、家屋ではない構築物や賃貸借ではない使用貸借により貸し付けている家屋は貸家には該当しません。

貸家建付地の価額は自用地の価額から一定の減額を行って評価する趣旨は、借家人は借地借家法の保護を受けるため貸主は利用及び処分に制約を受けることとなることから、貸家建付地を制約のない自用地に復元するためには通常高額の立退き料等の負担が見込まれるからです。

設例48 貸家建付地の範囲

甲の所有するA地には、賃貸マンション及びこの賃貸マンションの入居者のための駐車場とがあります。この場合、駐車場部分についても貸家建付地として評価することができるでしょうか。

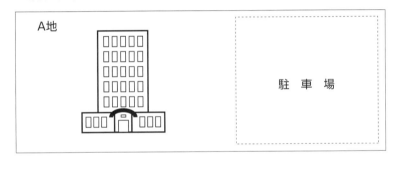

解説

駐車場は一般的には自用地として評価されますが、次のような状況から貸家敷地部分とその駐車場部分が一体と認められる場合には、駐車場部分も含めて全体を貸家建付地である1画地として評価できます。

1. 賃貸マンションの敷地と駐車場部分が公道等により分断されることなく、物理的に一体となっていること。
2. 賃貸マンションの入居契約と駐車場契約が一体で、駐車場がマンションに付属するものと認められること。
   また、マンションの入居契約と駐車場契約が別であっても、駐車場の利用者がマンション入居者に限られ、事実上マンションの貸付と駐車場の貸付が一体と認められること。

175

(2) 貸家建付地の評価方法

貸家建付地の価額は次の算式に基づいて評価します。

$$\begin{array}{l}\text{その宅地の自用地}\\\text{としての価額}\end{array} - \begin{array}{l}\text{その宅地の自用地}\\\text{としての価額}\end{array} \times \text{借地権割合} \times \text{借家権割合} \times \text{賃貸割合}$$

$$= \begin{array}{l}\text{その宅地の自用地}\\\text{としての価額}\end{array} \times (1 - \text{借地権割合} \times \text{借家権割合} \times \text{賃貸割合})$$

(注) 1　借地権割合の確認方法については**第2章第1節**を参照してください。

2　借家権割合は、各地域ごとに国税局長が定めることとされていますが、平成30年分は一律30%です。

3　賃貸割合は、その貸家に係る各独立部分（構造上区分された数個の部分の各部分をいいます。）がある場合には、その各独立部分の賃貸の状況に基づいて、次の算式により計算した割合によります。

$$\frac{\begin{array}{c}\text{Aのうち課税時期現在において賃貸されている}\\\text{各独立部分の床面積の合計}\end{array}}{\text{その家屋の各独立部分の床面積の合計（A）}}$$

*　上記算式の「各独立部分」とは、建物の構成部分である隔壁、扉、階層（天井及び床）等によって他の部分と完全に遮断されている部分で、独立した出入口を有するなど独立して賃貸その他の用に供することができるものをいいます。したがって、例えば、ふすま、障子又はベニヤ板等の堅固でないものによって仕切られている部分及び階層で区分されていても、独立した出入口を有しない部分は「各独立部分」には該当しません。

なお、外部に接する出入口を有しない部分であっても、共同で使用すべき廊下、階段、エレベーター等の共用部分のみを通って外部と出入りすることができる構造となっているものは、上記の「独立した出入口を有するもの」に該当します。

*　上記算式の「賃貸されている各独立部分」には、継続的に賃貸されていた各独立部分で、課税時期において、一時的に賃貸されていなかったと認められるものを含むこととして差し支えありません。

設例49　各独立部分を有する貸家に係る貸家建付地の評価

父は10室あるアパートを所有していましたが、この度亡くなり、相続が発生しました。

相続開始時点においては10室のうち8室は賃貸の用に供していましたが、1室は長男が使用貸借で借り受け、1室は空室となっていました。この空室は一時的なものであり、継続して賃借人を募集していたこともあり、現在は新たな入居者が入居しています。なお、各部屋の床面積は40㎡で均等です。

この場合の貸家建付地の評価はどのようになるのでしょうか。

アパート【普通住宅地区、借地権割合60%
奥行距離20m、間口距離15m】

賃借人	賃借人	賃借人	賃借人	空室
賃借人	賃借人	賃借人	賃借人	長男入居

←――――――――――――― 200D ―――――――――――――→

第2章　宅地及び宅地の上に存する権利の評価

解説

ご質問の場合には、各独立部分を有する貸家になりますので、賃貸割合を算出する必要があります。

まず、長男が居住されている部屋は使用貸借に基づくものですので、「賃貸されている各独立部分」には該当しません。

次に相続開始時点（課税時期現在）において空室となっていた部屋ですが、空室部分は現に賃貸借の用に供されてはいませんので、原則として「賃貸されている各独立部分」には該当しません。しかしながら、不動産賃貸借の実情等を考慮し、アパート等の各独立部分の一部の空室が次のような事実から一時的なものと認められる場合には、課税時期現在において賃貸されていたものとして評価することができます。

① 各独立部分が課税時期前に継続的に賃貸されてきたものであること
② 賃借人の退去後速やかに新たな賃借人の募集が行われ、空室の期間中、他の用途に供されていないこと
③ 賃貸されていない期間が、その時期における不動産賃貸借に係る市場の実情等から判断して一時的なものと認められること
④ 課税時期後の賃貸が一時的なものでないこと

以上のことから判断すると、上記空室部分も「賃貸されている各独立部分」に含めることができるものと思われます。そうすると、ご質問の場合の貸家建付地の評価は次のとおりです。

200,000 円 × 1.0（奥行価格補正率）×（1 − 0.6 × 0.3 × $\frac{360㎡}{400㎡}$）× 300㎡ = 50,280,000 円

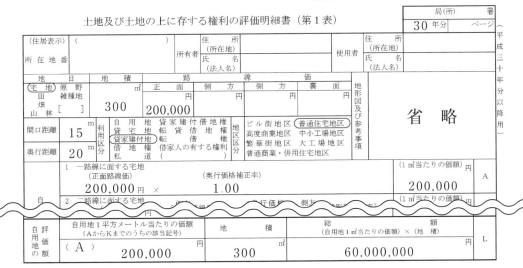

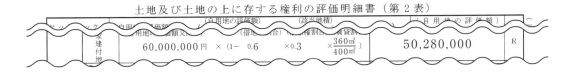

設例50 一戸建て貸家が一時的に空家となっている場合

　父は一戸建ての貸家を有していましたが、この度亡くなり相続が発生しました。この貸家は相続開始時点では一時的に空家となっていましたが、その後まもなく新たな入居者が見つかり、また賃貸の用に供しています。

　この場合、空家となっていたのは一時的であることから、相続税の申告においては貸家建付地の評価ができるでしょうか。

解説

　一時的に賃貸されていなかった部分も「賃貸されている各独立部分」として取り扱うことができるのは、各独立部分を有する貸家でその内の一部が空室となっている場合です。ご質問の場合は一戸建ての貸家で課税時期現在において賃貸借されていなかったということですから、課税時期現在において借家権の対象となるものではありません。したがって、その敷地は自用地として評価することになります。

設例51 貸家の敷地の利用権が使用貸借に基づく場合

　次のような場合、それぞれの貸家の敷地はどのように評価するのでしょうか。

1　父所有の貸家及びその敷地のうち、貸家である建物のみの贈与を受け、その後に土地所有者である父に相続が発生した場合の当該敷地
2　父所有の土地を無償で借り受け（使用貸借）、そこに私が貸家を建てて賃貸した後に、土地所有者である父に相続が発生した場合の当該敷地

解説

　建物の賃借人は、その賃貸借契約の目的の範囲内で土地を使用する権利も有していると認められます。

　1の場合には、建物賃借人は土地所有者であるお父さんと建物賃貸借契約を締結していますので、その後に建物が贈与され建物所有者の土地利用が使用貸借によるものとなった場合でも、土地所有者であるお父さんに対する賃借人の敷地利用権に異動はないものと認められます。したがって、この場合には貸家建付地として評価します。

　2の場合には、当初使用貸借により土地を借り受けその後に貸家を建てて、賃貸借契約を締結していますので、自用地として評価することになります。

設例52 従業員社宅の敷地

　従業員社宅の敷地の用に供されている宅地の価額については、貸家建付地の価額で評価するのでしょうか。

解説

　貸家建付地評価をする宅地は、借家権の目的となっている家屋の敷地の用に供されている宅地

をいいます。ところで、社宅は、通常社員の福利厚生施設として設けられているものであり、一般の家屋の賃貸借と異なり賃料が極めて低廉であるなどその使用関係は従業員の身分を保有する期間に限られる等社員という立場に基づく特殊な契約関係と解されます。そしてこのことから、社宅については、一般的に借地借家法の適用はないとされています。

したがって、社宅の敷地の用に供されている宅地については、原則として貸家建付地には該当せず自用地として評価します。

第7節 特殊な減価要因を内在する宅地の評価

1 水路を隔てて道路がある宅地の評価

評価する宅地と道路との間に水路があり、当該宅地から道路に出入りできない場合や道路と宅地の一部分を接続した水路上に設けられた橋（床盤）を通って出入りする宅地は、無道路地又は間口が狭小な宅地に準じて評価します。

設例53 水路を隔てて道路がある宅地の評価

次の図のように評価する宅地と道路との間に水路が介在し、道路からの進入は水利組合の許可を得て設けられた幅4mの橋（床盤）を介して行っています。このような宅地はどのように評価するのですか。

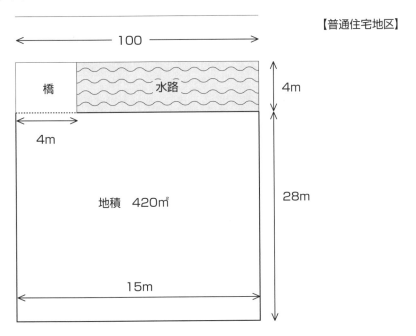

解説

宅地、水路及び橋を一体として評価した奥行価格補正後の価額から水路及び橋の部分の奥行価格補正後の価額を差し引いて宅地の奥行価格補正後の価額を算定し、その価額に水路及び橋をかげ地として不整形地補正率を適用します。

① 宅地、水路及び橋を一体とした奥行価格補正後の価額

（奥行距離32mの場合の奥行価格補正率）　（地積）

100,000 円×　　　　　　　0.93　　　　　　× 480㎡ = 44,640,000 円

② 水路及び橋の部分の奥行価格補正後の金額

（奥行価格補正率(注)）

100,000 円×　　　　1.00　　　× 60㎡ = 6,000,000 円

（注）　奥行距離4mの奥行価格補正率は0.92ですが、抜き取る方の②の奥行価格補正率が①の奥行価格補正率よりも低いと、宅地部分の評価額が本来の価格よりも高くなるという不合理な結果となります。このため、水路及び橋の部分の奥行価格補正率を1.00とします。

　　　　ただし、宅地、水路及び橋を一体として評価する場合に、奥行距離が短いためその補正率が1.00未満となる場合には、抜き取る方の水路及び橋の部分の奥行価格補正率もその数値とします。

③ 宅地の奥行価格補正後の金額（①－②）

44,640,000 円 － 6,000,000 円 = 38,640,000 円

④ 水路と橋をかげ地とした不整形地補正率

●かげ地割合

60㎡ ÷ 480㎡ = 12.5% ━━━→ 不整形地補正率 0.98

●不整形地補正率

0.98 × 0.94（間口狭小補正率） = 0.92

⑤ 橋の幅を評価する宅地の間口として間口狭小補正率及び奥行長大補正率を適用

0.94 × 0.90 = 0.84

0.84 ＜ 0.92

⑥ 宅地の評価額

38,640,000 円× 0.84 = 32,457,600 円

なお、橋の架設がない場合には無道路地の評価に準じて、接道義務を満たす最低限度の幅（原則として2m）の橋があるものとして評価した価額から、橋の架設費用の80%相当額（評価通達15から20－2までの定めにより評価した価額の40%相当額を限度とします。）を控除した価額により評価します。

2　利用価値の著しく低下している宅地の評価

次の①から④のような要因により、その宅地の利用価値が付近にある他の宅地の利用状況からみて、著しく低下していると認められるものの価額は、その宅地について利用価値が低下していないものとして評価した場合の価額から、利用価値が低下していると認められる部分の面積に対応する価額に10%を乗じて計算した金額を控除した価額によって評価することができます。

① 道路より高い位置にある宅地又は低い位置にある宅地で、その付近にある宅地に比べて著

しく高低差のあるもの
② 地盤に甚だしい凹凸のある宅地
③ 震動の甚だしい宅地
④ ①から③までの宅地以外の宅地で、騒音、日照阻害（建築基準法第56条の2に定める日影時間を超える時間の日照阻害のあるものとします。）、臭気、忌み等により、その取引金額に影響を受けると認められるもの

また、宅地比準方式によって評価する農地又は山林について、その農地又は山林を宅地に転用する場合において、造成費用を投下してもなお宅地としての利用価値が著しく低下していると認められる部分を有するものについても同様です。

ただし、路線価又は倍率が、利用価値の著しく低下している状況を考慮して付されている場合には上記のしんしゃくはありません。

3　土壌汚染地の評価方法

土壌汚染による人の健康への対策の確立など、土壌汚染に関する法制度の制定についての社会的要請により、平成15年2月15日に土壌汚染対策法が施行されました（平成22年4月1日土壌汚染対策法の一部を改正する法律施行）。不動産の鑑定評価においては、土壌汚染は主として土地の個別的要因の一つであり、「土壌汚染」とは個別的要因の一つとして価格形成に大きな影響がある有害物質が地表又は地中に存することをいうものとされています。

相続税等の財産評価においては、土壌汚染地とは「課税時期において、評価対象地の土壌汚染の状況が判明している土地」をいいますが、土壌汚染地の評価は原則として次の算式により行います。

(1) 浄化・改善費用

「浄化・改善費用」とは、土壌汚染の掘削除去、封じ込め等の措置を実施するための費用をいいます。相続税評価における土地の評価水準が80％であることから、控除すべき浄化・改善費用についても見積額の80％相当額となります。

なお、浄化・改善の措置は、法的に容認される方法の中で、浄化・改善に要する費用とその措置により生ずる使用収益制限等に伴う土地の減価とのバランスを考慮し、最も経済合理的な方法によるものになると考えられます。

(2) 使用収益制限による減価

使用収益制限による減価とは、封じ込め措置の場合には遮水材等により汚染土壌を覆う構造物を地中に設置しますが、この構造物を損傷しない範囲での利用に限定されるために生じる減価を

いいます。

　使用収益制限による減価の割合は、その土地の本来の最有効使用によっても異なるものと考えられます。したがって、状況に応じた一律の減価割合が示されていない現状においては、個別に判定することになります。

⑶　心理的要因による減価（スティグマ）

　心理的要因による減価（スティグマ）とは、土壌汚染の存在（あるいは過去に存在した）に起因する心理的な嫌悪感から生ずる減価要因をいいます。

　これは、措置の内容（除去措置済み、又は封じ込め等の措置済み）に加えて措置前か措置後かによっても減価の程度が異なり、さらに、措置後の期間の経過によっても減価の程度が逓減していくとも考えられることから、一律に減価割合を定めることは相当ではありません。したがって、心理的要因による減価（スティグマ）は個別に検討せざるを得ないと考えられます。

4　埋蔵文化財包蔵地の評価

　貝づか、古墳その他埋蔵文化財を包蔵する土地として周知されている土地（周知の埋蔵文化財包蔵地）において土木工事等を行う場合には、文化財保護法第93条に基づく届け出が必要なほか、試掘調査及び試掘調査等により文化財のあることが判明した場合には発掘調査が必要となる場合があります。

　発掘調査には通常多額の費用が必要となるものと見込まれます。自治体によっては補助金が支給される場合がありますが、通常、所有者・事業者に相当な負担が発生します。このことは土地の価額に重大な影響を与えることから、何らかのしんしゃく・補正が必要と認められます。国税不服審判所平成20年9月25日裁決（TAINS・J76－4－20）では、土壌汚染地の評価に準じて発掘調査費用を考慮して評価すべき旨の判断が示されています。

　上記裁決の趣旨からすると、評価対象地に埋蔵文化財の存在が認められ所有者・事業者に発掘調査費用の負担が見込まれる場合には、評価対象地が周知の埋蔵文化財包蔵地でないとした場合の価額から、埋蔵文化財の発掘調査費用の80％相当額を控除して評価することになると考えられます。

第3章

宅地の上に存する権利の評価及び権利の目的となっている宅地の評価

第1節　借地権（普通借地権）

1　借地権の評価（評価通達27）

(1)　借地権とは

　評価通達27の定めにより評価する借地権とは、建物の所有を目的とする地上権又は土地の賃借権をいい、具体的には次の①及び②の借地権をいいます。

　① 借地借家法第2条第1号に規定する借地権（普通借地権）

　② 旧借地法第1条に規定する借地権

　これらの借地権は、法定存続期間の制度や解約について正当事由が求められることなどから、長期的な土地の利用について権利者が厚く保護されているものです。

　上記の借地権の定義から、構築物の所有を目的とする又は資材置場としての使用を目的とする地上権や賃借権等は、評価通達27が対象とする借地権にはなりません。また、建物の所有を目的とするものであっても、その権利が使用貸借権である場合は、やはり上記の借地権の定義から借地権には該当しません。

　なお、借地借家法第22条から第25条に規定されている定期借地権等については、評価通達27－2において別途評価方法が定められています。

(2)　評価方法

　借地権の価額は、その宅地の自用地としての価額に借地権割合を乗じて評価します。

　　　自用地としての価額×借地権割合＝借地権価額

　借地権割合は、借地権の売買実例価額、精通者意見価格等を基として評定され国税局長が決定するもので、具体的には路線価図又は倍率表により確認します。

　借地権割合の具体的な確認方法は、**第2章第1節**を参照してください。

　ただし、借地権の設定に際しその設定の対価として通常権利金その他の一時金を支払うなど借地権の取引慣行があると認められる地域以外の地域にある借地権の価額は評価しません。

設例54 借地権の評価方法

普通住宅地区内にある次の宅地の上に存する借地権は、どのように評価するのでしょうか。

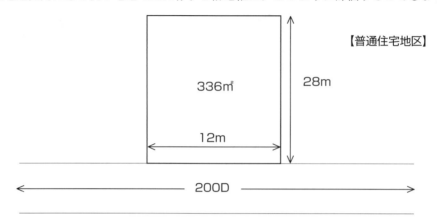

解説

まず自用地としての価額を算定し、その価額に借地権割合を乗じて計算します。

●自用地としての価額

$$200,000 円 \times \underset{(奥行価格補正率)}{0.95} \times \underset{(奥行長大補正率)}{0.98} \times 336㎡ = 62,563,200 円$$

●借地権の価額

62,563,200 円 × 60％ = 37,537,920 円

なお、例の場合は、路線価図において借地権割合がDで表示されている地域ですので、適用される借地権割合は60％です。

第3章　宅地の上に存する権利の評価及び権利の目的となっている宅地の評価

土地及び土地の上に存する権利の評価明細書（第1表）

					局(所)　　署
					30 年分　　ページ

（住居表示）	（　　　　　）	所有者	住　所（所在地）		使用者	住　所（所在地）	
所在地番			氏　名（法人名）			氏　名（法人名）	

（平成三十年分以降用）

地　　目	地　積	路　　　線　　　価	地形図及び参考事項	

地　目		地　積	正　面	側　方	側　方	裏　面	
(宅地) 原野　田　　雑種地　畑　[　　] 山林		336 ㎡	200,000 円	円	円	円	省　略

間口距離	12 m	利用区分	自用地　貸家建付借地権 貸宅地　転貸借地権 貸家建付地　転借権 (借地権)　借家人の有する権利 私道　（　　　　　）	地区区分	ビル街地区　(普通住宅地区) 高度商業地区　中小工場地区 繁華街地区　大工場地区 普通商業・併用住宅地区
奥行距離	28 m				

自用地1	1　一路線に面する宅地 （正面路線価）　　　（奥行価格補正率）　200,000円 × 0.95	(1㎡当たりの価額) 円 190,000	A
	2　二路線に面する宅地 (A)　[側方裏面 路線価]　（奥行価格補正率）[側方二方 路線影響加算率] 　円 ＋ （　　円 × ． × 0.　）	(1㎡当たりの価額) 円	B
	3　三路線に面する宅地 (B)　[側方裏面 路線価]　（奥行価格補正率）[側方二方 路線影響加算率] 　円 ＋ （　　円 × ． × 0.　）	(1㎡当たりの価額) 円	C
平	4　四路線に面する宅地 (C)　[側方裏面 路線価]　（奥行価格補正率）[側方二方 路線影響加算率] 　円 ＋ （　　円 × ． × 0.　）	(1㎡当たりの価額) 円	D
	5-1　間口が狭小な宅地等 （AからDまでのうち該当するもの）（間口狭小補正率）（奥行長大補正率）190,000円 × （ 1.00 × 0.98 　）	(1㎡当たりの価額) 円 186,200	E
	5-2　不　整　形　地	(1㎡当たりの価額) 円	

自用地の評価額	自用地1平方メートル当たりの価額 （AからKまでのうちの該当記号）	地　積	総　　　　　額 （自用地1㎡当たりの価額）×（地　積）	
	（ E ） 186,200 円	336 ㎡	62,563,200 円	L

土地及び土地の上に存する権利の評価明細書（第2表）

セットバック	（自用地の評価額）	（自用地の評価額）	（該当地積）		（自用地の評価額）	

計	借地権	（自用地の評価額）62,563,200 円 × （借地権割合）0.6	37,537,920 円	T

185

2 借地権の目的となっている貸宅地の評価（評価通達25 (1)）

借地権の目的となっている貸宅地の価額は、自用地としての価額から借地権の価額を控除して評価します。

これを算式で表示すると次のとおりです。

自用地としての価額－借地権の価額
＝自用地としての価額×（1－借地権割合）
＝借地権の目的となっている貸宅地の価額

なお、借地権の取引慣行がないと認められる地域における普通借地権の目的となっている貸宅地の価額は、上記の借地権割合を20％として評価します。これは、借地権の取引慣行がない地域においては借地権の価格は零ともいえますが、法律上の保護を受ける借地権は存在しており、このため土地所有者は利用上の制約を受けるためです。

ただし、貸宅地割合（普通借地権の設定されている宅地の価額の自用地価額に対する割合）が定められている地域については、自用地価額に貸宅地割合を乗じて評価します。

第3章　宅地の上に存する権利の評価及び権利の目的となっている宅地の評価

【貸宅地割合が定められている地域の例】

平成30年分　　　　倍　率　表　　　　　　　　　　　　　1頁

市区町村名：宜野湾市　　　　　　　　　　　　　　　　　　　　　　沖縄税務署

音順	町（丁目）又は大字名	適　用　地　域　名	借地権割合	貸宅地割合	固定資産税評価額に乗ずる倍率等						
					宅地	田	畑	山林	原野	牧場	池沼
			％	％	倍	倍	倍	倍	倍	倍	倍
あ	安仁屋	旧キャンプ瑞慶覧（西普天間住宅地区）			個別		個別		個別		
	新城	旧キャンプ瑞慶覧（西普天間住宅地区）			個別		個別		個別		
う	宇地泊	路線価図に枠（三重線）で表示した地域（旧大謝名キャンプブーン）のうち転借権付住宅として分譲された地域	－	30	路線						
		上記以外の地域	－		路線		市比準		市比準		
お	大山３～６丁目	市道伊佐大山線から北側の地域	－		路線	3.0	3.0		市比準		
		上記以外の地域	－		路線		市比準		市比準		
か	嘉数１丁目	路線価図に枠（三重線）で表示した地域（嘉数ハイツ・嘉数が丘住宅）のうち転借権付住宅として分譲された地域	－	30	路線						
		上記以外の地域	－		路線		市比準		市比準		
	嘉数４丁目	路線価図に枠（三重線）で表示した地域（嘉数ハイツ）のうち転借権付住宅として分譲された地域	－	30	路線						
		路線価図に枠（三重線）で表示した地域（牧港ハイツ）のうち転借権付住宅として分譲された地域	－	30	路線						
		上記以外の地域	－		路線		市比準		市比準		
	我如古４丁目	路線価図に枠（三重線）で表示した地域（我如古テラス）のうち転借権付住宅として分譲された地域	－	30	路線						
		上記以外の地域	－		路線		市比準		市比準		
き	喜友名	旧キャンプ瑞慶覧（西普天間住宅地区）			個別		個別		個別		
		上記以外の地域	－		路線		市比準		市比準		
さ	佐真下	佐真下第二土地区画整理地域のうち個別評価とした地域			個別		個別		個別		
		上記以外の地域	－		路線		市比準		市比準		
し	志真志４丁目	路線価図に枠（三重線）で表示した地域（城山第一団地・第二団地）のうち転借権付住宅として分譲された地域	－	30	路線						
		上記以外の地域	－		路線		市比準		市比準		
ふ	普天間	旧キャンプ瑞慶覧（西普天間住宅地区）			個別		個別		個別		
	上記以外の地域	全域	－		路線		市比準		市比準		

（注）　「貸宅地割合」欄には、貸宅地割合を定めている地域の貸宅地の評価をする場合における、その宅地の自用地としての価額に乗じる貸宅地割合を掲げています（当該欄は、貸宅地割合を定めている地域が含まれる倍率表にのみ記載しています。）。

設例 55　借地権の目的となっている貸宅地の評価方法

設例 54 の場合で、貸宅地はどのように評価するのでしょうか。

解説

自用地の価額から借地権価額を控除して評価します。

（自用地としての価額）　（借地権の価額）　　　　　　　　　　　　　　（借地権割合）
64,538,880 円　－　38,723,328 円 ＝ 64,538,880 円 ×（1 －　0.6　）＝ 25,815,552 円

設例 56　借地権の及ぶ範囲

次の A 地はレストランである建物の所有を目的として賃貸借契約により甲に貸し付けています。貸している土地は、建物敷地とこれと一体となった駐車場として利用されていますが、面積的には駐車場部分の方が大きくなっています。

B 地はゴルフ練習場として乙に貸し付けています。土地の一部には事務所が建てられていますが、賃貸借契約では利用目的はゴルフ練習場としての土地利用で、建物はこれに附属する最小限かつ簡易なものに限定しています。

上記のような状況で貸し付けている土地（貸地）を評価する場合、土地全体に借地権が及んでいる貸地として評価することができるでしょうか。

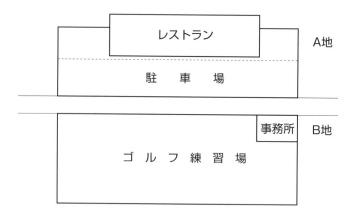

解説

借地権の及ぶ範囲は建物敷地部分に限定されるものではなく、権利金や地代の算定根拠、土地賃貸借の目的等の契約内容などから判定する必要があります。

A 地の場合には、その賃貸借の主たる目的が建物の所有のためであると認められ、駐車場は建物の種類から必要不可欠なものと思われますので、一般的には土地全体に借地権が及んでいる貸地として評価することになると考えられます。

ただし、建物の敷地部分と駐車場部分とが不特定多数の者の通行の用に供されている道路等により物理的に分断されている場合には、それぞれの土地ごとに権利内容を別個に判定します。

一方 B 地の場合には、その賃貸借の主たる目的はゴルフ練習場としての土地利用であり、建物の所有は従たるものにすぎないと認められますので土地全体を賃借権の目的となっている土地として評価することになります。

第3章　宅地の上に存する権利の評価及び権利の目的となっている宅地の評価

第2節 相当の地代を授受している場合等の借地権及び貸宅地の評価
（昭和60年6月5日付直評9課資2-58「相当の地代を支払っている場合等の借地権等についての相続税及び贈与税の取扱いについて」（以下「相当地代通達」といいます。））

1　相当の地代を支払っている場合等の借地権の評価

⑴　「相当の地代を支払っている場合の借地権」とは

　「相当の地代を支払っている場合の借地権」とは、借地権の設定に際しその設定の対価として通常権利金その他の一時金（以下「権利金」といいます。）を支払う取引上の慣行のある地域において、当該権利金の支払いに代え、当該土地の自用地としての価額に対しておおむね6％程度の地代を支払っている場合の借地権をいいます。また、この場合の「自用地としての価額」とは、「その土地の自用地としての価額の課税時期の属する年以前3年間の平均額」をいいます。

⑵　相当の地代を支払っている場合の借地権の評価（権利金の支払等がない場合）

　課税時期現在において相当の地代を支払っている場合で、借地権設定時の権利金の支払いや特別な経済的利益の供与がない場合の借地権の評価額は零です。

　これは、次の理由によるものです。

　借地権の価格を構成する要因に、賃料差額（その宅地の経済価値に即応した適正賃料と実際賃料との差額）に基づくものがあります。この考え方では、権利金の授受等により宅地の経済価値のうち借地権相当部分は借地人に移行しているため、実際の地代の額はいわゆる底地（宅地の価額から借地権部分の価額を控除した部分）に対応する額になる、というものです。相当地代通達では、宅地の経済的価値に即応した適正賃料を自用地価額の6％としているため、この額の地代を支払っている場合には、借地人に帰属する経済的価値はない、ということになり、借地権価額は零になります。

参　考

【不動産鑑定評価基準】各論第1章第1節Ⅰ3.⑴

①　借地権の価格

　借地権の価格は、借地借家法（廃止前の借地法を含む。）に基づき土地を使用収益することにより借地権者に帰属する経済的利益（一時金の授受に基づくものを含む。）を貨幣額で表示したものである。

　借地権者に帰属する経済的利益とは、土地を使用収益することによる広範な諸利益を基礎とするものであるが、特に次に掲げるものが中心となる。

ア　土地を長期間占有し、独占的に使用収益し得る借地権者の安定的利益

イ　借地権の付着している宅地の経済価値に即応した適正な賃料と実際支払賃料との乖離（以下「賃料差額」という。）及びその乖離の持続する期間を基礎にして成り立つ経済的利益の現在価値のうち、慣行的に取引の対象となっている部分

189

(3) 相当の地代に満たない地代を支払っている場合の借地権の評価

借地権が設定されている宅地について、支払っている地代の額が、通常の地代の額を超え相当の地代の額に満たない場合の借地権の価額（以下「地代調整借地権価額」といいます。）は、次の算式により計算した価額により評価します。

$$\text{その宅地の自用地としての価額} \times \left\{ \text{借地権割合} \times \left(1 - \frac{\text{実際に支払っている地代の年額} - \text{通常の地代の年額}}{\text{相当の地代の年額} - \text{通常の地代の年額}} \right) \right\}$$

＝地代調整借地権価額

上記算式中、「通常の地代の年額」とは、その地域における通常の賃貸借契約に基づいて通常支払われる地代の年額をいいますが、「【課税時期以前３年間の貸宅地としての価額の平均額】×６％」により算定した金額を「通常の地代の年額」としても差し支えありません。

(2)で、地代の年額がその宅地の自用地としての価額の６％相当額である場合には借地人に帰属する経済的価値はない旨を説明しましたが、地代の年額が通常の地代の年額を超え６％相当額までの場合には、地代の年額（率）と借地権価額（割合）は、逆相関関係にあります。この相関関係は単純にいうと、

　　地代 大 ▶ 借地権 小
　　地代 小 ▶ 借地権 大

という関係にあります。

上記算式の考え方を、図により説明すると次のとおりです。

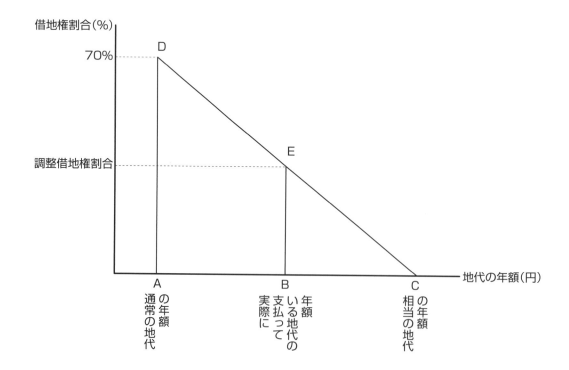

通常の借地権割合を70％とします。図ではDAがその大きさを表しています。実際に支払っている地代の年額に相応する借地権割合の大きさはEBですが、三角形ACDと三角形BCEは数学でいうところの相似形であることから、その大きさを算式で示すと次のとおりです。

$$\text{実際の地代に相応する借地権割合（EB）} = \text{DA}（70\%）\times \frac{\text{CB}}{\text{CA}}$$

$$= \text{DA}（70\%）\times \frac{\text{CA}－\text{BA}}{\text{CA}}$$

$$= \text{DA}（70\%）\times \left[1－\frac{\text{BA}}{\text{CA}} \right]$$

$$= \text{借地権割合}\times \left[1－\frac{\text{実際に支払っている地代の年額}－\text{通常の地代の年額}}{\text{相当の地代の年額}－\text{通常の地代の年額}} \right]$$

■ 計算例1

○その宅地の自用地としての価額……1億円
○借地権割合……………………………60％
○相当の地代の年額……………………600万円
○実際の地代の年額……………………420万円
○通常の地代の年額……………………240万円
●借地権の評価額

$$1億円 \times \left\{ 0.6 \times \left[1－\frac{420万円－240万円}{600万円－240万円} \right] \right\} = 3,000万円$$

⑷ 通常支払われる権利金に満たない権利金の支払い等がある場合の借地権の評価

借地権の設定時に通常支払われる権利金に満たない権利金を支払っている場合又は金銭の無償貸し付け等の特別の経済的利益を供与している場合の借地権価額は、上記⑶と同様に次の算式によって評価します。

$$\text{その宅地の自用地としての価額} \times \left\{ \text{借地権割合} \times \left[1－\frac{\text{実際に支払っている地代の年額}－\text{通常の地代の年額}}{\text{相当の地代の年額}－\text{通常の地代の年額}} \right] \right\}$$

なお、上記算式中の「相当の地代の年額」は、権利金の支払い等がないものとして計算した額によります。

（注） 相当地代通達1項では、「通常支払われる権利金に満たない権利金の支払い等」がある場合の相当地代の年額は、次の算式で計算することを定めています。

　　相当地代の年額＝（自用地としての価額－権利金又は特別の経済的利益の額）×6％

　　この場合に控除する「権利金又は特別の経済的利益の額」は次の算式により調整計算します。

$$\text{その権利金又は} \atop \text{特別な経済的利益の額} \times \frac{\text{当該土地の自用地としての価額}}{\text{借地権設定時における当該土地の通常の取引価額}}$$

しかし、借地権を評価する際の算式中の「相当の地代の年額」は権利金の支払い等がないものとした、すなわち「自用地としての価額×6％」で計算した額によります。

■ 計算例2

○その宅地の自用地としての価額……1億円

○借地権割合……………………………60％

○設定時に支払った権利金の額………2,000万円

○相当の地代の年額……………………600万円

○実際の地代の年額……………………384万円

○通常の地代の年額……………………240万円

●借地権の評価額

$$1\text{億円} \times \left\{ 0.6 \times \left[1 - \frac{384\text{万円} - 240\text{万円}}{600\text{万円} - 240\text{万円}} \right] \right\} = 3,600\text{万円}$$

2 相当の地代を収受している場合等の貸宅地の評価

(1) 相当の地代を収受している場合（権利金等の収受がない場合）

借地権が設定されている宅地について、相当の地代を収受している場合の貸宅地は、当該土地の自用地としての価額の80％相当額で評価します。

自用地としての価額×80％＝相当地代を収受している貸宅地の評価

相当の地代を支払っている場合で権利金等を支払っていない場合の借地権の評価額は零であることから、この場合の貸宅地の評価額は自用地としての価額の100％相当額と考えられます。しかし、借地権自体は発生しており借地借家法による処分等の制約があることなどを考慮して、20％相当額を控除して評価することとされています。

なお、被相続人が同族関係者となっている同族会社に土地を貸し付けている場合には、控除した自用地価額の20％相当額は、当該同族法人の株式又は出資の評価上、純資産価額に借地権として計上する必要があります。これは、土地の価額が個人と法人を通じて100％顕在化するのが課税の公平上妥当であると考えられているからです。

■ 計算例3

○その宅地の自用地としての価額……1億円

○借地権割合……………………………60％

○相当の地代の年額……………………600万円

○実際の地代の年額……………………600万円

●貸宅地の価額

1億円×80％＝8,000万円

第3章　宅地の上に存する権利の評価及び権利の目的となっている宅地の評価

　なお、被相続人が同族関係者となっている同族会社に土地を貸し付けている場合に純資産価額に計上する借地権価額は、2,000万円（1億円－8,000万円）となります。

(2)　相当の地代に満たない地代を収受している場合

　借地権が設定されている宅地について、通常の地代を超え相当の地代に満たない地代を収受している場合の貸宅地の価額（以下「地代調整貸宅地価額」といいます。）は、その宅地の自用地としての価額から前記1(3)の地代調整借地権価額（190ページ参照）を控除して評価します。

　　自用地としての価額－地代調整借地権価額

　＝自用地としての価額－

$$\text{その宅地の自用地としての価額} \times \left\{ \text{借地権割合} \times \left(1 - \frac{\text{実際に支払っている地代の年額} - \text{通常の地代の年額}}{\text{相当の地代の年額} - \text{通常の地代の年額}} \right) \right\}$$

　＝地代調整貸宅地価額

　この場合において、地代調整貸宅地価額が自用地としての価額の80％相当額を超える場合には、自用地としての価額の80％相当額とします。これは、前記(1)の取扱いとのバランスを考慮したものです。

計算例4

　○その宅地の自用地としての価額……1億円

　○借地権割合……………………………60％

　○相当の地代の年額…………………600万円

　○実際の地代の年額…………………420万円

　○通常の地代の年額…………………240万円

　●地代調整借地権価額

$$1\text{億円} \times \left\{ 0.6 \times \left[1 - \frac{420\text{万円} - 240\text{万円}}{600\text{万円} - 240\text{万円}} \right] \right\} = 3,000\text{万円}$$

　●地代調整貸宅地価額

　　自用地としての価額－地代調整借地権価額＝1億円－3,000万円＝7,000万円

　7,000万円＜1億円×80％より、地代調整貸宅地価額7,000万円がこの場合の貸宅地の価額になります。

■計算例5

○その宅地の自用地としての価額……1億円

○借地権割合………………………………60%

○相当の地代の年額……………………600万円

○実際の地代の年額……………………540万円

○通常の地代の年額……………………240万円

●地代調整借地権価額

$$1億円 \times \left\{ 0.6 \times \left[1 - \frac{540万円 - 240万円}{600万円 - 240万円} \right] \right\} = 1,000万円$$

●地代調整貸宅地価額

自用地としての価額 − 地代調整借地権価額 = 1億円 − 1,000万円 = 9,000万円

> 1億円 × 80%

　したがって、この場合の貸宅地の価額は自用地としての価額の80%相当額である8,000万円となります。また、この場合において、被相続人が同族関係者となっている同族会社に土地を貸し付けている場合に当該同族会社の株式又は出資の評価上純資産価額に計上する借地権価額は、2,000万円となります。

　　（注）　純資産価額に計上する借地権価額2,000万円の説明

　　　　本来の借地権価額（地代調整借地権価額）＝ 1,000万円……①

　　　　相当地代通達の規定により計上すべき借地権価額

　　　　＝ 1億円 − 1,000万円（地代調整借地権価額）− 1億円 × 80% = 1,000万円……②

　　　　① + ② = 2,000万円

　　　　上記の計算内容を図示すると、次のようになります。

自用地としての価額
1億円

地代調整借地権価額 （本来の借地権価額） 1,000万円	純資産価額に計上する 借地権価額 2,000万円
相当地代通達の規定 により計上する借地権価額 1,000万円	
貸宅地の価額 8,000万円	

⑶ 通常支払われる権利金に満たない権利金の支払い等がある場合

通常支払われる権利金に満たない権利金を収受している場合又は金銭の無償貸し付け等の特別の経済的利益を収受している場合の貸宅地の価額は、自用地としての価額から前記1⑷の借地権価額（191ページ参照）を控除して評価します。

■ 計算例6

○その宅地の自用地としての価額……1億円

○借地権割合……………………………60%

○設定時に支払った権利金の額………2,000万円

○相当の地代の年額……………………600万円

○実際の地代の年額……………………360万円

○通常の地代の年額……………………240万円

●地代調整借地権価額

$$1 億円 \times \left\{ 0.6 \times \left[1 - \frac{360 万円 - 240 万円}{600 万円 - 240 万円} \right] \right\} = 4,000 万円$$

●地代調整貸宅地価額

$$1 億円 - 4,000 万円 = 6,000 万円$$

■ 計算例7

○その宅地の自用地としての価額……1億円

○借地権割合……………………………60%

○設定時に支払った権利金の額………1,000万円

○相当の地代の年額……………………600万円

○実際の地代の年額……………………540万円

○通常の地代の年額……………………240万円

●地代調整借地権価額

$$1 億円 \times \left\{ 0.6 \times \left[1 - \frac{540 万円 - 240 万円}{600 万円 - 240 万円} \right] \right\} = 1,000 万円$$

●地代調整貸地価額

$$自用地としての価額 - 地代調整借地権価額 = 1 億円 - 1,000 万円 = 9,000 万円$$
$$> 1 億円 \times 80\%$$

したがって、この場合の貸宅地の価額は自用地としての価額の80％相当額である8,000万円となります。また、この場合において、被相続人が同族関係者となっている同族会社に土地を貸し付けている場合に当該同族会社の株式又は出資の評価上純資産価額に計上する借地権価額は、2,000万円となります。

⑷　相当地代通達に基づく借地権及び貸宅地の評価方法一覧

　次の表は、相当地代通達に基づく借地権及び貸宅地の評価方法を一覧にしたものです。本書の本文では、太線で囲った部分の評価方法について説明しています。本文の説明と照らし合わせて評価方法を確認してみてください。

相当の地代を授受している場合等の借地権及び貸宅地の評価方法一覧

地代	権利金等	土地の借受時に借地権者が贈与により取得したとされる額	相続等の場合の借地権の価額	相続等の場合の貸宅地の価額
相当の地代の額の授受	なし	ゼロ	ゼロ	自用地価額の80％相当額
	通常支払われる権利金等の額に満たない額	ゼロ（注1）	自用地価額 × $\left\{$借地権割合 × $\left(1 - \dfrac{実際に支払っている地代の年額 - 通常の地代の年額}{相当の地代の年額 - 通常の地代の年額}\right)\right\}$	自用地価額 － 左記の借地権価額 （自用地価額の80％相当額を限度とします。）
通常の地代の額を超え相当の地代の額に満たない額の地代の授受	なし	自用地価額 × $\left\{$借地権割合 × $\left(1 - \dfrac{実際に支払っている地代の年額 - 通常の地代の年額}{相当の地代の年額（注2） - 通常の地代の年額}\right)\right\}$	自用地価額 × $\left\{$借地権割合 × $\left(1 - \dfrac{実際に支払っている地代の年額 - 通常の地代の年額}{相当の地代の年額 - 通常の地代の年額}\right)\right\}$	自用地価額 － 左記の借地権価額 （自用地価額の80％相当額を限度とします。）
	通常支払われる権利金等の額に満たない額	通常取引価額 × $\left\{$借地権割合 × $\left(1 - \dfrac{実際に支払っている地代の年額 - 通常の地代の年額}{相当の地代の年額（注2） - 通常の地代の年額}\right)\right\} = \mathrm{A}$ A －「実際に支払っている権利金等の額」＝「借地権者が贈与により取得したものとされる額」	自用地価額 × $\left\{$借地権割合 × $\left(1 - \dfrac{実際に支払っている地代の年額 - 通常の地代の年額}{相当の地代の年額（注2） - 通常の地代の年額}\right)\right\}$	自用地価額 － 左記の借地権価額 （自用地価額の80％相当額を限度とします。）

（注1）この場合の「相当地代の年額」の計算の基礎となる自用地としての価額は、自用地価額から次の価額を控除して算定します。

$$その権利金等の額 × \frac{借地権の設定時における当該土地の通常の取引価額}{その土地の自用地価額}$$

（注2）この場合の「相当の地代の年額」は、実際に支払っている権利金等の額又は供与している特別の経済的利益の額がある場合であっても、これらの金額がないものとして計算します。

第3章　宅地の上に存する権利の評価及び権利の目的となっている宅地の評価

⑸　「土地の無償返還に関する届出書」が提出されている場合

　賃貸人が個人で借地人が法人の場合において、その借地権の設定等に係る契約書において将来借地人等がその土地を無償で返還することが定められており、かつ「土地の無償返還に関する届出書」によりその旨を届け出ている場合の貸宅地については、実際の地代の額にかかわらず⑴「相当の地代を収受している場合」（192ページ参照）と同様、自用地としての価額の80％相当額で評価します。

　　　その宅地の自用地としての価額× 80％
　　＝「土地の無償返還に関する届出書」が提出されている貸宅地の価額

　なお、被相続人が同族関係者となっている同族会社に土地を貸し付けている場合には、控除した自用地価額の20％相当額は、当該同族法人の株式又は出資の評価上、純資産価額に借地権として計上する必要があります。

　ただし、土地の貸借関係が使用貸借である場合には、借地借家法の制約を受けないこと等から、その宅地の自用地としての価額により評価します。

土地の無償返還に関する届出書

受付印

整理事項
1 土地所有者
2 借地人等

整理簿
番号
確認

平成　年　月　日

　　　　国税局長殿
　　税務署長

土地所有者　　　　は、〔借地権の設定等／使用貸借契約〕により下記の土地を平成　年　月　日
から　　　　　に使用させることとしましたが、その契約に基づき将来借地人等から無償で
土地の返還を受けることとなっていますので、その旨を届け出ます。
なお、下記の土地の所有又は使用に関する権利等に変動が生じた場合には、速やかにその旨を届
け出ることとします。

記

土地の表示
所在地
地目及び面積　　　　　　　　　　　　　　　　　　　　　　　　m²

（土地所有者）　　　　　　　　　　　　　（借地人等）
住所又は所在地
〒　　　　　　　　　　　　　　　　　　　　〒
電話（　）　－　　　　　　　　　　　　　電話（　）　－
氏名又は名称　　　　　　　　　　㊞　　　　　　　　　　　㊞
代表者氏名　　　　　　　　　　　㊞　　　　　　　　　　　㊞

（土地所有者が連結申告法人の場合）　（借地人等が連結申告法人の場合）
連結親法人の納税地
〒　　　　　　　　　　　　　　　　　　　　〒
電話（　）　－　　　　　　　　　　　　　電話（　）　－
連結親法人名等
連結親法人等の代表者氏名

借地人等と土地所有者との関係　借地人等又はその連結親法人の所轄税務署又は所轄国税局

20. 06 改正

（契約の概要等）

1 契約の種類

2 土地の使用目的

3 契約期間　平成　年　月　～　平成　年　月

4 建物等の状況
(1) 種類
(2) 構造及び用途
(3) 建築面積等

5 土地の価額等
(1) 土地の価額　　　　　円（財産評価額　　　円）
(2) 地代の年額　　　　　円

6 特約事項

7 土地の形状及び使用状況等を示す略図

8 添付書類　(1) 契約書の写し　(2)

（法1337－1）

第3章　宅地の上に存する権利の評価及び権利の目的となっている宅地の評価

第3節

定期借地権等

1 定期借地権等とは

定期借地権等には、(1)一般定期借地権（借地借家法第22条）、(2)事業用定期借地権等（同法第23条）及び(3)建物譲渡特約付借地権（同法第24条）があります。

これらの定期借地権等は、法定更新制度の適用が排除されている、又は建物譲渡により借地権が消滅するなど、契約期間の到来等により確定的に権利関係が消滅することとなっています。したがって、更新を繰り返すことが想定される普通借地権とは異なる方法により評価する必要があります。

各定期借地権の概要は、以下のとおりです。

(1) 一般定期借地権（借地借家法第22条）

一般定期借地権とは、借地借家法第22条に定められている「定期借地権」のことをいいます。

一般定期借地権は存続期間が50年以上であり、次の①から③の旨の各特約を公正証書等の書面により行うことにより設定された借地権です。

① 契約の更新に関する規定の適用がないこと

② 建物再築による期間の延長に関する規定がないこと

③ 借地権者の建物買取請求権の規定の適用がないこと

(2) 事業用定期借地権等（借地借家法第23条）

事業用定期借地権等には、事業用定期借地権（借地借家法第23条第1項）及び事業用借地権（同条第2項）があります。

イ 事業用定期借地権

事業用定期借地権は、専ら事業の用に供する建物（居住の用に供するものを除きます。）の所有を目的とし、かつ、存続期間を30年以上50年未満として設定された借地権で、次の①から③の旨の特約を定められたものです。

① 契約の更新に関する規定の適用がないこと

② 建物再築による期間の延長に関する規定がないこと

③ 借地権者の建物買取請求権の規定の適用がないこと

事業用定期借地権の設定を目的とする契約は、公正証書によりする必要があります。

事業用定期借地権は、一般定期借地権（同法第22条）を事業用に限定し、かつ期間を短縮したものといえます。

ロ 事業用借地権

事業用借地権とは、専ら事業の用に供する建物（居住の用に供するものを除きます。）の所有を目的とし、かつ、存続期間を10年以上30年未満として公正証書により契約して設定した借地権です。

199

事業用借地権では、借地借家法の規定の内の次の各規定の適用が当然に（特約することなく）排除されます。

① 「借地権の存続期間は30年」であるとする借地権の存続期間

② 契約の更新に関する規定

③ 建物再築による期間の延長

④ 借地権者の建物買取請求権の規定

(3) 建物譲渡特約付借地権（借地借家法第24条）

建物譲渡特約付借地権とは、借地権を消滅させるためその設定後30年以上を経過した日に借地権の目的である土地の上の建物を借地権設定者に相当の対価で譲渡することを定めた契約により設定された借地権です。

つまり、建物譲渡特約付借地権は、30年以上経過したときに建物が借地権者から借地権設定者に譲渡されることにより消滅します。

○定期借地権等一覧表

区分	定期貸借地権等				普通借地権	旧借地権
	一般定期借地権	事業用定期借地権等		建物譲渡特約付借地権		
		事業用定期借地権	事業用借地権			
存続期間	50年以上	30年以上50年未満	10年以上30年未満	30年以上	30年（注2）	堅固建物60年その他の建物30年（注3）
建物の使用目的	限定なし	事業用	事業用	限定なし	限定なし	限定なし
更新制度	適用なし	適用なし	適用なし	適用なし（注1）	適用あり	適用あり
契約書面	公正証書などの書面	公正証書	公正証書	特定なし	特定なし	特定なし
終了事由	期間満了	期間満了	期間満了	建物譲渡	正当事由	正当事由、建物朽廃
根拠条文	22条	23条1項	23条2項	24条	3条	附則第4条、借地法

（注）1　普通借地権により設定されている場合には、更新制度の適用有。ただし、建物譲渡により消滅。

　　　2　更新後は10年（最初の更新の場合は、20年）。

　　　3　更新後は堅固建物は30年以上、その他の建物は20年以上。

2　定期借地権等の評価

(1) 定期借地権等の評価方法（評価通達27－2）

定期借地権等は契約期間の満了等により消滅し、普通借地権のように更新制度に基づく更新がありませんので、その価額は残存期間の長短により異なります。

このような定期借地権等の価額は、原則として課税時期における借地権者に帰属する経済的利益及びその残存期間を基として評定した価額により評価します。

第3章　宅地の上に存する権利の評価及び権利の目的となっている宅地の評価

　ただし、課税上弊害がない限り、その定期借地権等の目的となっている宅地の課税時期における自用地としての価額に、設定時における定期借地権等の割合及びその逓減率を乗じて評価します。

　実務上は一般的には後者の簡便法により評価することになるものと思われます。

●簡便法の評価式

$$
\underset{\substack{\text{課税時期の}\\ \text{自用地価額}\\ \text{（相続税評価額）}}}{} \times \underbrace{\frac{\substack{\text{定期借地権設定時に}\\ \text{借地権者に帰属する}\\ \text{経済的利益の総額}}}{\substack{\text{定期借地権設定の時}\\ \text{におけるその宅地の}\\ \text{通常取引価額}}}}_{\boxed{\text{設定時における定期借地権割合}}} \times \underbrace{\frac{\substack{\text{課税時期におけるその定期借地}\\ \text{権等の残存期間年数に応ずる基}\\ \text{準年利率による複利年金現価率}}}{\substack{\text{定期借地権等の設定期間年数}\\ \text{に応ずる基準年利率による}\\ \text{複利年金現価率}}}}_{\boxed{\text{逓減率}}}
$$

イ　設定時における定期借地権割合について

　①　定期借地権設定時に借地権者に帰属する経済的利益の総額

　　　定期借地権設定時における借地人に帰属する経済的利益の総額は、次の金額の合計です。

　　○権利金等の授受がある場合……権利金等の額

　　○保証金等の授受がある場合……保証金等の授受に伴う経済的利益の額

　　○実質的に贈与を受けたと認められる差額地代がある場合

　　　　　　　　　　　　　　……毎年享受する差額地代の現在価値

　　　これらの詳細については、次の(2)「定期借地権等の設定の時における借地権者に帰属する経済的利益の総額の計算」をご覧ください。

　②　定期借地権設定の時におけるその宅地の通常取引価額

　　　分母の価額は、定期借地権の目的となっている宅地の通常取引価額です。相続税評価額ではありませんので、注意してください。

　　　なお、通常取引価額が設定契約等において明確でなく、かつ地価変動が著しくない年のときには、その年の自用地価額を0.8で割り戻した価額によっても差し支えありません。

ロ　逓減率について

　　上記逓減率で用いられる複利年金現価率とは、「毎年一定の額で生ずる収益（年金）を一定の利率で複利運用した額の現在価値の総和」を求める率です。

　　定期借地権等の設定に当たり授受される一時金等は、設定期間に亘る前払地代の清算とも考えられますが、上記逓減率は、前払地代等の一定の収益を基準年利率により「設定期間年数運用した場合の現在価値の総和」に対する「残存期間年数運用した場合の現在価値の総和」の割合です。

　　なお、各月の基準年利率及びその複利表は、四半期ごとにまとめて個別通達（法令解釈通達）により公表されています。

ハ　簡便法により評価できない課税上弊害がある場合

201

簡便法は、借地人に帰属する経済的利益に基づいて借地権設定時における定期借地権割合を算定し、この割合に借地権設定時から課税時期までの定期借地権等の逓減率を乗じる方法により、課税時期における定期借地権等の価額を算定するものです。したがって、課税上弊害がある場合とは、例えば、権利金の追加払いがある場合や自然発生的な差額地代が明確に生じている場合のように、定期借地権発生時と課税時期とで借地人に帰属する経済的利益に特段の変化がある場合をいいます。このような場合には、原則に従って評価することとなります。

○基準年利率 (単位：%)

区分	年数又は期間	平成29年10月	11月	12月	平成30年1月	2月	3月	4月	5月	6月	7月	8月	9月
短期	1年	0.01	0.01	0.01	0.01	0.01	0.01	0.01	0.01	0.01	0.01	0.01	0.01
	2年												
中期	3年	0.01	0.01	0.01	0.01	0.01	0.01	0.01	0.01	0.01	0.01	0.01	0.01
	4年												
	5年												
	6年												
長期	7年以上	0.25	0.25	0.25	0.25	0.25	0.25	0.25	0.25	0.25	0.25	0.25	0.25

(注) 課税時期の属する月の年数又は期間に応ずる基準年利率を用いることに留意する。

(2) 定期借地権等の設定の時における借地権者に帰属する経済的利益の総額の計算（評価通達27－3）

「定期借地権等の設定の時における借地権者に帰属する経済的利益の総額」は、次の①から③の金額の総額です。

① 定期借地権等の設定に際し、借地権者から借地権設定者に対し、権利金、協力金、礼金などその名称のいかんを問わず借地契約の終了の時に返還を要しないものとされる金銭の支払い又は財産の供与がある場合

　　課税時期において支払時期が到来している一時金の額

　　又は移転の時期が到来している財産の価額に相当する額

　なお、「前払賃料方式」による定期借地権が設定されている場合には、前払賃料は借地契約終了の時にはその未経過分相当額は零となり返還を要しないものですから、定期借地権の設定に際して前払賃料の支払いがあった場合には、当該一時金は借地権者に帰属する経済的利益の総額に含めて評価します（平成17年7月7日付文書回答事例「定期借地権の賃料の一部又は全部を前払いとして一括して授受した場合における相続税の財産評価及び所得税の経済的利益に係る課税等の取扱いについて」）。

② 定期借地権等の設定に際し、借地権者から借地権設定者に対し、保証金、敷金などその名称のいかんを問わず借地契約の終了の時に返還を要するものとされる金銭等（以下「保証金等」という。）の預託があった場合において、その保証金等につき基準年利率未満の約定利率によ

第3章　宅地の上に存する権利の評価及び権利の目的となっている宅地の評価

る利息の支払いがあるとき又は無利息のとき

●次の算式により計算した金額

$$\left(\begin{array}{c}保証金等の額に\\相当する金額\end{array}\right) - \left(\begin{array}{ccc}保証金等の額に & \times & 定期借地権等の設定期間年数に応じる\\相当する金額 & & 基準年利率による複利現価率\end{array}\right)$$

$$- \left(\begin{array}{ccccc}保証金等の額に & \times & 約定 & \times & 定期借地権等の設定期間年数に応じる\\相当する金額 & & 利率 & & 基準年利率による複利年金現価率\end{array}\right)$$

　保証金は、契約期間満了時には返還する義務があります。しかし、保証金返還の約定利率が無利息又は基準年利率以下の場合、保証金を契約期間に亘って基準年利率で運用すれば、借地権設定者は保証金全額を手元に留保しておく必要はありません。上記算式の意味するところは、保証金に相当する金額から手元に留保すべき金額（返済原資）を控除することにより、設定時に借地権設定者が自由に処分することができる金額、すなわち借地人サイドから見れば借地権の対価といえる金額を算定するものです。

③　定期借地権等の設定に際し、実質的に贈与を受けたと認められる差額地代の額がある場合

●次の算式により計算した金額

$$差額地代の額 \times \begin{array}{c}定期借地権等の設定期間年数に応じる\\基準年利率による複利年金現価率\end{array}$$

　（注）1　実質的に贈与を受けたと認められる差額地代の額がある場合に該当するかどうかは、個々の取引において取引の事情、取引当事者間の関係等を総合勘案して判定します。
　　　　2　「差額地代の額」とは、同種同等の他の定期借地権等における地代の額とその定期借地権等の設定契約において定められた地代の額（上記①又は②に掲げる金額がある場合には、その金額に定期借地権等の設定期間年数に応ずる基準年利率による年賦償還率を乗じて得た額を地代の前払いに相当する金額として毎年の地代の額に加算した後の額）との差額をいいます。

　実質的に贈与を受けた差額地代は、通常の第三者間の契約では考えられませんが、親族間等の同族関係者間での契約の場合に想定されうるものと考えられます。「実質的に贈与を受けた差額地代」がある場合には、上記算式で計算した金額が借地人に帰属する経済的利益となり、また借地権設定時に借地人が供与を受ける経済的利益の額となります。

　権利金や保証金の授受がある場合には、次の金額を実際の地代に加算したところで「実質的に贈与を受けた差額地代」の額を計算します。

●権利金の授受がある場合

$$権利金の額 \times \begin{array}{c}定期借地権等の設定期間に応ずる\\基準年利率による年賦償還率\end{array}$$

●保証金の授受がある場合

$$上記②の算式で計算した金額 \times \begin{array}{c}定期借地権等の設定期間に応ずる\\基準年利率による年賦償還率\end{array}$$

　なお、年賦償還率とは、一定の利率のもとで将来時点において元金を毎年末に均等償還する額を計算する場合に用いられる率です。したがって、年賦償還率は複利年金現価率の逆数となります。

計算例8

○定期借地権等の種類……………一般定期借地権

○設定期間…………………………50年

○契約時期…………………………平成7年3月

○設定時に授受された一時金……権利金900万円（返還不要）

○設定時の宅地の価額……………通常取引価額6,000万円

○課税時期現在（平成30年3月）の自用地価額……相続税評価額3,200万円

（計算）

自用地価額	設定時における 定期借地権等割合	逓減率

$$3,200万円 \times \frac{900万円}{6,000万円} \times \frac{26.077}{46.946} = 2,666,246円$$

（注）　逓減率は平成30年3月時点の基準年利率（0.25％）によります。

第3章　宅地の上に存する権利の評価及び権利の目的となっている宅地の評価

（表）

定 期 借 地 権 等 の 評 価 明 細 書

（平成二十年分以降用）

（住居表示） 所 在 地 番			（地　積） ㎡	設定年月日	平成7年3月　日	設定期間年数	⑦	50 年
				課 税 時 期	平成30年3月　日	残存期間年数	⑧	27 年

定期借地権等の種類	（一般定期借地権）・　建物譲渡特約付借地権　・ 事業用定期借地権等			設定期間年数に応ずる基準年利率による	複 利 現 価 率	④	
定期借地権等の設定時	自用地としての価額	①	（1㎡当たりの価額　　　円） **48,000,000** 円		複利年金現価率	⑤	**46.946**
	通常取引価額	②	（通常の取引価額又は①／0.8） **60,000,000** 円				
課税時期	自用地としての価額	③	（1㎡当たりの価額　　　円） **32,000,000** 円	残存期間年数に応ずる基準年利率による複利年金現価率	⑥	**26.077**	

（注）④及び⑤に係る設定期間年数又は⑥に係る残存期間年数について、その年数に1年未満の端数があるときは6ヶ月以上を切り上げ、6ヶ月未満を切り捨てます。

○定期借地権等の評価

経済的利益の額の計算	権利金等の授受がある場合	（権利金等の金額） （A） **9,000,000** ＝ ⑨ 円	（権利金・協力金・礼金等の名称のいかんを問わず、借地契約の終了のときに返還を要しないとされる金銭等の額の合計を記載します。）	⑨ （権利金等の授受による経済的利益の金額） **9,000,000** 円
	保証金等の授受がある場合	（保証金等の額に相当する金額） （B）＿＿＿＿＿＿円	（保証金・敷金等の名称のいかんを問わず、借地契約の終了のときに返還を要するものとされる金銭等（保証金等）の預託があった場合において、その保証金等につき基準年利率未満の約定利率の支払いがあるとき又は無利息のときに、その保証金等の金額を記載します。）	⑩ （保証金等の授受による経済的利益の金額） 　　円
		（保証金等の授受による経済的利益の金額の計算） 　　　（④の複利現価率）　　　　　（基準年利率未満の約定利率）（⑤の複利年金現価率） （B）－［（B）×　　　］－［（B）×　　　×　　　］＝ ⑩		
		（権利金等の授受による経済的利益の金額）　（保証金等の授受による経済的利益の金額）　（贈与を受けたと認められる差額地代の額がある場合の経済的利益の金額） ⑨ **9,000,000** 円 ＋ ⑩ **0** 円 ＋ ⑪ **0** 円 ＝		⑫ （経済的利益の総額） **9,000,000** 円
		（注）⑪欄は、個々の取引の事情・当事者間の関係等を総合勘案し、実質的に贈与を受けたと認められる差額地代の額がある場合に記載します（計算方法は、裏面2参照）。		
評価額の計算		（課税時期における自用地としての価額） ③ **32,000,000** 円 × （経済的利益の総額）⑫ **9,000,000** 円 × （⑥の複利年金現価率）**26.077** ────────────────── × ────────── （設定時の通常取引価額）② **60,000,000** 円 （⑤の複利年金現価率）**46.946** ＝		⑬ （定期借地権等の評価額） **2,666,246** 円

（注）保証金等の返還の時期が、借地契約の終了のとき以外の場合の⑩欄の計算方法は、税務署にお尋ねください。

○定期借地権等の目的となっている宅地の評価

一般定期借地権の目的となっている宅地 ［裏面1の④に該当するもの］	（課税時期における自用地としての価額） ③　　円 － （課税時期における自用地としての価額）③　　円 × ［1－ 底地割合（裏面3参照）］ × （⑥の複利年金現価率）/（⑤の複利年金現価率） ＝	⑭ （一般定期借地権の目的となっている宅地の評価額） 　　円
上記以外の定期借地権等の目的となっている宅地 ［裏面1の⑧に該当するもの］	（課税時期における自用地としての価額）③　　円 － ⑬（定期借地権等の評価額）　　円 ＝ ⑮　　円	⑰ （上記以外の定期借地権等の目的となっている宅地の評価額） （⑮と⑯のいずれか低い金額） 　　円
	（課税時期における自用地としての価額）③　　円 × ［1－ 残存期間年数に応じた割合（裏面4参照）］ ＝ ⑯　　円	

（資4－80－1－A4統一）

205

計算例9

○定期借地権等の種類……………事業用借地権

○設定期間…………………………20 年

○契約時期…………………………平成 17 年 3 月

○設定時に授受された一時金……前払地代 400 万円（返還不要）

保証金　　400 万円（無利息）

○設定時の宅地の価額……………通常取引価額 8,000 万円

○課税時期現在（平成 30 年 3 月）の自用地価額……相続税評価額 5,600 万円

（計算）

① 借地人に帰属する経済的利益の総額

$$
\underset{\text{（前払地代）}}{400 \text{万円}} + \left[\underset{\text{（保証金）}}{400 \text{万円}} - 400 \text{万円} \times \underset{\substack{\text{期間 20 年・年利率 0.25\%の} \\ \text{複利現価率}}}{0.951} \right] = 4{,}196{,}000 \text{円}
$$

② 定期借地権等の額

$$
\underset{\text{（自用地価額）}}{5{,}600 \text{万円}} \times \underset{\substack{\text{設定時における} \\ \text{定期借地権等割合}}}{\frac{4{,}196{,}000 \text{円}}{8{,}000 \text{万円}}} \times \underset{\text{（逓減率）}}{\frac{6.931}{19.484}} = 1{,}044{,}843 \text{円}
$$

3　定期借地権等の目的となっている宅地の評価

(1)　一般定期借地権以外の定期借地権等の目的となっている宅地の評価（評価通達 25 ⑵）

定期借地権等（一般定期借地権を除きます。）の目的となっている宅地の価額は、原則として、その宅地の自用地としての価額から定期借地権等の価額を控除した金額により評価します。

ただし、定期借地権等の価額が、その宅地の自用地としての価額に次の割合を乗じて計算した金額を下回る場合には、次の割合を乗じて計算した金額を控除して評価します。

つまり、定期借地権等の目的となっている宅地の価額は、

●評価式

$$
\left.
\begin{array}{c}
\text{その宅地の自用地価額－定期借地権等の価額} \\
\text{又は} \\
\text{その宅地の自用地価額×（1 －次の①～④の割合）}
\end{array}
\right\} \begin{array}{l} \text{のいずれか低い方の金額により} \\ \text{評価します。} \end{array}
$$

	残存期間年数	割合
①	5 年以下の場合	5%
②	5 年を超え 10 年以下の場合	10%
③	10 年を超え 15 年以下の場合	15%
④	15 年を超える場合	20%

なお、上記減額割合を適用した場合において、設定契約の当事者が被相続人と被相続人の同族

第3章　宅地の上に存する権利の評価及び権利の目的となっている宅地の評価

関係者になっている同族会社であるときには、被相続人所有の同族会社の株式の評価上、自用地価額にその減額割合を乗じた金額を当該同族会社の定期借地権等の価額として純資産価額に計上することになります。

計算例10

計算例9（206ページ）の事業用借地権の目的となっている宅地の評価について

○定期借地権等の種類……………事業用借地権

○設定期間………………………20年

○契約時期………………………平成17年3月

○設定時に授受された一時金……前払地代 400万円（返還不要）

　　　　　　　　　　　　　　　　保証金　　400万円（無利息）

○設定時の宅地の価額……………通常取引価額 8,000万円

○課税時期現在（平成30年3月）の自用地価額……相続税評価額 5,600万円

（計算）

① 借地人に帰属する経済的利益の総額

（前払地代）　　（保証金）　　　　　　　　期間20年・年利率0.25％の複利現価率

400万円 ＋ ［ 400万円 － 400万円 × 0.951 ］ ＝ 4,196,000円

② 定期借地権等の額

（自用地価額）　（設定時における定期借地権等割合）　（逓減率）

$$5,600万円 \times \frac{4,196,000円}{8,000万円} \times \frac{6.931}{19.484} = 1,044,843円$$

③ 残存期間に応じた減額割合による控除額

　残存期間　7年

　残存期間に応じた控除割合　10％

　控除額　　5,600万円 × 10％ ＝ 560万円

④ 定期借地権等の目的となっている宅地の価額

　5,040万円

　56,000,000円 － 1,044,843円 ＞ 56,000,000円 － 5,600,000円 ＝ 50,400,000円

(表)

定 期 借 地 権 等 の 評 価 明 細 書

（平成二十年分以降用）

（住居表示） 所 在 地 番		（地 積） m²	設定年月日	平成17年 3 月　日	設定期間年数	⑦	20 年
			課 税 時 期	平成30年 3 月　日	残存期間年数	⑧	7 年

定期借地権 等 の 種 類	一 般 定 期 借 地 権　・　建物譲渡特約付借地権　・ 事業用定期借地権等			設定期 間年数 に応ず る基準 年利率 による	複利現価率	④	0.951
定期 借地 権等 の設 定時	自用地としての価額	①	（1 m²当たりの価額　　　円） **64,000,000** 円		複利年金現価率	⑤	19.484
	通 常 取 引 価 額	②	（通常の取引価額又は①／0.8） **80,000,000** 円				
課 税 時 期	自用地としての価額	③	（1 m²当たりの価額　　　円） **56,000,000** 円	残存期間年数に応ずる 基準年利率による 複利年金現価率		⑥	6.931

（注）④及び⑤に係る設定期間年数又は⑥に係る残存期間年数について、その年数に 1 年未満の端数があるときは 6 ヶ月以上を切り上げ、6 ヶ月未満を切り捨てます。

○定期借地権等の評価

経 済 的 利 益 の 額 の 計 算	権利金 等の授 受があ る場合	（権利金等の金額） （A） **4,000,000** ＝ 円	権利金・協力金・礼金等の名称のいかんを問わず、借 地契約の終了のときに返還を要しないとされる金銭等 の額の合計を記載します。	⑨	（権利金等の授受によ る経済的利益の金額） **4,000,000**
	保証金 等の授 受があ る場合	（保証金等の額に相当する金額） （B） **4,000,000** 円	保証金・敷金等の名称のいかんを問わず、借地契約の 終了のときに返還を要するものとされる金銭等（保証金 等）の預託があった場合において、その保証金等につき 基準年利率未満の約定利率の支払いがあるとき又は 無利息のときに、その保証金等の金額を記載します。	⑩	（保証金等の授受によ る経済的利益の金額） **196,000**
		（保証金等の授受による経済的利益の金額の計算） 　　　　　（④の複利現価率）　　　　　　　　（基準年利率未満 　　　　　　　　　　　　　　　　　　　　　　　の 約 定 利 率）　（⑤の複利年金現価率） （B） － [（B） × **0.951**] － [（B） × **0** × **19.484**] ＝ ⑩			
		（権利金等の授受によ る経済的利益の金額）　　（保証金等の授受によ 　　　　　　　　　　　　　　る経済的利益の額）　[贈与を受けたと認められ 　　　　　　　　　　　　　　　　　　　　　　　　る差額地代の額がある場 　　　　　　　　　　　　　　　　　　　　　　　　合の経済的利益の金額]　（経済的利益の総額） ⑨ **4,000,000** 円 ＋ ⑩ **196,000** 円 ＋ ⑪　　　円 ＝		⑫	（経済的利益の総額） 円 **4,196,000**
		（注）⑪欄は、個々の取引の事情・当事者間の関係等を総合勘案し、実質的に贈与を受けたと 認められる差額地代の額がある場合に記載します（計算方法は、裏面 2 参照）。			
評価 額の 計算		[課税時期における自 用地としての価額] ③　　　　　　　円 **56,000,000** 　×　（経済的利益の総額） ⑫ **4,196,000** ───────── （設定時の通常取引価額） ② **80,000,000** 円　×　（⑥の複利年金現価率） **6.931** ───────── （⑤の複利年金現価率） **19.484** ＝		⑬	（定期借地権等の評価額） 円 **1,044,843**

（注）保証金等の返還の時期が、借地契約の終了のとき以外の場合の⑩欄の計算方法は、税務署にお尋ねください。

○定期借地権等の目的となっている宅地の評価

一般定期借地 権の目的とな っている宅地 [裏面 1 の Ⓐに該当 するもの]	（課税時期における自 用地としての価額） ③　　　円 　－　（課税時期における自 用地としての価額） ③　　　円 　×　[底 地 割 合 （裏面 3 参照）]　×　（⑥の複利年 金現価率） ────── [1 －（⑤の複利年 金現価率）] ＝	⑭	（一般定期借地権の目的と なっている宅地の評価額） 円
上記以外の定 期借地権等の 目的となって いる宅地 [裏面 1 の Ⓑに該当 するもの]	（課税時期における自 用地としての価額） ③ **56,000,000** 円 　－　（定期借地権等の評価額） ⑬ **1,044,843** 円 ＝ ⑮ **54,955,157** 円	⑰	（上記以外の定期借地権 等の目的となっている 宅地の評価額） [⑮と⑯のいずれ か低い金額] 円 **50,400,000**
	（課税時期における自 用地としての価額） ③ **56,000,000** 円 　×　[残存期間年数に応じた 割合（裏面 4 参照） 1 － **0.10**] ＝ ⑯ **50,400,000** 円		

（資 4 －80－ 1 － A 4 統一）

208

第3章　宅地の上に存する権利の評価及び権利の目的となっている宅地の評価

（裏）

1　定期借地権等の種類と評価方法の一覧

定期借地権の種類	定期借地権等の評価方法	定期借地権等の目的となっている宅地の評価方法	
一般定期借地権 （借地借家法第22条）	財産評価基本通達27-2に定める評価方法による	平成10年8月25日付課評2-8・課資1-13「一般定期借地権の目的となっている宅地の評価に関する取扱いについて」に定める評価方法による	Ⓐ
事業用定期借地権等 （借地借家法第23条）		※	
建物譲渡特約付借地権 （借地借家法第24条）		財産評価基本通達25(2)に定める評価方法による	Ⓑ

　（注）※印部分は、一般定期借地権の目的となっている宅地のうち、普通借地権の借地権割合の地域区分A・B地域及び普通借地権の取引慣行が認められない地域に存するものが該当します。

2　実質的に贈与を受けたと認められる差額地代の額がある場合の経済的利益の金額の計算

差額地代（設定時）	同種同等地代の年額（C）　　　　円　実際地代の年額（D）　　　　円　設定期間年数に応ずる基準年利率による年賦償還率　⑱				

（前払地代に相当する金額）　　　　　　　　（実際地代の年額（D））　（実質地代の年額（E））

（権利金等⑨）（⑱の年賦償還率）（保証金等⑩）（⑱の年賦償還率）

　　　円　×　　　　　　　＋　　　円　×　　　　　　　＋　　　　　円　＝　　　　　円

（差額地代の額）　　　　　　　　（⑤の複利年金現価率）

（同種同等地代の年額（C））（実質地代の年額（E））

（　　　　円　－　　　　円）×　　　　　＝　⑪

贈与を受けたと認められる差額地代の額がある場合の経済的利益の金額　　　円

　（注）「同種同等地代の年額」とは、同種同等の他の定期借地権等における地代の年額をいいます。

3　一般定期借地権の目的となっている宅地を評価する場合の底地割合

	借地権割合		底地割合
	路線価図	評価倍率表	
地域区分	C	70%	55%
	D	60%	60%
	E	50%	65%
	F	40%	70%
	G	30%	75%

4　定期借地権等の目的となっている宅地を評価する場合の残存期間年数に応じた割合

残存期間年数	割合
5年以下の場合	5%
5年を超え10年以下の場合	10%
10年を超え15年以下の場合	15%
15年を超える場合	20%

　（注）残存期間年数の端数処理は行いません。

（資4－80－2－A4統一）

⑵ **一般定期借地権の目的となっている宅地の評価**（平成10年8月25日付課評2−8「一般定期借地権の目的となっている宅地の評価に関する取扱いについて」）

① **評価方法**

　借地権割合が30％〜70％の地域にある一般定期借地権の目的となっている宅地の価額は、課税上弊害がない限り、自用地としての価額から次の「一般定期借地権の価額に相当する金額」を控除した金額によって評価します。

イ　一般定期借地権の価額に相当する金額

　課税時期における自用地としての価額に、次の算式により計算した数値を乗じて計算した金額です。

（算式）

$$
（1－底地割合）\times \frac{課税時期におけるその一般定期借地権の残存期間年数に応ずる基準年利率による複利年金現価率}{一般定期借地権の設定期間年数に応ずる基準年利率による複利年金現価率}
$$

ロ　底地割合

　イの算式中の「底地割合」は、借地権割合の区分に応じ、次に定める割合です。

（底地割合）

借地権割合	70%	60%	50%	40%	30%
底地割合	55%	60%	65%	70%	75%

　　（注）1　借地権割合が80％以上の地域及び評価通達27《借地権の評価》ただし書に定める「借地権の設定に際しその設定の対価として通常権利金その他の一時金を支払うなど借地権の取引慣行があると認められる地域以外の地域」に存する一般定期借地権の目的となっている宅地の価額は、評価通達25⑵に定める評価方法により評価します。

　　　　　2　一般定期借地権の目的となっている宅地の評価は、当該個別通達の定めに従って行う必要があります。評価通達との選択適用はできません。

② **「課税上弊害がない」場合**

　課税上弊害がない場合とは、一般定期借地権の設定等の行為が専ら税負担回避を目的としたものでない場合をいうほか、この規定により評価することが著しく不適当と認められることのない場合をいい、個々の設定等についての事情、取引当事者間の関係等を総合勘案してその有無を判定することになります。

　なお、一般定期借地権の借地権者が次に掲げる者に該当する場合には、「課税上弊害がある」ものとなります。

イ　一般定期借地権の借地権設定者（以下「借地権設定者」という。）の親族

ロ　借地権設定者とまだ婚姻の届出をしないが事実上婚姻関係と同様の事情にある者及びその親族でその者と生計を一にしているもの

ハ　借地権設定者の使用人及び使用人以外の者で借地権設定者から受ける金銭その他の財産に

第3章　宅地の上に存する権利の評価及び権利の目的となっている宅地の評価

　　　よって生計を維持しているもの並びにこれらの者の親族でこれらの者と生計を一にしている
　　　もの
　ニ　借地権設定者が法人税法第2条第15号（定義）に規定する役員（以下「会社役員」という。）
　　　となっている会社
　ホ　借地権設定者、その親族、上記ロ及びハに掲げる者並びにこれらの者と法人税法第2条第
　　　10号（定義）に規定する政令で定める特殊の関係にある法人を判定の基礎とした場合に同
　　　号に規定する同族会社に該当する法人
　ヘ　上記ニ又はホに掲げる法人の会社役員又は使用人
　ト　借地権設定者が、借地借家法第15条（自己借地権）の規定により、自ら一般定期借地権
　　　を有することとなる場合の借地権設定者

▌計算例11

　▌計算例8（204ページ）の一般定期借地権の目的となっている宅地の評価
　なお、当該宅地は路線価図の地区区分がD（借地権割合60％）の地域に所在している。
　○定期借地権等の種類……………一般定期借地権
　○設定期間…………………………50年
　○契約時期…………………………平成7年3月
　○設定時に授受された一時金……権利金900万円（返還不要）
　○設定時の宅地の価額……………通常取引価額6,000万円
　○課税時期現在（平成30年3月）の自用地価額……相続税評価額3,200万円
　（計算）
　　前記の表より底地割合は60％です。
　　したがって、一般定期借地権の目的となっている宅地の価額は、

$$3,200万円 - 3,200万円 \times （1 - 0.6） \times \frac{26.077}{46.946} = 24,890,009 円$$

となります。

（表）

定 期 借 地 権 等 の 評 価 明 細 書

（平成二十年分以降用）

（住居表示） 所 在 地 番	（地積） ㎡	設定年月日	平成7年3月　日	設定期間年数	⑦	50 年
		課税時期	平成30年3月　日	残存期間年数	⑧	27 年

定期借地権 等 の 種 類	（一般定期借地権）・ 建物譲渡特約付借地権 ・ 事業用定期借地権等				設定期 間年数 に応ず る基準 年利率 による	複利現価率	④	
定期 借地 権等 の設 定時	自用地としての価額	①	（1㎡当たりの価額　　　　　円） **48,000,000** 円			複利年金現価率	⑤	**46.946**
	通常取引価額	②	（通常の取引価額又は①／0.8） **60,000,000** 円					
課税 時期	自用地としての価額	③	（1㎡当たりの価額　　　　　円） **32,000,000** 円		残存期間年数に応ずる 基準年利率による 複利年金現価率	⑥	**26.077**	

　（注）④及び⑤に係る設定期間年数又は⑥に係る残存期間年数について、その年数に1年未満の端数があるときは6ヶ月以上を切り上げ、6ヶ月未満を切り捨てます。

○定期借地権等の評価

経済的利益の額の計算	権利金 等の授 受があ る場合	（権利金等の金額） （A） ＿＿＿＿＿ ＝ ⑨ 円	権利金・協力金・礼金等の名称のいかんを問わず、借地契約の終了のときに返還を要しないとされる金銭等の額の合計を記載します。	（権利金等の授受による経済的利益の金額） ⑨ 円
	保証金 等の授 受があ る場合	（保証金等の額に相当する金額） （B） ＿＿＿＿＿ 円	保証金・敷金等の名称のいかんを問わず、借地契約の終了のときに返還を要するものとされる金銭等（保証金等）の預託があった場合において、その保証金等につき基準年利率未満の約定利率の支払いがあるとき又は無利息のときに、その保証金等の金額を記載します。	（保証金等の授受による経済的利益の金額） ⑩ 円
		（保証金等の授受による経済的利益の金額の計算） （④の複利現価率）　　　　　（基準年利率未満の約定利率）　（⑤の複利年金現価率） （B）－〔（B）× ＿＿＿＿＿〕－〔（B）× ＿＿＿＿＿ × ＿＿＿＿＿〕 ＝ ⑩		
		（権利金等の授受による経済的利益の金額）　（保証金等の授受による経済的利益の金額）　〔贈与を受けたと認められる差額地代の額がある場合の経済的利益の金額〕 ⑨ 円 ＋ ⑩ 円 ＋ ⑪ 円 ＝		（経済的利益の総額） ⑫ 円
		（注）⑪欄は、個々の取引の事情・当事者間の関係等を総合勘案し、実質的に贈与を受けたと認められる差額地代の額がある場合に記載します（計算方法は、裏面2参照）。		
評価額の計算		（課税時期における自用地としての価額）　（経済的利益の総額）　（⑥の複利年金現価率） ③ 円　　（設定時の通常取引価額）　（⑤の複利年金現価率） ＿＿＿＿＿ × ⑫ ÷ ② × ⑥ ÷ ⑤ ＝ ⑬		（定期借地権等の評価額） ⑬ 円

　（注）保証金等の返還の時期が、借地契約の終了のとき以外の場合の⑩欄の計算方法は、税務署にお尋ねください。

○定期借地権等の目的となっている宅地の評価

一般定期借地 権の目的とな っている宅地 〔裏面1の Ⓐに該当 するもの〕	（課税時期における自 用地としての価額） ③ **32,000,000** 円	－③ **32,000,000** 円	×	（底地割合 （裏面3参照）） 1－**0.6**	×	（⑥の複利年 金現価率） **26.077** （⑤の複利年 金現価率） **46.946**	＝	⑭	（一般定期借地権の目的と なっている宅地の評価額） **24,890,009** 円
上記以外の定 期借地権等の 目的となって いる宅地 〔裏面1の Ⓑに該当 するもの〕	（課税時期における自 用地としての価額） ③ ＿＿＿＿＿ 円	（定期借地権等の評価額） －⑬ 円 ＝ ⑮ 円						⑰	（上記以外の定期借地権 等の目的となっている 宅地の評価額） （⑮と⑯のいずれ か低い金額） 円
	（課税時期における自 用地としての価額） ③ ＿＿＿＿＿ 円	×	〔残存期間年数に応じた 割合（裏面4参照）〕 1－＿＿＿＿＿ ＝ ⑯ 円						

（資4-80-1-A4統一）

第3章　宅地の上に存する権利の評価及び権利の目的となっている宅地の評価

4　定期借地権等の設定に伴い授受された一時金に係る債権・債務額

(1)　授受された一時金が前払賃料である場合の未経過分相当額の取扱い

①　借地人の債権額

　課税時期において借地権者が有する前払賃料の未経過分相当額に係る債権は、借地契約の存続を前提とすれば、返還を受けることができないものであり、被相続人等が前払賃料を支払っていたことによる権利は、存続期間に応じた定期借地権の権利の価額に反映されることとなります。

　したがって、相続税の課税価格の計算上は、当該債権を定期借地権と別個の財産として計上する必要はありません。

②　借地権設定者の債務額

　前払賃料のうち、課税時期における契約期間の残余の期間に充当されるべき金額（前払賃料の未経過分相当額）については、定期借地権の付着した宅地として評価上減額されるため、別の債務として控除することはできません。

(2)　保証金等の借地権終了時に返還を要するものとされた金銭

　前記2(2)「定期借地権等の設定の時における借地権者に帰属する経済的利益の総額の計算」(202ページ参照)で説明しました経済的利益の総額を求める算定方法との関係から、次の算式で計算した金額が借地人の債権額及び借地権設定者の債務額となります。

$$\left[\begin{array}{c} \text{保証金等の額に} \\ \text{相当する金額} \end{array} \times \begin{array}{c} \text{課税時期における定期借地権の} \\ \text{残存期間年数に応ずる基準年利} \\ \text{率による複利現価率} \end{array} \right] +$$

$$\left[\begin{array}{c} \text{保証金等の額に} \\ \text{相当する金額} \end{array} \times \begin{array}{c} \text{約定} \\ \text{利率} \end{array} \times \begin{array}{c} \text{課税時期における定期借地権の} \\ \text{残存期間年数に応ずる基準年利} \\ \text{率による複利年金現価率} \end{array} \right]$$

▌計算例 12

定期借地権設定時に授受された保証金に係る債権・債務額(1)

○借地権の種類………………………事業用借地権

○設定期間……………………………20 年

○契約時期……………………………平成 17 年 3 月

○設定時に授受された一時金……保証金 1,200 万円（無利息）

○設定時の宅地の価額……………通常取引価額 8,000 万円

○課税時期現在（平成 30 年 3 月）の自用地価額……相続税評価額 5,600 万円

（計算）

・課税時期現在の残存期間　7 年

・課税時期における残存期間に応ずる基準年利率　0.25％

213

●借地権者の債権額又は借地権設定者の債務額

$$1,200\,万円 \quad \times \quad \underset{\substack{残存期間7年に対応する\\年0.25\%の複利現価率}}{0.983} \quad = 11,796,000\,円$$

▎計算例 13

定期借地権設定時に授受された保証金に係る債権・債務額(2)

○定期借地権等の種類……………一般定期借地権

○設定期間……………………………50 年

○契約時期……………………………平成 7 年 3 月

○設定時に授受された一時金……保証金 1,200 万円（約定利率：年 0.1%）

○設定時の宅地の価額……………通常取引価額 6,000 万円

○課税時期現在（平成 30 年 3 月）の自用地価額……相続税評価額 3,200 万円

（計算）

・課税時期現在の残存期間　27 年

・課税時期における残存期間に応ずる基準年利率　0.25%

●借地権者の債権額又は借地権設定者の債務額

$$1,200\,万円\times \underset{\substack{残存期間27年に対応する\\年0.25\%の複利現価率}}{0.935} + 1,200\,万円\times 0.1\%\times \underset{\substack{残存期間27年に対応する\\年0.25\%の複利年金現価率}}{26.077}$$

$$= 11,532,924\,円$$

第4節　地上権（相続税法第23条）

1　地上権の評価

(1)　地上権とは

　地上権とは民法第265条に規定されている、他人の土地上に工作物を築造して所有するため又は竹木を植林して所有するための権利をいいます。ただし、借地権に該当するものや民法第269条の2に規定されている区分地上権は除かれます。これらについては、別途評価方法が定められています。

> **参考**
>
> **【民法】第265条（地上権の内容）**
>
> 　地上権者は、他人の土地において工作物又は竹木を所有するため、その土地を使用する権利を有する。

第3章　宅地の上に存する権利の評価及び権利の目的となっている宅地の評価

⑵　地上権と賃借権の相違

　地上権と同様に、ある目的のために他人の土地を利用する権利としては、地上権のほかにも賃借権があります。地上権は民法上の物権であり賃借権は債権であること等からこれらの権利の間には次のような差異があります。

　①　地上権には登記請求権があり、登記を具備して第三者への対抗要件を得ることができるが、賃借権には登記請求権がない。

　②　地上権は物権としての性質から譲渡性が当然に認められるが、賃借権の譲渡には賃貸人の承諾が必要である。

　③　地上権には抵当権を設定することができるが、賃借権にはできない。

　④　一般的には地上権の存続期間は長期であるが、賃借権の場合には短期間であることが多い。

　以上から明らかなように、地上権は賃借権と比して強い権利ということができ、このため同様な目的とする土地使用権であっても、原則として評価方法が異なります（賃借権の評価は**第7章第2節2**を参照してください。）。評価に際しては、契約内容や登記の有無等から対象となる権利が地上権であるのか賃借権であるのかを確認する必要があります。

　なお、私人間の土地使用に関してはそのほとんどが賃借権で、地上権は地下鉄、トンネル、橋梁などの敷設の場合に多く利用されているようです。

⑶　評価方法

　地上権の価額は、その土地の価額（地上権が設定されていないとした場合の価額）に、その残存期間に応じた次の割合（以下「地上権割合」といいます。）を乗じて評価します。

残存期間	地上権割合
10年以下のもの	100分の5
10年を超え15年以下のもの	100分の10
15年を超え20年以下のもの	100分の20
20年を超え25年以下のもの	100分の30
25年を超え30年以下のもの	100分の40
30年を超え35年以下のもの	100分の50
35年を超え40年以下のもの	100分の60
40年を超え45年以下のもの	100分の70
45年を超え50年以下のもの	100分の80
50年を超えるもの	100分の90

　地上権で存続期間の定めのないものの地上権割合は100分の40です。

215

2 地上権の目的となっている宅地の評価（評価通達25(3)）

　地上権の目的となっている宅地の価額は、その宅地の自用地としての価額から地上権の価額を控除して評価します。

　　その宅地の自用地としての価額－地上権の価額
　＝その宅地の自用地としての価額×（１－地上権割合）

第5節　区分地上権

1　区分地上権の評価（評価通達27-4）

(1)　区分地上権とは

　区分地上権とは民法第269条の2に規定されている、地下又は空間に工作物の所有を目的とするため、上下の範囲を定めて設定された地上権をいいます。民法第265条の「地上権」に対して「区分地上権」と呼ばれます。

　区分地上権は、昭和41年の民法の一部改正により法制化されたものですが、一般的には鉄道や通路のためのトンネルの所有を目的とするものが多いようです。

> **参　考**
>
> 【民法】
>
> 第269条の2（地下又は空間を目的とする地上権）
>
> 1　地下又は空間は、工作物を所有するため、上下の範囲を定めて地上権の目的とすることができる。この場合においては、設定行為で、地上権の行使のためにその土地の使用に制限を加えることができる。
>
> 2　前項の地上権は、第三者がその土地の使用又は収益をする権利を有する場合においても、その権利又はこれを目的とする権利を有するすべての者の承諾があるときは、設定することができる。この場合において、土地の使用又は収益をする権利を有する者は、その地上権の行使を妨げることができない。

---

(2)　区分地上権の評価方法

　区分地上権の価額は、その区分地上権の目的となっている宅地の自用地としての価額に、その区分地上権の設定契約の内容に応じた土地利用制限率を基とした割合（以下「区分地上権割合」といいます。）を乗じて計算した金額によって評価します。

　　自用地としての価額×区分地上権割合＝区分地上権の価額

なお、地下鉄等のずい道の所有を目的として設定した区分地上権を評価するときにおける区分地上権割合は30％とすることができます。

(注)1 「土地利用制限率」とは、公共用地の取得に伴う損失補償基準細則別記２（土地利用制限率算定要領）に定める土地利用制限率をいいます。
2 区分地上権が１画地の宅地の一部分に設定されているときは、「その区分地上権の目的となっている宅地の自用地としての価額」は、１画地の宅地の自用地としての価額のうち、その区分地上権が設定されている部分の地積に対応する価額となることに注意してください。

【土地利用制限率の計算例】

区分地上権の設定内容等

① 地下鉄のトンネルの設置を目的とするもので、このため地下２階から下は利用できなくなる。また、荷重制限のため、５階建の建物しか建築できなくなる。

② 区分地上権による制約がないとした場合には最有効階層が９階建の店舗、事務所ビルが建築できる。

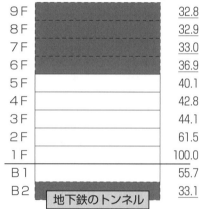

（階層別利用率）

階	利用率
9F	32.8
8F	32.9
7F	33.0
6F	36.9
5F	40.1
4F	42.8
3F	44.1
2F	61.5
1F	100.0
B1	55.7
B2	33.1

$$土地利用制限率 = \frac{区分地上権の設定により建築できなくなった部分の階層別利用率の合計}{区分地上権の設定がない場合に建築可能な階層に応じた階層別利用率の合計}$$

$$= \frac{32.8+32.9+33.0+36.9+33.1}{32.8+32.9+33.0+36.9+40.1+42.8+44.1+61.5+100.0+55.7+33.1}$$

$$≒ 32.89\%$$

(注)1 実際の土地利用率計算では、最有効階層の上空又は地価の利用価値も考慮に入れることとされていますが、ここでは省略しました。
2 建物階層別利用率は、各階層の単位面積当たりの指数ですから、各階層の床面積が異なるときは、それぞれの指数と当該階層の床面積との積が当該階層の有効指数になりますが、ここでは各階層の床面積を同一としました。

この例では自用地としての価額を５億円とすると、区分地上権の価額は、

　　５億円×32.89％＝１億6,445万円

となります。

なお、上記の計算例のように地下鉄等のずい道の所有を目的として設定した区分地上権を評価するときにおける区分地上権割合は30％とすることができます。

　　5億円×30％＝1億5,000万円

> 参考：公共用地の取得に伴う損失補償基準細則別記2（土地利用制限率算定要領）

別表第2　建物階層別利用率表

階　層	Ａ　群	Ｂ　群	Ｃ　群			Ｄ　群
9	32.8		30.0	30.0	30.0	↑
8	32.9		30.0	30.0	30.0	
7	33.0		30.0	30.0	30.0	
6	36.9	67.4	30.0	30.0	30.0	
5	40.1	70.0	30.0	30.0	30.0	
4	42.8	72.7	30.0	30.0	30.0	
3	44.1	75.4	60.0	30.0	30.0	
2	61.5	79.4	70.0	70.0	30.0	
1	100.0	100.0	100.0			100.0
地下1	55.7	52.9	60.0			
地下2	33.1		40.0			

Ａ群　下階が店舗で上階にゆくに従い事務所（例外的に更に上階にゆくと住宅となる場合もある。）使用となる建物
Ｂ群　全階事務所使用となる建物
Ｃ群　下階が事務所（又は店舗）で大部分の上階が住宅使用となる建物
Ｄ群　全階住宅使用となる建物
注1　本表の指数は土地価格の立体分布と建物価格の立体分布とが同一であると推定したことが前提となっている。
　2　本表の指数は各群の一応の標準を示すものであるから、実情に応じ補正は妨げない。特に各群間の中間的性格を有する地域にあっては、その実情を反映させるものとする。
　3　本表にない階層の指数は本表の傾向及び実情を勘案のうえ補足するものとする。
　4　本表は各階層の単位面積当たりの指数であるから、各階層の床面積が異なるときは、それぞれの指数と当該階層の床面積との積が当該階層の有効指数になる。
　5　Ｃ群の　　　内の指数は当該階層の用途が住宅以外であるときの指数である。

第3章　宅地の上に存する権利の評価及び権利の目的となっている宅地の評価

2　区分地上権の目的となっている宅地の評価（評価通達25⑷）

区分地上権の目的となっている宅地の価額は、その宅地の自用地としての価額から区分地上権の価額を控除した金額により評価します。

その宅地の自用地としての価額－区分地上権の価額
＝その宅地の自用地としての価額×（1－区分地上権割合）

なお、倍率地域の場合において、固定資産税評価額が区分地上権の目的となっていることを考慮して評価されたものである場合には、自用地としての価額は区分地上権の設定がないとした場合の固定資産税評価額に倍率を乗じて求めます。これは、すでに固定資産税評価において利用価値の低下を考慮しているにもかかわらず、機械的に本項の規定を適用すると、いわば二重引きとなってしまうためです。

第6節	区分地上権に準ずる地役権

1　区分地上権に準ずる地役権の評価（評価通達27－5）

⑴　区分地上権に準ずる地役権とは

地役権とは、ある土地の便益のために他の土地を利用する権利をいいます。

例えば、自己の土地への進入のために他人の土地を通行する通行地益権等があります。この場合、便益の提供を受ける土地（上の例では自己の土地）を要役地、便益に供する土地（例では通行する他人の土地）を承役地といいますが、地役権とは要役地の便益のために承役地上に設定される権利です。

このような地役権のうち、区分地上権に準ずる地役権とは、地価税法施行令第2条第1項に規定されており「特別高圧架空電線の架設、高圧のガス等を通ずる導管の敷設、飛行場の設置、建築物の建築その他の目的のため地下又は空間について上下の範囲を定めて設定された地役権で、建造物の設置を制限するもの」です。

電力会社の特別高圧架空電線の架設のための地役権等がよく見受けられます。

⑵　区分地上権に準ずる地役権の評価方法

区分地上権に準ずる地役権は、その内容が評価通達27－4の区分地上権と類似するものですから、評価方法も同様のものとなっています。

つまり、その宅地の自用地としての価額に、その区分地上権の設定契約の内容に応じた土地利用制限率を基とした割合（区分地上権に準ずる地役権の割合）を乗じて計算した金額により評価します。

自用地としての価額×区分地上権に準ずる地役権の割合

　　＝区分地上権に準ずる地役権の価額

　ただし、区分地上権に準ずる地役権の割合は、次の承役地に係る制限の内容の区分に従い、それぞれ次に掲げる割合とすることができます。

①　家屋の建築が全くできない場合

　　100分の50又はその区分地上権に準ずる地役権が借地権とした場合にその承役地に適用される借地権割合のいずれか高い割合

②　家屋の構造、用途に制限を受ける場合

　　100分の30

　なお、土地利用制限率の計算方法については、**第3章第5節1「区分地上権の評価」**を参照してください。

2　区分地上権に準ずる地役権の目的となっている宅地の評価（評価通達 25 ⑸）

　区分地上権の目的となっている承役地の宅地の価額は、その自用地としての価額から区分地上権に準ずる地役権の価額を控除して評価します。

　　その宅地の自用地としての価額－区分地上権に準ずる地役権の価額

　＝その宅地の自用地としての価額×（1－区分地上権に準ずる地役権の割合）

　＝区分地上権の目的となっている承役地の宅地の価額

　なお、倍率地域の場合において、固定資産税評価額が区分地上権に準ずる地役権の目的となっていることを考慮して評価されたものである場合には、自用地としての価額は区分地上権に準ずる地役権の設定がないとした場合の固定資産税評価額に倍率を乗じて求めます。これは、すでに固定資産税評価において利用価値の低下を考慮しているにもかかわらず、機械的に本項の規定を適用すると、いわば二重引きとなってしまうためです。

　また、区分地上権に準ずる地役権の割合は、次の承役地に係る制限の内容の区分に従い、それぞれ次に掲げる割合とすることができます。

①　家屋の建築が全くできない場合

　　100分の50又はその区分地上権に準ずる地役権が借地権とした場合にその承役地に適用される借地権割合のいずれか高い割合

②　家屋の構造、用途に制限を受ける場合

　　100分の30

第3章　宅地の上に存する権利の評価及び権利の目的となっている宅地の評価

第7節　土地の上に存する権利が競合する場合の借地権等

1　借地権、定期借地権等又は地上権と区分地上権が競合する場合の借地権、定期借地権等又は地上権の価額（評価通達27－6⑴）

次の式により評価します。

借地権の価額
定期借地権等の価額　×（1－区分地上権割合）
地上権の価額

2　借地権、定期借地権等又は地上権と区分地上権に準ずる地役権が競合する場合の借地権、定期借地権等又は地上権の価額（評価通達27－6⑵）

次の算式により評価します。

借地権の価額
定期借地権等の価額　×（1－区分地上権に準ずる地役権割合）
地上権の価額

第8節　貸家建付借地権等（評価通達28）

1　貸家建付借地権等とは

貸家建付借地権等とは、貸家の用に供されている借地権又は定期借地権をいいます。つまり、借地権又は定期借地権に基づき家屋を所有している場合で、その家屋が貸家の用に供されている場合における、借地権又は定期借地権です。

2　貸家建付借地権等の評価

貸家建付借地権等の価額は、次の算式に基づいて評価します。

借地権の価額
定期借地権等の価額（A）　－A×借家権割合×賃貸割合
＝A×（1－借家権割合×賃貸割合）

221

設例57 「土地の無償返還に関する届出書」を提出している場合の貸家建付借地権の評価

父に相続が発生しましたが、父は自己所有地に借地権を設定し主宰法人甲社に貸し付けていました。甲社は同地上に貸家を建設し相続開始時点も貸家の用に供していました。

「土地の無償返還に関する届出書」を提出していますので、父の貸地は自用地としての価額の80％相当額で評価することになると思いますが、甲社株式の評価に際して純資産に計上する借地権価額は自用地価額の20％相当額となるのでしょうか。

解説

甲社は、借地権上の建物を貸家の用に供していますので、甲社の借地権は貸家建付借地権に該当します。したがって、その価額は次の算式により計算することとなります。

　　その宅地の自用地としての価額×20％×（1－30％（借家権割合））

　（注）賃貸割合は100％と仮定しています。

第9節　転貸借地権（評価通達29）

1　転貸借地権とは

転貸借地権とは、建物の所有を目的として他から宅地を借りて設定している借地権について、自己が使用することなくこの宅地をさらに他に賃貸している場合の当該借地権をいいます。

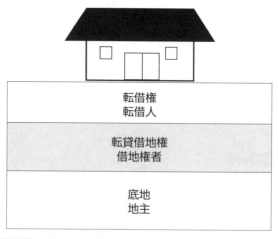

転貸借地権は通常の借地権に比して、転借権の設定により利用及び処分に制約を受けるため借地権の価額から一定の減額を行って評価することとされています。

第3章　宅地の上に存する権利の評価及び権利の目的となっている宅地の評価

2　転貸借地権の評価

転貸借地権の価額は、借地権の価額から借地権の価額に借地権割合を乗じて得た価額を控除して評価します。

借地権価額－借地権価額×借地権割合

＝借地権価額×（１－借地権割合）

＝転貸借地権価額

設例58 転貸借地権の評価について

次の転貸借地権の評価は、どのように行うのでしょうか。

自用地価額　　　30,000,000 円

借地権割合　　　60%

解説

転貸借地権の評価の算式より、転貸借地権の価額は次のようになります。

30,000,000 円× 60% = 18,000,000 円（借地権価額）

18,000,000 円×（１ － 0.6）= 7,200,000 円（転貸借地権価額）

223

土地及び土地の上に存する権利の評価明細書（第 2 表）

セットバックを必要とする宅地の評価額	（自用地の評価額）　円 － （ （自用地の評価額）　円 × $\frac{（該当地積）\ \text{m}^2}{（総地積）\ \text{m}^2}$ × 0.7 ）			（自用地の評価額）　円	M
都市計画道路予定地の区域内にある宅地の評価額	（自用地の評価額）　円 × 0.　（補正率）			（自用地の評価額）　円	N

（平成三十年分以降用）

大規模工場用地等の評価額	○　大規模工場用地等　（正面路線価）　円 ×　（地積）　m² ×　（地積が20万m²以上の場合は0.95）	円	O
	○　ゴルフ場用地等　（宅地とした場合の価額）（地積）　（　円 ×　m²×0.6）－ （ $\binom{1\,\text{m}^2当たり}{の造成費}$ 円 × （地積）　m²）	円	P

	利用区分	算　　　　　式	総　　額	記号
総額計算による価額	貸宅地	（自用地の評価額）　円 × （1－ 0.　）（借地権割合）	円	Q
	貸家建付地	（自用地の評価額又はS）　円 × （1－ 0.　×0.　× $\frac{\text{m}^2}{\text{m}^2}$ ）（借地権割合）（借家権割合）（賃貸割合）	円	R
	（目的となっている土地）権	（自用地の評価額）　円 × （1－ 0.　）（　割合）	円	S
	借地権	（自用地の評価額）　30,000,000円 × 0.6（借地権割合）	18,000,000　円	T
	貸家建付借地権	（T,AAのうちの該当記号）（　）円 × （1－ 0.　× $\frac{\text{m}^2}{\text{m}^2}$ ）（借家権割合）（賃貸割合）	円	U
	転貸借地権	（T,AAのうちの該当記号）（　）18,000,000円 × （1－ 0.6　）（借地権割合）	7,200,000　円	V
	転借権	（T,U,AAのうちの該当記号）（　）円 × 0.　（借地権割合）	円	W
	借家人の有する権利	（T,W,AAのうちの該当記号）（　）円 × 0.　× $\frac{\text{m}^2}{\text{m}^2}$ （借家権割合）（賃貸割合）	円	X
	（　）権	（自用地の評価額）　円 × 0.　（　割合）	円	Y
	権利が競合する場合の土地	（Q,Sのうちの該当記号）（　）円 × （1－ 0.　）（　割合）	円	Z
	他の権利と競合する場合の権利	（T,Yのうちの該当記号）（　）円 × （1－ 0.　）（　割合）	円	AA
備考				

（注）　区分地上権と区分地上権に準ずる地役権とが競合する場合については、備考欄等で計算してください。

（資4－25－2－A4統一）

第3章　宅地の上に存する権利の評価及び権利の目的となっている宅地の評価

第10節　転借権（評価通達30）

1　転借権とは

　転借権とは、宅地の上に設定された借地権について、当該借地権者が当該宅地を転貸した場合の転借人に発生する権利をいいます。

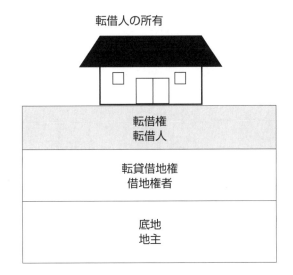

　転借権は、借地権者の借地権を根拠として設定されていますので、借地権価額を基に評価することとされています。

2　転借権の評価

　転借権の価額は、借地権の価額に借地権割合を乗じて評価します。

　　借地権の価額×借地権割合＝転借権の価額

　ただし、その転借権が貸家の敷地の用に供されている場合の転借権の価額は次の算式により評価します。

　　転借権の価額－転借権の価額×借家権割合×賃貸割合
　　＝転借権の価額×（1－借家権割合×賃貸割合）
　　＝借地権価額×借地権割合×（1－借家権割合×賃貸割合）
　　＝借地権価額×（1－借家権割合×賃貸割合）×借地権割合
　　＝貸家建付借地権の価額×借地権割合
　　＝貸家の敷地の用に供されている転借権の価額

設例59 貸家に敷地の用に供されている転借権の評価

次の貸家に敷地の用に供されている転借権の価額はどのように評価するのですか。

自用地価額……30,000,000 円

借地権割合……60%

借家権割合……30%

賃貸割合………80%

解説

貸家の敷地の用に供されている転借権の評価の算式から、評価額は次のとおりです。

30,000,000 円 × 60% = 18,000,000 円 （借地権価額）

18,000,000 円 × （1 − 0.3 × 0.8） = 13,680,000 円 （貸家建付借地権の価額）

13,680,000 円 × 60% = 8,208,000 円 （貸家の敷地の用に供されている転借権の価額）

第3章　宅地の上に存する権利の評価及び権利の目的となっている宅地の評価

土地及び土地の上に存する権利の評価明細書（第2表）

					M
セットバックを必要とする宅地の評価額	（自用地の評価額） 円 － (	（自用地の評価額）　　　　　（該当地積） 円 × $\dfrac{\text{㎡}}{\text{（総地積）}\ \text{㎡}}$ × 0.7)	（自用地の評価額） 円	M
都市計画道路予定地の区域内にある宅地の評価額	（自用地の評価額）　　　　（補正率） 円 × 0.		（自用地の評価額） 円	N

大規模工場用地等の評価額	○ 大規模工場用地等 　（正面路線価）　　　　（地積）　　　　（地積が20万㎡以上の場合は0.95） 　　　円 ×　　　　㎡ ×	円	O
	○ ゴルフ場用地等 （宅地とした場合の価額）（地積）　　　$\binom{1\,㎡当たり}{の造成費}$　　　　（地積） （　　　円 ×　　　㎡×0.6）－（　　　円×　　　㎡）	円	P

	利用区分	算　　　　　式	総　　　額	記号
総額計算による価額	貸宅地	（自用地の評価額）　　　　（借地権割合） 円 × (1－ 0.　　　)	円	Q
	貸家建付地	（自用地の評価額又はS）　　（借地権割合）（借家権割合）（賃貸割合） 円 × (1－ 0.　×0.　×$\dfrac{㎡}{㎡}$)	円	R
	目的となっている土地（権利の）	（自用地の評価額）　　　　（　　　割合） 円 × (1－ 0.　　　)	円	S
	借地権	（自用地の評価額）　　　　（借地権割合） 30,000,000円 ×　　0.6	18,000,000 円	T
	貸家建付借地権	（T,AAのうちの該当記号）（借家権割合）　　（賃貸割合） 18,000,000円 × (1－ 0.3　× $\dfrac{80\,㎡}{100\,㎡}$)	13,680,000 円	U
	転貸借地権	（T,AAのうちの該当記号）　（借地権割合） （　　） 円 × (1－ 0.　　　)	円	V
	転借権	（T,U,AAのうちの該当記号）（借地権割合） （　　） 13,680,000円 ×　　0.6	8,208,000 円	W
	借家人の有する権利	（T,W,AAのうちの該当記号）（借家権割合）　（賃借割合） （　　） 円 × 0.　　× $\dfrac{㎡}{㎡}$	円	X
	（　　）権	（自用地の評価額）　　　　（　　　割合） 円 × 0.	円	Y
	権利が競合する場合の土地	（Q,Sのうちの該当記号）　（　　　割合） （　　） 円 × (1－ 0.　　　)	円	Z
	他の権利と競合する場合の権利	（T,Yのうちの該当記号）　（　　　割合） （　　） 円 × (1－ 0.　　　)	円	AA

備考	

（注）　区分地上権と区分地上権に準ずる地役権とが競合する場合については、備考欄等で計算してください。

（資4－25－2－A4統一）

第4章

農地及び農地の上に存する権利の評価

第1節　農地の評価

1　農地の分類（評価通達 34、36、36 － 2、36 － 3、36 － 4）

(1)　農地の分類の趣旨

　評価通達では、農地を①純農地、②中間農地、③市街地周辺農地及び④市街地農地の4種類の農地に分類しています。これらの分類は、農地の宅地への転用の許可の可能性・難易度に応じたものです。農地を上記4種類に分類することの趣旨は、転用の可能性・難易度が農地の価格に影響するために、的確な評価のためにはこれらの分類に応じて評価方法（倍率方式・宅地比準方式）や評価倍率を定める必要があるからです。

　農地の分類及びこれに対応する評価方法の決定は国税局長が行いますので、実際に評価する実務者は評価基準書（倍率表）でこれらを確認すれば事足りるともいえます。しかし、倍率の適用地域の区分に「農用地区域」や「農業振興地域内の農用地区域」と表示されている場合もありますので、農地の分類について知っておくことは評価する実務者としても意味があると思われますので、次にその概略を説明します。

(2)　農地転用許可基準における農地の分類と評価通達の農地の種類

①　農地転用許可基準における農地の分類

　上記評価通達の4種類の農地は、農地法の農地転用許可基準に基づく5種類（市街地農地を含めると6種類）の農地の種類に対応するものです。

　農地法に基づく農地転用許可制度は、食料供給の基盤である優良農地の確保という要請と住宅地や工場用地等非農業的土地利用という要請との調整を図り、かつ計画的な土地利用を確保するという観点から、農地を立地条件等により区分し、開発要請を農業上の利用に支障の少ない農地に誘導するとともに、具体的な土地利用計画を伴わない資産保有目的又は投機目的での農地取得は認めないこととしています。農地転用許可基準の立地基準では、農地を営農条件及び市街地化の状況から見て次の5種類に区分し、それぞれに許可の方針を定めています。

第4章　農地及び農地の上に存する権利の評価

区　分	営農条件、市街地化の状況	許可の方針
農用地区域内農地	市町村が定める農業振興地域整備計画において農用地区域とされた区域内の農地	原則不許可（市町村が定める農用地利用計画において指定された用途（農業用施設）等のために転用する場合、例外許可）
甲種農地	市街化調整区域内の土地改良事業等の対象となった農地（8年以内）等、特に良好な営農条件を備えている農地	原則不許可（土地収用法の認定を受け、告示を行った事業等のために転用する場合、例外許可）
第1種農地	10ヘクタール以上の規模の一団の農地、土地改良事業等の対象となった農地等良好な営農条件を備えている農地	原則不許可（土地収用法対象事業等のために転用する場合、例外許可）
第2種農地	鉄道の駅が500m以内にある等、市街地化が見込まれる農地又は生産性の低い小集団の農地	農地以外の土地や第3種農地に立地困難な場合等に許可
第3種農地	鉄道の駅が300m以内にある等、市街地の区域又は市街地化の傾向が著しい区域にある農地	原則許可

（出典：農林水産省Webサイト）

　なお、都市計画法第7条の規定する市街化区域内に存する農地については、農地転用については届出制が採用されており、許可は不要とされています。

② 農地転用許可基準の農地の種類と評価通達の農地の種類との対応

　農地転用許可基準の農地の種類と評価通達の農地の種類との対応関係は、次のとおりです。

転用許可基準の農地の種類	評価通達の農地の種類
○市街化区域内の農地 ○転用許可済み農地	市街地農地
農用地区域内農地	純農地
甲種農地	純農地
第1種農地 （価格事情が第2種農地及び第3種農地に準ずるものを除く）	純農地
第2種農地 （価格事情が第2種農地に準ずる第1種農地及び第3種農地を含む）	中間農地
第3種農地 （価格事情が第3種農地に準ずる第1種農地及び第2種農地を含む）	市街地周辺農地

229

2　純農地及び中間農地の評価（評価通達37、38）

　純農地及び中間農地は、固定資産税評価額に、田又は畑の別に定められた倍率を乗じて評価します。

　　固定資産税評価額×倍率＝純農地及び中間農地の価額

平成30年分　　　　倍　率　表　　　　　　　1頁

市区町村名：奈良市　　　　　　　　　　　　　　　　　　　　　奈良税務署

音順	町（丁目）又は大字名	適用地域名	借地権割合 %	宅地	田	畑	山林	原野	牧場	池沼
あ	青垣台1～3丁目	路線価地域	—	路線	比準	比準	比準	比準	—	—
		上記以外の地域	50	1.1	比準	比準	比準	比準	—	—
	青野町	全域	—	路線	比準	比準	比準	比準	—	—
	青野町1・2丁目	全域	—	路線	比準	比準	比準	比準	—	—
	青山1～9丁目	市街化区域	—	路線	比準	比準	比準	比準	—	—
		市街化調整区域	50	1.1	—	—	—	—	—	—
	赤膚町	市街化区域								
		1　路線価地域	—	路線	比準	比準	比準	比準	—	—
		2　上記以外の地域	50	1.1	比準	比準	比準	比準	—	—
		市街化調整区域	50	1.1	中 48	中 76	中 71	中 71	—	—
	秋篠早月町	全域	—	路線	比準	比準	比準	比準	—	—
	秋篠三和町1・2丁目	全域	—	路線	比準	比準	比準	比準	—	—
	秋篠新町	市街化区域	50	1.1	比準	比準	比準	比準	—	—
		市街化調整区域	50	1.1	中 33	中 58	—	—	—	—
	秋篠町	市街化区域								
		1　路線価地域	—	路線	比準	比準	比準	比準	—	—
		2　上記以外の地域	50	1.1	比準	比準	比準	比準	—	—
		市街化調整区域	50	1.1	中 33	中 58	中 47	中 47	—	—
	朝日町1・2丁目	全域	—	路線	比準	比準	比準	比準	—	—
	阿字万字町	全域	—	路線	比準	比準	比準	比準	—	—
	油阪地方町	全域	—	路線	比準	比準	比準	比準	—	—
	油阪町	市街化区域	—	路線	比準	比準	比準	比準	—	—
		市街化調整区域	40	1.1	純 4.0	純 4.8	純 18	純 18	—	—
	尼辻北町	全域	—	路線	比準	比準	比準	比準	—	—
	尼辻町	市街化区域	—	路線	比準	比準	比準	比準	—	—
		市街化調整区域								
		1　主要地方道奈良大和郡山斑鳩線沿い	—	路線	中 53	中 62	—	—	—	—
		2　上記以外の地域	—	路線	中 43	中 49	—	—	—	—

（中間農地）→ 市街化調整区域「中 33」「中 58」の欄

（純農地）→ 油阪町 市街化調整区域「純 4.0」「純 4.8」の欄

230

第4章　農地及び農地の上に存する権利の評価

3　市街地周辺農地の評価（評価通達39）

　市街地周辺農地の価額は、その農地が市街地農地とした場合の価額の80％相当額により評価します。

　これを算式で示すと次のとおりです。

$$\left[\begin{array}{l}\text{その農地が宅地とした場合の}\\\text{1㎡当たりの価額}\end{array} - \begin{array}{l}\text{1㎡当たりの}\\\text{宅地造成費}\end{array}\right] \times 地積 \times 0.8$$

　　＝ 市街地周辺農地の価額

　市街地周辺農地は、市街地の区域又は市街地化の傾向が著しい区域にある農地で原則として宅地転用が許可されることから、その価格は宅地の価格を標準として形成されるものと認められます。したがって、市街地周辺農地は市街地農地と同様に宅地比準方式により評価しますが、市街地農地が届出により転用が可能であるのに対して、市街地周辺農地は転用には許可が必要であることを考慮して市街地農地の80％相当額で評価することとされています。

　「その農地が宅地とした場合の1㎡当たりの価額」や「1㎡当たりの宅地造成費」については、次の4「市街地農地の評価」をご覧ください。

4　市街地農地の評価（評価通達40）

(1)　評価方法

　市街地農地の価額は、その農地が宅地であるとした場合の1㎡当たりの価額からその農地を宅地に転用する場合において通常必要と認められる1㎡当たりの造成費に相当する額として、整地、土盛り又は土止めに要する費用の額がおおむね同一と認められる地域ごとに国税局長の定める金額を控除した金額に、その農地の地積を乗じて計算した金額によって評価します。

　これを算式で示すと次のとおりです。

$$\left[\begin{array}{l}\text{その農地が宅地とした場合の}\\\text{1㎡当たりの価額}\end{array} - \text{1㎡当たりの宅地造成費}\right] \times 地積$$

　　＝ 市街地農地の価額

　市街地農地は、都市計画の市街化区域、すなわちすでに市街地を形成している地域に所在する農地で、かつ農業委員会への届出により宅地転用が可能で転用許可は不要とされている農地又はすでに宅地への転用許可済の農地ですので、その価格は宅地としての価格を標準として形成されます。

　このことから、市街地農地の価額は上記のとおり宅地としての価額から比準して評価することとされています。このような評価方法を宅地比準方式といいます。

(2)　その農地が宅地とした場合の1㎡当たりの価額

①　路線価地域内に所在する場合

　　その農地が路線価地域内にある場合の「その農地が宅地とした場合の1㎡当たりの価額」は、路線価に基づき画地調整率等を適用して算定します。つまり、その農地が宅地であるとした場合の自用地としての価額を算定することになります。なお、その農地が宅地であるとした場合

231

には、評価通達20−2《地積規模の大きな宅地の評価》の定めの適用対象となるときには、同項の規模格差補正率も適用することに注意してください。

② **倍率地域内に所在する場合**

倍率地域内の宅地の価額は、固定資産税評価額に宅地の倍率を乗じて算定しますが、当然のことながら農地には宅地としての固定資産税評価額が付されていません。また、評価通達40の(注)では、「その農地が宅地であるとした場合の1平方メートル当たりの価額は、その付近にある宅地の1平方メートル当たりの価額を基とし、その宅地と農地との位置、形状等の条件の差を考慮して評価する」旨の定めがありますが、付近の宅地が標準的な形状・規模でない場合には、これと比較して評価対象地の価額を算定するというのはかなり困難です。

そこで、実務的には次の方法により評価することとなります。

（算式）

その農地が標準的な宅地とした
場合の固定資産税評価額　　× 倍率 × 画地調整率
（1㎡当たり単価）
＝その農地が宅地とした場合の 1㎡当たりの価額

上記の算式中の画地調整率は、路線価評価における普通住宅地区の画地調整率を用いることが認められています。なお、その農地が宅地であるとした場合には、評価通達20−2《地積規模の大きな宅地の評価》の定めの適用対象となるときには、同項の規模格差補正率も適用することに注意してください。

農地の場合には、農道にのみ面しており建物の建築が可能な道路に面していないこともありますが、このような場合には付近の建物の建築が可能な道路に面している標準的な宅地の固定資産税単価に基づき、評価通達の規定に基づく調整計算を行って「その農地が宅地とした場合の1㎡当たりの価額」を算定します。

設例60　農道に面する農地の「その農地が宅地とした場合の1㎡当たりの価額」の算定方法

評価対象の農地は、右図のように農道にのみ面しています。この農道は、農業用の特殊車両や作業用軽トラックの通行のためのもので、この道に面しては建物も建っていません。

このような状況にある評価対象の農地の「その農地が宅地とした場合の1㎡当たりの価額」は、次の①から③のうち、どの方法によるべきでしょうか。

① 農道について特定路線価設定申出書を提出し、新たに設定される特定路線価に基づき評価する。

② 公道に設定されている路線価100,000円に基づき、奥行価格補正率、間口狭小補正率（農道の幅員を間口距離とする）及び奥行長大補正率（又は不整形地補正率）等の画地調整率を適用して評価する。

③ 公道に設定されている路線価100,000円に基づき、評価通達20−3の無道路地として評価する。

232

第4章　農地及び農地の上に存する権利の評価

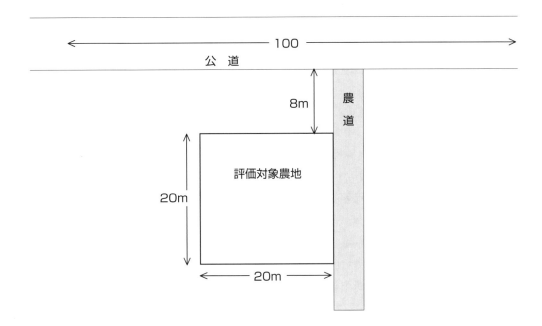

解説

評価通達14《路線価》では、「路線価は、宅地の価額がおおむね同一と認められる一連の宅地が面している路線ごとに設定する」旨が規定されています。そして、宅地とは「建物の敷地及びその維持若しくは効用を果たすために必要な土地」です。このような路線価の考え方及び上記農道の状況からすると、特定路線価設定申出書により課税庁に特定路線価の設定を申し出ても、原則として課税庁は特定路線価を設定しないものと思われます（ただし、公道沿いとその背後地とでは、繁華性の程度等の価格形成要因に格段の開差があることから公道に設定されている路線価から評価することが実情にそぐわないと認められる場合には、特定路線価を設定することも有りうるものと考えます。)。

また、上記の農道は建築基準法上の道路に該当しないと思われ、現実にこれに面して建てられている建物もないことから、評価対象地農地が宅地とした場合には、評価通達20－3の無道路地（接道義務を満たしていない宅地）に該当します。そうすると、上記農地の「その農地が宅地とした場合の1㎡当たりの価額」は評価通達20－3の規定等に基づき、次のように評価することになります。

1　評価対象地と前面土地を合わせた近似整形地の価額から前面宅地の価額を控除して、評価対象地の奥行価額補正後の価額を算定します。

　　100,000円 × 0.95（奥行価格補正率）× 560㎡（想定整形地の面積）＝ 53,200,000円
　　100,000円 × 1.00（奥行価格補正率）× 160㎡（前面宅地の面積）＝ 16,000,000円
　　（注）　近似整形地の価額から差し引く前面宅地の価額の計算に当たって、奥行距離が短いため奥行価格補正

233

率が1.00未満となる場合においては、当該奥行価格補正率は1.00とします。
　　ただし、全体の整形地の奥行距離が短いため奥行価格補正率が1.00未満の数値となる場合には、隣接する整形地の奥行価格補正率もその数値とします。
　（53,200,000円－16,000,000円）÷400㎡＝93,000円（奥行価格補正後の評価対象地の単価）

2　評価対象地について、接道義務を満たす最小限の間口距離（一般的には2ｍ）による間口狭小補正率と奥行長大補正率又は不整形地補正率を適用して価格を算定します。
　　○奥行長大補正率
　　　奥行距離28ｍ／間口距離2ｍ＝14　　➡　　奥行長大補正率0.90
　　○不整形地補正率
　　　想定整形地　20ｍ×28ｍ＝560㎡　　普通住宅地区
　　　かげ地割合　（560㎡－400㎡）／560㎡＝0.28　　➡　　不整形地補正率0.92
　0.90（奥行長大補正率）＜0.92（不整形地補正率）より、この場合には奥行長大補正率を適用します。
　93,000円×0.90（間口狭小補正率）×0.90（奥行長大補正率）＝75,330円

3　以上の不整形地としての補正を行った後の価額から無道路地としての補正を行います。
　　無道路地としての補正は、接道義務を満たす最小の面積の通路を想定し、この通路開設のために必要な面積に路線価を乗じた額を控除して行います。
　（100,000円×2ｍ×8ｍ）÷（75,330円×400㎡）＝0.05309

4　その農地が宅地とした場合の1㎡当たりの価額
　75,330円×（1－0.05309）＝71,330円

【普通住宅地区】

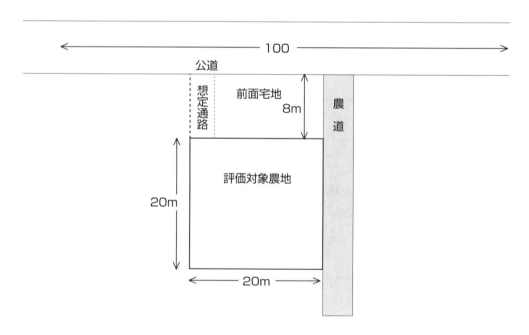

設例61 市街地農地が倍率地域内にある場合の「その農地が宅地とした場合の1㎡当たりの価額」の算定方法

設例60 と同様の場合において、その地域が倍率地域の場合には、どのように評価するのでしょうか。なお、市の固定資産税担当課で確認したところ、公道沿いの標準的な宅地の1㎡当たり単価は50,000円でした。

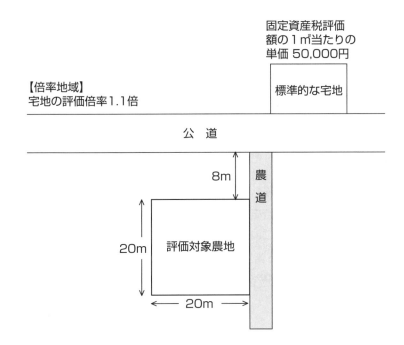

評価する農地が倍率地域内にある場合の「その農地が標準的な宅地とした場合の固定資産税評価額」は次の算式に基づいて算定します。

その農地が標準的な宅地とした場合の固定資産税評価額（1㎡当たり単価） × 倍率 × 画地調整率

＝その農地が宅地とした場合の1㎡当たりの価額

なお、評価対象地が倍率地域にある場合の「画地調整率」は、「普通住宅地区」のものを使用します。

●標準的な宅地の価額

　50,000円（標準的な宅地の固定資産税評価額の1㎡当たり単価） × 1.1（宅地の評価倍率）

　＝ 55,000円（標準的な宅地の価額）

1　評価対象地と前面土地を合わせた近似整形地の価額から前面宅地の価額を控除して、評価対象地の奥行価額補正後の価額を算定します。

なお、倍率地域内の土地について画地調整を行う場合には、画地調整率は普通住宅地区のものを適用します。

　55,000円 × 0.95（普通住宅地区の奥行価格補正率） × 560㎡（想定整形地の面積） ＝ 29,260,000円

　55,000円 × 1.00（奥行価格補正率） × 160㎡（前面宅地の面積） ＝ 8,800,000円

（注）　近似整形地の価額から差し引く前面宅地の価額の計算に当たって、奥行距離が短いため奥行価格補正率が 1.00 未満となる場合においては、当該奥行価格補正率は 1.00 とします。

ただし、全体の整形地の奥行距離が短いため奥行価格補正率が 1.00 未満の数値となる場合には、隣接する整形地の奥行価格補正率もその数値とします。

（29,260,000 円 － 8,800,000 円）÷ 400㎡ ＝ 51,150 円（奥行価格補正後の評価対象地の単価）

2　評価対象地について、接道義務を満たす最小限の間口距離（一般的には 2 m）による間口狭小補正率と奥行長大補正率又は不整形地補正率を適用して価格を算定します。

○奥行長大補正率　奥行距離 28 m／間口距離 2 m ＝ 14　➡　奥行長大補正率 0.90

○不整形地補正率　想定整形地　20 m × 28 m ＝ 560㎡

かげ地割合　（560㎡ － 400㎡）／560㎡ ＝ 0.28　　普通住宅地区　➡　不整形地補正率 0.92

0.90（奥行長大補正率）＜ 0.92（不整形地補正率）より、この場合には奥行長大補正率を適用します。

51,150 円 × 0.90（間口狭小補正率）× 0.90（奥行長大補正率）＝ 41,431 円

3　以上の不整形地としての補正を行った後の価額から無道路地としての補正を行います。

無道路地としての補正は、接道義務を満たす最小の面積の通路を想定し、この通路開設のために必要な面積に路線価を乗じた額を控除して行います。

（55,000 円 × 2 m × 8 m）÷（41,431 円 × 400㎡）＝ 0.053100

4　その農地が宅地とした場合の 1㎡当たりの価額

41,431 円 ×（1 － 0.053100）＝ 39,231 円

市 街 地 農 地 等 の 評 価 明 細 書

（市 街 地 農 地）　　市 街 地 山 林

市 街 地 周 辺 農 地　　市 街 地 原 野

所 在 地 番							（平成十八年分以降用）
現 況 地 目			田	① 地 積		400　㎡	
評価の基とした宅地の 1 平方メートル当たりの評価額	所 在 地 番						
	② 評価額の計算内容	固定資産税評価額　　倍率　　　　地積　　　　　× 　　　 ÷				③ （ 評 価 額 ）　　　　　円	
評価する農地等が宅地であるとした場合の 1 平方メートル当たりの評価額	④ 評価上考慮したその農地等の道路からの距離、形状等の条件に基づく評価額の計算内容	別紙「土地及び土地の上に存する権利の評価明細書」参照				⑤ （ 評 価 額 ）　　　　　円　　　　39,231	

第4章　農地及び農地の上に存する権利の評価

総括表

土地及び土地の上に存する権利の評価明細書（第1表）

	局(所)	署
30 年分		ページ

（平成三十年分以降用）

（住居表示）	（ ）	所有者	住　所（所在地）		使用者	住　所（所在地）	
所在地番			氏　名（法人名）			氏　名（法人名）	

地　目		地　積	路　　　線　　　価				地形図及び参考事項
宅地　原野雑種地 ⓪田畑山林〔　〕		㎡	正　面	側　方	側　方	裏　面	
		400	51,150 円	円	円	円	

前面宅地抜取評価による奥行価格補正後の単価に基づく評価

$$\frac{29,260,000円 - 8,800,000円}{400㎡} = 51,150円$$

間口距離	2 m	利用区分	⓪自用地　貸家建付借地権　ビル街地区　⓪普通住宅地区	地区区分
			貸宅地　転貸借地権　高度商業地区　中小工場地区	
			貸家建付地　転貸借権　繁華街地区　大工場地区	
奥行距離	28 m		借地権　借家人の有する権利　普通商業・併用住宅地区	
			私道（　　）	

自用地1平方メートル当たりの価額				

1 一路線に面する宅地
（正面路線価）　　　　　　　（奥行価格補正率）
51,150 円 × 1.00

> ソフトで計算する場合には、手入力で「1.00」を入力してください。

（1㎡当たりの価額）
51,150 円　　A

2 二路線に面する宅地
（A）　［側方裏面 路線価］　（補正率）　［二方 路線影響加算率］
円 + （　　円 × . ）
（1㎡当たりの価額）
円　　B

3 三路線に面する宅地
（B）　［側方裏面 路線価］　（奥行価格補正率）［側方二方 路線影響加算率］
円 + （　　円 × . ）
（1㎡当たりの価額）
円　　C

4 四路線に面する宅地
（C）　［側方裏面 路線価］　（奥行価格補正率）［側方二方 路線影響加算率］
円 + （　　円 × . ）
（1㎡当たりの価額）
円　　D

5-1 間口が狭小な宅地等
（AからDまでのうち該当するもの）　（間口狭小補正率）（奥行長大補正率）
円 × （ . × . ）
（1㎡当たりの価額）
円　　E

5-2 不整形地
（AからDまでのうち該当するもの）　　不整形地補正率※
51,150 円 × 0.81

※不整形地補正率の計算
（想定整形地の間口距離）　　　　　（想定整形地の奥行距離）　　　　（想定整形地の地積）
20 m × 28 m = 560 ㎡
（想定整形地の地積）　（不整形地の地積）　（想定整形地の地積）　（かげ地割合）
（ 560 ㎡ − 400 ㎡ ）÷ 560 ㎡ = 28 %

（不整形地補正率表の補正率）（間口狭小補正率）（小数点以下2位未満切捨て）　［不整形地補正率①、②のいずれか低い率、0.6を限度とする。］
0.92 × 0.90 = 0.82 ①
（奥行長大補正率）（間口狭小補正率）
0.90 × 0.90 = 0.81 ② 　0.81

（1㎡当たりの価額）
41,431 円　　F

6 地積規模の大きな宅地
（AからFまでのうち該当するもの）　規模格差補正率※
円 × 0.

※規模格差補正率の計算
（地積（Ⓐ））　　（Ⓑ）　　（Ⓒ）　　（地積（Ⓐ））　　（小数点以下2位未満切捨て）
{（ ㎡ × + ）÷ ㎡ }× 0.8 = 0.
（1㎡当たりの価額）
円　　G

7 無道路地
（F又はGのうち該当するもの）　　　　　　　　（※）
41,431 円 × （ 1 − 0.053100 ）

※割合の計算（0.4を限度とする。）
（正面路線価）　　（通路部分の地積）　（F又はGのうち該当するもの）（評価対象地の地積）
（ 55,000 円 × 16 ㎡ ）÷（ 41,431 円 × 400 ㎡ ）= 0.053100
（1㎡当たりの価額）
39,231 円　　H

8 がけ地等を有する宅地
（AからHまでのうち該当するもの）　〔 南 、 東 、 西 、 北 〕
（がけ地補正率）
0.
（1㎡当たりの価額）
円　　I

9 容積率の異なる2以上の地域にわたる宅地
（AからIまでのうち該当するもの）　（控除割合（小数点以下3位未満四捨五入））
円 × （ 1 − 0. ）
（1㎡当たりの価額）
円　　J

10 私道
（AからJまでのうち該当するもの）
円 × 0.3
（1㎡当たりの価額）
円　　K

自用地の評価額	自用地1平方メートル当たりの価額（AからKまでのうちの該当記号）	地　積	総　　　額（自用地1㎡当たりの価額）×（地　積）	
	（ G ）　39,231 円	400 ㎡	15,692,400 円	L

（注）1　5-1の「間口が狭小な宅地等」と5-2の「不整形地」は重複して適用できません。
　　　2　5-2の「不整形地」の「AからDまでのうち該当するもの」欄の価額について、AからDまでの欄で計算できない場合には、（第2表）の「備考」欄等で計算してください。

（資4-25-1-A4統一）

237

付表1

土地及び土地の上に存する権利の評価明細書（第1表）

		局(所)	署
	30 年分		ページ

（住居表示）	（　　　）		住　所 (所在地)			住　所 (所在地)	
所在地番		所有者	氏　名 (法人名)		使用者	氏　名 (法人名)	

地　目	地　積	路　　　線　　　価	地形図及び参考事項	

宅地　原野　田　雑種地　畑　山林 [　　]

	m²	正　面	側　方	側　方	裏　面
560		55,000 円	円	円	円

固定資産税評価額
50,000円×1.1 倍＝55,000円
前面宅地を含む
近似整形地の価額

間口距離	20 m	利用区分	自用地　貸家建付地　貸宅地　貸家建付借地権　借地権　私道	貸家建付借地権　転貸借地権　転借地権　借家人の有する権利	地区区分	ビル街地区　高度商業地区　繁華街地区　普通商業・併用住宅地区	普通住宅地区　中小工場地区　大工場地区
奥行距離	28 m						

			(1 m²当たりの価額) 円	
自用地1平方メートル当たりの価額	1　一路線に面する宅地 （正面路線価）　　　　　　　　（奥行価格補正率） 55,000 円 × 0.95		52,250	A
	2　二路線に面する宅地 (A) ［側方／裏面路線価］（奥行価格補正率）［側方二方路線影響加算率］ 円 ＋ （ 円 × ． × 0. ）		(1 m²当たりの価額) 円	B
	3　三路線に面する宅地 (B) ［側方／裏面路線価］（奥行価格補正率）［側方二方路線影響加算率］ 円 ＋ （ 円 × ． × 0. ）		(1 m²当たりの価額) 円	C
	4　四路線に面する宅地 (C) ［側方／裏面路線価］（奥行価格補正率）［側方二方路線影響加算率］ 円 ＋ （ 円 × ． × 0. ）		(1 m²当たりの価額) 円	D
	5-1　間口が狭小な宅地等 （AからDまでのうち該当するもの）（間口狭小補正率）（奥行長大補正率） 円 × （ ． × ． ）		(1 m²当たりの価額) 円	E
	5-2　不整形地 （AからDまでのうち該当するもの）　不整形地補正率※ 円 × 0. 　※不整形地補正率の計算 （想定整形地の間口距離）（想定整形地の奥行距離）（想定整形地の地積） m × m ＝ m² （想定整形地の地積）（不整形地の地積）（想定整形地の地積）（かげ地割合） （ m² － m² ） ÷ m² ＝ % （不整形地補正率表の補正率）（間口狭小補正率） 0. × ． ＝ 0. ① （奥行長大補正率）（間口狭小補正率） ． × ． ＝ 0. ② （小数点以下2位未満切捨て） ［不整形地補正率 ①、②のいずれか低い率、0.6を限度とする。］ 0.		(1 m²当たりの価額) 円	F
	6　地積規模の大きな宅地 （AからFまでのうち該当するもの）　規模格差補正率※ 円 × 0. 　※規模格差補正率の計算 （地積(Ⓐ)）　　（Ⓑ）　　（Ⓒ）　（地積(Ⓐ)）（小数点以下2位未満切捨て） { （ m²× ＋ ） ÷ m² } × 0.8 ＝ 0.		(1 m²当たりの価額) 円	G
	7　無道路地 （F又はGのうち該当するもの）　　　　　　（※） 円 × （ 1 － 0. ） 　※割合の計算（0.4を限度とする。） （正面路線価）（通路部分の地積）（F又はGのうち該当するもの）（評価対象地の地積） （ 円× m² ） ÷ （ 円× m² ） ＝ 0.		(1 m²当たりの価額) 円	H
	8　がけ地等を有する宅地　　　［ 南 、 東 、 西 、 北 ］ （AからHまでのうち該当するもの）　（がけ地補正率） 円 × 0.		(1 m²当たりの価額) 円	I
	9　容積率の異なる2以上の地域にわたる宅地 （AからIまでのうち該当するもの）（控除割合（小数点以下3位未満四捨五入）） 円 × （ 1 － 0. ）		(1 m²当たりの価額) 円	J
	10　私　　　　道 （AからJまでのうち該当するもの） 円 × 0.3		(1 m²当たりの価額) 円	K

自用地の評価額	自用地1平方メートル当たりの価額 （AからKまでのうちの該当記号）	地　積	総　　　　額 (自用地1 m²当たりの価額) × (地　積)	
	(A) 52,250 円	560 m²	29,260,000 円	L

（注）1　5-1の「間口が狭小な宅地等」と5-2の「不整形地」は重複して適用できません。
　　　2　5-2の「不整形地」の「AからDまでのうち該当するもの」欄の価額について、AからDまでの欄で計算できない場合には、（第2表）の「備考」欄等で計算してください。

（資4-25-1-A4統一）

第4章　農地及び農地の上に存する権利の評価

付表2

土地及び土地の上に存する権利の評価明細書（第1表）

		局(所)	署
		30 年分	ページ

（平成三十年分以降用）

（住居表示）（　　　　　　　）	所有者	住　所 (所在地)		使用者	住　所 (所在地)	
所 在 地 番		氏　名 (法人名)			氏　名 (法人名)	

地　目	地　積	路　　　線　　　価				地形図及び参考事項
宅地　原野 （田）雑種地 畑　[　] 山林	㎡ 160	正　面 55,000 円	側　方 円	側　方 円	裏　面 円	抜き取る前面宅地部分の評価額

間口距離	20 m	利用区分	自 用 地　貸家建付借地権 貸 宅 地　転 貸 借 地 権 貸家建付地　転　借　権 借 地 権　借家人の有する権利 私　　道（　　　　　）	地区区分	ビ ル 街 地 区　（普通住宅地区） 高度商業地区　中小工場地区 繁華街地区　大工場地区 普通商業・併用住宅地区
奥行距離	8 m				

ソフトで計算する場合には、手入力で「1.00」を入力してください。

				(1㎡当たりの価額)円	
自用地1平方メートル当たりの価額	1　一路線に面する宅地 　　（正面路線価）　　　　　　　　　　　　（奥行価格補正率） 　　　55,000 円　×　　　　　　　　1.00			55,000	A
	2　二路線に面する宅地 　　（A）　　　　［側方 　　　　　　　　裏面］路線価　（奥行価格補正率）　［側方 　　　　　　　　　　　　　　　　　　　　　　　二方］路線影響加算率 　　　　　　　　円　+　（　　　　円　×　.　　×　0.　　）			(1㎡当たりの価額)円	B
	3　三路線に面する宅地 　　（B）　　　　［側方 　　　　　　　　裏面］路線価　（奥行価格補正率）　［側方 　　　　　　　　　　　　　　　　　　　　　　　二方］路線影響加算率 　　　　　　　　円　+　（　　　　円　×　.　　×　0.　　）			(1㎡当たりの価額)円	C
	4　四路線に面する宅地 　　（C）　　　　［側方 　　　　　　　　裏面］路線価　（奥行価格補正率）　［側方 　　　　　　　　　　　　　　　　　　　　　　　二方］路線影響加算率 　　　　　　　　円　+　（　　　　円　×　.　　×　0.　　）			(1㎡当たりの価額)円	D
	5-1　間口が狭小な宅地等　（間口狭小　（奥行長大 　　（AからDまでのうち該当するもの）補正率）　補正率） 　　　　　　　　円　×　（　.　　×　.　　）			(1㎡当たりの価額)円	E
	5-2　不　整　形　地 　　（AからDまでのうち該当するもの）　　不整形地補正率※ 　　　　　　　　　　　円　×　0. 　　※不整形地補正率の計算 　（想定整形地の間口距離）　（想定整形地の奥行距離）　（想定整形地の地積） 　　　　　m　×　　　　　m　=　　　　　㎡ 　（想定整形地の地積）（不整形地の地積）（想定整形地の地積）（かげ地割合） 　（　　　㎡　−　　　㎡）÷　　　　　㎡ = 　　% 　（不整形地補正率表の補正率）（間口狭小補正率）（小数点以下2 　　　0.　　　×　.　　= 0.　①位未満切捨て） 　（奥行長大補正率）（間口狭小補正率） 　　　.　　×　.　　= 0.　② 　［不整形地補正率 　　①、②のいずれか低い率、0.6を限度とする。］ 　　0.			(1㎡当たりの価額)円	F
	6　地積規模の大きな宅地 　　（AからFまでのうち該当するもの）　規模格差補正率※ 　　　　　　　　　　　円　×　0. 　　※規模格差補正率の計算 　（地積（Ⓐ））　　（Ⓑ）　　（Ⓒ）　　（地積（Ⓐ））　（小数点以下2 　　　　　　　　　　　　　　　　　　　　　　　　　　　位未満切捨て） 　｛（　　　㎡×　　　+　　　）÷　　　㎡｝× 0.8 = 0.			(1㎡当たりの価額)円	G
	7　無　道　路　地 　　（F又はGのうち該当するもの）　　　　　　　　　（※） 　　　　　　　　　円　×　（　1　−　0.　　） 　　※割合の計算（0.4を限度とする。） 　（正面路線価）　（通路部分の地積）　（F又はGのうち 　　　　　　　　　　　　　　　　　　　該当するもの）（評価対象地の地積） 　（　　円×　　　㎡）÷（　　　円×　　　㎡）= 0.			(1㎡当たりの価額)円	H
	8　がけ地等を有する宅地　　　　［　南　、　東　、　西　、　北　］ 　　（AからHまでのうち該当するもの）　（がけ地補正率） 　　　　　　　　円　×			(1㎡当たりの価額)円	I
	9　容積率の異なる2以上の地域にわたる宅地 　　（AからIまでのうち該当するもの）　（控除割合（小数点以下3位未満四捨五入）） 　　　　　　　　円　×　（　1　−　0.　　）			(1㎡当たりの価額)円	J
	10　私　　　　道 　　（AからJまでのうち該当するもの） 　　　　　　　　円　×　0.3			(1㎡当たりの価額)円	K

自用地の評価額	自用地1平方メートル当たりの価額 （AからKまでのうちの該当記号）	地　積	総　　　　　額 （自用地1㎡当たりの価額）×（地　積）	
	（ A ） 55,000 円	160 ㎡	8,800,000 円	L

（注）1　5-1の「間口が狭小な宅地等」と5-2の「不整形地」は重複して適用できません。
　　　2　5-2の「不整形地」の「AからDまでのうち該当するもの」欄の価額について、AからDまでの欄で計算できない場合には、（第2表）の「備考」欄等で計算してください。

（資4-25-1-A4統一）

239

⑶ 宅地造成費

① 宅地造成費の確認方法

1 ㎡当たりの宅地造成費の金額は各国税局ごとに定められており、財産評価基準書の「宅地造成費の金額表」で確認することができます。

なお、財産評価基準書は国税庁ホームページにアクセスし、「路線価図・評価倍率表」の箇所をクリックすることにより見ることができます。

次の表は、大阪国税局の平成30年分宅地造成費の金額表です。

1 市街地農地等の評価に係る宅地造成費

「市街地農地」、「市街地周辺農地」、「市街地山林」（注）及び「市街地原野」を評価する場合における宅地造成費の金額は、平坦地と傾斜地の区分によりそれぞれ次表に掲げる金額のとおりです。

（注）ゴルフ場用地と同様に評価することが相当と認められる遊園地等用地（市街化区域及びそれに近接する地域にある遊園地等に限ります。）を含みます。

表1　平坦地の宅地造成費

工　事　費　目		造　成　区　分	金　　額
整地費	整　地　費	整地を必要とする面積1平方メートル当たり	600 円
	伐採・抜根費	伐採・抜根を必要とする面積1平方メートル当たり	900 円
	地盤改良費	地盤改良を必要とする面積1平方メートル当たり	1,700 円
土　盛　費		他から土砂を搬入して土盛りを必要とする場合の土盛り体積1立方メートル当たり	6,000 円
土　止　費		土止めを必要とする場合の擁壁の面積1平方メートル当たり	64,900 円

（留意事項）

（1）「整地費」とは、①凹凸がある土地の地面を地ならしするための工事費又は②土盛工事を要する土地について、土盛工事をした後の地面を地ならしするための工事費をいいます。

（2）「伐採・抜根費」とは、樹木が生育している土地について、樹木を伐採し、根等を除去するための工事費をいいます。したがって、整地工事によって樹木を除去できる場合には、造成費に本工事費を含めません。

（3）「地盤改良費」とは、湿田など軟弱な表土で覆われた土地の宅地造成に当たり、地盤を安定させるための工事費をいいます。

（4）「土盛費」とは、道路よりも低い位置にある土地について、宅地として利用できる高さ（原則として道路面）まで搬入した土砂で埋め立て、地上げする場合の工事費をいいます。

（5）「土止費」とは、道路よりも低い位置にある土地について、宅地として利用できる高さ（原則として道路面）まで地上げする場合に、土盛りした土砂の流出や崩壊を防止するために構築する擁壁工事費をいいます。

② 宅地造成費の計算方法

市街地農地の宅地造成費の計算例は次のとおりです。

(略図)

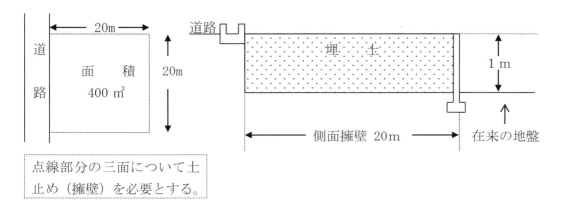

○ 宅地造成費の計算（市街地農地等の評価明細書（一部抜粋））

宅地造成費の計算	平坦地	整地費	整　地　費	(整地を要する面積)　　　　　　　　　　(1㎡当たりの整地費) 400　㎡　×　600　円	⑥　　　　　　円 240,000
			伐採・抜根費	(伐採・抜根を要する面積)　　　　　　(1㎡当たりの伐採・抜根費) ㎡　×　円	⑦　　　　　　円
			地盤改良費	(地盤改良を要する面積)　　　　　　(1㎡当たりの地盤改良費) ㎡　×　円	⑧　　　　　　円
		土　盛　費		(土盛りを要する面積)(平均の高さ)(1㎥当たりの土盛費) 400　㎡　×　1　m　×　6,000　円	⑨　　　　　　円 2,400,000
		土　止　費		(擁壁面の長さ)(平均の高さ)(1㎡当たりの土止費) 60　m　×　1　m　×　64,900　円	⑩　　　　　　円 3,894,000
		合計額の計算		⑥＋⑦＋⑧＋⑨＋⑩	⑪　　　　　　円 6,534,000
		1㎡当たりの計算		⑪÷①	⑫　　　　　　円 16,335
	傾斜地	傾斜度に係る造成費		(傾斜度)　　　度	⑬　　　　　　円
		伐採・抜根費		(伐採・抜根を要する面積)　　　　　(1㎡当たりの伐採・抜根費) ㎡　×　円	⑭　　　　　　円
		1㎡当たりの計算		⑬＋（⑭÷①）	⑮　　　　　　円

なお、この例では「伐採・抜根費」と「地盤改良費」は考慮していませんが、樹木が生育した農地で伐採や抜根が必要な農地については「伐採・抜根費」を、湿田等の軟弱な表土で覆われた農地については「地盤改良費」を適用することになります。

設例 62 土止費の計算1

評価する市街地農地は、東西の隣地がすでに宅地に造成されており、造成時に擁壁が造られています。

一般に、土止費は道路面を除く3面を対象に計上することができると思いますが、今回の場合には、東西隣地との境にはすでに擁壁があることから土止費の対象とすることはできないのでしょうか。

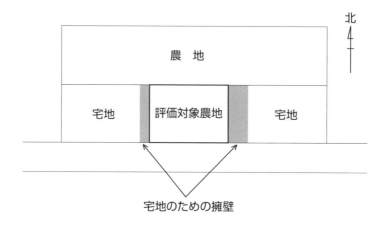

解説

ご質問の事例の場合には、各擁壁は、それぞれ東西の各宅地と一体となっていることから、これらの宅地の所有権に包含されるものと認められます。また、評価通達7及び7-2より、土地の評価は評価の区分及び評価単位ごとに行うこととされていることから、評価対象農地は東西の宅地とは無関係にそれのみで評価の対象となります。

以上のことから、土止費は道路面を除く3面について計算することになります。

なお、この考え方は評価対象農地と東西の宅地の所有者が同一人の場合でも同じです。

設例 63 土止費の計算2

評価する市街地農地は路地状部分があることから、宅地造成するためには、道路面を除く5面について擁壁を設ける必要があります。この場合の土止費の計算はどのように行うのでしょうか。なお、この農地は道路面より1.5m低位に位置しています。

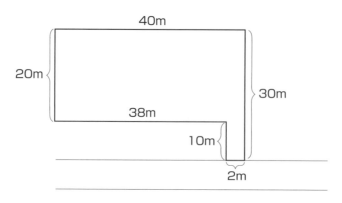

第4章　農地及び農地の上に存する権利の評価

解説

　「土止費」とは、道路よりも低い位置にある土地について、宅地として利用できる高さ（原則として道路面）まで地上げする場合に、土盛りした土砂の流出や崩壊を防止するために構築する擁壁工事費をいいます。

　ご質問の事例の場合には、土盛りした土砂の流出を防ぐためには、道路面を除く隣地との境界部分に擁壁が必要と認められますので、土止費の計算は次のとおりとなります。なお、宅地造成費は平成30年分の大阪国税局管内に適用されるものを用いています。

　　○必要となる擁壁の面積

　　　（10m +38m +20m +40m +30m）× 1.5m（擁壁の高さ）= 207㎡

　　○土止費の金額

　　　64,900円× 207㎡ = 13,434,300円

　「市街地農地等の評価明細書」への記載例は次のとおりです（「伐採・抜根費」及び「地盤改良費」は不必要と仮定しています。）。

<table>
<tr><td rowspan="16">宅地造成費の計算</td><td rowspan="11">平地費</td><td rowspan="4">整地費</td><td rowspan="2">整　地　費</td><td>（整地を要する面積）　　　　　　　　　　（1㎡当たりの整地費）</td><td>⑥</td><td>円</td></tr>
<tr><td>820 ㎡　　　　×　　　　600 円</td><td></td><td>492,000</td></tr>
<tr><td rowspan="2">伐採・抜根費</td><td>（伐採・抜根を要する面積）　　　　（1㎡当たりの伐採・抜根費）</td><td>⑦</td><td>円</td></tr>
<tr><td>㎡　　　　×　　　　円</td><td></td><td></td></tr>
<tr><td rowspan="2">地盤改良費</td><td>（地盤改良を要する面積）　　　　（1㎡当たりの地盤改良費）</td><td>⑧</td><td>円</td></tr>
<tr><td>㎡　　　　×　　　　円</td><td></td><td></td></tr>
<tr><td rowspan="2">土　盛　費</td><td>（土盛りを要する面積）　（平均の高さ）　（1㎡当たりの土盛費）</td><td>⑨</td><td>円</td></tr>
<tr><td>820 ㎡ × 1.50m × 6,000 円</td><td></td><td>7,380,000</td></tr>
<tr><td rowspan="2">土　止　費</td><td>（擁壁面の長さ）　　　（平均の高さ）　（1㎡当たりの土止費）</td><td>⑩</td><td>円</td></tr>
<tr><td>138 m × 1.50m × 64,900 円</td><td></td><td>13,434,300</td></tr>
<tr><td>合　計　額　の　計　算</td><td>⑥ + ⑦ + ⑧ + ⑨ + ⑩</td><td>⑪</td><td>円
21,306,300</td></tr>
<tr><td rowspan="2">坦地費</td><td>1㎡ 当 た り の 計 算</td><td>⑪　÷　①</td><td>⑫</td><td>円
25,984</td></tr>
<tr><td rowspan="3">傾斜地</td><td>傾斜度に係る造成費</td><td>（傾　斜　度）　　　　　　度</td><td>⑬</td><td>円</td></tr>
<tr><td rowspan="2">伐 採 ・ 抜 根 費</td><td>（伐採・抜根を要する面積）　　　　（1㎡当たりの伐採・抜根費）</td><td>⑭</td><td>円</td></tr>
<tr><td>㎡　　　　×　　　　円</td><td></td><td></td></tr>
<tr><td>1㎡ 当 た り の 計 算</td><td>⑬　　+　　（ ⑭ ÷ ① ）</td><td>⑮</td><td>円</td></tr>
</table>

243

⑷ 宅地への転用が見込まれない市街地農地等の評価

　市街地農地等とは、宅地比準方式により評価する市街地農地及び市街地周辺農地をいいます。経済合理性の観点から宅地への転用が見込まれない市街地農地等については、宅地転用を想定した宅地比準方式による評価方法には合理性がありません。このような宅地転用が見込まれない農地については、現況の農地としての利用にとどまるものと認められますので、その価額は近隣の純農地の価額に比準して求めます。

　なお、経済合理性の観点から宅地への転用が見込まれないとは、例えば、道路からの高低差が大きく湿地状にある田等で、宅地としての価額から宅地造成費を控除した価額が近隣の純農地の価額を下回る場合があります。このような場合には宅地転用に経済合理性が認められませんので、近隣の純農地の価額に比準して評価することになります。

（算式）

　　近隣の純農地の固定資産税評価額×当該純農地の倍率
　　＝宅地への転用が見込まれない市街地農地等の評価額

5　生産緑地の評価（評価通達40－3）

⑴　生産緑地とは

①　生産緑地法における生産緑地について

　○生産緑地地区及び生産緑地

　　生産緑地法（昭和49年6月1日法律第68号）第3条第1項は、「市街化区域内にある農地等で、次に掲げる条件に該当する一団のものの区域については、都市計画に生産緑地地区を定めることができる。」としています。

　　　一　公害又は災害の防止、農林漁業と調和した都市環境の保全等良好な生活環境の確保に相当の効用があり、かつ、公共施設等の敷地の用に供する土地として適しているものであること。

　　　二　500平方メートル以上の規模の区域であること。

　　　三　用排水その他の状況を勘案して農林漁業の継続が可能な条件を備えていると認められるものであること。

　　そして、同法第2条第3号で生産緑地とは「生産緑地地区の区域内の土地又は森林をいう」と定められています。

　○生産緑地地区内における行為制限

　　生産緑地地区内において、建物の新築・増改築又は宅地の造成・その他の土地の形質の変更等を行うためには、市町村長の許可を得る必要があります。そして、市町村長は、農林水産物の生産・出荷の施設又はこれらの処理・貯蔵等の施設等の農林漁業を営むために必要となるものに係る行為で、生活環境の悪化をもたらすおそれがないものと認められるものに限り、許可することができます（生産緑地法第8条）。

　　このように、生産緑地は市街化区域内にある他の農地（市街地農地）に比し、その利用について制限を受けることとなります。

② 評価通達40−3の対象となる生産緑地

○生産緑地から除かれるもの

　　評価通達40−3における生産緑地とは、上記生産緑地法の生産緑地をいいます。

　　ただし同法第10条に基づき市町村長に対して買取りの申出を行った日から起算して3か月を経過したものは除かれます。これは、買取申出の日から3か月以内に当該生産緑地の所有権の移転が行われなかった場合には、上記行為制限が解除されることから、評価に当たって特別な斟酌の必要性がなくなるためです。

　　なお、同法第10条における買取りの申出が可能となる理由には、生産緑地地区の指定の告示の日から起算して30年を経過した場合や生産緑地に係る農林漁業の主たる従事者が死亡した場合等があります。

○生産緑地の評価方法の対象に含まれるもの

　　生産緑地法第2条第1項では、「農地等」には農地及び採草放牧地以外にも現に林業の用に供されている森林又は現に漁業の用に供されている池沼（これらに隣接し、かつ、これらと一体となって農林漁業の用に供されている農業用道路その他の土地を含む。）をいうものとされています。

　　したがって、生産緑地である山林や池沼も生産緑地の評価方法の対象となる土地であることに注意してください。

⑵　**生産緑地の評価方法**

　生産緑地の価額は、生産緑地でないとした場合の価額から、その価額に行為制限期間の区分別に定めている次の①又は②の割合を乗じて計算した価額を控除して評価します。

その土地が生産緑地でない
として評価した価額（A）　− A × 次の①又は②の割合 ＝ 生産緑地の評価額

① 　課税時期において市町村長に対し買取りの申出をすることができない生産緑地

課税時期から買取りの申出をすることができることとなる日までの期間	割合
5年以下のもの	100分の10
5年を超え10年以下のもの	100分の15
10年を超え15年以下のもの	100分の20
15年を超え20年以下のもの	100分の25
20年を超え25年以下のもの	100分の30
25年を超え30年以下のもの	100分の35

② 　課税時期において市町村長に対し買取りの申出が行われていた生産緑地又は買取りの申出をすることができる生産緑地

　100分の5

設例64 生産緑地である農地と市街地農地が隣接している場合の評価

次の図のように、生産緑地である農地と市街地農地が隣接している場合の評価方法について教えてください。

これらの農地は、三大都市圏の第一種住居地域（容積率200％）にあります。生産緑地はそれ単独で「地積規模の大きな宅地の評価」の要件を満たしており、市街地農地は生産緑地の部分と一体とすることで「地積規模の大きな宅地の評価」の要件を満たすこととなります。生産緑地及び市街地農地ともに被相続人の所有で同人が耕作していたこと及び地目が両者ともに田であることから、これらを一体として「地積規模の大きな宅地」の規定を適用して評価できるのでしょうか。

なお、生産緑地は被相続人が主たる従事者となっていました。

解説

1　生産緑地の評価単位

第1章第2節2「評価単位」で説明しましたように、所有している農地を自ら使用している場合において、その一部が生産緑地である場合には、生産緑地とそれ以外の部分をそれぞれ「利用の単位となっている一団の農地」とします。生産緑地には、農地として管理する義務があり、宅地転用等について制限がありますので、他の市街地農地とは区分して評価の単位を判定しなければなりません。

したがって、ご質問の場合には生産緑地である田と市街地農地である田とは、それぞれ別個に評価することになります。

2　生産緑地である田の評価

①　宅地であるとした場合の1㎡当たり単価

100,000円 × 1.00（奥行価格補正率） = 100,000円

100,000円 × 0.8（規模格差補正率） = 80,000円

※規模格差補正率の計算

$$\frac{500㎡ \times 0.95 + 25}{500㎡} \times 0.8 = 0.8$$

第4章　農地及び農地の上に存する権利の評価

② 宅地造成費
・整地費　600 円（1㎡当たりの整地費）× 500㎡（整地を要する面積）= 300,000 円
・土盛費　6,000 円（1㎡当たりの土盛費）× 1 m（平均の高さ）× 500㎡（土盛りを要する面積）= 3,000,000 円
・土止費　64,900 円（1㎡当たりの土止費）× 65 m（擁壁面の長さ）× 1 m（平均の高さ）= 4,218,500 円

③ 市街地農地としての価額
80,000 円 × 500㎡ −（300,000 円 + 3,000,000 円 + 4,218,500 円）= 32,481,500 円

④ 生産緑地の評価

被相続人が主たる従事者となっていましたので、同人の死亡により課税時期現在において買取りの申出ができる生産緑地に該当します。

したがって、100 分の 5 の割合を乗じて計算した価額を控除して評価します。

$$32,481,500 \text{ 円} − 32,481,500 \text{ 円} × \frac{5}{100} = 30,857,425 \text{ 円}$$

3　市街地農地の評価
① 宅地であるとした場合の 1㎡当たり単価
100,000 円 × 1.00（奥行価格補正率）= 100,000 円

② 宅地造成費
・整地費　600 円（1㎡当たりの整地費）× 200㎡（整地を要する面積）= 120,000 円
・土盛費　6,000 円（1㎡当たりの土盛費）× 1 m（平均の高さ）× 200㎡（土盛りを要する面積）= 1,200,000 円
・土止費　64,900 円（1㎡当たりの土止費）× 50m（擁壁面の長さ）× 1 m（平均の高さ）= 3,245,000 円

③ 市街地農地の価額
100,000 円 × 200㎡ −（120,000 円 + 1,200,000 円 + 3,245,000 円）= 15,435,000 円

（平成 30 年分大阪国税局の宅地造成費に基づき計算しています。また、伐採・抜根費と地盤改良費は不必要な農地として評価しています。）

第2節　農地の上に存する権利及び貸し付けられている農地の評価

1　耕作権の評価（評価通達42）

(1)　耕作権とは

一般に耕作権とは、他人の農地を耕作しうる権利のことをいいますが、このような権利には賃借権に基づくもののほか、永小作権や地上権によるものがあります。永小作権及び地上権については相続税法第 23 条に別途評価方法が定められていることから、評価通達 42 の耕作権とは賃借権に基づく耕作権をいいます。

また、耕作権として評価の対象とする趣旨は、農地法の許可を受けて設定された耕作権は、解約等について同法の保護を受けており、その消滅等については対価の対象とされる慣行があるか

247

らです。したがって、評価通達42の耕作権は、農地法上の許可を受けたものをいい、いわゆるヤミ小作は含まれません。

⑵ 耕作権の評価

① 純農地及び中間農地に係る耕作権

　純農地又は中間農地の価額に次の耕作権割合を乗じて計算した価額により評価します。

　　耕作権割合……100分の50

　　純農地又は中間農地の価額×50％＝純農地又は中間農地に係る耕作権の価額

② 市街地農地及び市街地周辺農地に係る耕作権

　市街地周辺農地、市街地農地に係る耕作権の価額は、その農地が転用される場合に通常支払われるべき離作料の額、その農地の付近にある宅地に係る借地権の価額等を参酌して求めた金額によって評価します。

　なお、地域によっては、国税局長が定めた耕作権割合を乗じて計算した価額により評価しても差し支えないものとされています。具体的には、国税庁ホームページから各地域の財産評価基準書の「耕作権の評価」を確認してください。

> **参考：平成30年分大阪国税局の財産評価基準書より**

平成30年分
（大阪府）

耕作権の評価

　「耕作権」の価額を評価する場合における「耕作権割合」は、次表に掲げる農地の区分に従い、それぞれ次に掲げる割合によります。

耕作権割合表

農　地　の　区　分	耕　作　権　割　合
純　　農　　地	100分の50
中　間　農　地	
市　街　地　周　辺　農　地	市街地周辺農地及び市街地農地の耕作権の価額は、その農地が転用される場合に通常支払われるべき離作料の額、その農地の付近にある宅地に係る借地権の価額等を参酌して評価しますが、100分の40を乗じて計算した価額により評価しても差し支えありません。
市　街　地　農　地	

248

第4章　農地及び農地の上に存する権利の評価

2　永小作権の評価（相続税法第23条、評価通達43）

⑴　永小作権とは

　永小作権は民法第270条から279条にかけて規定されている民法上の物権であり、小作料を支払って他人の土地において耕作又は牧畜をする権利をいいます。実際には永小作権に基づく耕作権はほとんどなく、大部分が賃借権に基づく耕作権であるといわれています。

⑵　永小作権の評価

　永小作権の価額は、その農地の価額に次に定める残存期間に応じた割合を乗じて計算した価額により評価します。

残存期間	永小作権割合
10年以下のもの	100分の5
10年を超え15年以下のもの	100分の10
15年を超え20年以下のもの	100分の20
20年を超え25年以下のもの	100分の30
25年を超え30年以下のもの	100分の40
30年を超え35年以下のもの	100分の50
35年を超え40年以下のもの	100分の60
40年を超え45年以下のもの	100分の70
45年を超え50年以下のもの	100分の80
50年を超えるもの	100分の90

　なお、存続期間の定めのない永小作権の評価は、存続期間を30年（別段の慣習があるときはそれによります。）とみなして、上記の割合を適用して評価します。

3　区分地上権の評価（評価通達43－2）

　農地の上に存する区分地上権の価額は、評価通達27－4《区分地上権の評価》の定めを準用して評価します。

4　区分地上権に準ずる地役権の評価（評価通達43－3）

　農地の上に存する区分地上権に準ずる地役権の価額は、その区分地上権に準ずる地役権の目的となっている承役地である農地の自用地としての価額を基として、評価通達27－5《区分地上権に準ずる地役権の評価》の定めを準用して評価します。

　ただし、同項に定める家屋の建築制限に基づく割合は、家屋の建築が原則としてできない中間農地及び純農地に係る区分地上権に準ずる地役権を評価する際には、適用することができません。

5　土地の上に存する権利が競合する場合の耕作権又は永小作権の評価（評価通達43－4）

　土地の上に存する権利が競合する場合の耕作権又は永小作権の価額は、次の区分に従い、それぞれ次の算式により計算した金額によって評価します。

249

(1) 耕作権又は永小作権及び区分地上権が設定されている場合の耕作権又は永小作権の価額

評価通達42《耕作権の評価》の定めにより評価した耕作権の価額又は相続税法第23条《地上権及び永小作権の評価》の規定により評価した永小作権の価額 × $\left(1 - \dfrac{\text{評価通達43-2《区分地上権の評価》の定めにより評価した区分地上権の価額}}{\text{その農地の自用地としての価額}}\right)$

(2) 区分地上権に準ずる地役権が設定されている承役地に耕作権又は永小作権が設定されている場合の耕作権又は永小作権の価額

評価通達42の定めにより評価した耕作権の価額又は相続税法第23条の規定により評価した永小作権の価額 × $\left(1 - \dfrac{\text{評価通達43-3《区分地上権に準ずる地役権の評価》の定めにより評価した区分地上権に準ずる地役権の価額}}{\text{その農地の自用地としての価額}}\right)$

6　貸し付けられている農地の評価（評価通達41）

(1) 耕作権の目的となっている農地

　耕作権の目的となっている農地の価額は、その農地の自用地としての価額から耕作権の価額を控除した金額により評価します。

(2) 永小作権の目的となっている農地

　永小作権の目的となっている農地の価額は、その農地の自用地としての価額から永小作権の価額を控除した金額により評価します。

(3) 区分地上権の目的となっている農地

　区分地上権の目的となっている農地の価額は、その農地の自用地としての価額から、区分地上権の価額を控除した金額により評価します。

(4) 区分地上権に準ずる地役権の目的となっている農地

　区分地上権に準ずる地役権の目的となっている農地の価額は、その農地の自用地としての価額から、区分地上権に準ずる地役権の価額を控除した金額により評価します。

> **設例65** 区分地上権に準ずる地役権の目的となっている農地の評価

　高圧架空電線の架設を目的とする地役権の設定されている承役地である次の市街地農地は、どのように評価するのでしょうか。

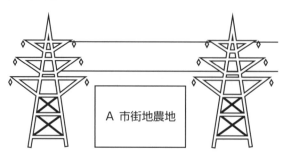

第4章　農地及び農地の上に存する権利の評価

解説

　市街地農地の価額は、その農地が宅地であるとした場合の1㎡当たりの価額からその農地を宅地に転用する場合において通常必要と認められる1㎡当たりの宅地造成費の額を控除して評価することとされています。

　したがって、A農地の評価については、まず、その農地が宅地であるとした場合の自用地価額から区分地上権に準ずる地役権の価額（「自用地としての宅地の価額」×「区分地上権に準ずる地役権の割合」）を控除してその農地が宅地とした場合の価額を算定します。そしてその価額から宅地造成費の価額を控除して「区分地上権に準ずる地役権の目的となっている農地」としての価額を算定します。

　区分地上権に準ずる地役権の割合は、地役権の設定契約の内容に応じた土地利用制限率を基とした割合により算定しますが、家屋の建築の制限の内容により、次の割合によることもできます。

①　家屋の建築が全くできない場合

　　100分の50又はその区分地上権に準ずる地役権が借地権であるとした場合にその承役地に適用される借地権割合のいずれか高い割合

②　家屋の構造、用途等に制限を受ける場合

　　100分の30

　なお、上記の家屋の建築制限に基づく割合は、家屋の建築が原則としてできない中間農地及び純農地については適用できません。

設例66　市民農園として貸し付けている農地の評価

　生産緑地地区内の農地を、いわゆる特定農地貸付けに関する農地法等の特例に関する法律の定めるところにより地方公共団体に市民農園として貸し付けていますが、このような農地はどのように評価するのでしょうか。

解説

　ご質問の借地方式による市民農園は、特定農地貸付けに関する農地法等の特例に関する法律に規定する特定農地貸し付けの用に供するためのものであり、農地所有者と農地の借手である地方公共団体との間で行われる賃貸借及び当該地方公共団体と市民農園の借手である住民との間で行われる賃貸借については、農地法第18条に定める賃貸借の解約制限の規定の適用はないものとされています。したがって、当該市民農園の用に供されている農地は耕作権の目的となっている農地には該当しません。このため、当該市民農園は、生産緑地としての利用制限に係る斟酌と賃貸借契約の期間制限に係る斟酌とを行うことになります。

　この場合、賃貸借契約の期間制限に係る斟酌は、原則として、評価通達87《賃借権の評価》⑵の定めに準じて、賃借権の残存期間に応じ、その賃借権が地上権であるとした場合に適用される法定地上権割合の2分の1に相当する割合とされます。

　ただし、次の要件の全てを満たす市民農園の用に供されている農地については、残存期間が

251

20年以下の法定地上権割合に相当する20%の斟酌をすることとして差し支えありません。

① 地方自治法第244条の2の規定により条例で設置される市民農園であること
② 土地の賃貸借契約に次の事項が定められ、かつ、相続税及び贈与税の課税時期後において引き続き市民農園として貸し付けられること

 イ　貸付期間が20年以上であること

 ロ　正当な理由がない限り貸付けを更新すること

 ハ　農地所有者は、貸付けの期間の中途において正当な事由がない限り土地の返還を求めることはできないこと

設例67　特定市民農園の用地として貸し付けられている土地の評価

借地方式による市民農園のうち、地方公共団体の条例で設置され、契約期間も長期にわたるなど一定の要件を満たす特定市民農園はどのように評価するのでしょうか。

解説

特定市民農園とは、次の各基準のいずれにも該当する借地方式による市民農園であって、都道府県及び政令指定都市が設置するものは農林水産大臣及び国土交通大臣から、その他の市町村が設置するものは都道府県知事からその旨の認定書の交付を受けたものをいいます。

① 地方公共団体が設置する市民農園整備促進法第2条第2項の市民農園であること
② 地方自治法第244条の2第1項に規定する条例で設置される市民農園であること
③ 当該市民農園の区域内に設けられる施設が、市民農園整備促進法第2条第2項第2号に規定する市民農園施設のみであること
④ 当該市民農園の区域内に設けられる建築物の建築面積の総計が、当該市民農園の敷地面積の100分の12を超えないこと
⑤ 当該市民農園の開設面積が500㎡以上であること
⑥ 市民農園の開設者である地方公共団体が当該市民農園を公益上特別の必要がある場合その他正当な事由なく廃止（特定市民農園の要件に該当しなくなるような変更を含む。）しないこと

 なお、この要件については「特定市民農園の基準に該当する旨の認定申請書」への記載事項です。

⑦ 土地所有者と地方公共団体との土地貸借契約に次の事項の定めがあること

 イ　貸付期間が20年以上であること

 ロ　正当な事由がない限り貸付けを更新すること

 ハ　土地所有者は、貸付けの期間の中途において正当な事由がない限り土地の返還を求めることはできないこと

特定市民農園の用地として貸し付けられている土地の価額は、その土地が特定市民農園の用地として貸し付けられていないものとして評価した価額の70%相当額で評価します。

なお、この取扱いの適用を受けるに当たっては、当該土地が、課税時期において特定市民農園の用地として貸し付けられている土地に該当する旨の地方公共団体の長の証明書（相続税又は贈

与税の申告期限までに、その土地について権原を有することとなった相続人、受遺者又は受贈者全員から当該土地を引き続き当該特定市民農園の用地として貸し付けることに同意する旨の申出書の添付があるものに限ります。）を所轄税務署長に提出する必要があります。

7　土地の上に存する権利が競合する場合の農地の評価（評価通達41－2）

　土地の上に存する権利が競合する場合の農地の価額は、次に掲げる区分に従い、それぞれ次の算式により計算した金額によって評価します。

⑴　耕作権又は永小作権及び区分地上権の目的となっている農地の価額

その農地の自用地としての価額 － 〔評価通達43－2《区分地上権の評価》の定めにより評価した区分地上権の価額〕 ＋ 〔評価通達43－4《土地の上に存する権利が競合する場合の耕作権又は永小作権の評価》⑴の定めにより評価した耕作権の価額又は永小作権の価額〕

⑵　区分地上権及び区分地上権に準ずる地役権の目的となっている承役地である農地の価額

その農地の自用地としての価額 － 〔評価通達43－2の定めにより評価した区分地上権の価額〕 ＋ 〔評価通達43－3《区分地上権に準ずる地役権の評価》の定めにより評価した区分地上権に準ずる地役権の価額〕

⑶　耕作権又は永小作権及び区分地上権に準ずる地役権の目的となっている承役地である農地の価額

その農地の自用地としての価額 － 〔評価通達43－3の定めにより評価した区分地上権に準ずる地役権の価額〕 ＋ 〔評価通達43－4⑵の定めにより評価した耕作権の価額又は永小作権の価額〕

第5章

山林及び山林の上に存する権利の評価

第1節　山林の評価

1　純山林及び中間山林の評価（評価通達47、48）

　純山林及び中間山林の価額は、固定資産税評価額に国税局長が定める倍率を乗じて計算した金額により評価します。

（算式）

　　　純山林又は中間山林の固定資産税評価額×評価倍率＝純山林又は中間山林の価額

　なお、山林に縄延がある場合には、固定資産税評価額を実際の地積に対応する額に計算し直して、この額に評価倍率を乗じます。

$$\text{固定資産税評価額} \times \frac{\text{実際の地積}}{\text{台帳地積}} \times \text{評価倍率} = \begin{array}{l}\text{実際の地積に相応する} \\ \text{純山林又は中間山林の} \\ \text{価額}\end{array}$$

　純山林または中間山林は、評価基準書（倍率表）においては「純」または「中」と表示されています。

平成30年分　　　　倍　率　表　　　　1頁

市区町村名：南河内郡太子町　　　　　　　　　　　　　　　富田林税務署

音順	町（丁目）又は大字名	適　用　地　域　名	借地権割合 %	固定資産税評価額に乗ずる倍率等 宅地	田	畑	山林	原野	牧場	池沼
か	春日	市街化区域	—	路線	比準	比準	比準	比準	—	—
		市街化調整区域								
		1　農用地区域			純 9.0	純 19				
		2　上記以外の区域	40	1.1	中 16	中 20	純 10	純 10		
せ	聖和台1～4丁目	全域	—	路線	比準	比準	比準	比準		
た	太子	市街化区域	—	路線	比準	比準	比準	比準		
		市街化調整区域								
		1　国道166号線より北側の地域	40	1.1	純 7.0	純 13	純 6.2	純 6.2		
		2　上記以外の地域								
		⑴　府道美原太子線沿い	40	1.1	中 27	中 47	中 26	中 26		
		⑵　上記以外の地域	40	1.1	中 19	中 31	中 18	中 18		

254

第5章　山林及び山林の上に存する権利の評価

設例68 純山林及び中間山林の評価単位

　次のような位置に所在する中間山林を評価しますが、地番1番の山林については「国道沿い」の倍率を適用することとなると思いますが、地番2番の山林についても地番1番の山林と隣接していることから「国道沿い」の倍率を適用しなければならないのでしょうか。

●評価基準書（倍率表）の適用区分及び表示

　　地域区分　　　　　　　　　　　山林

　　大字●●●　　　国道●●線沿い　　　50倍

　　　　　　　　　　上記以外の地域　　　30倍

```
┌─────────────────────────┐
│                         │
│        地番　2番　山林     │
│                         │
├─────────────────────────┤
│                         │
│        地番　1番　山林     │
│                         │
└─────────────────────────┘
         国　　　道
```

解説

　評価通達7-2《評価単位》では、山林（市街地山林を除きます。）は、1筆の山林を評価単位とする旨定められています。

　したがって、ご質問の場合には、地番1番の山林は「国道沿いの地域」になりますので適用する評価倍率は50倍となりますが、地番2番の山林は「上記以外の地域」に該当することになりますので適用する評価倍率は30倍です。

2　市街地山林の評価（評価通達49）

(1)　宅地比準方式

　市街地山林の評価額は、市街地農地の場合と同様に宅地比準方式により算定します。

　つまり、市街地山林の価額は、その山林が宅地であるとした場合の1㎡当たりの価額から、その山林を宅地に造成する場合において通常必要と認められる1㎡当たりの造成費に相当する金額を控除した金額に、その山林の地積を乗じて求めます。

（算式）

$$\left[\begin{array}{c}\text{その山林が宅地とした場合の}\\\text{1㎡当たりの価額}\end{array} - \begin{array}{c}\text{1㎡当たりの}\\\text{宅地造成費}\end{array}\right] \times 地積 = 市街地山林の評価額$$

(2)　その山林が宅地とした場合の1㎡当たりの価額

　「その山林が宅地とした場合の1㎡当たりの価額」は、市街地農地の場合と同様ですので、市街地農地の評価方法（**第4章第1節4**(1)）を参照してください。

　なお、市街地農地と同様、市街地山林の場合も評価単位は、1筆ではなく一団の山林であることに注意してください。

255

(3) 宅地造成費

　宅地造成費の確認方法は市街地農地の場合と同じですが、山林のような傾斜地に適用される宅地造成費の額は、「平坦地の宅地造成費」とは別個に定められています。
　次の表は、大阪府の平成30年分の「傾斜地の宅地造成費」の金額表です。

表2　傾斜地の宅地造成費

傾　斜　度	金　　額
3度超　5度以下	17,100 円/㎡
5度超　10度以下	20,400 円/㎡
10度超　15度以下	31,500 円/㎡
15度超　20度以下	44,600 円/㎡
20度超　25度以下	49,500 円/㎡
25度超　30度以下	54,300 円/㎡

（留意事項）
（1）「傾斜地の宅地造成費」の金額は、整地費、土盛費、土止費の宅地造成に要するすべての費用を含めて算定したものです。
　　なお、この金額には、伐採・抜根費は含まれていないことから、伐採・抜根を要する土地については、「平坦地の宅地造成費」の「伐採・抜根費」の金額を基に算出し加算します。
（2）傾斜度3度以下の土地については、「平坦地の宅地造成費」の額により計算します。
（3）傾斜度については、原則として、測定する起点は評価する土地に最も近い道路面の高さとし、傾斜の頂点（最下点）は、評価する土地の頂点（最下点）が奥行距離の最も長い地点にあるものとして判定します。

「高さと奥行による傾斜度の判定」及び「奥行と傾斜面の長さによる傾斜度の判定」については、次の表等を参考にしてください。

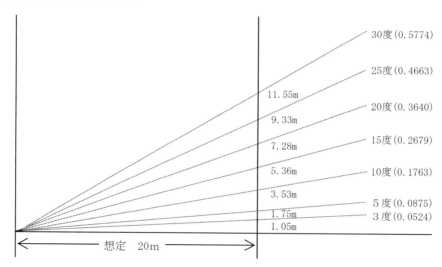

傾斜度区分の判定表

傾　斜　度	①高さ÷奥行	②奥行÷斜面の長さ
3度超5度以下	0.0524 超 0.0875 以下	0.9962 以上 0.9986 未満
5度超10度以下	0.0875 超 0.1763 以下	0.9848 以上 0.9962 未満
10度超15度以下	0.1763 超 0.2679 以下	0.9659 以上 0.9848 未満
15度超20度以下	0.2679 超 0.3640 以下	0.9397 以上 0.9659 未満
20度超25度以下	0.3640 超 0.4663 以下	0.9063 以上 0.9397 未満
25度超30度以下	0.4663 超 0.5774 以下	0.8660 以上 0.9063 未満

（注）①及び②の数値は三角比によります。

設例 69　傾斜度の判定方法

次のような上り傾斜と下り傾斜の山林を評価するについて、傾斜度別の造成費はどのように判定するのですか。

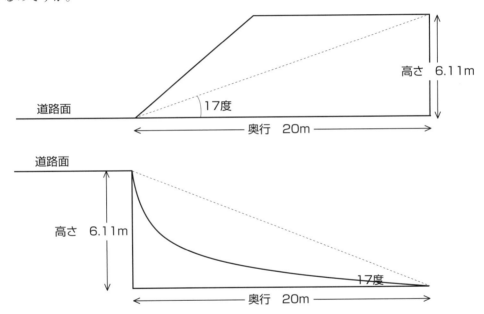

解説

例の場合には、奥行と高さが分かっていますので、これを基に傾斜度を計算します。

6.11 m ÷ 20 m = 0.3055 ですので、三角比のタンジェントより傾斜度は約 17 度となります。具体的な傾斜度が分からなくても上記の「傾斜度区分の判定表」から 15 度超 20 度以下であることが分かります。

そうすると、平成 30 年分大阪府の「傾斜地の宅地造成費」の金額表では、1㎡当たりの宅地造成費は 44,600 円となります。

なお、別途伐採・抜根費が必要と認められる土地である場合には、「平坦地の宅地造成費」の伐採・抜根費の額を加算します。

⑷ 宅地への転用が見込めない市街地山林の評価
① 評価方法
　宅地比準方式は、宅地への転用が可能な市街地山林に妥当する評価方式ですが、経済合理性等の観点から宅地転用が見込まれない場合には、宅地比準方式による評価方法には合理性が認められません。

　宅地への転用が見込まれない場合であっても、その土地本来の現況地目（市街地山林であれば山林）としての利用が最低限可能なことから、「宅地への転用が見込めない市街地山林」は、近隣の純山林に比準して評価します。

（算式）

　　近隣の純山林の固定資産税評価額 × 当該純山林の評価倍率
　＝宅地への転用が見込めない市街地山林の評価額

② 宅地への転用が見込まれない場合
　宅地への転用が見込まれない場合には、A経済合理性から判断する場合とB形状から判断する場合があります。

Ａ　経済合理性から判断する場合

　　宅地としての価額から宅地造成費を控除した宅地比準方式による評価額が、近隣の純山林の評価額を下回る場合（宅地比準方式による評価額＜近隣の純山林の評価額）には、経済合理性の観点から宅地への転用が見込まれない場合に該当します。この場合には、近隣の純山林に比準して評価します。

Ｂ　形状から判断する場合

　　宅地造成が不可能（宅地化が見込まれない）と認められるような形状の市街地山林については、宅地比準方式を適用する前提を欠いていると考えられます。宅地造成が不可能と認められる形状としては急傾斜地（分譲残地等）等が考えられますが、このような急傾斜地等の宅地への転用が見込まれない市街地山林についても、近隣の純山林に比準して評価します。

3　保安林等の評価（評価通達50）
⑴ 評価方法
　森林法その他の法令により土地の利用又は立木の伐採について制限を受けている山林の価額は、その山林の自用地としての価額から自用地の価額にその制限の内容に応じて定められた次の割合を乗じて計算した金額を控除して評価します。

（算式）

　　その山林の自用地　－　その山林の自用地　×　次表の伐採制限に　＝　保安林等の評価額
　　としての価額　　　　　としての価額　　　　　基づく控除割合

第5章　山林及び山林の上に存する権利の評価

（伐採制限に基づく控除割合）

法令に基づき定められた 伐採関係の区分	控除割合
一部皆伐	0.3
択伐	0.5
単木選伐	0.7
禁伐	0.8

　なお、保安林については固定資産税評価額が付されていませんので、倍率地域の保安林は、付近の山林の固定資産税評価額に基づいて評価します。

⑵　森林法その他の法令の範囲等

　「土地の利用又は立木の伐採について制限を受けている山林」に係る根拠法令である森林法その他の法令の範囲は次の表のとおりです。

　なお、法令による地区の指定等が重複することにより、伐採制限が重複する場合がありますが、この場合には、最も厳しい伐採制限に基づく控除割合によって評価します。

　また、「森林法その他の法令の範囲等」の中には、伐採に係る許可基準が法令に明記されていないこと（自然公園法に規定する地種区分未定地域、自然環境保全法に規定する自然環境保全地域の特別地区、絶滅のおそれのある野生動植物の種の保存に関する法律に規定する管理地区）、及び伐採に係る許可基準が都道府県条例により定められること（砂防法に規定する砂防指定地、急傾斜地の崩壊による災害の防止に関する法律に規定する急傾斜地崩壊危険区域）により、伐採制限に基づく控除割合を「個別」に検討することとしているものがあります。

　これらの地区等については、同一の地区ではあっても、都道府県の定める条例によりその伐採制限が異なることも考えられることから、控除割合を個別に検討することになります。

　具体的には、その地区内の山林を評価すべき事案が発生した都度、条例等で規定する伐採制限を個別に検討し、その伐採制限の内容に基づいて控除割合を決定することになりますので、所轄税務署に早期に相談してください。

参考：平成 30 年分国税庁財産評価基準書より

別紙　森林法その他の法令の範囲等

法　令	区　分	伐採の方法等		控除割合
森林法	水源かん養保安林	① 原則（下記以外の森林）	伐採種を定めない	一部皆伐（0.3）
		② 林況が粗悪な森林	択伐	択伐（0.5）
		③ 伐採の方法を制限しなければ、急傾斜地、保安施設事業の施行地等の森林で土砂が崩壊し、又は流出すると認められるもの		
		④ その伐採跡地における成林が困難になるおそれがあると認められる森林		
		⑤ ③及び④のうち、その程度が特に著しいと認められるもの	禁伐	禁伐（0.8）
	土砂流出防備保安林	① 原則（下記以外の森林）	択伐	択伐（0.5）
		② 保安施設事業の施行地の森林で地盤が安定していないものその他伐採すれば著しく土砂が流出するおそれがあると認められる森林	禁伐	禁伐（0.8）
		③ 地盤が比較的安定している森林	伐採種を定めない	一部皆伐（0.3）
	土砂崩壊防備保安林	① 原則（下記以外の森林）	択伐	択伐（0.5）
		② 保安施設事業の施行地の森林で地盤が安定していないものその他伐採すれば著しく土砂が崩壊するおそれがあると認められる森林	禁伐	禁伐（0.8）
	飛砂防備保安林	① 原則（下記以外の森林）	択伐	択伐（0.5）
		② 林況が粗悪な森林	禁伐	禁伐（0.8）
		③ 伐採すればその伐採跡地における成林が著しく困難になるおそれがあると認められる森林		
		④ その地表が比較的安定している森林	伐採種を定めない	一部皆伐（0.3）
	防風保安林防霧保安林	① 原則（下記以外の森林）	伐採種を定めない	一部皆伐（0.3）
		② 林帯の幅が狭小な森林(その幅がおおむね20メートル未満のものをいう。)その他林況が粗悪な森林	択伐	択伐（0.5）
		③ 伐採すればその伐採跡地における成林が困難になるおそれがあると認められる森林		
		④ ②及び③のうちその程度が特に著しいと認められるもの（林帯については、その幅がおおむね10メートル未満のものをいう。）	禁伐	禁伐（0.8）

260

第5章　山林及び山林の上に存する権利の評価

法　令	区　分	伐採の方法等		控除割合
森林法	水害防備保安林 潮害防備保安林 防雪保安林	①　原則（下記以外の森林）	択伐	択伐 （0.5）
		②　林況が粗悪な森林	禁伐	禁伐 （0.8）
		③　伐採すればその伐採跡地における成林が著しく困難になるおそれがあると認められる森林		
	干害防備保安林	①　原則（下記以外の森林）	伐採種を定めない	一部皆伐 （0.3）
		②　林況が粗悪な森林	択伐	択伐 （0.5）
		③　伐採の方法を制限しなければ、急傾斜地等の森林で土砂が流出するおそれがあると認められるもの		
		④　用水源の保全又はその伐採跡地における成林が困難になるおそれがあると認められる森林		
		⑤　③及び④のうち、その程度が特に著しいと認められるもの	禁伐	禁伐 （0.8）
	なだれ防止保安林 落石防止保安林	①　原則（下記以外の森林）	禁伐	禁伐 （0.8）
		②　緩傾斜地の森林その他なだれ又は落石による被害を生ずるおそれが比較的少ないと認められる森林	択伐	択伐 （0.5）
	防火保安林		禁伐	禁伐 （0.8）
	魚つき保安林	①　原則（下記以外の森林）	択伐	択伐 （0.5）
		②　伐採すればその伐採跡地における成林が著しく困難になるおそれがあると認められる森林	禁伐	禁伐 （0.8）
		③　魚つきの目的に係る海岸、湖沼等に面しない森林	伐採種を定めない	一部皆伐 （0.3）
	航行目標保安林	①　原則（下記以外の森林）	択伐	択伐 （0.5）
		②　伐採すればその伐採跡地における成林が著しく困難になるおそれがあると認められる森林	禁伐	禁伐 （0.8）
	保健保安林	①　原則（下記以外の森林）	択伐	択伐 （0.5）
		②　伐採すればその伐採跡地における成林が著しく困難になるおそれがあると認められる森林	禁伐	禁伐 （0.8）
		③　地域の景観の維持を主たる目的とする森林のうち、主要な利用施設又は眺望点からの視界外にあるもの	伐採種を定めない	一部皆伐 （0.3）

法　令	区　分		伐採の方法等		控除割合
森林法	風致保安林		① 原則（下記以外の森林）	択伐	択伐 (0.5)
			② 風致の保存のため特に必要があると認められる森林	禁伐	禁伐 (0.8)
	保安施設地区内の森林			禁伐	禁伐 (0.8)
砂防法	砂防指定地		条例に基づく。固定資産税評価では、2分の1を目安とした減価補正が行われている。	個別	個別
鳥獣の保護及び狩猟の適正化に関する法律	特別保護地区		伐採の方法を制限しなければ鳥獣の生息、繁殖または安全に支障があると認められるもの	択伐	択伐 (0.5)
			その程度がとくに著しいと認められるもの、保護施設を設けた森林、鳥獣の保護繁殖上必要があると認められる特定の樹木	禁伐	禁伐 (0.8)
			その他の森林	伐採種を定めない	一部皆伐 (0.3)
文化財保護法	史跡名勝天然記念物			禁伐	禁伐 (0.8)
	史跡名勝天然記念物の保存のための地域			禁伐	禁伐 (0.8)
	伝統的建造物群保存地区		規制内容は条例で定める。	伐採種を定めない（林業を除く）	一部皆伐 (0.3)
自然公園法	国立公園・国定公園（都道府県立自然公園もこれに準じる）	特別保護地区		禁伐	禁伐 (0.8)
		第1種特別地域	① 原則（下記以外の森林）	禁伐	禁伐 (0.8)
			② 風致維持に支障のない場合	択伐	単木選伐 (0.7)
		第2種特別地域	① 原則（下記以外の森林）	択伐	択伐 (0.5)
			② 風致維持に支障のない場合	一部皆伐なみ	一部皆伐 (0.3)
			③ 国立公園計画に基づく車道、歩道、集団施設地区及び単独施設の周辺（造林地、要改良林分、薪炭林を除く。）	択伐	単木選伐 (0.7)
		第3種特別地域		一部皆伐なみ	一部皆伐 (0.3)
		地種区分未定地域		個別	個別

法　令	区　分	伐採の方法等		控除割合
漁業法	除去を制限された立木		禁伐	禁伐 (0.8)
地すべり等防止法	ぼた山崩壊防止区域		択伐	択伐 (0.5)
古都における歴史的風土の保存に関する特別措置法	歴史的風土特別保存地区	択伐、1ヘクタール以下の皆伐	一部皆伐なみ	一部皆伐 (0.3)
明日香村における歴史的風土の保存及び生活環境の整備等に関する特別措置法	第一種歴史的風土保存地区	択伐、1ヘクタール以下の皆伐	一部皆伐なみ	一部皆伐 (0.3)
都市計画法	風致地区	択伐、1ヘクタール以下の皆伐	一部皆伐なみ	一部皆伐 (0.3)
急傾斜地の崩壊による災害の防止に関する法律	急傾斜地崩壊危険区域		個別	個別
林業種苗法	特別母樹又は特別母樹林		禁伐	禁伐 (0.8)
自然環境保全法	自然環境保全地域・都道府県自然環境保全地域　特別地区	（保全計画に基づいてあらかじめ指定）	個別	個別
絶滅のおそれのある野生動植物の種の保存に関する法律	管理地区		個別	個別

4　特別緑地保全地区内にある山林の評価（評価通達50－2）

⑴　「特別緑地保全地区内にある山林」とは

　特別緑地保全地区内にある山林とは、次の3つのいずれかの地区内にある山林をいいます。ただし、林業を営むために立木の伐採が認められており、かつ純山林に該当するものは除外されています。

　　①　都市緑地法第12条に規定する特別緑地保全地区

　　②　首都圏近郊緑地保全法第4条第2項第3号に規定する近郊緑地特別保全地区

　　③　近畿圏の保全区域の整備に関する法律第6条第2項に規定する近郊緑地特別保全地区

⑵　特別緑地保全地区内にある山林の評価方法

　特別緑地保全地区内にある山林の価額は、その山林の自用地としての価額からその価額に100分の80を乗じて計算した金額を控除した価額により評価します。

　（評価式）

$$\text{その山林の自用地としての価額} - \text{その山林の自用地としての価額} \times 0.8 = \text{特別緑地保全地区内にある山林の評価額}$$

　なお、控除割合を0.8としているのは、特別緑地保全地区内の伐採制限は森林法上の禁伐（減価割合0.8）に近似していること及び特別緑地保全地区内の山林は、現状凍結的な利用制限により多用途への転用可能性が制限されていることに基づいています。

第2節 山林の上に存する権利及び貸し付けられている山林の評価

1 地上権の評価

　山林の上に存する地上権の評価は、相続税法第23条《地上権及び永小作権の評価》の定めにより評価します。

　なお、立木一代限りとして設定された地上権などのように残存期間の不確定な地上権の価額は、課税時期の現況により、立木の伐採に至るまでの期間をその残存期間として相続税法第23条の規定により評価します（評価通達53）。

　地上権の評価方法等の詳細は、**第3章第4節**を参照してください。

2 区分地上権の評価及び区分地上権に準ずる地役権の評価（評価通達53－2、53－3）

　山林に係る区分地上権の価額又は区分地上権に準ずる地役権の価額は、それぞれ評価通達27－4《区分地上権の評価》又は評価通達27－5《区分地上権に準ずる地役権の評価》を準用して評価します。

　詳しくは、区分地上権の評価については**第3章第5節1**を、区分地上権に準ずる地役権の評価については**第3章第6節1**を参照してください。ただし、評価通達27－5に定める家屋の建築制限に基づく割合は、家屋の建築が原則としてできない中間山林及び純山林に係る区分地上権に準ずる地役権を評価する際には、適用することができません。

3 山林の上に存する賃借権の評価（評価通達54）

　山林に係る賃借権の評価方法は、純山林、中間山林又は市街地山林の区分ごとに、それぞれ次のとおりです。

① 純山林に係る賃借権の価額は、その賃借権の残存期間に応じ、相続税法第23条《地上権及び永小作権の評価》の規定を準用して評価します。この場合において、契約に係る賃借権の残存期間がその権利の目的となっている山林の上に存する立木の現況に照らし更新されることが明らかであると認める場合においては、その契約に係る賃借権の残存期間に更新によって延長されると認められる期間を加算した期間をもってその賃借権の残存期間とします。

② 中間山林に係る賃借権の価額は、賃貸借契約の内容、利用状況等に応じ、①又は③の定めにより求めた価額によって評価します。

③ 市街地山林に係る賃借権の価額は、その山林の付近にある宅地に係る借地権の価額等を参酌して求めた価額によって評価します。

第5章　山林及び山林の上に存する権利の評価

4　土地の上に存する権利が競合する場合の賃借権又は地上権の評価（評価通達54－2）

　土地の上に存する権利が競合する場合の賃借権又は地上権の価額は、次に掲げる区分に従い、それぞれ次の算式により計算した金額によって評価します。

⑴　賃借権又は地上権及び区分地上権が設定されている場合の賃借権又は地上権の価額

$$
\begin{pmatrix} \text{評価通達54《賃借権の評価》の定めにより評価した} \\ \text{賃借権の価額又は相続税法第23条《地上権及び永小} \\ \text{作権の評価》の規定により評価した地上権の価額} \end{pmatrix} \times \left(1 - \frac{\text{評価通達53－2《区分地上権の評価》の定めにより評価した区分地上権の価額}}{\text{その山林の自用地としての価額}} \right)
$$

⑵　区分地上権に準ずる地役権が設定されている承役地に賃借権又は地上権が設定されている場合の賃借権又は地上権の価額

$$
\begin{pmatrix} \text{評価通達54の定めにより評価した} \\ \text{賃借権の価額又は相続税法第23条} \\ \text{の規定により評価した地上権の価額} \end{pmatrix} \times \left(1 - \frac{\text{評価通達53－3《区分地上権に準ずる地役権の評価》の定めにより評価した区分地上権に準ずる地役権の価額}}{\text{その山林の自用地としての価額}} \right)
$$

5　分収林契約に基づき設定された地上権等の評価（評価通達55）

⑴　分収林契約とは

　分収林契約とは所得税法施行令第78条第1号の定める「分収造林契約」又は第2号に定める「分収育林契約」のことです。これらの契約は、土地所有者、造林又は育林を行うもの及び造林又は育林の費用を負担するもの三者間又はこれらの者のうちいずれか二者間で、造林又は育林による収益を一定の割合により分収することを約定している契約をいいます。

⑵　評価方法

　分収林契約に基づき設定された地上権又は賃借権（以下「分収林契約に基づき設定された地上権等」といいます。）の価額は、地上権又は賃借権の価額に分収林契約に定められた造林又は育林を行う者に係る分収割合を乗じて計算した価額により評価します。

　（評価式）

　　地上権又は賃借権の価額 × 分収林契約に定められた造林又は育林を行う者の分収割合
　　＝分収林契約に基づき設定された地上権等の価額

6　貸し付けられている山林の評価（評価通達51）

　賃借権、地上権等の目的となっている山林の評価方法は、次のとおりです。

⑴　賃借権の目的となっている山林の価額

　その山林の自用地としての価額から賃借権の価額を控除した金額により評価します。

　（評価式）

　　その山林の自用地としての価額－賃借権の価額＝賃借権の目的となっている山林の価額

⑵　地上権の目的となっている山林の価額

　その山林の自用地としての価額から地上権の価額を控除した金額により評価します。

（評価式）

その山林の自用地としての価額－地上権の価額＝地上権の目的となっている山林の価額

⑶ 区分地上権の目的となっている山林の価額

その山林の自用地としての価額から区分地上権の価額を控除した金額により評価します。

（評価式）

その山林の自用地としての価額－区分地上権の価額

＝区分地上権の目的となっている山林の価額

⑷ 区分地上権に準ずる地役権の目的となっている承役地である山林の価額

その山林の自用地としての価額から区分地上権に準ずる地役権の価額を控除した金額により評価します。

（評価式）

その山林の自用地としての価額－区分地上権に準ずる地役権の価額

＝区分地上権に準ずる地役権の目的となっている承役地である山林の価額

7　土地の上に存する権利が競合する場合の山林の評価（評価通達51－2）

土地の上に存する権利が競合する場合の山林の価額は、次に掲げる区分に従い、それぞれ次の算式により計算した金額によって評価します。

⑴　賃借権又は地上権及び区分地上権の目的となっている山林の価額

その山林の自用地としての価額　－　評価通達53－2《区分地上権の評価》の定めにより評価した区分地上権の価額　＋　評価通達54－2《土地の上に存する権利が競合する場合の賃借権又は地上権の評価》⑴の定めにより評価した賃借権又は地上権の価額

⑵　区分地上権及び区分地上権に準ずる地役権の目的となっている承役地である山林の価額

その山林の自用地としての価額　－　評価通達53－2の定めにより評価した区分地上権の価額　＋　評価通達53－3《区分地上権に準ずる地役権の評価》の定めにより評価した区分地上権に準ずる地役権の価額

⑶　賃借権又は地上権及び区分地上権に準ずる地役権の目的となっている承役地である山林の価額

その山林の自用地としての価額　－　評価通達53－3の定めにより評価した区分地上権に準ずる地役権の価額　＋　評価通達54－2⑵の定めにより評価した賃借権又は地上権の価額

8　分収林契約に基づいて貸し付けられている山林の評価（評価通達52）

分収林契約に基づいて設定された地上権又は賃借権の目的となっている山林の価額は、その山林の自用地価額から分収林契約に基づき設定された地上権等の価額を控除した金額により評価します。

（評価式）

（その山林の自用地としての価額(A)×山林所有者の分収割合(B)）

＋（(A)－地上権又は賃借権の価額)×(1－(B)）

＝その山林の自用地としての価額－分収林契約に基づき設定された地上権等の価額

＝分収林契約に基づいて貸し付けられている山林の価額

第6章

原野及び原野の上に存する権利、牧場、池沼の評価

第1節　原野の評価

1　純原野及び中間原野の評価（評価通達58、58－2）

　純原野及び中間原野の価額は、固定資産税評価額に国税局長が定める倍率を乗じて計算した金額により評価します。

（算式）

　純原野又は中間原野の固定資産税評価額×評価倍率＝純原野又は中間原野の価額

　純原野または中間原野は、評価基準書（倍率表）においては「純」または「中」と表示されています。

平成30年分　　　倍　　率　　表　　　　　　　　　　　　　　　1頁

市区町村名：南河内郡太子町　　　　　　　　　　　　　　　　　　　　　　　　富田林税務署

音順	町（丁目）又は大字名	適　用　地　域　名	借地権割合	固定資産税評価額に乗ずる倍率等						
				宅地	田	畑	山林	原野	牧場	池沼
			％	倍	倍	倍	倍	倍	倍	倍
か	春日	市街化区域	－	路線	比準	比準	比準	比準	－	－
		市街化調整区域								
		1　農用地区域			－ 純 9.0	純 19				
		2　上記以外の区域	40	1.1	中 16	中 20	純 10	純 10		
せ	聖和台1～4丁目	全域	－	路線	比準	比準	比準	比準	－	－
た	太子	市街化区域	－	路線	比準	比準	比準	比準	－	－
		市街化調整区域								
		1　国道166号線より北側の地域	40	1.1	純 7.0	純 13	純 6.2	純 6.2		
		2　上記以外の地域								
		⑴　府道美原太子線沿い	40	1.1	中 27	中 47	中 26	中 26		
		⑵　上記以外の地域	40	1.1	中 19	中 31	中 18	中 18		

※「純原野」は「2 上記以外の区域」の原野欄（純 10）を、「中間原野」は「⑴ 府道美原太子線沿い」の原野欄（中 26）を示す矢印が付されている。

　なお、純原野及び中間原野は、純山林及び中間山林と同様1筆の原野が評価単位です（評価通達7－2⑷）。

2 市街地原野の評価（評価通達58−3）

(1) 宅地比準方式

市街地原野の評価額は、市街地山林の場合と同様に宅地比準方式により算定します。

つまり、市街地原野の価額は、その原野が宅地であるとした場合の1㎡当たりの価額から、その原野を宅地に造成する場合において通常必要と認められる1㎡当たりの造成費に相当する金額を控除した金額に、その原野の地積を乗じて求めます。

（算式）

$$\left[\begin{array}{c}\text{その原野が宅地とした場合の} \\ \text{1㎡当たりの価額}\end{array} - \begin{array}{c}\text{1㎡当たりの} \\ \text{宅地造成費}\end{array}\right] \times 地積 = 市街地原野の評価額$$

(2) その原野が宅地とした場合の1㎡当たりの価額

「その原野が宅地とした場合の1㎡当たりの価額」は、市街地農地の場合と同様ですので、市街地農地の評価方法（**第4章第1節4(1)(2)**）を参照してください。

なお、市街地農地及び山林と同様、市街地原野の場合も評価単位は、1筆ではなく利用の単位となっている一団の原野であることに注意してください。

(3) 宅地造成費

宅地造成費は、その原野の形状に応じて、「平坦地の宅地造成費」又は「傾斜地の宅地造成費」により計算します。これらの造成費の詳細については、**第4章第1節4(3)**又は**第5章第1節2(3)**を参照してください。

(4) 宅地への転用が見込めない市街地原野の評価

経済合理性等の観点から宅地への転用が見込まれない場合には、宅地転用が見込まれない市街地山林の評価方法と同様、近隣の純原野に準じて評価します。「経済合理性等の観点から宅地への転用が見込まれない場合」については、**第5章第1節2(4)**を参照してください。

3 特別緑地保全地区内にある原野の評価（評価通達58−5）

特別緑地保全地区内にある原野の価額は、その原野の自用地としての価額からその価額に100分の80を乗じて計算した金額を控除した価額により評価します。

（評価式）

その原野の自用地としての価額 − その原野の自用地としての価額 × 0.8

＝特別緑地保全地区内にある原野の評価額

なお、控除割合を0.8としているのは、特別緑地保全地区内の伐採制限は森林法上の禁伐（減価割合0.8）に近似していること及び特別緑地保全地区内の山林は、現状凍結的な利用制限により多用途への転用可能性が制限されていることに基づいています。

「特別緑地保全地区」の意義等の詳細については、**第5章第1節4**を参照してください。

第6章　原野及び原野の上に存する権利、牧場、池沼の評価

第2節　原野の上に存する権利及び貸し付けられている原野の評価

1　地上権の評価（相続税法第23条）

　原野の上に存する地上権の評価は、相続税法第23条《地上権及び永小作権の評価》の定めにより評価します。

　地上権の評価方法等の詳細は、**第3章第4節1**を参照してください。

2　区分地上権の評価及び区分地上権に準ずる地役権の評価（評価通達60－2、60－3）

　原野に係る区分地上権の価額又は区分地上権に準ずる地役権の価額は、それぞれ評価通達27－4《区分地上権の評価》又は評価通達27－5《区分地上権に準ずる地役権の評価》を準用して評価します。

　詳しくは、区分地上権の評価については**第3章第5節1**を、区分地上権に準ずる地役権の評価については**第3章第6節1**を参照してください。

　ただし、評価通達27－5に定める家屋の建築制限に基づく割合は、家屋の建築が原則としてできない中間原野及び純原野に係る区分地上権に準ずる地役権を評価する際には、適用することができません。

3　原野の上に存する賃借権の評価（評価通達60）

　原野に係る賃借権の評価は、評価通達42《耕作権の評価》（**第4章第2節1**参照）の定めを準用して評価します。

4　土地の上に存する権利が競合する場合の賃借権又は地上権の評価（評価通達60－4）

　土地の上に存する権利が競合する場合の賃借権又は地上権の価額は、次に掲げる区分に従い、それぞれ次の算式により計算した金額によって評価します。

(1)　賃借権又は地上権及び区分地上権が設定されている場合の賃借権又は地上権の価額

$$
\begin{array}{l}\text{評価通達60《原野の賃借権の評価》の定めにより} \\ \text{評価した賃借権の価額又は相続税法第23条《地} \\ \text{上権及び永小作権の評価》の規定により評価した} \\ \text{地上権の価額}\end{array} \times \left(1 - \dfrac{\begin{array}{c}\text{評価通達60－2《区分} \\ \text{地上権の評価》の定め} \\ \text{により評価した区分} \\ \text{地上権の価額}\end{array}}{\begin{array}{c}\text{その原野の} \\ \text{自用地としての価額}\end{array}} \right)
$$

269

(2) 区分地上権に準ずる地役権が設定されている承役地である原野に賃借権又は地上権が設定されている場合の賃借権又は地上権の価額

$$
\begin{array}{c}
\text{評価通達60の定めにより評価した賃借権の価} \\
\text{額又は相続税法第23条の規定により評価した} \\
\text{地上権の価額}
\end{array}
\times
\left(
1 -
\cfrac{
\begin{array}{c}
\text{評価通達60-3《区分地上権} \\
\text{に準ずる地役権の評価》の定} \\
\text{めにより評価した区分地上権} \\
\text{に準ずる地役権の価額}
\end{array}
}{
\begin{array}{c}
\text{その原野の} \\
\text{自用地としての価額}
\end{array}
}
\right)
$$

5 貸し付けられている原野の評価（評価通達59）

賃借権、地上権等の目的となっている原野の評価方法は、次のとおりです。

(1) 賃借権の目的となっている原野の価額

その原野の自用地としての価額から賃借権の価額を控除した金額により評価します。

（評価式）

　その原野の自用地としての価額－賃借権の価額＝賃借権の目的となっている原野の価額

(2) 地上権の目的となっている原野の価額

その原野の自用地としての価額から地上権の価額を控除した金額により評価します。

（評価式）

　その原野の自用地としての価額－地上権の価額＝地上権の目的となっている原野の価額

(3) 区分地上権の目的となっている原野の価額

その原野の自用地としての価額から区分地上権の価額を控除した金額により評価します。

（評価式）

　その原野の自用地としての価額－区分地上権の価額

　＝区分地上権の目的となっている原野の価額

(4) 区分地上権に準ずる地役権の目的となっている承役地である原野の価額

その原野の自用地としての価額から区分地上権に準ずる地役権の価額を控除した金額により評価します。

（評価式）

　その原野の自用地としての価額－区分地上権に準ずる地役権の価額

　＝区分地上権に準ずる地役権の目的となっている承役地である原野の価額

6 土地の上に存する権利が競合する場合の原野の評価（評価通達59-2）

土地の上に存する権利が競合する場合の原野の価額は、次に掲げる区分に従い、それぞれ次の算式により計算した金額によって評価します。

(1) **賃借権又は地上権及び区分地上権の目的となっている原野の価額**

その原野の
自用地とし　－
ての価額
〔評価通達60－2《区分地
上権の評価》の定めによ
り評価した区分地上権
の価額
＋
評価通達60－4《土地の上に存する
権利が競合する場合の賃借権又は地
上権の評価》(1)の定めにより評価した
賃借権又は地上権の価額〕

(2) **区分地上権及び区分地上権に準ずる地役権の目的となっている承役地である原野の価額**

その原野の
自用地とし　－
ての価額
〔評価通達60－2の定め
により評価した区分地
上権の価額
＋
評価通達60－3《区分地上権に準ず
る地役権の評価》の定めにより評価し
た区分地上権に準ずる地役権の価額〕

(3) **賃借権又は地上権及び区分地上権に準ずる地役権の目的となっている承役地である原野の価額**

その原野の
自用地とし　－
ての価額
〔評価通達60－3の定めに
より評価した区分地上権
に準ずる地役権の価額
＋
評価通達60－4(2)の定めにより評価
した賃借権又は地上権の価額〕

第3節　牧場及び池沼の評価

　牧場及び池沼並びにこれらの上に存する権利の評価は、原野の評価に準じて評価します。

　したがって、例えば市街化区域内の宅地比準方式により評価する池沼で、経済合理性の観点から宅地への転用が見込まれないものについては、近隣の純原野に比準して評価することとなります。

第7章

雑種地及び雑種地の上に存する権利の評価

第1節　雑種地の評価

1　雑種地の評価方法（評価通達82）
(1)　評価方法の概要

　評価通達に別に評価方法の定めのあるゴルフ場用地（評価通達83）、遊園地等用地（同83－2）及び鉄軌道用地（同84）を除く雑種地の価額は、その雑種地と状況が類似する付近の土地の1㎡当たりの価額を基準に、位置、形状及び法的規制の程度等の格差を考慮して算定した価額に、その雑種地の面積を乗じて計算した価額により評価します。

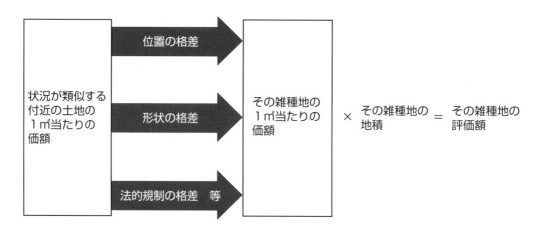

　ただし、雑種地の評価倍率が定められている地域にある雑種地は、その雑種地の固定資産税評価額に評価倍率を乗じて計算した金額により評価します。

第7章　雑種地及び雑種地の上に存する権利の評価

参考：平成30年分国税庁財産評価基準書より

平成30年分
（兵庫県）

雑種地の評価

　雑種地（大規模工場用地、ゴルフ場用地等及び鉄軌道用地を除きます。）の価額は、原則として、その雑種地の現況に応じ、状況が類似する付近の土地の価額を基として、その土地とその雑種地との位置、形状等の条件の差を考慮して評価します。

　ただし、次表に掲げる雑種地については、雑種地の固定資産税評価額に倍率を乗じて計算した金額によって評価します。

| 音順 | 市区町村名 | 所　　在　　地　　等 | | 固定資産税評価額に乗ずる倍率 |
		町名又は大字名	施設の名称又は用地の種類	
				倍
か	加東市	黒谷	東条湖おもちゃ王国	0.8
こ	神戸市西区	伊川谷町布施畑	布施畑環境センター	2.8

(2)　具体的な評価方法

イ　市街化区域内の雑種地

　市街化区域内にある土地の価額は、宅地の価額を標準として形成されますので、市街化区域内にある雑種地は、市街地農地や市街地山林と同様に宅地比準方式により評価します。

（評価式）

$$\left[\begin{array}{l} \text{その雑種地が宅地であると} \\ \text{した場合の1㎡当たりの価額} \end{array} - \text{1㎡当たりの宅地造成費} \right] \times \text{地積}$$

＝　市街化区域内の雑種地の評価額

　「その雑種地が宅地であるとした場合の1㎡当たりの単価」の算定方法は、市街地農地の場合と同様ですので、**第4章第1節4(2)**を参照してください。

ロ　市街化調整区域内の雑種地

　市街化調整区域内の雑種地を評価する場合には、(イ)状況が類似する付近の土地の地目（比準する地目）の判定及び(ロ)宅地に比準して評価する場合の法的規制に関するしんしゃく割合、の2点について特に慎重な検討が必要です。

(イ)　比準する地目

①　純農地、純山林又は純原野に比準する場合

　その雑種地の周辺の地域が純農地、純山林又は純原野で構成されている場合には、このような雑種地は宅地化への期待益が見込まれませんので、付近の宅地を基とするのではなく周辺の純農地、純山林又は純原野の価額に比準して評価します。

　なお、評価対象地が資材置場、駐車場等として利用されているときは、その土地の価額は、原則として、評価通達24-5《農業用施設用地の評価》に準じて農地等の価額

に造成費相当額を加算した価額により評価します。ただし、その価額は宅地の価額を基として評価した価額を上回らないことに注意してください。

② 宅地に比準する場合

　　沿道サービス施設が建設される可能性のある幹線道路沿いにある土地（都市計画法第34条第9号、第43条第2項）や、日常生活に必要な物品の小売業等の店舗として開発又は建築される可能性のある土地（都市計画法第34条第1号、第43条第2項）の存する地域にある雑種地は、宅地に比準して評価します。

③ 周囲の状況に応じて個別に判定する場合

　　①又は②以外の地域については、その地域により周りの状況が様々であると考えられますので、周囲の状況に応じて個別に比準する土地の地目を判定することになります。

㈣　宅地に比準して評価する場合の法的規制に関するしんしゃく割合

　　市街化調整区域とは、市街化の抑制を目的とする地域であるため、市街化調整区域内では宅地にするための開発及び建物の建築は厳しく制限されています。

　　したがって、市街化調整区域内の雑種地を宅地に比準して評価する場合には、宅地化を制限する法的規制に応じたしんしゃく割合（控除割合）を適用する必要があります。

① しんしゃく割合30％の場合

　　上記㈣の②の地域は、一定の建物の建築は認められる地域であることから、評価通達27-5《区分地上権に準ずる地役権の評価》の家屋の構造、用途等に制限を受ける場合の減価率30％をしんしゃく割合とするのが相当とされています。

　　ただし、この地域のうち、例えば、周囲に郊外店舗等が建ち並ぶ幹線道路沿いの地域で、雑種地であっても宅地価格と同等の取引が行われていると認められる場合には、しんしゃく割合0％とされます。

　　なお、条例等により、沿道サービス施設の建設については対象路線の種類及び敷地と道路との接道状況・形状規模等について制約があります。また、市街化調整区域内での店舗の立地については、市街化区域から一定距離以上離れていること等の要件を課されている場合もあります。したがって、まずは役所調査によりその雑種地の所在する地域が、沿道サービス施設や店舗等の建設が可能な地域であるのかを確認する必要があります。次に、これらの建設が認められる地域であっても、当該雑種地の接道状況・規模形状等が建設の許可される要件を満たしているかを慎重に判定してください。上記㈣の②の地域に所在する雑種地であっても、その土地の接道状況・規模形状等からこれらの施設・建物の建築の可能性が認められないときには、しんしゃく割合50％を適用すべき場合もあると考えます。

② しんしゃく割合50％の場合

　　上記㈣の③の地域は、いわば一般的な市街化調整区域内の雑種地が存する地域であり、原則として宅地にするための開発や建物建築が許可されない地域です。このような地域については家屋の建築が全くできない場合の減価率を適用するのが相当と認められますが、この場合の減価率は評価通達27-5《区分地上権に準ずる地役権の評価》及び同

25《貸宅地の評価》の(5)の定めを準用して50%とされています。

③　都市計画法第34条第11号の「条例指定区域内」の場合

「条例指定区域内」の土地については、他の市街化調整区域内土地に比し、開発・建築の規制が緩和されています。

条例の要件に該当する開発・建築は許可されますが、これらの要件のうちには、予定建築物の構造や階数のほか、敷地規模に関するものもあります。したがって、「条例指定区域内」の雑種地のしんしゃく割合は、個々の土地の状況と条例の規定に応じて判断する必要があります。

参　考

【都市計画法】第34条

前条の規定にかかわらず、市街化調整区域に係る開発行為（主として第二種特定工作物の建設の用に供する目的で行う開発行為を除く。）については、当該申請に係る開発行為及びその申請の手続が同条に定める要件に該当するほか、当該申請に係る開発行為が次の各号のいずれかに該当すると認める場合でなければ、都道府県知事は、開発許可をしてはならない。

十一　市街化区域に隣接し、又は近接し、かつ、自然的社会的諸条件から市街化区域と一体的な日常生活圏を構成していると認められる地域であっておおむね50以上の建築物（市街化区域内に存するものを含む。）が連たんしている地域のうち、政令で定める基準に従い、都道府県（指定都市等又は事務処理市町村の区域内にあっては、当該指定都市等又は事務処理市町村。以下この号及び次号において同じ。）の条例で指定する土地の区域内において行う開発行為で、予定建築物等の用途が、開発区域及びその周辺の地域における環境の保全上支障があると認められる用途として都道府県の条例で定めるものに該当しないもの

以上、比準地目及びしんしゃく割合の概要を表にすると、次のとおりです。

周囲（地域）の状況		比準地目	しんしゃく割合
(ｲ)の①の地域 純農地、純山林、純原野		農地比準、山林比準、原野比準	
(ｲ)の③の地域 中間的な地域 （周囲の状況により判定）		宅地比準	しんしゃく割合50%
(ｲ)の②の地域 幹線道路沿い等の店舗等の建築が可能な地域			しんしゃく割合30%
	宅地価格と同等の取引実態が認められる地域（郊外型店舗が建ち並ぶ地域等）		しんしゃく割合0%

市街化の影響度　弱↑↓強

設例70 市街化調整区域内の雑種地の評価方法

　評価する土地は、市街化調整区域内のいわゆる農家集落地域にある雑種地です。立地状況から店舗等の建築ができない地域に該当し、原則として宅地開発や建物の建築は認められません。

　上記の他、次の事実が分かっています。

○評価する雑種地の所在する地域の標準的使用は、農家住宅の敷地です。

○倍率地域にありますが、この地域の標準的な宅地の固定資産税評価額の1㎡当たり単価は10,000円です。また、評価倍率は1.2倍です。

○評価する雑種地は、間口7m・奥行30m・面積210㎡の整形地です。

　また、宅地にするためには整地費が必要と見込まれます。なお、財産評価基準書ではこの地域の整地費は1㎡当たり600円となっています。

解説

　評価する雑種地は、周辺の土地の状況から宅地に比準して評価すべきものと認められます。また、原則として建物の建築等が認められない地域にあることから、宅地に比準して評価する場合のしんしゃく割合は50%と認められます。

○評価する雑種地が宅地であるとした場合の1㎡当たりの価額

　10,000円×1.2×0.95（奥行価格補正率）×0.97（間口狭小補正率）×0.94（奥行長大補正率）＝10,394円

　　＊　位置及び形状等の格差については、普通住宅地区の画地調整率を参考に計算して差し支えありません。

○法的規制にかんするしんしゃく割合適用後の1㎡当たりの価額

　10,394円×（1－0.5）＝5,197円

○宅地造成費適用後の評価する雑種地の1㎡当たりの価額

　5,197円－600円＝4,597円

　　＊　宅地造成費は、しんしゃく割合適用後の金額から控除します。

○評価する雑種地の価額

　4,597円×210㎡＝965,370円

2　ゴルフ場用地の評価（評価通達83）

　ゴルフ場用地の評価は、次の区分ごとにそれぞれ次のとおり評価します。

　なお、ここでいうゴルフ場用地とは、原則として、ホール数が18ホール以上であり、コースの総延長をホール数で除して得た数値が100m以上のもの及び18ホール未満であってもホールの数が9ホール以上であり、かつホールの平均距離がおおむね150m以上のものを対象としています。

⑴　市街化区域及びそれに近接する地域にあるゴルフ場用地の価額

　宅地比準方式に基づき評価します。

　具体的には次の算式によります。

276

第7章　雑種地及び雑種地の上に存する権利の評価

（評価式）

$$\text{そのゴルフ場用地が宅地であるとした場合の1㎡当たりの価額} \times \text{地積} \times \frac{60}{100} - \text{そのゴルフ場用地を宅地に造成する場合に通常必要な造成費の1㎡当たりの価額} \times \text{地積}$$

　そのゴルフ場用地が宅地であるとした場合の1㎡当たりの価額の算定は、路線価地域にあるものについてはゴルフ場用地の周囲に付された路線価の距離による加重平均により、また、倍率地域にあるものについては、そのゴルフ場の1㎡当たりの固定資産税評価額にそのゴルフ場用地ごとに定められた倍率を乗じて算定します。

　なお、通常必要な造成費の1㎡当たりの価額は、市街地農地等の評価の際の宅地造成費を適用します。

参考：平成30年分国税庁財産評価基準書より

平成30年分
（兵庫県）

評価倍率表（ゴルフ場用地等用）

　1　市街化区域及びそれに近接する地域にあるゴルフ場用地等の倍率

　　　次表に掲げる倍率は、財産評価基本通達83（ゴルフ場の用に供されている土地の評価）の(1)の定めにより、「そのゴルフ場用地が宅地であるとした場合の1平方メートル当たりの価額」を算出する場合に使用するものです（同83－2（遊園地等の用に供されている土地の評価）のただし書で準用する場合の遊園地等用地を評価する場合も含みます。）。

　　　次表に掲げるゴルフ場用地等の価額は、次の算式で計算した価額により評価します。

$$\left(\text{そのゴルフ場用地等の1平方メートル当たりの固定資産税評価額}\right) \times \left(\text{次表に掲げる倍率}\right) \times \text{地積} \times \frac{60}{100} - \left(\text{ゴルフ場用地等を宅地に造成する場合の造成費相当額}\right) \times \text{地積}$$

　（注）　1　ゴルフ場用地等を宅地に造成する場合の造成費相当額は、市街地農地等の評価に係る宅地造成費を適用します。
　　　　　2　次の①及び②以外のゴルフ場用地（いわゆるミニゴルフ場用地）を評価する場合には、上記の算式では計算せず、通常の雑種地と同様に評価します。
　　　　　　①　地積が10万平方メートル以上でホール数が18以上あり、かつ、ホールの平均距離が100メートル以上のもの
　　　　　　②　ホール数が9～17でホールの平均距離が150メートル以上のもの
　　　　　　また、地積が10万平方メートルに満たない遊園地等用地を評価する場合についても、上記の算式では計算せず、通常の雑種地と同様に評価します。

音順	ゴルフ場用地等の名称	固定資産税評価額に乗ずる倍率
		倍
た	垂水ゴルフ倶楽部	3.5

　（注）路線価地域にあるゴルフ場用地等については、路線価により評価します。

(2) (1)以外の地域にあるゴルフ場用地

一定の地域ごとに精通者意見価格等を基として国税局長が定める倍率を乗じて評価します。

参考：平成 30 年分国税庁財産評価基準書より

平成 30 年分
（兵庫県）

2　上記 1 以外の地域にあるゴルフ場用地等の倍率

次表に掲げる倍率は、財産評価基本通達 83 の (2) の定めによりゴルフ場用地を評価する場合に使用するものです（同 83－2 のただし書で準用する場合の遊園地等用地を含みます。）。

次表に掲げる地域にあるゴルフ場用地等の価額は、次の算式で計算した価額により評価します。

そのゴルフ場用地等の固定資産税評価額　×　次表に掲げる倍率

(注) 次の①及び②以外のゴルフ場用地（いわゆるミニゴルフ場用地）を評価する場合には、上記の算式では計算せず、通常の雑種地と同様に評価します。
① 地積が 10 万平方メートル以上でホール数が 18 以上あり、かつ、ホールの平均距離が 100 メートル以上のもの
② ホール数が 9～17 でホールの平均距離が 150 メートル以上のもの
また、地積が 10 万平方メートルに満たない遊園地等用地を評価する場合についても、上記の算式では計算せず、通常の雑種地と同様に評価します。

音順		適　用　地　域　等		固定資産税評価額に乗ずる倍率
				倍
あ	相生市	ゴルフ場用地		1.1
	赤穂市	ゴルフ場用地		1.1
	朝来市	ゴルフ場用地		1.0
	淡路市	ゴルフ場用地		0.6
い	市川町	ゴルフ場用地		1.0
	猪名川町	ゴルフ場用地		0.9
お	小野市	ゴルフ場用地		1.2
か	加古川市	ゴルフ場用地		1.0
	加西市	ゴルフ場用地		1.1
	加東市	ゴルフ場用地		1.2
	神河町	ゴルフ場用地		0.9
	上郡町	ゴルフ場用地		1.0
	川西市	ゴルフ場用地	能勢カントリー倶楽部	1.0
			上記以外	0.9

3 遊園地等の用に供されている土地の評価（評価通達83-2）

遊園地等とは、遊園地、運動場、競馬場その他これらに類似する施設をいいます。これら施設の用に供されている土地の価額は、原則として、1「雑種地の評価方法」を準用して評価します。

ただし、その規模等の状況から2「ゴルフ場用地の評価」と同様に評価することが相当と認められる遊園地等の用に供されている土地の価額は、「ゴルフ場用地の評価」の定めを準用して評価します。この場合において、造成費に相当する金額については、市街地山林の評価（評価通達49）における造成費を使用します。

4 鉄軌道用地の評価（評価通達84）

鉄道又は軌道の用に供する土地（鉄軌道用地）の価額は、その鉄軌道用地に沿接する土地の価額の3分の1に相当する金額によって評価します。この場合における「その鉄軌道用地に沿接する土地の価額」は、その鉄軌道用地をその沿接する土地の地目、価額の相違等に基づいて区分し、その区分した鉄軌道用地に沿接するそれぞれの土地の価額を考慮して評定した価額の合計額によります。

5 文化財建造物である構築物の敷地の用に供されている土地（評価通達83-3）

文化財建造物である構築物の敷地の用に供されている土地の価額は、1「雑種地の評価方法」により評価した価額から、その価額に評価通達24-8《文化財建造物である家屋の敷地の用に供されている宅地の評価》に定める割合を乗じて計算した金額を控除した金額によって評価します。

評価通達24-8に定める割合

文化財建造物の種類	控除割合
重要文化財	0.7
登録有形文化財	0.3
伝統的建造物	0.3

第2節　雑種地の上に存する権利及び貸し付けられている雑種地

1 地上権

(1) 地上権の評価方法

雑種地の上に存する地上権の価額は、相続税法第23条に定める割合に基づいて評価します。

詳しくは、**第3章第4節1**を参照してください。

⑵　地上権の目的となっている雑種地の評価（評価通達86⑵）

　地上権の目的となっている雑種地の価額は、その雑種地の自用地としての価額から地上権の価
額を控除して評価します。

　　　　その雑種地の自用地としての価額 － 地上権の価額
　　　＝その雑種地の自用地としての価額×（１－地上権割合）

２　賃借権

⑴　賃借権の評価（評価通達87）

　①　原則

　　雑種地の上に存する賃借権の価額は、原則として、その賃貸借契約の内容、利用の状況等を
勘案して評定した価額により評価します。

　②　簡便法

　　雑種地の上に存する賃借権の価額は、次のイ又はロの区分に応じて評価することもできます。

イ　地上権に準ずる権利として評価することが相当と認められる賃借権

　　これに該当する賃借権としては、賃借権の登記がされているもの、設定の対価として権利
金その他の一時金の授受があるもの、堅固な構築物の所有を目的とするもの等があります。

　　このような賃借権の価額は、その雑種地の自用地としての価額にその賃借権が地上権であ
る場合に適用される相続税法第23条の地上権割合を乗じて計算した金額により評価します。
ただし、この地上権割合がその地域の借地権割合を超える場合には、借地権割合を乗じて計
算した金額により評価します。

（評価式）

　　その雑種地の　　　　　　地上権割合
　　自用地としての価額　×　（借地権割合が限度）　＝　賃借権の価額

ロ　イの賃借権以外の賃借権

　　その雑種地の自用地としての価額に、その賃借権の残存期間に応じその賃借権が地上権で
あるとした場合に適用される地上権割合の２分の１に相当する割合を乗じて計算した金額に
よって評価します。

⑵　賃借権の目的となっている雑種地の評価（評価通達86⑴）

　賃借権の目的となっている雑種地の価額は、原則としてその雑種地の自用地としての価額から
賃借権の価額を控除して評価します。

（評価式）

　　　　その雑種地の自用地価額 － 賃借権の価額
　　　＝賃借権の目的となっている雑種地の価額（Ａ）

　ただし控除する賃借権の価額が、自用地価額に賃借権の区分に応じた割合を乗じた金額を下回
る場合には、自用地価額から賃借権の区分に応じた割合を乗じた金額を控除して評価します。

第7章　雑種地及び雑種地の上に存する権利の評価

（評価式）

その雑種地の
自用地としての価額　－　その雑種地の
自用地としての価額　×　賃借権の区分に
応じた割合

＝賃借権の目的となっている雑種地の価額（B）

上記（A）又は（B）の低い方の価額が評価額となります。

●賃借権の区分に応じた割合

イ　地上権に準ずる権利として評価することが相当と認められる賃借権の場合

① 残存期間が5年以下のもの　　　　　　　　　　100分の5

② 残存期間が5年を超え10年以下のもの　　　　100分の10

③ 残存期間が10年を超え15年以下のもの　　　100分の15

④ 残存期間が15年を超えるのもの　　　　　　　100分の20

ロ　イ以外の賃借権の場合

イの割合の2分の1に相当する割合

（注）　ゴルフ場などの貸し付けられている雑種地については、その自用地価額から賃借権又は地上権等の価額を控除して評価しますが、雑種地の造成工事を賃借人又は地上権者が行っている場合には、その造成工事が行われていないものとした価額から、その価額を基として計算した賃借権又は地上権の価額を控除して評価することとされています（評価通達86(注)）。

設例71 貸駐車場の評価

月極駐車場や青空駐車場として利用している土地は、どのように評価するのですか。

解説

土地の所有者が、自らその土地を月極駐車場や青空駐車場として利用している場合には、その土地は自用地として評価します。

土地の所有者が貸駐車場を経営することは、その土地で一定の期間、自動車を保管することを引き受けることであり、このような自動車を保管することを目的とする契約は、土地の利用そのものを目的とした賃貸借契約とは本質的に異なる契約関係ですから、この場合の駐車場の利用権は、その契約期間に関係なく、その土地自体に及ぶものではないと考えられるためです。

これは、構築物である設備を設けて貸駐車場としている場合も同様です。

設例72 相当の地代の授受がある賃借権の評価

当社は運送業を営むものですが、この度、隣地地主と同意してガソリン貯蔵用の地下タンクの所有を目的とする賃借権を設定しました。契約では設定時の権利金の支払に代え、6％相当額の相当地代を収受することとしました。

この場合の賃借権も評価通達87《賃借権の評価》に基づき評価することとなるのでしょうか。また、貸し付けている雑種地はどのように評価するのでしょうか。

281

解説

　権利金の支払に代え、相当の地代を支払っている場合の建物の所有を目的とする借地権の価額は「零」とされています（昭和60年6月5日付直評9課資2-58「相当の地代を支払っている場合等の借地権等についての相続税及び贈与税の取扱いについて」）。また、この場合の借地権が設定されている貸地の価額は、自用地価額の80％相当額で評価することになっています。

　ところで、相続税における借地権とは「建物の所有を目的とする地上権又は土地の賃借権」をいいますが、法人税においては構築物の所有を目的とする賃借権も借地権に含まれています（法人税法施行令第137条、法人税法基本通達13-1-1）。このことから法人税においては、構築物の所有を目的とする賃借権もいわゆる相当地代通達の適用対象となっています。この法人税の取扱いとの整合性から、相続税においても相当地代を支払っている場合の賃借権の価額は「零」となります。

　なお、相当地代を収受している当該賃借権の目的となっている雑種地の価額は、その自用地としての価額から評価通達87の定めにより評価したその賃借権の価額（自用地価額の20％相当額を限度とします。）を控除した金額により評価します。

　また、「土地の無償返還に関する届出書」が提出されている場合についても、上記に準じて評価します。

3　区分地上権

⑴　区分地上権の評価（評価通達87-2）

　雑種地に係る区分地上権の価額は、評価通達27-4《区分地上権の評価》の定めを準用して評価します。

　詳しくは**第3章第5節1**を参照してください。

⑵　区分地上権の目的となっている雑種地の価額（評価通達86⑶）

　区分地上権の目的となっている雑種地の価額は、その雑種地の自用地としての価額から区分地上権の価額を控除して評価します。

　（評価式）

　　その雑種地の自用地価額 － 区分地上権の価額＝区分地上権の目的となっている雑種地の価額

4　区分地上権に準ずる地役権

⑴　区分地上権に準ずる地役権の評価（評価通達87-3）

　雑種地に係る区分地上権に準ずる地役権の価額は、その区分地上権に準ずる地役権の目的となっている承役地である雑種地の自用地としての価額を基とし、評価通達27-5《区分地上権に準ずる地役権の評価》の定めを準用して評価します。

　詳しくは、**第3章第6節1**を参照してください。

⑵　区分地上権に準ずる地役権の目的となっている承役地である雑種地の価額（評価通達86⑷）

　区分地上権に準ずる地役権の目的となっている承役地である雑種地の価額は、その雑種地の自

用地としての価額から評価通達87－3《区分地上権に準ずる地役権の評価》の定めにより評価したその区分地上権に準ずる地役権の価額を控除した金額によって評価します。

（評価式）

$$
\text{その雑種地の自用地価額} - \begin{array}{c}\text{区分地上権に準ずる}\\\text{地役権の価額}\end{array} = \begin{array}{c}\text{区分地上権に準ずる地役}\\\text{権の目的となっている承}\\\text{役地である雑種地の価額}\end{array}
$$

5　土地の上に存する権利が競合する場合

⑴　土地の上に存する権利が競合する場合の賃借権又は地上権の評価（評価通達87－4）

　土地の上に存する権利が競合する場合の賃借権又は地上権の価額は、次の算式により計算した金額によって評価します。

①　賃借権又は地上権及び区分地上権が設定されている場合の賃借権又は地上権の価額

$$
\begin{array}{c}\text{評価通達87《賃借権の評価》の定めにより評価し}\\\text{た賃借権の価額又は相続税法第23条《地上権及}\\\text{び永小作権の評価》の規定により評価した地上権}\\\text{の価額}\end{array} \times \left(1 - \dfrac{\begin{array}{c}\text{評価通達87－2《区分地上権}\\\text{の評価》の定めにより評価した}\\\text{区分地上権の価額}\end{array}}{\begin{array}{c}\text{その雑種地の自用地}\\\text{としての価額}\end{array}}\right)
$$

②　区分地上権に準ずる地役権が設定されている承役地に賃借権又は地上権が設定されている場合の賃借権又は地上権の価額

$$
\begin{array}{c}\text{評価通達87の定めにより評価した}\\\text{賃借権の価額又は相続税法第23条}\\\text{の規定により評価した地上権の価額}\end{array} \times \left(1 - \dfrac{\begin{array}{c}\text{評価通達87－3《区分地上権に準ずる地}\\\text{役権の評価》の定めにより評価した区分}\\\text{地上権に準ずる地役権の価額}\end{array}}{\begin{array}{c}\text{その雑種地の自用地としての価額}\end{array}}\right)
$$

⑵　土地の上に存する権利が競合する場合の雑種地の評価（評価通達86－2）

　土地の上に存する権利が競合する場合の雑種地の価額は、次の算式により計算した金額によって評価します。

①　賃借権又は地上権及び区分地上権の目的となっている雑種地の価額

$$
\begin{array}{c}\text{その雑種地}\\\text{の自用地と}\\\text{しての価額}\end{array} - \left(\begin{array}{c}\text{評価通達87－2《区分地上権}\\\text{の評価》の定めにより評価した}\\\text{区分地上権の価額}\end{array} + \begin{array}{c}\text{評価通達87－4《土地の上に存する}\\\text{権利が競合する場合の賃借権又は}\\\text{地上権の評価》⑴の定めにより評価}\\\text{した賃借権又は地上権の価額}\end{array}\right)
$$

②　区分地上権及び区分地上権に準ずる地役権の目的となっている承役地である雑種地の価額

$$
\begin{array}{c}\text{その雑種地}\\\text{の自用地と}\\\text{しての価額}\end{array} - \left(\begin{array}{c}\text{評価通達87－2の定めにより}\\\text{評価した区分地上権の価額}\end{array} + \begin{array}{c}\text{評価通達87－3《区分地上権に準ずる}\\\text{地役権の評価》の定めにより評価し}\\\text{た区分地上権に準ずる地役権の価額}\end{array}\right)
$$

③　賃借権又は地上権及び区分地上権に準ずる地役権の目的となっている承役地である雑種地の価額

$$
\begin{array}{c}\text{その雑種地}\\\text{の自用地と}\\\text{しての価額}\end{array} - \left(\begin{array}{c}\text{評価通達87－3の定めにより}\\\text{評価した区分地上権に準ずる}\\\text{地役権の価額}\end{array} + \begin{array}{c}\text{評価通達87-4⑵の定めにより評}\\\text{価した賃借権又は地上権の価額}\end{array}\right)
$$

6 占用権

(1) 占用権とは

評価通達上の占用権とは、次のものをいいます。

① 河川法にもとづくもの

河川法第24条の規定による河川区域内の土地の占用の許可に基づく権利で、ゴルフ場、自動車練習所、運動場その他の工作物（対価を得て他人の利用に供するもの又は専ら特定の者の用に供するものに限ります。）の設置を目的とするものをいいます。

代表的なものとしては、河川敷ゴルフ場があります。

② 道路法又は都市公園法にもとづくもの

道路法第32条第1項の規定による道路の占用の許可又は都市公園法第6条第1項の規定による都市公園の占用の許可に基づく経済的利益を生ずる権利で駐車場、建物その他の工作物（対価を得て他人の利用に供するもの又は専ら特定の者の用に供するものに限ります。）の設置を目的とするものをいいます。

代表的なものとしては、地下街があります。

(2) 占用権の評価（評価通達87−5）

占用権の評価は、その占用権の目的となっている土地の価額に、次の区分ごとの割合を乗じて評価します。

イ 取引事例のある占用権

売買実例価額、精通者意見価格等を基として占用権の目的となっている土地の価額に対する割合として国税局長が定める割合

なお、取引事例のある占用権の代表的な例として、大阪国税局管内の「船場センタービルの道路占用権」があります。

ロ イ以外の占用権で、地下街又は家屋の所有を目的とする占用権

その占用権が借地権であるとした場合に適用される借地権割合の3分の1に相当する割合

ハ イ及びロ以外の占用権

その占用権の残存期間に応じその占用権が地上権であるとした場合に適用される地上権割合の3分の1に相当する割合

上記の「占用権の残存期間」は、占用の許可に係る占用の期間が、占用の許可に基づき所有する工作物、過去における占用の許可の状況、河川等の工事予定の有無等に照らし実質的に更新されることが明らかであると認められる場合には、その占用の許可に係る占用権の残存期間に実質的な更新によって延長されると認められる期間を加算した期間をもってその占用権の残存期間とします。

なお、占用権に基づき所有している家屋が貸家となっている場合の占用権の価額は、次の算式により計算した金額により評価します（評価通達87−7）。

その占用権の価額（A）−A×借家権割合×賃貸割合

第7章　雑種地及び雑種地の上に存する権利の評価

設例73　船場センタービルの道路占用権の評価

　私は、船場センタービル3号館の2階に専有部分60㎡を所有していますが、これに係る道路占用権はどのように評価するのですか。

解説

　船場センタービルの道路占用権（大阪市中央区船場中央一丁目2番から同四丁目10番における船場センタービルの東棟（1号館から3号館まで）、中央棟（4号館から9号館まで）及び西棟（10号館）の所有を目的とする大阪市道築港深江線及び大阪府道高速大阪東大阪線に係る道路の占用の許可に基づく権利をいいます。以下同じ。）の価額は、次に掲げるところにより評価します。

イ　評価単位

　　船場センタービルの道路占用権の価額は、同ビルの専有部分に対応する道路占用権ごとに評価します。

ロ　評価方法

　　船場センタービルの道路占用権の価額は、その専有部分に対応する次表「各号館の階層別占用権積算価額表」に定める価額にその専有部分の面積を乗じて計算した金額によって評価します。

　(注)　専有部分の面積は、『建物の区分所有等に関する法律』に基づいて定められた『船場センタービル区分所有者会』の『船場センタービル規約』に定める「専有部分の範囲」に基づいて計測した面積とします。

（平成30年分）

各号館の階層別占用権積算価額表

（単位：円／㎡）

	地下2階	地下1階	1　　階	2　　階	3　　階	4　　階
1号館	59,400	171,100	142,900	85,500	—	—
2号館	154,200	176,600	146,300	88,300	83,700	—
3号館	172,600	197,600	185,200	98,700	93,700	
4号館	192,000	333,700	205,700	153,900	99,000	97,500
5号館	—	397,300	247,500	165,000	125,800	—
6号館	—	368,100	230,200	168,200	115,800	—
7号館		442,300	270,900	220,200	129,300	125,800
8号館	—	467,700	334,300	249,200	133,200	—
9号館	315,800	490,400	349,100	261,800	145,400	—
10号館	397,500	298,100	373,600	188,800	—	—

（算式）

　　各号館別の階層別占用権積算価額　×　専有部分の面積(㎡)

ご質問の3号館の2階専有部分60㎡に対応する道路占用権の価額は、次のとおりです。

　　98,700円　×　60㎡　＝　5,922,000円

285

⑶　占用権の目的となっている土地の評価（評価通達 87 − 6 ）

　占用権の目的となっている土地の価額は、その占用権の目的となっている土地の付近にある土地について、この通達の定めるところにより評価した 1 ㎡当たりの価額を基とし、その土地とその占用権の目的となっている土地との位置、形状等の条件差及び占用の許可の内容を勘案した価額に、その占用の許可に係る土地の面積を乗じて計算した金額によって評価します。

第8章

災害により被災した土地等の評価

1　特定土地等に係る相続税の課税価格の特例

　特定非常災害発生日前に、相続等で土地等を取得した場合で、その相続等に係る申告期限が特定非常災害発生日以後である場合において、その特定非常災害発生日において所有していた特定土地等があるときは、その特定土地等の価額は、その特定非常災害の発生直後の価額とすることができます。

(注)　1　特定非常災害とは、租税特別措置法69条の6第1項に規定する特定非常災害をいいます。これまでには「阪神・淡路大震災」、「平成16年新潟県中越地震」、「東日本大震災」、「平成28年熊本地震」、「平成30年7月豪雨」が特定非常災害に指定されています。

　　　2　特定土地等とは、特定地域内にある土地又は土地の上に存する権利をいいます。特定地域とは、特定非常災害により被災者生活再建支援法第3条第1項の規定の適用を受ける地域（同項の規定の適用がない場合には、その特定非常災害により相当な損害を受けた地域として財務大臣が指定する地域）をいいます。「平成30年7月豪雨による災害」に係る特定地域は、平成30年9月26日現在で下記のとおりです。

《特定地域》

都道府県名	特定地域	都道府県名	特定地域
岐阜県	関市	山口県	岩国市、光市
京都府	福知山市、綾部市	徳島県	三好市
兵庫県	神戸市、宍粟市	愛媛県	県内全域
島根県	江津市、邑智郡川本町	高知県	宿毛市、香南市、幡多郡大月町
岡山県	県内全域	福岡県	北九州市、久留米市、飯塚市、嘉麻市
広島県	県内全域	佐賀県	三養基郡基山町

　特定土地等の特定非常災害の発生直後の価額は、課税時期の現況が特定非常災害の発生直後も継続していたものとみなして評価します。つまり、課税時期から特定非常災害の発生直後までの間に区画形質の変更や権利関係の変更があった場合でも、これらの事由は考慮せずに特定非常災害の発生直後の価額を評価します。また、特定土地等の価額について、国税局長がその評価のための「調整率」を定めている場合には、路線価及び倍率に調整率を乗じたものを当該年分の路線価及び倍率として評価することができます。

　「平成30年7月豪雨による災害」（特定非常災害）により被害を受けた財産の相続税における評価方法等の概要は、次のとおりとなります。

●特定非常災害発生日前（平成30年6月27日以前）に取得した財産の評価

土地等【租税特別措置法に基づく特例評価】

	特例評価の適用要件		評価額
	取得時期	対象となる財産	
土地等	平成29年8月28日から平成30年6月27日までの間に相続等（相続又は遺贈）により取得したもの	平成30年6月28日（特定非常災害発生日）において所有していた土地等のうち、特定地域内にある土地等【特定土地等】	特定非常災害の発生直後の価額（土地等の価額は、平成30年分の路線価等に「調整率」を乗じて計算します。）によることができます。

（出典：国税庁パンフレット「平成30年7月豪雨により被害を受けられた方へ（相続税・贈与税に係る財産評価の概要）」を基に作成）

「特定土地等に係る相続税の課税価格の特例」はライフラインの停止等による経済的な損失を考慮した措置ですので、この特例と、地割れ等の土地の物理的な損失を対象とした災害減免法の減免措置との両方が適用できる場合もあります。

2 特定非常災害発生日以後に相続等により取得した特定地域内にある土地等の価額

特定非常災害発生日以後同日の属する年の12月31日までの間に相続等により取得した特定地域内にある土地等の価額は、上記1に準じて評価することができます。

具体的には、国税局長が上記「調整率」を定めている場合には、上記1と同様に路線価及び倍率に調整率を乗じたものを当該年分の路線価及び倍率として評価することができます。また、特定地域内にある土地等が地割れ等の物理的な被害を受けている場合には、物理的な損失がないとした場合の土地等の価額から原状回復費用相当額を控除して評価します。この場合の原状回復費用相当額とは、①原状回復費用の見積額の80％相当額や②市街地農地等を評価する場合に用いる宅地造成費相当額から算定した金額が考えられます。なお、原状回復費用相当額が高額となるため評価額が算定されないような場合には、経済合理性の観点から宅地への復帰が見込まれないため評価通達49《市街地山林の評価》のなお書の規定に準じて評価することになります。

3 特定地域外にある土地等の価額

特定非常災害発生日以後同日の属する年の12月31日までの間に相続等により取得した特定地域外にある土地等の価額は、課税時期の現況に応じ評価通達の定めにより評価します。この場合、特定非常災害により物理的な損失を受けた場合には、上記2と同様に原状回復費用相当額を控除して評価します。

4 特定非常災害以外の災害により被災した土地等の評価

特定非常災害以外の災害の発生日以後同日の属する年の12月31日までの間に相続等により取得した土地等の価額は、上記3と同様に評価します。

第9章 不動産調査

第1節 不動産調査の目的

　相続税における不動産評価に必要な知識は、評価通達や個別通達に加えて情報、質疑応答事例、文書回答事例など多岐にわたります。これらについて十分に精通することにより初めて適切な評価が可能になることは言うまでもありません。

　しかし、それだけでは不十分です。適切な評価のためには対象不動産の物的及び法的状況を正確に把握する必要があります。例えば、都市計画道路予定地の区域内にある宅地は一定の減額評価ができますが、その宅地が都市計画道路予定地の区域内にあることは、不動産調査により初めて知りうることです。

　つまり、適切な相続税評価のためには、

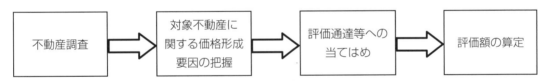

という各段階を経ることが必要になります。

　対象となる不動産が減価要因を内在していても、不動産調査が不十分なためにこれを見逃し、結果として過大な額で評価してしまう、ということも十分考えられます。

　評価通達等への精通と的確な不動産調査は、相続税評価における車の両輪ともいえるものです。

第2節 不動産調査の手順

　不動産調査には、大きく分けると役所調査と現地調査とがあります。

　一般的には、役所調査であらかじめ必要な資料を収集し、これに基づき現地調査を実施するという手順になります。必要な役所調査を先行して実施することにより、評価に必要な項目について、前もって検討をつけることができるからです。例えば、法務局や市役所の図面により対象不動産の位置や形状等をあらかじめ把握することが可能です。また、一団地の中に複数の評価単位

の宅地が含まれている場合には、建物図面、建築計画概要書や航空写真等を事前に収集しておくことにより、現地での評価単位の確定作業を的確に行うことができます。このように有効な資料を前もって収集しておくことにより効率的な現地調査が可能となります。

しかし、現地調査により新たな検討要因を把握することもあります。例えば現地調査により道路と宅地とに相当の高低差があることを把握した場合には、建物建築のためには擁壁の設置が義務付けられていないかを役所において確認する必要があります（建物の建築時に新たに擁壁を設置することを義務付けられている場合には、評価に当たって擁壁の設置に必要な費用を考慮すべき場合があります。）。このような場合には現地確認の結果に基づき再度役所調査が必要となります。

つまり、不動産調査は一般的には、

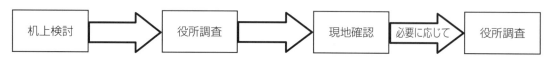

という手順になります。

第3節　役所調査の内容

案件の内容に応じて必要な役所調査は多岐に及びますが、以下では、多くの案件に共通して必要と思われる代表的なものについて説明します。

1　法務局

法務局で収集する資料には、登記事項証明書、地図、地積測量図、地役権図面及び建物図面等があります。

なお、現在これらはインターネット（一般財団法人民事法務協会・登記情報提供サービス）を通じて自分のパソコンで請求及び出力することが可能です。出力したものは、登記官の認証文及び印がありませんが、相続税評価実務で使用するのには差し支えありません。

(1)　登記事項証明書

登記記録がデータ化される以前の登記簿謄本に相当するものです。

登記簿には表題部と権利部があり、権利部は甲区と乙区より構成されています。

表題部は不動産の物的な事項に関する事実が記されており、土地については所在地番・地目・地積等が、建物については家屋番号・種類・構造・床面積等が記載されています。なお、地積等については現況と登記とが一致していない場合もあります。また、建物には未登記物件もありますし、増改築の事実が登記されていないこともあります。

甲区には所有権に関する事項が記載されています。相続開始までに親族等に対して持分贈与が

繰り返し行われている場合には、相続開始時点での被相続人持分を誤りなく算定する必要があります。このような場合、相続開始時点での被相続人持分が表示されているわけではありません。それまでに贈与された持分を控除することにより算定する必要があります。また、抹消されていない所有権移転請求権仮登記がある場合には、その内容を確認しておく必要があります。

乙区には抵当権等の担保物件や地上権及び地役権等の用益物権に関する事項が記されています。特別高圧架空電線の架設を目的とする区分地上権や地役権の登記は乙区に記載されていますので、乙区も確実に確認する必要があります。

(2) 図面

① 地図

法務局に備え付けられている地図には、大きく分けると14条地図と地図に準ずる図面との2種類があります。

14条地図には国土調査法に基づく地籍図、土地改良法や土地区画整理法による土地所在図及び法務局で自ら作成した図面等があります。

地図に準ずる図面とは、一般的には公図といわれ地租課税のための台帳である旧土地台帳に付属した地図等です。

14条地図は方位・縮尺・形状ともに正確といえるものです。地積測量図がない場合には、14条地図に基づき現地確認を行うことにより評価に必要な間口・奥行距離等の形状に関するデータを得ることが可能です。

地図に準ずる図面は、縮尺が不明で精度区分の記載もありません。

14条地図と地図に準ずる図面とでは、精度に格差がありますが、評価における基本的事項である対象物件の特定のためには欠かすことができないものです。

これらの地図を詳細に確認することにより、評価対象物件中に里道が通っていたり、また評価対象物件と道路との間に他人地が介在している事実を把握することもあります。

② 地積測量図

一般的には地積測量図があると、これに基づき評価に必要な形状に関するデータを確認することができます。

しかし、古い測量図面には正確さに欠けるものがあります。また、土地を分筆する際には実測が必要ですが、平成17年3月からは分筆する土地及び残地ともに実測がされていますが、それ以前は一般的には残地は実測されていません。したがって、分筆後の残地の土地が測量図面に記載されていてもその精度は低いものとなっています。

地積測量図は路線価評価においては重要な資料ですが、これと現地との照合は必ず行ってください。

設例74　地積測量図と現地との照合

正確な地積測量図があれば、間口・奥行等の距離、形状及び地積等が正確に把握できると思われますが、なぜ現地での照合が必要なのですか。

解説

例えば、下図の場合には、評価対象地の一部が道路になっていますが、このような事実は地積測量図だけでは把握できません。正確な地積測量図に基づいて、その奥行距離と実際の土地を照合して初めて把握することができます。

この例からも、地積測量図と現地照合とが必要であることが明らかです。

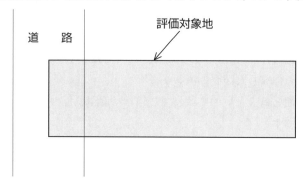

③　地役権図面

　一般的によくみられる地役権には、特別高圧架空電線の架設を目的とする区分地上権に準ずる地役権があります。地役権は物権ですので対抗力をもたせるために通常は登記されています。地役権の登記は乙区に表示されますが、そこには土地所有者に対する行為制限の内容が記載されています。この制限内容に応じて評価通達の規定に基づき「区分地上権に準ずる地役権」や「区分地上権に準ずる地役権の目的となっている宅地」の評価を行います。

　なお、特別高圧架空電線の架設を目的とする地役権は、1筆の土地のうちの一部分に設定されていることが多いですが、このような場合には地役権がその目的となっている宅地（承役地）のどの部分を対象として設定されているかを表示した図面があります。この図面を地役権図面といいます。

　区分地上権に準ずる地役権の評価は、その目的となっている宅地の当該部分の自用地の価額をベースにして行いますので、的確な評価のためには地役権図面を入手することが必要です。

④　建物図面

　建物図面は建物の敷地との位置関係及び形状を示す図面をいいます。また、各階平面図とは各階の形状及び床面積を表す図面をいいますが、この両者を合わせて建物図面と呼ぶこともあります。

　宅地の評価単位の検討に際して、その建物の敷地の範囲を判定する必要がありますが、このときに有用な資料となります。ただし、敷地として記載されている土地の範囲が現状と合っていないこともあるようです。相続税の評価では、相続開始時点の現況に基づき評価する必

要がありますので、図面を参考資料の一つとして、現地との照合が不可欠であることは言うまでもありません。

2　市町村役場等

(1)　都市計画

役所の都市計画担当部署で都市計画図・用途地域図を閲覧します。この図面を確認する目的は次のとおりです。

①　地積規模の大きな宅地の評価（評価通達20－2）

「地積規模の大きな宅地の評価」の対象となる宅地は、都市計画の用途地域が「工業専用地域」に指定されている地域以外の地域に所在していなければなりません。この確認は都市計画図・用途地域図により行います。また、所在する地域の指定容積率についても制約がありますが、指定容積率も通常都市計画図により確認することができます。

この評価方法では、「三大都市圏に所在する宅地」と「それ以外の地域に所在する宅地」では、面積要件及び規模格差補正率の計算が異なりますが、「三大都市圏に所在する」か否かは、都府県又は市町村の都市計画等担当部署で確認することができます。住宅地図をFAXすることにより、あるいは住所を伝えることにより回答してもらえる自治体もあるようです。

②　容積率の異なる2以上の地域にわたる宅地の評価（評価通達20－6）

指定容積率は通常その土地の所在する用途地域により異なりますので、評価対象宅地が2以上の用途地域にわたる場合には、「容積率の異なる2以上の地域にわたる宅地」に該当する可能性があります。一般的には用途地域は、「～道路から何メートルの範囲内」として定められていることが多いようです。なお、一の土地の中での用途地域の境界は、「用途地域境界明示申請書」等で都市計画担当部署に申請することにより、その明示を受けることができます。

③　都市計画道路予定地の区域内にある宅地の評価（評価通達24－7）

都市計画道路予定地の区域は、通常都市計画図において表示されています。

したがって、都市計画図を確認することにより、評価対象地が都市計画道路予定地の区域内に位置するか否かを判断することができます。

(2)　道路

セットバックを必要とする宅地の評価（評価通達24－6）においては、道路幅員の確認が必要です。セットバックが必要な道路は市町村道が多いと思われますが、市町村道の場合には、認定幅員は市町村役場の道路管理課等の部署で道路台帳により確認することができます。もっとも、正確にはセットバックの距離を算定するのは現況幅員に基づく必要がありますが、認定幅員を事前に確認しておくことは有用です。

建築基準法上の道路の取扱いを担当するのは、建築主事を置く市町村役場か都道府県の建設事務所又は土木事務所（以下、「土木事務所等」といいます。）になります。悩ましいのは、道路と評価対象地との間に水路が介在する場合の道路幅員の取扱いですが、通常は水路部分は道路幅員に含まれませんが、暗渠となって道路と一体と認められる場合には道路幅員に含まれる場合もあ

るようです。このような場合の取扱いの確認を担当するのは、土木事務所等になります。なお、告示建築線（告示建築線については **設例46**（167ページ）を参照してください。）についての確認も上記役所で行います。

　ある道路が建築基準法上の道路に該当するのかを確認するのも土木事務所等です。行き止まり道路のため路線価の設定がない道路については、原則として、それが建築基準法上の道路である場合には特定路線価（評価通達14－3）の設定の対象となりますが、接道義務を満たさない道の場合には、その道に面する宅地は無道路地の評価（評価通達20－3）の規定に基づき評価することになります。

⑶　建築計画概要書

　建築計画概要書は、建築確認の際に作成される書類です。

　建築計画概要書には、建築確認の概要や敷地及び建物に関する事項が記載され、建物の配置図等が添付されています。建築計画概要書は、例えば1筆の宅地の中に自用の建物と貸家とがある場合に、それぞれの評価単位となる範囲を特定する際に参考となります。

　建築計画概要書は、土木事務所等で閲覧することができます。

⑷　周知の埋蔵文化財包蔵地

　周知の埋蔵文化財包蔵地は、市町村役場の担当部署（一般的には、「文化財課」、「生涯学習課」という名称の部署が多いようです。）で確認できます。

　自治体によっては、「遺跡地図」や「埋蔵文化財包蔵地分布図」等の名称でホームページ上に文化財地図を掲載しているところもあります。

⑸　農地

①　農業振興地域内の農用地

　農用地については、その転用制限等を考慮して、他の農地より低い評価倍率が設定されている場合が多いですが、農用地か否かの確認は各市町村役場の農政課や農林水産課等の部署で確認することができます。農用地は地番に基づき確認することができます。

②　耕作権

　評価通達上の耕作権とは、農地法上の許可を受けたものをいい、いわゆる「ヤミ小作」は含まれません。

　農地法上の許可を受けた耕作権の有無は、農業委員会で小作人台帳を閲覧することにより確認することができます。また、「小作人台帳に登載されていることの証明願」を申請することができる農業委員会もあります。

③　生産緑地

　生産緑地とは、生産緑地地区内の農地又は山林をいいますが、生産緑地地区は都市計画で定められます。このことから、生産緑地に該当するかは、都市計画担当部署で確認することができます。

　また、生産緑地の評価においては主たる従事者の確認が必要ですが、この確認は農業委員会で行います。農業委員会では証明願に応じて「生産緑地に係る農業の主たる従事者についての証明書」を発行します。

第9章　不動産調査

建築計画概要書（第二面）

建築物及びその敷地に関する事項

【1. 地名地番】●●市●●町△-△

【2. 住居表示】●●市●●町△-△

【3. 都市計画区域及び準都市計画区域の内外の別等】
　　　　☑都市計画区域内（☑市街化区域　□市街化調整区域　□区域区分非設定）
　　　　□準都市計画区域内　　　□都市計画区域及び準都市計画区域外

【4. 防火地域】　　　□防火地域　　☑準防火地域　　□指定なし

【5. その他の区域、地域、地区又は街区】○m第○種高度地区　遠景デザイン　下水道整備地区

【6. 道路】
　　【イ. 幅員】6.000m
　　【ロ. 敷地と接している部分の長さ】16.000m

【7. 敷地面積】
　　【イ. 敷地面積】　　　　(1)（　100.00㎡）（　60.00㎡）（　　　　　　）（　　　　　　）
　　　　　　　　　　　　　　(2)（　　　　　　）（　　　　　　）（　　　　　　）（　　　　　　）
　　【ロ. 用途地域等】　　　（第二種住居地域）（　工業地域　）（　　　　　　）（　　　　　　）
　　【ハ. 建築基準法第52条第1項及び第2項の規定による建築物の容積率】※区域ごとに記入。
　　　　　　　　　　　　　　（　240.00%　）（　200.00%　）（　　　　　　）（　　　　　　）
　　【ニ. 建築基準法第53条第1項の規定による建築物の建ぺい率】※区域ごとに記入。
　　　　　　　　　　　　　　（　60.00%　）（　60.00%　）（　　　　　　）（　　　　　　）
　　【ホ. 敷地面積の合計】　　(1) 160.00㎡
　　　　　　　　　　　　　　(2)
　　【ヘ. 敷地に建築可能な延べ面積を敷地面積で除した数値】225.00%
　　【ト. 敷地に建築可能な建築面積を敷地面積で除した数値】70.00%
　　【チ. 備考】角地緩和適用

【8. 主要用途】　（区分　08440　）　物品販売店舗

【9. 工事種別】
　　　　☑新築　□増築　□改築　□移転　□用途変更　□大規模の修繕　□大規模の模様替

【10. 建築面積】　　　　　　（申請部分　　　　）（申請以外の部分）（合計　　　　　　）
　　【イ. 建築面積】　　　　（　108.00㎡）（　　　　　　）（　108.00㎡　）
　　【ロ. 建ぺい率】67.50%

【11. 延べ面積】　　　　　　（申請部分　　　　）（申請以外の部分）（合計　　　　　　）
　　【イ. 建築物全体】　　　（　300.00㎡）（　　　　　　）（　300.00㎡　）
　　【ロ. 地階の住宅の部分】（　　　　　　）（　　　　　　）（　　　　　　）
　　【ハ. 共同住宅の共用の廊下等の部分】
　　　　　　　　　　　　　　（　　　　　　）（　　　　　　）（　　　　　　）
　　【ニ. 自動車車庫等の部分】（　20.00㎡）（　　　　　　）（　20.00㎡　）
　　【ホ. 住宅の部分】　　　（　　　　　　）（　　　　　　）（　　　　　　）
　　【ヘ. 延べ面積】　280.00㎡
　　【ト. 容積率】175.00%

【12. 建築物の数】
　　【イ. 申請に係る建築物の数】1
　　【ロ. 同一敷地内の他の建築物の数】0

【13. 建築物の高さ等】　　　（申請に係る建築物）（他の建築物　　　）
　　【イ. 最高の高さ】　　　（　10.00m　）（　　　　　　）
　　【ロ. 階数】　　地上（　　3　　）（　　　　　　）
　　　　　　　　　地下（　　0　　）（　　　　　　）
　　【ハ. 構造】　　　　　　鉄筋コンクリート造　　　　造　　　一部　　　　　　　造
　　【ニ. 建築基準法第56条第7項の規定による特例の適用の有無】　　☑有　□無
　　【ホ. 適用があるときは、特例の区分】

☑道路高さ制限不適用 　　□隣地高さ制限不適用 　　□北側高さ制限不適用

【14. 許可・認定等】

【15. 工事着手予定年月日】 　平成 ○○ 　年 ○○ 　月 ○○ 　日

【16. 工事完了予定年月日】 　平成 ○○ 　年 ○○ 　月 ○○ 　日

【17. 特定工程工事終了予定年月日】 　　（特定工程）
　　（第 1 　回） 　平成 ○○ 年 ○○ 月 ○○ 日 　（ 　基礎又は地中はりの配筋工事の工程 　 　）
　　（第 2 　回） 　平成 ○○ 年 ○○ 月 ○○ 日 　（ 　2階の床配筋工事の工程 　　　　　）
　　（第 　回） 　平成 　年 　月 　日 　（ 　　　　　　　　　　　　　　　　）

【18. その他必要な事項】

【19. 備考】

第9章　不動産調査

建築計画概要書（第三面）

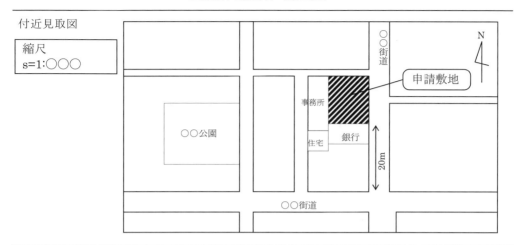

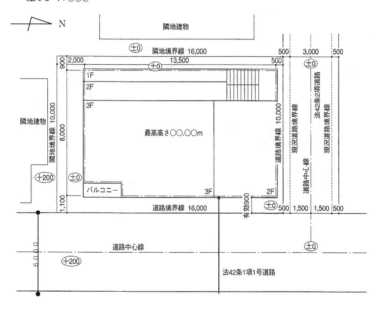

（注意）
1．第一面及び第二面関係
　① これらは第二号様式の第二面及び第三面の写しに代えることができます。この場合には、最上段に「建築計画概要書（第一面）」及び「建築計画概要書（第二面）」と明示してください。
　② 第一面の5欄及び6欄は、それぞれ工事監理者又は工事施工者が未定のときは、後で定まってから工事着手前に届け出てください。この場合には、特定行政庁が届出のあった旨を明示した上で記入します。
2．第三面関係
　① 付近見取図には、方位、道路及び目標となる地物を明示してください。
　② 配置図には、縮尺、方位、敷地境界線、敷地内における建築物の位置、申請に係る建築物と他の建築物との別並びに敷地の接する道路の位置及び幅員を明示してください。

297

⑹　上下水道

　特定路線価設定申出書の別紙「特定路線価により評価する土地等及び特定路線価を設定する道路の所在地、状況等の明細書」には、上下水道の状況について記載する欄があります。

　上下水道の状況は、市町村の上下水道局等で確認することができ、一般的には水道配管図や下水道施設平面図等の管の埋設状況が分かる図面の写しの交付を受けることが可能です。

　特定路線価の設定対象となる行き止まり道路については、その道路が接続する公道までは上下水道管が埋設されていても、当該行き止まり道路には管の引込がないことがあります。このような場合には、個人負担で公道から評価対象土地まで引き込み管を設けなければならないこともあり、土地の価額に影響します。このような場合には、特定路線価設定申出書に上下水道管の埋設状況が分かる図面を添付して申請してください。

3　都市ガス

　特定路線価設定申出書の別紙「特定路線価により評価する土地等及び特定路線価を設定する道路の所在地、状況等の明細書」には、都市ガスの状況についても記載する欄があります。

　都市ガスのガス本管埋設状況については、インターネットやFAXで確認することができます。東京ガスや大阪ガスの場合には、「インターネットガス埋設管調査サービス」で検索すると、図面を入手できるサイトを見つけることができます。

参考通達

財産評価基本通達

第1章　総則

（評価の原則）

1　財産の評価については、次による。（平3課評2－4外改正）

　(1)　評価単位

　　　財産の価額は、第2章以下に定める評価単位ごとに評価する。

　(2)　時価の意義

　　　財産の価額は、時価によるものとし、時価とは、課税時期（相続、遺贈若しくは贈与により財産を取得した日若しくは相続税法の規定により相続、遺贈若しくは贈与により取得したものとみなされた財産のその取得の日又は地価税法第2条《定義》第4号に規定する課税時期をいう。以下同じ。）において、それぞれの財産の現況に応じ、不特定多数の当事者間で自由な取引が行われる場合に通常成立すると認められる価額をいい、その価額は、この通達の定めによって評価した価額による。

　(3)　財産の評価

　　　財産の評価に当たっては、その財産の価額に影響を及ぼすべきすべての事情を考慮する。

（共有財産）

2　共有財産の持分の価額は、その財産の価額をその共有者の持分に応じてあん分した価額によって評価する。

（区分所有財産）

3　区分所有に係る財産の各部分の価額は、この通達の定めによって評価したその財産の価額を基とし、各部分の使用収益等の状況を勘案して計算した各部分に対応する価額によって評価する。

（元物と果実）

4　天然果実の価額は、元物の価額に含めて評価し、法定果実の価額は、元物とは別に評価する。ただし、これと異なる取引の慣行がある場合又は第2章以下に特別の定めのある場合においては、その慣行又はその定めによって評価する。

（不動産のうちたな卸資産に該当するものの評価）

4－2　土地、家屋その他の不動産のうちたな卸資産に該当するものの価額は、地価税の課税価格計算の基礎となる土地等の価額を評価する場合を除き、第6章《動産》第2節《たな卸商品等》の定めに準じて評価する。（平3課評2－4外改正）

（邦貨換算）

4－3　外貨建てによる財産及び国外にある財産の邦貨換算は、原則として、納税義務者の取引金融機関（外貨預金等、取引金融機関が特定されている場合は、その取引金融機関）が公表する課税時期における最終の為替相場（邦貨換算を行なう場合の外国為替の売買相場のうち、いわゆる対顧客直物電信買相場又はこれに準ずる相場をいう。また、課税時期に当該相場がない場合には、課税時期前の当該相場のうち、課税時期に最も近い日の当該相場とする。）による。

　　なお、先物外国為替契約（課税時期において選択権を行使していない選択権付為替予約を除く。）を締結していることによりその財産についての為替相場が確定している場合には、当該先物外国為替契約により確定している為替相場による。（平12課評2－4外改正）

　㊟　外貨建てによる債務を邦貨換算する場合には、この項の「対顧客直物電信買相場」を「対顧客直物電信売相場」と読み替えて適用することに留意する。

299

（基準年利率）

4−4　第2章以下に定める財産の評価において適用する年利率は、別に定めるものを除き、年数又は期間に応じ、日本証券業協会において売買参考統計値が公表される利付国債に係る複利利回りを基に計算した年利率（以下「基準年利率」という。）によることとし、その基準年利率は、短期（3年未満）、中期（3年以上7年未満）及び長期（7年以上）に区分し、各月ごとに別に定める。（平16課評2−7外改正）

（評価方法の定めのない財産の評価）

5　この通達に評価方法の定めのない財産の価額は、この通達に定める評価方法に準じて評価する。

（国外財産の評価）

5−2　国外にある財産の価額についても、この通達に定める評価方法により評価することに留意する。なお、この通達の定めによって評価することができない財産については、この通達に定める評価方法に準じて、又は売買実例価額、精通者意見価格等を参酌して評価するものとする。（平12課評2−4外追加）

(注)　この通達の定めによって評価することができない財産については、課税上弊害がない限り、その財産の取得価額を基にその財産が所在する地域若しくは国におけるその財産と同一種類の財産の一般的な価格動向に基づき時点修正して求めた価額又は課税時期後にその財産を譲渡した場合における譲渡価額を基に課税時期現在の価額として算出した価額により評価することができる。

（この通達の定めにより難い場合の評価）

6　この通達の定めによって評価することが著しく不適当と認められる財産の価額は、国税庁長官の指示を受けて評価する。

第2章　土地及び土地の上に存する権利
第1節　通則

（土地の評価上の区分）

7　土地の価額は、次に掲げる地目の別に評価する。ただし、一体として利用されている一団の土地が2以上の地目からなる場合には、その一団の土地は、そのうちの主たる地目からなるものとして、その一団の土地ごとに評価するものとする。

なお、市街化調整区域（都市計画法（昭和43年法律第100号）第7条《区域区分》第3項に規定する「市街化調整区域」をいう。以下同じ。）以外の都市計画区域（同法第4条《定義》第2項に規定する「都市計画区域」をいう。以下同じ。）で市街地的形態を形成する地域において、40《市街地農地の評価》の本文の定めにより評価する市街地農地（40−3《生産緑地の評価》に定める生産緑地を除く。）、49《市街地山林の評価》の本文の定めにより評価する市街地山林、58−3《市街地原野の評価》の本文の定めにより評価する市街地原野又は82《雑種地の評価》の本文の定めにより評価する宅地と状況が類似する雑種地のいずれか2以上の地目の土地が隣接しており、その形状、地積の大小、位置等からみてこれらを一団として評価することが合理的と認められる場合には、その一団の土地ごとに評価するものとする。

地目は、課税時期の現況によって判定する。（平29課評2−46外改正）

(1)　宅地

(2)　田

(3)　畑

(4)　山林

(5)　原野

(6)　牧場

参考通達

⑺　池沼

⑻　削除

⑼　鉱泉地

⑽　雑種地

(注)　地目の判定は、不動産登記事務取扱手続準則（平成17年２月25日付民二第456号法務省民事局長通達）第68条及び第69条に準じて行う。ただし、「⑷山林」には、同準則第68条の「⒇保安林」を含み、また「⑽雑種地」には、同準則第68条の「⑿墓地」から「㉓雑種地」まで（「⒇保安林」を除く。）に掲げるものを含む。

（評価単位）

７−２　土地の価額は、次に掲げる評価単位ごとに評価することとし、土地の上に存する権利についても同様とする。（平29課評２−46外改正）

⑴　宅地

宅地は、１画地の宅地（利用の単位となっている１区画の宅地をいう。以下同じ。）を評価単位とする。

(注)　贈与、遺産分割等による宅地の分割が親族間等で行われた場合において、例えば、分割後の画地が宅地として通常の用途に供することができないなど、その分割が著しく不合理であると認められるときは、その分割前の画地を「１画地の宅地」とする。

⑵　田及び畑

田及び畑（以下「農地」という。）は、１枚の農地（耕作の単位となっている１区画の農地をいう。以下同じ。）を評価単位とする。

ただし、36−３《市街地周辺農地の範囲》に定める市街地周辺農地、40《市街地農地の評価》の本文の定めにより評価する市街地農地及び40−３《生産緑地の評価》に定める生産緑地は、それぞれを利用の単位となっている一団の農地を評価単位とする。この場合において、⑴の(注)に定める場合に該当するときは、その(注)を準用する。

⑶　山林

山林は、１筆（地方税法（昭和25年法律第226号）第341条《固定資産税に関する用語の意義》第10号に規定する土地課税台帳又は同条第11号に規定する土地補充課税台帳に登録された１筆をいう。以下同じ。）の山林を評価単位とする。

ただし、49《市街地山林の評価》の本文の定めにより評価する市街地山林は、利用の単位となっている一団の山林を評価単位とする。この場合において、⑴の(注)に定める場合に該当するときは、その(注)を準用する。

⑷　原野

原野は、１筆の原野を評価単位とする。

ただし、58−３《市街地原野の評価》の本文の定めにより評価する市街地原野は、利用の単位となっている一団の原野を評価単位とする。この場合において、⑴の(注)に定める場合に該当するときは、その(注)を準用する。

⑸　牧場及び池沼

牧場及び池沼は、原野に準ずる評価単位とする。

⑹　鉱泉地

鉱泉地は、原則として、１筆の鉱泉地を評価単位とする。

⑺　雑種地

雑種地は、利用の単位となっている一団の雑種地（同一の目的に供されている雑種地をいう。）を評価単位とする。

301

ただし、市街化調整区域以外の都市計画区域で市街地的形態を形成する地域において、82《雑種地の評価》の本文の定めにより評価する宅地と状況が類似する雑種地が2以上の評価単位により一団となっており、その形状、地積の大小、位置等からみてこれらを一団として評価することが合理的と認められる場合には、その一団の雑種地ごとに評価する。この場合において、(1)の㊟に定める場合に該当するときは、その㊟を準用する。

　㊟1　「1画地の宅地」は、必ずしも1筆の宅地からなるとは限らず、2筆以上の宅地からなる場合もあり、1筆の宅地が2画地以上の宅地として利用されている場合もあることに留意する。

　　2　「1枚の農地」は、必ずしも1筆の農地からなるとは限らず、2筆以上の農地からなる場合もあり、また、1筆の農地が2枚以上の農地として利用されている場合もあることに留意する。

　　3　いずれの用にも供されていない一団の雑種地については、その全体を「利用の単位となっている一団の雑種地」とすることに留意する。

（地積）

8　地積は、課税時期における実際の面積による。

（土地の上に存する権利の評価上の区分）

9　土地の上に存する権利の価額は、次に掲げる権利の別に評価する。（平22課評2－18外改正）

(1)　地上権（民法（明治29年法律第89号）第269条の2《地下又は空間を目的とする地上権》第1項の地上権（以下「区分地上権」という。）及び借地借家法（平成3年法律第90号）第2条《定義》に規定する借地権に該当するものを除く。以下同じ。）

(2)　区分地上権

(3)　永小作権

(4)　区分地上権に準ずる地役権（地価税法施行令第2条《借地権等の範囲》第1項に規定する地役権をいう。以下同じ。）

(5)　借地権（借地借家法第22条《定期借地権》、第23条《事業用定期借地権等》、第24条《建物譲渡特約付借地権》及び第25条《一時使用目的の借地権》に規定する借地権（以下「定期借地権等」という。）に該当するものを除く。以下同じ。）

(6)　定期借地権等

(7)　耕作権（農地法（昭和27年法律第229号）第2条《定義》第1項に規定する農地又は採草放牧地の上に存する賃借権（同法第18条《農地又は採草放牧地の賃貸借の解約等の制限》第1項本文の規定の適用がある賃借権に限る。）をいう。以下同じ。）

(8)　温泉権（引湯権を含む。）

(9)　賃借権（(5)の借地権、(6)の定期借地権等、(7)の耕作権及び(8)の温泉権に該当するものを除く。以下同じ。）

(10)　占用権（地価税法施行令第2条第2項に規定する権利をいう。以下同じ。）

第2節　宅地及び宅地の上に存する権利

（評価の方式）

11　宅地の評価は、原則として、次に掲げる区分に従い、それぞれ次に掲げる方式によって行う。（昭41直資3－19改正）

(1)　市街地的形態を形成する地域にある宅地　路線価方式

(2)　(1)以外の宅地　倍率方式

（路線価方式）

13　路線価方式とは、その宅地の面する路線に付された路線価を基とし、15《奥行価格補正》から20－6

《容積率の異なる2以上の地域にわたる宅地の評価》までの定めにより計算した金額によって評価する
方式をいう。（平29課評2-46外改正）

（路線価）

14　前項の「路線価」は、宅地の価額がおおむね同一と認められる一連の宅地が面している路線（不特定
多数の者の通行の用に供されている道路をいう。以下同じ。）ごとに設定する。

　　路線価は、路線に接する宅地で次に掲げるすべての事項に該当するものについて、売買実例価額、公
示価格（地価公示法（昭和44年法律第49号）第6条《標準地の価格等の公示》の規定により公示された標
準地の価格をいう。以下同じ。）、不動産鑑定士等による鑑定評価額（不動産鑑定士又は不動産鑑定士補
が国税局長の委嘱により鑑定評価した価額をいう。以下同じ。）、精通者意見価格等を基として国税局長
がその路線ごとに評定した1平方メートル当たりの価額とする。（平11課評2-12外改正）

⑴　その路線のほぼ中央部にあること。

⑵　その一連の宅地に共通している地勢にあること。

⑶　その路線だけに接していること。

⑷　その路線に面している宅地の標準的な間口距離及び奥行距離を有するく形又は正方形のものである
こと。

　　㊟　⑷の「標準的な間口距離及び奥行距離」には、それぞれ付表1「奥行価格補正率表」に定める補
正率（以下「奥行価格補正率」という。）及び付表6「間口狭小補正率表」に定める補正率（以下「間
口狭小補正率」という。）がいずれも1.00であり、かつ、付表7「奥行長大補正率表」に定める補
正率（以下「奥行長大補正率」という。）の適用を要しないものが該当する。

（地区）

14-2　路線価方式により評価する地域（以下「路線価地域」という。）については、宅地の利用状況が
おおむね同一と認められる一定の地域ごとに、国税局長が次に掲げる地区を定めるものとする。

⑴　ビル街地区

⑵　高度商業地区

⑶　繁華街地区

⑷　普通商業・併用住宅地区

⑸　普通住宅地区

⑹　中小工場地区

⑺　大工場地区

（特定路線価）

14-3　路線価地域内において、相続税、贈与税又は地価税の課税上、路線価の設定されていない道路の
みに接している宅地を評価する必要がある場合には、当該道路を路線とみなして当該宅地を評価するた
めの路線価（以下「特定路線価」という。）を納税義務者からの申出等に基づき設定することができる。

　　特定路線価は、その特定路線価を設定しようとする道路に接続する路線及び当該道路の付近の路線に
設定されている路線価を基に、当該道路の状況、前項に定める地区の別等を考慮して税務署長が評定し
た1平方メートル当たりの価額とする。（平14課評2-2外改正）

（奥行価格補正）

15　一方のみが路線に接する宅地の価額は、路線価にその宅地の奥行距離に応じて奥行価格補正率を乗じ
て求めた価額にその宅地の地積を乗じて計算した価額によって評価する。（平11課評2-12外改正）

（側方路線影響加算）

16　正面と側方に路線がある宅地（以下「角地」という。）の価額は、次の⑴及び⑵に掲げる価額の合計
額にその宅地の地積を乗じて計算した価額によって評価する（平3課評2-4外改正）

(1) 正面路線（原則として、前項の定めにより計算した1平方メートル当たりの価額の高い方の路線をいう。以下同じ。）の路線価に基づき計算した価額

(2) 側方路線（正面路線以外の路線をいう。）の路線価を正面路線の路線価とみなし、その路線価に基づき計算した価額に付表2「側方路線影響加算率表」に定める加算率を乗じて計算した価額

(二方路線影響加算)

17　正面と裏面に路線がある宅地の価額は、次の(1)及び(2)に掲げる価額の合計額にその宅地の地積を乗じて計算した価額によって評価する。（平3課評2－4外改正）

(1) 正面路線の路線価に基づき計算した価額

(2) 裏面路線（正面路線以外の路線をいう。）の路線価を正面路線の路線価とみなし、その路線価に基づき計算した価額に付表3「二方路線影響加算率表」に定める加算率を乗じて計算した価額

(三方又は四方路線影響加算)

18　三方又は四方に路線がある宅地の価額は、16《側方路線影響加算》及び前項に定める方法を併用して計算したその宅地の価額にその宅地の地積を乗じて計算した価額によって評価する。（昭47直資3－16改正）

(不整形地の評価)

20　不整形地（三角地を含む。以下同じ。）の価額は、次の(1)から(4)までのいずれかの方法により15《奥行価格補正》から18《三方又は四方路線影響加算》までの定めによって計算した価額に、その不整形の程度、位置及び地積の大小に応じ、付表4「地積区分表」に掲げる地区区分及び地積区分に応じた付表5「不整形地補正率表」に定める補正率（以下「不整形地補正率」という。）を乗じて計算した価額により評価する。（平12課評2－4外改正）

(1) 次図のように不整形地を区分して求めた整形地を基として計算する方法

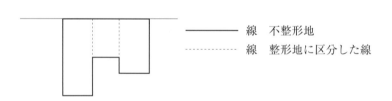

―――― 線　不整形地
･･･････ 線　整形地に区分した線

(2) 次図のように不整形地の地積を間口距離で除して算出した計算上の奥行距離を基として求めた整形地により計算する方法

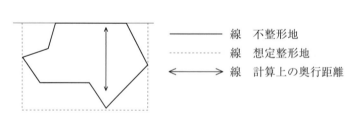

―――― 線　不整形地
･･･････ 線　想定整形地
←――→ 線　計算上の奥行距離

(注)　ただし、計算上の奥行距離は、不整形地の全域を囲む、正面路線に面するく形又は正方形の土地（以下「想定整形地」という。）の奥行距離を限度とする。

(3) 次図のように不整形地に近似する整形地（以下「近似整形地」という。）を求め、その設定した近似整形地を基として計算する方法

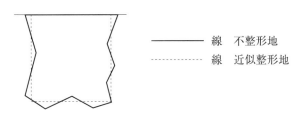

線　不整形地
------- 線　近似整形地

(注) 近似整形地は、近似整形地からはみ出す不整形地の部分の地積と近似整形地に含まれる不整形地以外の部分の地積がおおむね等しく、かつ、その合計地積ができるだけ小さくなるように求める（(4)において同じ。）。

(4) 次図のように近似整形地（①）を求め、隣接する整形地（②）と合わせて全体の整形地の価額の計算をしてから、隣接する整形地（②）の価額を差し引いた価額を基として計算する方法

線　不整形地
------- 線　近似整形地
― ― ― 線　隣接する整形地

（地積規模の大きな宅地の評価）

20-2　地積規模の大きな宅地（三大都市圏においては500㎡以上の地積の宅地、それ以外の地域においては1,000㎡以上の地積の宅地をいい、次の(1)から(3)までのいずれかに該当するものを除く。以下本項において「地積規模の大きな宅地」という。）で14-2《地区》の定めにより普通商業・併用住宅地区及び普通住宅地区として定められた地域に所在するものの価額は、15《奥行価格補正》から前項までの定めにより計算した価額に、その宅地の地積の規模に応じ、次の算式により求めた規模格差補正率を乗じて計算した価額によって評価する。（平29課評2-46外追加）

(1)　市街化調整区域（都市計画法第34条第10号又は第11号の規定に基づき宅地分譲に係る同法第4条《定義》第12項に規定する開発行為を行うことができる区域を除く。）に所在する宅地

(2)　都市計画法第8条《地域地区》第1項第1号に規定する工業専用地域に所在する宅地

(3)　容積率（建築基準法（昭和25年法律第201号）第52条《容積率》第1項に規定する建築物の延べ面積の敷地面積に対する割合をいう。）が10分の40（東京都の特別区（地方自治法（昭和22年法律第67号）第281条《特別区》第1項に規定する特別区をいう。）においては10分の30）以上の地域に所在する宅地

（算式）

$$規模格差補正率 = \frac{Ⓐ \times Ⓑ + Ⓒ}{地積規模の大きな宅地の地積（Ⓐ）} \times 0.8$$

上の算式中の「Ⓑ」及び「Ⓒ」は、地積規模の大きな宅地が所在する地域に応じ、それぞれ次に掲げる表のとおりとする。

イ　三大都市圏に所在する宅地		
地区区分　記号 地積㎡	普通商業・併用住宅地区、 普通住宅地区	
	Ⓑ	Ⓒ
500以上　1,000未満	0.95	25
1,000 〃　3,000 〃	0.90	75
3,000 〃　5,000 〃	0.85	225
5,000 〃	0.80	475

ロ　三大都市圏以外の地域に所在する宅地		
地区区分　記号 地積㎡	普通商業・併用住宅地区、 普通住宅地区	
	Ⓑ	Ⓒ
1,000以上　3,000未満	0.90	100
3,000 〃　5,000 〃	0.85	250
5,000 〃	0.80	500

(注)1　上記算式により計算した規模格差補正率は、小数点以下第2位未満を切り捨てる。

2　「三大都市圏」とは、次の地域をいう。

イ　首都圏整備法（昭和31年法律第83号）第2条《定義》第3項に規定する既成市街地又は同条第4項に規定する近郊整備地帯

ロ　近畿圏整備法（昭和38年法律第129号）第2条《定義》第3項に規定する既成都市区域又は同条第4項に規定する近郊整備区域

ハ　中部圏開発整備法（昭和41年法律第102号）第2条《定義》第3項に規定する都市整備区域

（無道路地の評価）

20－3　無道路地の価額は、実際に利用している路線の路線価に基づき20《不整形地の評価》又は前項の定めによって計算した価額からその価額の100分の40の範囲内において相当と認める金額を控除した価額によって評価する。この場合において、100分の40の範囲内において相当と認める金額は、無道路地について建築基準法その他の法令において規定されている建築物を建築するために必要な道路に接すべき最小限の間口距離の要件（以下「接道義務」という。）に基づき最小限度の通路を開設する場合のその通路に相当する部分の価額（路線価に地積を乗じた価額）とする。（平29課評2－46外改正）

(注)1　無道路地とは、道路に接しない宅地（接道義務を満たしていない宅地を含む。）をいう。

2　20《不整形地の評価》の定めにより、付表5「不整形地補正率表」の(注)3の計算をするに当たっては、無道路地が接道義務に基づく最小限度の間口距離を有するものとして間口狭小補正率を適用する。

（間口が狭小な宅地等の評価）

20－4　次に掲げる宅地（不整形地及び無道路地を除く。）の価額は、15《奥行価格補正》から18《三方又は四方路線影響加算》までの定めにより計算した1平方メートル当たりの価額にそれぞれ次に掲げる補正率表に定める補正率を乗じて求めた価額にこれらの宅地の地積を乗じて計算した価額によって評価する。この場合において、地積が大きいもの等にあっては、近傍の宅地の価額との均衡を考慮し、それぞれの補正率表に定める補正率を適宜修正することができる。（平29課評2－46外改正）

なお、20－2《地積規模の大きな宅地の評価》の定めの適用がある場合には、本項本文の定めにより評価した価額に、20－2に定める規模格差補正率を乗じて計算した価額によって評価する。

(1)　間口が狭小な宅地　付表6「間口狭小補正率表」

(2)　奥行が長大な宅地　付表7「奥行長大補正率表」

（がけ地等を有する宅地の評価）

20－5　がけ地等で通常の用途に供することができないと認められる部分を有する宅地の価額は、その宅地のうちに存するがけ地等ががけ地等でないとした場合の価額に、その宅地の総地積に対するがけ地部分等通常の用途に供することができないと認められる部分の地積の割合に応じて付表8「がけ地補正率

表」に定める補正率を乗じて計算した価額によって評価する。（平29課評2－46外改正）

（容積率の異なる2以上の地域にわたる宅地の評価）

20－6　容積率（建築基準法第52条に規定する建築物の延べ面積の敷地面積に対する割合をいう。以下同じ。）の異なる2以上の地域にわたる宅地の価額は、15《奥行価格補正》から前項までの定めにより評価した価額から、その価額に次の算式により計算した割合を乗じて計算した金額を控除した価額によって評価する。この場合において適用する「容積率が価額に及ぼす影響度」は、14－2《地区》に定める地区に応じて下表のとおりとする。（平29課評2－46外改正）

$$\left[1 - \frac{容積率の異なる部分の各部分に適用される容積率にその各部分の地積を乗じて計算した数値の合計}{正面路線に接する部分の容積率 × 宅地の総地積} \right] × \begin{array}{l}容積率が価額に\\及ぼす影響度\end{array}$$

○　容積率が価額に及ぼす影響度

地区区分	影響度
高度商業地区、繁華街地区	0.8
普通商業・併用住宅地区	0.5
普通住宅地区	0.1

(注)1　上記算式により計算した割合は、小数点以下第3位未満を四捨五入して求める。

2　正面路線に接する部分の容積率が他の部分の容積率よりも低い宅地のように、この算式により計算した割合が負数となるときは適用しない。

3　2以上の路線に接する宅地について正面路線の路線価に奥行価格補正率を乗じて計算した価額からその価額に上記算式により計算した割合を乗じて計算した金額を控除した価額が、正面路線以外の路線の路線価に奥行価格補正率を乗じて計算した価額を下回る場合におけるその宅地の価額は、それらのうち最も高い価額となる路線を正面路線とみなして15《奥行価格補正》から前項までの定めにより計算した価額によって評価する。なお、15《奥行価格補正》から前項までの定めの適用については、正面路線とみなした路線の14－2《地区》に定める地区区分によることに留意する。

（倍率方式）

21　倍率方式とは、固定資産税評価額（地方税法第381条《固定資産課税台帳の登録事項》の規定により土地課税台帳若しくは土地補充課税台帳（同条第8項の規定により土地補充課税台帳とみなされるものを含む。）に登録された基準年度の価格又は比準価格をいう。以下この章において同じ。）に国税局長が一定の地域ごとにその地域の実情に即するように定める倍率を乗じて計算した金額によって評価する方式をいう。（平11課評2－12外改正）

（倍率方式による評価）

21－2　倍率方式により評価する宅地の価額は、その宅地の固定資産税評価額に地価事情の類似する地域ごとに、その地域にある宅地の売買実例価額、公示価格、不動産鑑定士等による鑑定評価額、精通者意見価格等を基として国税局長の定める倍率を乗じて計算した金額によって評価する。ただし、倍率方式により評価する地域（以下「倍率地域」という。）に所在する20－2《地積規模の大きな宅地の評価》に定める地積規模の大きな宅地（22－2《大規模工場用地》に定める大規模工場用地を除く。）の価額については、本項本文の定めにより評価した価額が、その宅地が標準的な間口距離及び奥行距離を有する宅地であるとした場合の1平方メートル当たりの価額を14《路線価》に定める路線価とし、かつ、その宅地が14－2《地区》に定める普通住宅地区に所在するものとして20－2の定めに準じて計算した価額を上回る場合には、20－2の定めに準じて計算した価額により評価する。（平29課評2－46外改正）

（大規模工場用地の評価）

22　大規模工場用地の評価は、次に掲げる区分に従い、それぞれ次に掲げるところによる。ただし、その

地積が20万平方メートル以上のものの価額は、次により計算した価額の100分の95に相当する価額によって評価する。（平29課評2−46外改正）

⑴　路線価地域に所在する大規模工場用地の価額は、正面路線の路線価にその大規模工場用地の地積を乗じて計算した価額によって評価する。

⑵　倍率地域に所在する大規模工場用地の価額は、その大規模工場用地の固定資産税評価額に倍率を乗じて計算した金額によって評価する。

（大規模工場用地）

22−2　前項の「大規模工場用地」とは、一団の工場用地の地積が5万平方メートル以上のものをいう。ただし、路線価地域においては、14−2《地区》の定めにより大工場地区として定められた地域に所在するものに限る。（平3課評2−4外改正）

㊟　「一団の工場用地」とは、工場、研究開発施設等の敷地の用に供されている宅地及びこれらの宅地に隣接する駐車場、福利厚生施設等の用に供されている一団の土地をいう。なお、その土地が、不特定多数の者の通行の用に供されている道路、河川等により物理的に分離されている場合には、その分離されている一団の工場用地ごとに評価することに留意する。

（大規模工場用地の路線価及び倍率）

22−3　22《大規模工場用地の評価》の「路線価」及び「倍率」は、その大規模工場用地がその路線（倍率を定める場合は、その大規模工場用地の価格に及ぼす影響が最も高いと認められる路線）だけに接していて地積がおおむね5万平方メートルのく形又は正方形の宅地として、売買実例価額、公示価格、不動産鑑定士等による鑑定評価額、精通者意見価格等を基に国税局長が定める。（平11課評2−2外改正）

（余剰容積率の移転がある場合の宅地の評価）

23　余剰容積率を移転している宅地又は余剰容積率の移転を受けている宅地の評価は、次に掲げる区分に従い、それぞれ次に掲げるところによる。（平11課評2−12外改正）

⑴　余剰容積率を移転している宅地の価額は、原則として、11《評価の方式》から21−2《倍率方式による評価》までの定めにより評価したその宅地の価額を基に、設定されている権利の内容、建築物の建築制限の内容等を勘案して評価する。ただし、次の算式により計算した金額によって評価することができるものとする。

$$A \times \left[1 - \frac{B}{C} \right]$$

上の算式中の「A」、「B」及び「C」は、それぞれ次による。

「A」＝余剰容積率を移転している宅地について、11《評価の方式》から21−2《倍率方式による評価》までの定めにより評価した価額

「B」＝区分地上権の設定等に当たり収受した対価の額

「C」＝区分地上権の設定等の直前における余剰容積率を移転している宅地の通常の取引価額に相当する金額

⑵　余剰容積率の移転を受けている宅地の価額は、原則として、11《評価の方式》から21−2《倍率方式による評価》までの定めにより評価したその宅地の価額を基に、容積率の制限を超える延べ面積の建築物を建築するために設定している権利の内容、建築物の建築状況等を勘案して評価する。ただし、次の算式により計算した金額によって評価することができるものとする。

$$D \times \left[1 + \frac{E}{F} \right]$$

上の算式中の「D」、「E」及び「F」は、それぞれ次による。

「D」＝余剰容積率の移転を受けている宅地について、11《評価の方式》から21−2《倍率方式によ

参考通達

　　　　る評価）までの定めにより評価した価額

　　「E」＝区分地上権の設定等に当たり支払った対価の額

　　「F」＝区分地上権の設定等の直前における余剰容積率の移転を受けている宅地の通常の取引価額に
　　　　相当する金額

　㊟　余剰容積率を有する宅地に設定された区分地上権等は、独立した財産として評価しないこととし、
　　　余剰容積率の移転を受けている宅地の価額に含めて評価するものとする。

（余剰容積率を移転している宅地又は余剰容積率の移転 を受けている宅地）

23－2　前項の「余剰容積率を移転している宅地」又は「余剰容積率の移転を受けている宅地」とは、そ
　　れぞれ次のものをいう。（平11課評2－12外改正）

　⑴　「余剰容積率を移転している宅地」とは、容積率の制限に満たない延べ面積の建築物が存する宅地（以
　　下「余剰容積率を有する宅地」という。）で、その宅地以外の宅地に容積率の制限を超える延べ面積
　　の建築物を建築することを目的とし、区分地上権、地役権、賃借権等の建築物の建築に関する制限が
　　存する宅地をいう。

　⑵　「余剰容積率の移転を受けている宅地」とは、余剰容積率を有する宅地に区分地上権、地役権、賃
　　借権の設定を行う等の方法により建築物の建築に関する制限をすることによって容積率の制限を超え
　　る延べ面積の建築物を建築している宅地をいう。

（私道の用に供されている宅地の評価）

24　私道の用に供されている宅地の価額は、11《評価の方式》から21－2《倍率方式による評価》までの
　　定めにより計算した価額の100分の30に相当する価額によって評価する。この場合において、その私道
　　が不特定多数の者の通行の用に供されているときは、その私道の価額は評価しない。（平11課評2－12
　　外改正）

（土地区画整理事業施行中の宅地の評価）

24－2　土地区画整理事業（土地区画整理法（昭和29年法律第119号）第2条《定義》第1項又は第2項
　　に規定する土地区画整理事業をいう。）の施行地区内にある宅地について同法第98条《仮換地の指定》
　　の規定に基づき仮換地が指定されている場合におけるその宅地の価額は、11《評価の方式》から21－2
　　《倍率方式による評価》まで及び前項の定めにより計算したその仮換地の価額に相当する価額によって
　　評価する。

　　　ただし、その仮換地の造成工事が施工中で、当該工事が完了するまでの期間が1年を超えると見込ま
　　れる場合の仮換地の価額に相当する価額は、その仮換地について造成工事が完了したものとして、本文
　　の定めにより評価した価額の100分の95に相当する金額によって評価する。（平14課評2－2外改正）

　㊟　仮換地が指定されている場合であっても、次の事項のいずれにも該当するときには、従前の宅地の
　　　価額により評価する。

　　1　土地区画整理法第99条《仮換地の指定の効果》第2項の規定により、仮換地について使用又は収
　　　益を開始する日を別に定めるとされているため、当該仮換地について使用又は収益を開始すること
　　　ができないこと。

　　2　仮換地の造成工事が行われていないこと。

（造成中の宅地の評価）

24－3　造成中の宅地の価額は、その土地の造成工事着手直前の地目により評価した課税時期における価
　　額に、その宅地の造成に係る費用現価（課税時期までに投下した費用の額を課税時期の価額に引き直し
　　た額の合計額をいう。以下同じ。）の100分の80に相当する金額を加算した金額によって評価する。（平
　　3課評2－4外改正）

309

（農業用施設用地の評価）

24-5　農業振興地域の整備に関する法律（昭和44年法律第58号）第8条第2項第1号に規定する農用地区域（以下「農用地区域」という。）内又は市街化調整区域内に存する農業用施設（農業振興地域の整備に関する法律第3条第3号及び第4号に規定する施設をいう。）の用に供されている宅地（以下本項において「農業用施設用地」という。）の価額は、その宅地が農地であるとした場合の1平方メートル当たりの価額に、その農地を課税時期において当該農業用施設の用に供されている宅地とする場合に通常必要と認められる1平方メートル当たりの造成費に相当する金額として、整地、土盛り又は土止めに要する費用の額がおおむね同一と認められる地域ごとに国税局長の定める金額を加算した金額に、その宅地の地積を乗じて計算した金額によって評価する。

　　　ただし、その農業用施設用地の位置、都市計画法の規定による建築物の建築に関する制限の内容等により、その付近にある宅地（農業用施設用地を除く。）の価額に類似する価額で取引されると認められることから、上記の方法によって評価することが不適当であると認められる農業用施設用地（農用地区域内に存するものを除く。）については、その付近にある宅地（農業用施設用地を除く。）の価額に比準して評価することとする。

　(注)1　その宅地が農地であるとした場合の1平方メートル当たりの価額は、その付近にある農地について37《純農地の評価》又は38《中間農地の評価》に定める方式によって評価した1平方メートル当たりの価額を基として評価するものとする。

　　　2　農用地区域内又は市街化調整区域内に存する農業用施設の用に供されている雑種地の価額については、本項の定めに準じて評価することに留意する。

（セットバックを必要とする宅地の評価）

24-6　建築基準法第42条第2項に規定する道路に面しており、将来、建物の建替え時等に同法の規定に基づき道路敷きとして提供しなければならない部分を有する宅地の価額は、その宅地について道路敷きとして提供する必要がないものとした場合の価額から、その価額に次の算式により計算した割合を乗じて計算した金額を控除した価額によって評価する。（平29課評2-46外改正）

（算式）

$$\frac{将来、建物の建替え時等に道路敷きとして提供しなければならない部分の地積}{宅地の総地積} \times 0.7$$

（都市計画道路予定地の区域内にある宅地の評価）

24-7　都市計画道路予定地の区域内（都市計画法第4条第6項に規定する都市計画施設のうちの道路の予定地の区域内をいう。）となる部分を有する宅地の価額は、その宅地のうちの都市計画道路予定地の区域内となる部分が都市計画道路予定地の区域内となる部分でないものとした場合の価額に、次表の地区区分、容積率、地積割合の別に応じて定める補正率を乗じて計算した価額によって評価する。

地区区分 容積率 地積割合	ビル街地区、高度商業地区			繁華街地区、普通商業・併用住宅地区			普通住宅地区、中小工場地区、大工場地区	
	600％未満	600％以上700％未満	700％以上	300％未満	300％以上400％未満	400％以上	200％未満	200％以上
30％未満	0.91	0.88	0.85	0.97	0.94	0.91	0.99	0.97
30％以上60％未満	0.82	0.76	0.70	0.94	0.88	0.82	0.98	0.94
60％以上	0.70	0.60	0.50	0.90	0.80	0.70	0.97	0.90

　(注)　地積割合とは、その宅地の総地積に対する都市計画道路予定地の部分の地積の割合をいう。

参考通達

（文化財建造物である家屋の敷地の用に供されている宅地の評価）

24－8　文化財保護法（昭和25年法律第214号）第27条第１項に規定する重要文化財に指定された建造物、同法第58条第１項に規定する登録有形文化財である建造物及び文化財保護法施行令（昭和50年政令第267号）第４条第３項第１号に規定する伝統的建造物（以下本項、83－3《文化財建造物である構築物の敷地の用に供されている土地の評価》、89－2《文化財建造物である家屋の評価》及び97－2《文化財建造物である構築物の評価》において、これらを「文化財建造物」という。）である家屋の敷地の用に供されている宅地の価額は、それが文化財建造物である家屋の敷地でないものとした場合の価額から、その価額に次表の文化財建造物の種類に応じて定める割合を乗じて計算した金額を控除した金額によって評価する。

　　なお、文化財建造物である家屋の敷地の用に供されている宅地（21《倍率方式》に定める倍率方式により評価すべきものに限る。）に固定資産税評価額が付されていない場合には、文化財建造物である家屋の敷地でないものとした場合の価額は、その宅地と状況が類似する付近の宅地の固定資産税評価額を基とし、付近の宅地とその宅地との位置、形状等の条件差を考慮して、その宅地の固定資産税評価額に相当する額を算出し、その額に倍率を乗じて計算した金額とする。（平18課評２－27外改正）

文化財建造物の種類	控除割合
重要文化財	0.7
登録有形文化財	0.3
伝統的建造物	0.3

（注）　文化財建造物である家屋の敷地とともに、その文化財建造物である家屋と一体をなして価値を形成している土地がある場合には、その土地の価額は、本項の定めを適用して評価することに留意する。したがって、例えば、その文化財建造物である家屋と一体をなして価値を形成している山林がある場合には、この通達の定めにより評価した山林の価額から、その価額に本項の文化財建造物の種類に応じて定める割合を乗じて計算した金額を控除した金額によって評価する。

（貸宅地の評価）

25　宅地の上に存する権利の目的となっている宅地の評価は、次に掲げる区分に従い、それぞれ次に掲げるところによる。（平29課評２－46外改正）

⑴　借地権の目的となっている宅地の価額は、11《評価の方式》から22－3《大規模工場用地の路線価及び倍率》まで、24《私道の用に供されている宅地の評価》、24－2《土地区画整理事業施行中の宅地の評価》及び24－6《セットバックを必要とする宅地の評価》から24－8《文化財建造物である家屋の敷地の用に供されている宅地の評価》までの定めにより評価したその宅地の価額（以下この節において「自用地としての価額」という。）から27《借地権の評価》の定めにより評価したその借地権の価額（同項のただし書の定めに該当するときは、同項に定める借地権割合を100分の20として計算した価額とする。25－3《土地の上に存する権利が競合する場合の宅地の評価》において27－6《土地の上に存する権利が競合する場合の借地権等の評価》の定めにより借地権の価額を計算する場合において同じ。）を控除した金額によって評価する。

　　ただし、借地権の目的となっている宅地の売買実例価額、精通者意見価格、地代の額等を基として評定した価額の宅地の自用地としての価額に対する割合（以下「貸宅地割合」という。）がおおむね同一と認められる地域ごとに国税局長が貸宅地割合を定めている地域においては、その宅地の自用地としての価額にその貸宅地割合を乗じて計算した金額によって評価する。

⑵　定期借地権等の目的となっている宅地の価額は、原則として、その宅地の自用地としての価額から、27－2《定期借地権等の評価》の定めにより評価したその定期借地権等の価額を控除した金額によって評価する。

311

ただし、同項の定めにより評価した定期借地権等の価額が、その宅地の自用地としての価額に次に掲げる定期借地権等の残存期間に応じる割合を乗じて計算した金額を下回る場合には、その宅地の自用地としての価額からその価額に次に掲げる割合を乗じて計算した金額を控除した金額によって評価する。

　　イ　残存期間が5年以下のもの　100分の5

　　ロ　残存期間が5年を超え10年以下のもの　100分の10

　　ハ　残存期間が10年を超え15年以下のもの　100分の15

　　ニ　残存期間が15年を超えるもの　100分の20

⑶　地上権の目的となっている宅地の価額は、その宅地の自用地としての価額から相続税法第23条《地上権及び永小作権の評価》又は地価税法第24条《地上権及び永小作権の評価》の規定により評価したその地上権の価額を控除した金額によって評価する。

⑷　区分地上権の目的となっている宅地の価額は、その宅地の自用地としての価額から27-4《区分地上権の評価》の定めにより評価したその区分地上権の価額を控除した金額によって評価する。

⑸　区分地上権に準ずる地役権の目的となっている承役地である宅地の価額は、その宅地の自用地としての価額から27-5《区分地上権に準ずる地役権の評価》の定めにより評価したその区分地上権に準ずる地役権の価額を控除した金額によって評価する。

（倍率方式により評価する宅地の自用地としての価額）

25-2　倍率地域にある区分地上権の目的となっている宅地又は区分地上権に準ずる地役権の目的となっている承役地である宅地の自用地としての価額は、その宅地の固定資産税評価額が地下鉄のずい道の設置、特別高圧架空電線の架設がされていること等に基づく利用価値の低下を考慮したものである場合には、その宅地の利用価値の低下がないものとして評価した価額とする。

　　なお、宅地以外の土地を倍率方式により評価する場合の各節に定める土地の自用地としての価額についても、同様とする。（平12課評2-4外改正）

（土地の上に存する権利が競合する場合の宅地の評価）

25-3　土地の上に存する権利が競合する場合の宅地の価額は、次に掲げる区分に従い、それぞれ次の算式により計算した金額によって評価する。（平17課評2-11外改正）

⑴　借地権、定期借地権等又は地上権及び区分地上権の目的となっている宅地の価額

その宅地の自用地としての価額 － [27-4《区分地上権の評価》の定めにより評価した区分地上権の価額 ＋ 27-6《土地の上に存する権利が競合する場合の借地権等の評価》⑴の定めにより評価した借地権、定期借地権等又は地上権の価額]

⑵　区分地上権及び区分地上権に準ずる地役権の目的となっている承役地である宅地の価額

その宅地の自用地としての価額 － [27-4の定めにより評価した区分地上権の価額 ＋ 27-5《区分地上権に準ずる地役権の評価》の定めにより評価した区分地上権に準ずる地役権の価額]

⑶　借地権、定期借地権等又は地上権及び区分地上権に準ずる地役権の目的となっている承役地である宅地の価額

その宅地の自用地としての価額 － [27-5の定めにより評価した区分地上権に準ずる地役権の価額 ＋ 27-6⑵の定めにより評価した借地権、定期借地権等又は地上権の価額]

⑴　国税局長が貸宅地割合を定めている地域に存する借地権の目的となっている宅地の価額を評価する場合には、25《貸宅地の評価》⑴のただし書の定めにより評価した価額から、当該価額に27-4《区分地上権の評価》の区分地上権の割合又は27-5《区分地上権に準ずる地役権の評価》の区分地上権に準ずる地役権の割合を乗じて計算した金額を控除した金額によって評価することに留意する。

参考通達

（貸家建付地の評価）

26　貸家（94《借家権の評価》に定める借家権の目的となっている家屋をいう。以下同じ。）の敷地の用に供されている宅地（以下「貸家建付地」という。）の価額は、次の算式により計算した価額によって評価する。（平11課評2－12外改正）

$$\text{その宅地の自用} \atop \text{地としての価額} - {\text{その宅地の自用} \atop \text{地としての価額}} \times 借地権割合 \times {94《借権の評価》 \atop に定める借家権割合} \times 賃貸割合$$

この算式における「借地権割合」及び「賃貸割合」は、それぞれ次による。

⑴　「借地権割合」は、27《借地権の評価》の定めによるその宅地に係る借地権割合（同項のただし書に定める地域にある宅地については100分の20とする。次項において同じ。）による。

⑵　「賃貸割合」は、その貸家に係る各独立部分（構造上区分された数個の部分の各部分をいう。以下同じ。）がある場合に、その各独立部分の賃貸の状況に基づいて、次の算式により計算した割合による。

$$\frac{\text{Aのうち課税時期において賃貸されている各独立部分の床面積の合計}}{\text{当該家屋の各独立部分の床面積の合計(A)}}$$

(注)1　上記算式の「各独立部分」とは、建物の構成部分である隔壁、扉、階層（天井及び床）等によって他の部分と完全に遮断されている部分で、独立した出入口を有するなど独立して賃貸その他の用に供することができるものをいう。したがって、例えば、ふすま、障子又はベニヤ板等の堅固でないものによって仕切られている部分及び階層で区分されていても、独立した出入口を有しない部分は「各独立部分」には該当しない。

　　　　なお、外部に接する出入口を有しない部分であっても、共同で使用すべき廊下、階段、エレベーター等の共用部分のみを通って外部と出入りすることができる構造となっているものは、上記の「独立した出入口を有するもの」に該当する。

　　　2　上記算式の「賃貸されている各独立部分」には、継続的に賃貸されていた各独立部分で、課税時期において、一時的に賃貸されていなかったと認められるものを含むこととして差し支えない。

（区分地上権等の目的となっている貸家建付地の評価）

26－2　区分地上権又は区分地上権に準ずる地役権の目的となっている貸家建付地の価額は、次の算式により計算した価額によって評価する。（平11課評2－12外改正）

$$\text{25《貸宅地の評価》から25－3《土地の} \atop \text{上に存する権利が競合する場合の宅地の} \atop \text{評価》までの定めにより評価したその区} \atop \text{分地上権又は区分地上権に準ずる地役権} \atop \text{の目的となっている宅地の価額(A)} - A \times {\text{次項の定め} \atop \text{によるその} \atop \text{宅地に係る} \atop \text{借地権割合}} \times {94《借地権 \atop の評価》に \atop 定める借家 \atop 権割合} \times {26《貸家建付地の \atop 評価》の⑵の定め \atop によるその家屋に \atop 係る賃貸割合}$$

（借地権の評価）

27　借地権の価額は、その借地権の目的となっている宅地の自用地としての価額に、当該価額に対する借地権の売買実例価額、精通者意見価格、地代の額等を基として評定した借地権の価額の割合（以下「借地権割合」という。）がおおむね同一と認められる地域ごとに国税局長の定める割合を乗じて計算した金額によって評価する。ただし、借地権の設定に際しその設定の対価として通常権利金その他の一時金を支払うなど借地権の取引慣行があると認められる地域以外の地域にある借地権の価額は評価しない。（平3課評2－4外改正）

（定期借地権等の評価）

27－2　定期借地権等の価額は、原則として、課税時期において借地権者に帰属する経済的利益及びその存続期間を基として評定した価額によって評価する。

　　　ただし、課税上弊害がない限り、その定期借地権等の目的となっている宅地の課税時期における自用地としての価額に、次の算式により計算した数値を乗じて計算した金額によって評価する。（平11課評

313

2−12外改正)

$$\frac{\text{次項に定める定期借地権等の設定の時における}}{\text{借地権者に帰属する経済的利益の総額}} \times \frac{\text{課税時期におけるその定期借地権等の残存期間}}{\text{年数に応ずる基準年利率による複利年金現価率}}$$

（定期借地権等の設定の時における借地権者に帰属する経済的利益の総額の計算）

27−3　前項の「定期借地権等の設定の時における借地権者に帰属する経済的利益の総額」は、次に掲げる金額の合計額とする。（平11課評2−12外改正）

⑴　定期借地権等の設定に際し、借地権者から借地権設定者に対し、権利金、協力金、礼金などその名称のいかんを問わず借地契約の終了の時に返還を要しないものとされる金銭の支払い又は財産の供与がある場合　　課税時期において支払われるべき金額又は供与すべき財産の価額に相当する金額

⑵　定期借地権等の設定に際し、借地権者から借地権設定者に対し、保証金、敷金などその名称のいかんを問わず借地契約の終了の時に返還を要するものとされる金銭等（以下「保証金等」という。）の預託があった場合において、その保証金等につき基準年利率未満の約定利率による利息の支払いがあるとき又は無利息のとき

次の算式により計算した金額

$$\frac{\text{保証金等の額に}}{\text{相当する金額}} - \left[\frac{\text{保証金等の額に}}{\text{相当する金額}} \times \frac{\text{定期借地権等の設定期間年数に応じる}}{\text{基準年利率による複利現価率}}\right]$$

$$- \left[\frac{\text{保証金等の額に}}{\text{相当する金額}} \times \frac{\text{約定}}{\text{利率}} \times \frac{\text{定期借地権等の設定期間年数に応じる}}{\text{基準年利率による複利年金現価率}}\right]$$

⑶　定期借地権等の設定に際し、実質的に贈与を受けたと認められる差額地代の額がある場合

次の算式により計算した金額

差額地代の額 × 定期借地権等の設定期間年数に応じる基準年利率による複利年金現価率

（注）1　実質的に贈与を受けたと認められる差額地代の額がある場合に該当するかどうかは、個々の取引において取引の事情、取引当事者間の関係等を総合勘案して判定するのであるから留意する。

2　「差額地代の額」とは、同種同等の他の定期借地権等における地代の額とその定期借地権等の設定契約において定められた地代の額（上記⑴又は⑵に掲げる金額がある場合には、その金額に定期借地権等の設定期間年数に応ずる基準年利率による年賦償還率を乗じて得た額を地代の前払いに相当する金額として毎年の地代の額に加算した後の額）との差をいう。

（区分地上権の評価）

27−4　区分地上権の価額は、その区分地上権の目的となっている宅地の自用地としての価額に、その区分地上権の設定契約の内容に応じた土地利用制限率を基とした割合（以下「区分地上権の割合」という。）を乗じて計算した金額によって評価する。

この場合において、地下鉄等のずい道の所有を目的として設定した区分地上権を評価するときにおける区分地上権の割合は、100分の30とすることができるものとする。（平12課評2−4外改正）

（注）1　「土地利用制限率」とは、公共用地の取得に伴う損失補償基準細則（昭和38年3月7日用地対策連絡協議会理事会決定）別記2《土地利用制限率算定要領》に定める土地利用制限率をいう。以下同じ。

2　区分地上権が1画地の宅地の一部分に設定されているときは、「その区分地上権の目的となっている宅地の自用地としての価額」は、1画地の宅地の自用地としての価額のうち、その区分地上権が設定されている部分の地積に対応する価額となることに留意する。

参考通達

（区分地上権に準ずる地役権の評価）

27−5　区分地上権に準ずる地役権の価額は、その区分地上権に準ずる地役権の目的となっている承役地である宅地の自用地としての価額に、その区分地上権に準ずる地役権の設定契約の内容に応じた土地利用制限率を基とした割合（以下「区分地上権に準ずる地役権の割合」という。）を乗じて計算した金額によって評価する。

　　この場合において、区分地上権に準ずる地役権の割合は、次に掲げるその承役地に係る制限の内容の区分に従い、それぞれ次に掲げる割合とすることができるものとする。（平12課評2−4外改正）

　(1)　家屋の建築が全くできない場合　100分の50又はその区分地上権に準ずる地役権が借地権であるとした場合にその承役地に適用される借地権割合のいずれか高い割合

　(2)　家屋の構造、用途等に制限を受ける場合　100分の30

（土地の上に存する権利が競合する場合の借地権等の評価）

27−6　土地の上に存する権利が競合する場合の借地権、定期借地権等又は地上権の価額は、次に掲げる区分に従い、それぞれ次の算式により計算した金額によって評価する。（平6課評2−2外改正）

　(1)　借地権、定期借地権等又は地上権及び区分地上権が設定されている場合の借地権、定期借地権等又は地上権の価額

　　　27《借地権の評価》の定めにより評価した借地権の価額、27−2《定期借地権等の評価》の定めにより評価した定期借地権等の価額又は相続税法第23条《地上権及び永小作権の評価》若しくは地価税法第24条《地上権及び永小作権の評価》の規定により評価した地上権の価額　$\times\left[1-\begin{array}{c}区分地\\上権の\\割合\end{array}\right]$

　(2)　区分地上権に準ずる地役権が設定されている承役地に借地権、定期借地権等又は地上権が設定されている場合の借地権、定期借地権等又は地上権の価額

　　　27の定めにより評価した借地権の価額、27−2の定めにより評価した定期借地権等の価額又は相続税法第23条若しくは地価税法第24条の規定により評価した地上権の価額　$\times\left[1-\begin{array}{c}区分地上権に\\準ずる地役権\\の割合\end{array}\right]$

（貸家建付借地権等の評価）

28　貸家の敷地の用に供されている借地権の価額又は定期借地権等の価額は、次の算式により計算した価額によって評価する。（平11課評2−12外改正）

　　27《借地権の評価》若しくは前項の定めにより評価したその借地権の価額又は27−2《定期借地権等の評価》若しくは前項の定めにより評価したその定期借地権の価額(A)　$-A\times$　94《借家権の評価》に定める借家権割合　$\times$　26《貸家建付地の評価》の(2)の定めによるその家屋に係る賃貸割合

（転貸借地権の評価）

29　転貸されている借地権の価額は、27《借地権の評価》又は27−6《土地の上に存する権利が競合する場合の借地権等の評価》の定めにより評価したその借地権の価額から次項の定めにより評価したその借地権に係る転借権の価額を控除した価額によって評価する。（平6課評2−2外改正）

（転借権の評価）

30　借地権の目的となっている宅地の転借権（以下「転借権」という。）の価額は、次の算式1により計算した価額によって評価する。（平11課評2−12外改正）

（算式1）

　　27《借地権の評価》又は27−6《土地の上に存する権利が競合する場合の借地権等の評価》の定めにより評価したその借地権の価額　$\times$　左の借地権の評価の基とした借地権割合

　　ただし、その転借権が貸家の敷地の用に供されている場合の転借権の価額は、次の算式2により計算

315

した価額によって評価する。

（算式2）

$$\text{上記算式1により計算した転借権の価額(A)} - A \times \text{94《借家権の評価》に定める借家権割合} \times \text{26《貸家建付地の評価》の(2)の定めによるその家屋に係る賃貸割合}$$

（借家人の有する宅地等に対する権利の評価）

31　借家人がその借家の敷地である宅地等に対して有する権利の価額は、原則として、次に掲げる場合の区分に応じ、それぞれ次に掲げる算式により計算した価額によって評価する。ただし、これらの権利が権利金等の名称をもって取引される慣行のない地域にあるものについては、評価しない。（平11課評2－12外改正）

(1)　その権利が借家の敷地である宅地又はその宅地に係る借地権に対するものである場合

$$\text{27《借地権の評価》又は27-6《土地の上に存する権利が競合する場合の借地権等の評価》の定めにより評価したその借家の敷地である宅地に係る借地権の価額} \times \text{94《借家権の評価》の定めによるその借家に係る借家権割合} \times \text{94《借家権の評価》の(2)の定めによるその家屋に係る賃借割合}$$

(2)　その権利がその借家の敷地である宅地に係る転借権に対するものである場合

$$\text{前項の定めにより評価したその借家の敷地である宅地に係る転借権の価額} \times \text{94《借家権の評価》の定めによるその借家に係る借家権割合} \times \text{94《借家権の評価》の(2)の定めによるその家屋に係る賃借割合}$$

第3節　農地及び農地の上に存する権利

（農地の分類）

34　農地を評価する場合、その農地を36《純農地の範囲》から36－4《市街地農地の範囲》までに定めるところに従い、次に掲げる農地のいずれかに分類する。（平22課評2－18外改正）

(1)　純農地

(2)　中間農地

(3)　市街地周辺農地

(4)　市街地農地

㊟1　上記の農地の種類と①農地法、②農業振興地域の整備に関する法律、③都市計画法との関係は、基本的には、次のとおりとなる。

　　イ　農地法との関係

　　(イ)　農用地区域内にある農地

　　(ロ)　甲種農地（農地法第4条第2項第1号ロに掲げる農地のうち市街化調整区域内にある農地法施行令（昭和27年政令第445号）第12条に規定する農地。以下同じ。）

　　(ハ)　第1種農地（農地法第4条第2項第1号ロに掲げる農地のうち甲種農地以外の農地）

　　……純農地

　　(ニ)　第2種農地（農地法第4条第2項第1号イ及びロに掲げる農地（同号ロ(1)に掲げる農地を含む。）以外の農地）……中間農地

　　(ホ)　第3種農地（農地法第4条第2項第1号ロ(1)に掲げる農地（農用地区域内にある農地を除く。））……市街地周辺農地

(ヘ)　農地法の規定による転用許可を受けた農地

　　　(ト)　農地法等の一部を改正する法律（平成21年法律第57号）附則
　　　　　第２条第５項の規定によりなお従前の例によるものとされる改 ｝………市街地農地
　　　　　正前の農地法第７条第１項第４号の規定により転用許可を要し
　　　　　ない農地として、都道府県知事の指定を受けたもの

　　ロ　農業振興地域の整備に関する法律との関係

　　　(イ)　農業振興地域内の農地のうち
　　　　A　農用地区域内のもの……純農地
　　　　B　農用地区域外のもの ｝……イの分類による。
　　　(ロ)　農業振興地域外の農地

　　ハ　都市計画法との関係

　　　(イ)　都市計画区域内の農地のうち
　　　　A　市街化調整区域内の農地のうち
　　　　　(A)　甲 種 農 地 ｝……純農地
　　　　　(B)　第１種農地
　　　　　(C)　第２種農地………中間農地
　　　　　(D)　第３種農地………市街地周辺農地
　　　　B　市街化区域（都市計画法第７条第１項の市街化区域と定められた区域をいう。以下同じ。）
　　　　　内の農地……市街地農地
　　　　C　市街化区域と市街化調整区域とが区分されていない区域内のもの ｝……イの分類による。
　　　(ロ)　都市計画区域外の農地

（注）２　甲種農地、第１種農地、第２種農地及び第３種農地の用語の意義は、平成21年12月11日付21経営
　　　　第4530号・21農振第1598号「『農地法の運用について』の制定について」農林水産省経営局長・農
　　　　村振興局長連名通知において定められているものと同じである。

（純農地の範囲）

36　純農地とは、次に掲げる農地のうち、そのいずれかに該当するものをいう。ただし、36－４《市街地
　農地の範囲》に該当する農地を除く。（平11課評２－２外改正）

　(1)　農用地区域内にある農地

　(2)　市街化調整区域内にある農地のうち、第１種農地又は甲種農地に該当するもの

　(3)　上記(1)及び(2)に該当する農地以外の農地のうち、第１種農地に該当するもの。ただし、近傍農地の
　　売買実例価額、精通者意見価格等に照らし、第２種農地又は第３種農地に準ずる農地と認められるも
　　のを除く。

（中間農地の範囲）

36－２　中間農地とは、次に掲げる農地のうち、そのいずれかに該当するものをいう。ただし36－４《市
　街地農地の範囲》に該当する農地を除く。（平11課評２－２外改正）

　(1)　第２種農地に該当するもの

　(2)　上記(1)に該当する農地以外の農地のうち、近傍農地の売買実例価額、精通者意見価格等に照らし、
　　第２種農地に準ずる農地と認められるもの

（市街地周辺農地の範囲）

36－３　市街地周辺農地とは、次に掲げる農地のうち、そのいずれかに該当するものをいう。ただし、36
　－４《市街地農地の範囲》に該当する農地を除く。（平11課評２－２外改正）

　(1)　第３種農地に該当するもの

(2) 上記(1)に該当する農地以外の農地のうち、近傍農地の売買実例価額、精通者意見価格等に照らし、第3種農地に準ずる農地と認められるもの

（市街地農地の範囲）

36－4 市街地農地とは、次に掲げる農地のうち、そのいずれかに該当するものをいう。（平22課評2－18外改正）

⑴ 農地法第4条《農地の転用の制限》又は第5条《農地又は採草放牧地の転用のための権利移動の制限》に規定する許可（以下「転用許可」という。）を受けた農地

⑵ 市街化区域内にある農地

⑶ 農地法等の一部を改正する法律附則第2条第5項の規定によりなお従前の例によるものとされる改正前の農地法第7条第1項第4号の規定により、転用許可を要しない農地として、都道府県知事の指定を受けたもの

（純農地の評価）

37 純農地の価額は、その農地の固定資産税評価額に、田又は畑の別に、地勢、土性、水利等の状況の類似する地域ごとに、その地域にある農地の売買実例価額、精通者意見価格等を基として国税局長の定める倍率を乗じて計算した金額によって評価する。（昭41直資3－19改正）

（中間農地の評価）

38 中間農地の価額は、その農地の固定資産税評価額に、田又は畑の別に、地価事情の類似する地域ごとに、その地域にある農地の売買実例価額、精通者意見価格等を基として国税局長の定める倍率を乗じて計算した金額によって評価する。（昭45直資3－13改正）

（市街地周辺農地の評価）

39 市街地周辺農地の価額は、次項本文の定めにより評価したその農地が市街地農地であるとした場合の価額の100分の80に相当する金額によって評価する。（平3課評2－4外改正）

（市街地農地の評価）

40 市街地農地の価額は、その農地が宅地であるとした場合の1平方メートル当たりの価額からその農地を宅地に転用する場合において通常必要と認められる1平方メートル当たりの造成費に相当する金額として、整地、土盛り又は土止めに要する費用の額がおおむね同一と認められる地域ごとに国税局長の定める金額を控除した金額に、その農地の地積を乗じて計算した金額によって評価する。

　ただし、市街化区域内に存する市街地農地については、その農地の固定資産税評価額に地価事情の類似する地域ごとに、その地域にある農地の売買実例価額、精通者意見価格等を基として国税局長の定める倍率を乗じて計算した金額によって評価することができるものとし、その倍率が定められている地域にある市街地農地の価額は、その農地の固定資産税評価額にその倍率を乗じて計算した金額によって評価する。（平29課評2－46外改正）

(注) その農地が宅地であるとした場合の1平方メートル当たりの価額は、その付近にある宅地について11《評価の方式》に定める方式によって評価した1平方メートル当たりの価額を基とし、その宅地とその農地との位置、形状等の条件の差を考慮して評価するものとする。

　なお、その農地が宅地であるとした場合の1平方メートル当たりの価額については、その農地が宅地であるとした場合において20－2《地積規模の大きな宅地の評価》の定めの適用対象となるとき（21－2《倍率方式による評価》ただし書において20－2の定めを準用するときを含む。）には、同項の定めを適用して計算することに留意する。

（生産緑地の評価）

40－3 生産緑地（生産緑地法（昭和49年法律第68号）第2条《定義》第3号に規定する生産緑地のうち、課税時期において同法第10条《生産緑地の買取りの申出》の規定により市町村長に対し生産緑地を時価

参考通達

で買い取るべき旨の申出（以下「買取りの申出」という。）を行った日から起算して３月（生産緑地法の一部を改正する法律（平成３年法律第39号）附則第２条第３項の規定の適用を受ける同項に規定する旧第二種生産緑地地区に係る旧生産緑地にあっては１月）を経過しているもの以外のものをいう。以下同じ。）の価額は、その生産緑地が生産緑地でないものとして本章の定めにより評価した価額から、その価額に次に掲げる生産緑地の別にそれぞれ次に掲げる割合を乗じて計算した金額を控除した金額によって評価する。（平16課評２－７外改正）

(1) 課税時期において市町村長に対し買取りの申出をすることができない生産緑地

課税時期から買取りの申出をすることができることとなる日までの期間	割合
５年以下のもの	100分の10
５年を超え10年以下のもの	100分の15
10年を超え15年以下のもの	100分の20
15年を超え20年以下のもの	100分の25
20年を超え25年以下のもの	100分の30
25年を超え30年以下のもの	100分の35

(2) 課税時期において市町村長に対し買取りの申出が行われていた生産緑地又は買取りの申出をすることができる生産緑地　　　100分の５

（貸し付けられている農地の評価）

41　耕作権、永小作権等の目的となっている農地の評価は、次に掲げる区分に従い、それぞれ次に掲げるところによる。（平29課評２－46外改正）

(1) 耕作権の目的となっている農地の価額は、37《純農地の評価》から40《市街地農地の評価》までの定めにより評価したその農地の価額（以下この節において「自用地としての価額」という。）から、42《耕作権の評価》の定めにより評価した耕作権の価額を控除した金額によって評価する。

(2) 永小作権の目的となっている農地の価額は、その農地の自用地としての価額から、相続税法第23条《地上権及び永小作権の評価》又は地価税法第24条《地上権及び永小作権の評価》の規定により評価した永小作権の価額を控除した金額によって評価する。

(3) 区分地上権の目的となっている農地の価額は、その農地の自用地としての価額から、43－２《区分地上権の評価》の定めにより評価した区分地上権の価額を控除した金額によって評価する。

(4) 区分地上権に準ずる地役権の目的となっている農地の価額は、その農地の自用地としての価額から、43－３《区分地上権に準ずる地役権の評価》の定めにより評価した区分地上権に準ずる地役権の価額を控除した金額によって評価する。

（土地の上に存する権利が競合する場合の農地の評価）

41－２　土地の上に存する権利が競合する場合の農地の価額は、次に掲げる区分に従い、それぞれ次の算式により計算した金額によって評価する。

(1) 耕作権又は永小作権及び区分地上権の目的となっている農地の価額

$$\text{その農地の自用地としての価額} - \left[\begin{array}{l} \text{43－２《区分地上権の評価》の定めにより評価した区分地上権の価額} + \text{43－４《土地の上に存する権利が競合する場合の耕作権又は永小作権の評価》(1)の定めにより評価した耕作権の価額又は永小作権の価額} \end{array} \right]$$

(2) 区分地上権及び区分地上権に準ずる地役権の目的となっている承役地である農地の価額

$$\text{その農地の自用地としての価額} - \left[\begin{array}{l} \text{43－２の定めにより評価した区分地上権の価額} + \text{43－３《区分地上権に準ずる地役権の評価》の定めにより評価した区分地上権に準ずる地役権の価額} \end{array} \right]$$

(3) 耕作権又は永小作権及び区分地上権に準ずる地役権の目的となっている承役地である農地の価額

$$\text{その農地の自用地としての価額} - \left[\begin{array}{l} \text{43－３の定めにより評価した区分地上権に準ずる地役権の価額} + \text{43－４(2)の定めにより評価した耕作権の価額又は永小作権の価額} \end{array} \right]$$

319

（耕作権の評価）

42　耕作権の評価は、次に掲げる区分に従い、それぞれ次に掲げるところによる。（昭45直資3－13改正）

　⑴　純農地及び中間農地に係る耕作権の価額は、37《純農地の評価》及び38《中間農地の評価》に定める方式により評価したその農地の価額に、別表1に定める耕作権割合（耕作権が設定されていないとした場合の農地の価額に対するその農地に係る耕作権の価額の割合をいう。以下同じ。）を乗じて計算した金額によって評価する。

　⑵　市街地周辺農地、市街地農地に係る耕作権の価額は、その農地が転用される場合に通常支払われるべき離作料の額、その農地の付近にある宅地に係る借地権の価額等を参酌して求めた金額によって評価する。

（存続期間の定めのない永小作権の評価）

43　存続期間の定めのない永小作権の価額は、存続期間を30年（別段の慣習があるときは、それによる。）とみなし、相続税法第23条《地上権及び永小作権の評価》又は地価税法第24条《地上権及び永小作権の評価》の規定によって評価する。（平3課評2－4外改正）

（区分地上権の評価）

43－2　農地に係る区分地上権の価額は、27－4《区分地上権の評価》の定めを準用して評価する。（平6課評2－2外改正）

（区分地上権に準ずる地役権の評価）

43－3　農地に係る区分地上権に準ずる地役権の価額は、その区分地上権に準ずる地役権の目的となっている承役地である農地の自用地としての価額を基とし、27－5《区分地上権に準ずる地役権の評価》の定めを準用して評価する。（平6課評2－2外改正）

（土地の上に存する権利が競合する場合の耕作権又は永小作権の評価）

43－4　土地の上に存する権利が競合する場合の耕作権又は永小作権の価額は、次の区分に従い、それぞれ次の算式により計算した金額によって評価する。

　⑴　耕作権又は永小作権及び区分地上権が設定されている場合の耕作権又は永小作権の価額

$$
\left(\begin{array}{l}\text{42《耕作権の評価》の定めにより評価した耕作権の}\\\text{価額又は相続税法第23条《地上権及び永小作権の評}\\\text{価》若しくは地価税法第24条《地上権及び永小作権}\\\text{の評価》の規定により評価した永小作権の価額}\end{array}\right) \times \left[1 - \dfrac{\begin{array}{l}\text{43－2《区分地上権の評価》の}\\\text{定めにより評価した区分地上権}\\\text{の価額}\end{array}}{\text{その農地の自用地としての価額}}\right]
$$

　⑵　区分地上権に準ずる地役権が設定されている承役地に耕作権又は永小作権が設定されている場合の耕作権又は永小作権の価額

$$
\left(\begin{array}{l}\text{42の定めにより評価した耕作権の}\\\text{価額又は相続税法第23条若しくは}\\\text{地価税法第24条の規定により評価}\\\text{した永小作権の価額}\end{array}\right) \times \left[1 - \dfrac{\begin{array}{l}\text{43－3《区分地上権に準ずる地役権}\\\text{の評価》の定めにより評価した区分}\\\text{地上権に準ずる地役権の価額}\end{array}}{\text{その農地の自用地としての価額}}\right]
$$

第4節　山林及び山林の上に存する権利

（評価の方式）

45　山林の評価は、次に掲げる区分に従い、それぞれ次に掲げる方式によって行う。（昭48直資3－33改正）

　⑴　純山林及び中間山林（通常の山林と状況を異にするため純山林として評価することを不適当と認めるものに限る。以下同じ。）　倍率方式

　⑵　市街地山林　　比準方式又は倍率方式

（純山林の評価）

47　純山林の価額は、その山林の固定資産税評価額に、地勢、土層、林産物の搬出の便等の状況の類似す

る地域ごとに、その地域にある山林の売買実例価額、精通者意見価格等を基として国税局長の定める倍率を乗じて計算した金額によって評価する。（昭45直資3－13改正）

（中間山林の評価）

48　中間山林の価額は、その山林の固定資産税評価額に、地価事情の類似する地域ごとに、その地域にある山林の売買実例価額、精通者意見価格等を基として国税局長の定める倍率を乗じて計算した金額によって評価する。（昭45直資3－13改正）

（市街地山林の評価）

49　市街地山林の価額は、その山林が宅地であるとした場合の1平方メートル当たりの価額から、その山林を宅地に転用する場合において通常必要と認められる1平方メートル当たりの造成費に相当する金額として、整地、土盛り又は土止めに要する費用の額がおおむね同一と認められる地域ごとに国税局長の定める金額を控除した金額に、その山林の地積を乗じて計算した金額によって評価する。

　　ただし、その市街地山林の固定資産税評価額に地価事情の類似する地域ごとに、その地域にある山林の売買実例価額、精通者意見価格等を基として国税局長の定める倍率を乗じて計算した金額によって評価することができるものとし、その倍率が定められている地域にある市街地山林の価額は、その山林の固定資産税評価額にその倍率を乗じて計算した金額によって評価する。

　　なお、その市街地山林について宅地への転用が見込めないと認められる場合には、その山林の価額は、近隣の純山林の価額に比準して評価する。（平29課評2－46外改正）

　㊟1　その山林が宅地であるとした場合の1平方メートル当たりの価額は、その付近にある宅地について11《評価の方式》に定める方式によって評価した1平方メートル当たりの価額を基とし、その宅地とその山林との位置、形状等の条件の差を考慮して評価する。

　　　　なお、その山林が宅地であるとした場合の1平方メートル当たりの価額については、その山林が宅地であるとした場合において20－2《地積規模の大きな宅地の評価》の定めの適用対象となるとき（21－2《倍率方式による評価》ただし書において20－2の定めを準用するときを含む。）には、同項の定めを適用して計算することに留意する。

　　2　「その市街地山林について宅地への転用が見込めないと認められる場合」とは、その山林を本項本文によって評価した場合の価額が近隣の純山林の価額に比準して評価した価額を下回る場合、又はその山林が急傾斜地等であるために宅地造成ができないと認められる場合をいう。

（保安林等の評価）

50　森林法（昭和26年法律第249号）その他の法令の規定に基づき土地の利用又は立木の伐採について制限を受けている山林（次項の定めにより評価するものを除く。）の価額は、45《評価の方式》から49《市街地山林の評価》までの定めにより評価した価額（その山林が森林法第25条《指定》の規定により保安林として指定されており、かつ、倍率方式により評価すべきものに該当するときは、その山林の付近にある山林につき45から49までの定めにより評価した価額に比準して評価した価額とする。）から、その価額にその山林の上に存する立木について123《保安林等の立木の評価》に定める割合を乗じて計算した金額を控除した金額によって評価する。（平29課評2－46外改正）

　㊟　保安林は、地方税法第348条《固定資産税の非課税の範囲》第2項第7号の規定により、固定資産税は非課税とされている。

（特別緑地保全地区内にある山林の評価）

50－2　都市緑地法（昭和48年法律第72号）第12条に規定する特別緑地保全地区（首都圏近郊緑地保全法（昭和41年法律第101号）第4条第2項第3号に規定する近郊緑地特別保全地区及び近畿圏の保全区域の整備に関する法律（昭和42年法律第103号）第6条第2項に規定する近郊緑地特別保全地区を含む。以下本項、58－5《特別緑地保全地区内にある原野の評価》及び123－2《特別緑地保全地区内にある立

321

木の評価）において「特別緑地保全地区」という。）内にある山林（林業を営むために立木の伐採が認められる山林で、かつ、純山林に該当するものを除く。）の価額は、45《評価の方式》から49《市街地山林の評価》までの定めにより評価した価額から、その価額に100分の80を乗じて計算した金額を控除した金額によって評価する。（平29課評2－46外改正）

（貸し付けられている山林の評価）

51　賃借権、地上権等の目的となっている山林の評価は、次に掲げる区分に従い、それぞれ次に掲げるところによる。（平3課評2－4外改正）

⑴　賃借権の目的となっている山林の価額は、47《純山林の評価》から前項までの定めにより評価したその山林の価額（以下この節において「自用地としての価額」という。）から、54《賃借権の評価》の定めにより評価したその賃借権の価額を控除した金額によって評価する。

⑵　地上権の目的となっている山林の価額は、その山林の自用地としての価額から相続税法第23条《地上権及び永小作権の評価》又は地価税法第24条《地上権及び永小作権の評価》の規定により評価したその地上権の価額を控除した金額によって評価する。

⑶　区分地上権の目的となっている山林の価額は、その山林の自用地としての価額から53－2《区分地上権の評価》の定めにより評価した区分地上権の価額を控除した金額によって評価する。

⑷　区分地上権に準ずる地役権の目的となっている承役地である山林の価額は、その山林の自用地としての価額から53－3《区分地上権に準ずる地役権の評価》の定めにより評価したその区分地上権に準ずる地役権の価額を控除した金額によって評価する。

（土地の上に存する権利が競合する場合の山林の評価）

51－2　土地の上に存する権利が競合する場合の山林の価額は、次に掲げる区分に従い、それぞれ次の算式により計算した金額によって評価する。

⑴　賃借権又は地上権及び区分地上権の目的となっている山林の価額

$$\text{その山林の自用地としての価額} - \left[\begin{array}{l}\text{53－2《区分地上権の評}\\\text{価》の定めにより評価し}\\\text{た区分地上権の価額}\end{array} + \begin{array}{l}\text{54－2《土地の上に存する権利が競合する}\\\text{場合の賃借権又は地上権の評価》⑴の定め}\\\text{により評価した賃借権又は地上権の価額}\end{array}\right]$$

⑵　区分地上権及び区分地上権に準ずる地役権の目的となっている承役地である山林の価額

$$\text{その山林の自用地としての価額} - \left[\begin{array}{l}\text{53－2の定めにより}\\\text{評価した区分地上権}\\\text{の価額}\end{array} + \begin{array}{l}\text{53－3《区分地上権に準ずる地役}\\\text{権の評価》の定めにより評価した}\\\text{区分地上権に準ずる地役権の価額}\end{array}\right]$$

⑶　賃借権又は地上権及び区分地上権に準ずる地役権の目的となっている承役地である山林の価額

$$\text{その山林の自用地としての価額} - \left[\begin{array}{l}\text{53－3の定めにより評価した区}\\\text{分地上権に準ずる地役権の価額}\end{array} + \begin{array}{l}\text{54－2⑵の定めにより評価した}\\\text{賃借権又は地上権の価額}\end{array}\right]$$

（分収林契約に基づいて貸し付けられている山林の評価）

52　立木の伐採又は譲渡による収益を一定の割合により分収することを目的として締結された分収林契約（所得税法施行令第78条《用語の意義》に規定する「分収造林契約」又は「分収育林契約」をいう。以下同じ。）に基づいて設定された地上権又は賃借権の目的となっている山林の価額は、その分収林契約により定められた山林の所有者に係る分収割合に相当する部分の山林の自用地としての価額と、その他の部分の山林について51《貸し付けられている山林の評価》又は前項の定めにより評価した価額との合計額によって評価する。（平3課評2－4外改正）

㊟1　上記の「分収林契約」には、旧公有林野等官行造林法（大正9年法律第7号）第1条《趣旨》の規定に基づく契約も含まれるのであるから留意する。

2　上記の定めを算式によって示せば、次のとおりである。

322

（その山林の自用地としての価額（A）×山林所有者の分収割合（B））＋（（A）－地上権又は賃借権の価額）×（1－（B））＝分収林契約に係る山林の価額

（残存期間の不確定な地上権の評価）

53　立木一代限りとして設定された地上権などのように残存期間の不確定な地上権の価額は、課税時期の現況により、立木の伐採に至るまでの期間をその残存期間として相続税法第23条《地上権及び永小作権の評価》又は地価税法第24条《地上権及び永小作権の評価》の規定によって評価する。（平3課評2－4外改正）

（区分地上権の評価）

53－2　山林に係る区分地上権の価額は、27－4《区分地上権の評価》の定めを準用して評価する。（平6課評2－2外改正）

（区分地上権に準ずる地役権の評価）

53－3　山林に係る区分地上権に準ずる地役権の価額は、その区分地上権に準ずる地役権の目的となっている承役地である山林の自用地としての価額を基とし、27－5《区分地上権に準ずる地役権の評価》の定めを準用して評価する。（平6課評2－2外改正）

（賃借権の評価）

54　賃借権の評価は、次に掲げる区分に従い、それぞれ次に掲げるところによる。（平3課評2－4外改正）

(1)　純山林に係る賃借権の価額は、その賃借権の残存期間に応じ、相続税法第23条《地上権及び永小作権の評価》又は地価税法第24条《地上権及び永小作権の評価》の規定を準用して評価する。この場合において、契約に係る賃借権の残存期間がその権利の目的となっている山林の上に存する立木の現況に照らし更新されることが明らかであると認める場合においては、その契約に係る賃借権の残存期間に更新によって延長されると認められる期間を加算した期間をもってその賃借権の残存期間とする。

(2)　中間山林に係る賃借権の価額は、賃貸借契約の内容、利用状況等に応じ、(1)又は(3)の定めにより求めた価額によって評価する。

(3)　市街地山林に係る賃借権の価額は、その山林の付近にある宅地に係る借地権の価額等を参酌して求めた価額によって評価する。

（土地の上に存する権利が競合する場合の賃借権又は地上権の評価）

54－2　土地の上に存する権利が競合する場合の賃借権又は地上権の価額は、次に掲げる区分に従い、それぞれ次の算式により計算した金額によって評価する。

(1)　賃借権又は地上権及び区分地上権が設定されている場合の賃借権又は地上権の価額

$$
\begin{array}{l}
\text{54《賃借権の評価》の定めにより評価した賃借権の} \\
\text{価額又は相続税法第23条《地上権及び永小作権の評} \\
\text{価》若しくは地価税法第24条《地上権及び永小作権} \\
\text{の評価》の規定により評価した地上権の価額}
\end{array}
\times
\left[
1 - \cfrac{\text{53－2《区分地上権の評価》の定めにより評価した区分地上権の価額}}{\text{その山林の自用地としての価額}}
\right]
$$

(2)　区分地上権に準ずる地役権が設定されている承役地に賃借権又は地上権が設定されている場合の賃借権又は地上権の価額

$$
\begin{array}{l}
\text{54の定めにより評価した賃借権の価} \\
\text{額又は相続税法第23条若しくは地価} \\
\text{税法第24条の規定により評価した地} \\
\text{上権の価額}
\end{array}
\times
\left[
1 - \cfrac{\text{53－3《区分地上権に準ずる地役権の評価》の定めにより評価した区分地上権に準ずる地役権の価額}}{\text{その山林の自用地としての価額}}
\right]
$$

（分収林契約に基づき設定された地上権等の評価）

55　分収林契約に基づき設定された地上権又は賃借権の価額は、相続税法第23条《地上権及び永小作権の評価》若しくは地価税法第24条《地上権及び永小作権の評価》の規定又は53《残存期間の不確定な地上権の評価》、54《賃借権の評価》若しくは前項の定めにかかわらず、これらの定めにより評価したその

地上権又は賃借権の価額にその分収林契約に基づき定められた造林又は育林を行う者に係る分収割合を乗じて計算した価額によって評価する。（平3課評2－4外改正）

第5節　原野及び原野の上に存する権利

（評価の方式）

57　原野の評価は、次に掲げる区分に従い、それぞれ次に掲げる方式によって行う。（昭48直資3－33改正）

　(1)　純原野及び中間原野（通常の原野と状況を異にするため純原野として評価することを不適当と認めるものに限る。以下同じ。）　　倍率方式

　(2)　市街地原野　　比準方式又は倍率方式

（純原野の評価）

58　純原野の価額は、その原野の固定資産税評価額に、状況の類似する地域ごとに、その地域にある原野の売買実例価額、精通者意見価格等を基として国税局長の定める倍率を乗じて計算した金額によって評価する。（昭41直資3－19改正）

（中間原野の評価）

58－2　中間原野の価額は、その原野の固定資産税評価額に、地価事情の類似する地域ごとに、その地域にある原野の売買実例価額、精通者意見価格等を基として国税局長の定める倍率を乗じて計算した金額によって評価する。（昭45直資3－13改正）

（市街地原野の評価）

58－3　市街地原野の価額は、その原野が宅地であるとした場合の1平方メートル当たりの価額から、その原野を宅地に転用する場合において通常必要と認められる1平方メートル当たりの造成費に相当する金額として、整地、土盛り又は土止めに要する費用の額がおおむね同一と認められる地域ごとに国税局長の定める金額を控除した金額に、その原野の地積を乗じて計算した金額によって評価する。

　　ただし、その市街地原野の固定資産税評価額に地価事情の類似する地域ごとに、その地域にある原野の売買実例価額、精通者意見価格等を基として国税局長の定める倍率を乗じて計算した金額によって評価することができるものとし、その倍率が定められている地域にある市街地原野の価額は、その原野の固定資産税評価額にその倍率を乗じて計算した金額によって評価する。（平29課評2－46外改正）

　(注)　その原野が宅地であるとした場合の1平方メートル当たりの価額は、その付近にある宅地について11《評価の方式》に定める方式によって評価した1平方メートル当たりの価額を基とし、その宅地とその原野との位置、形状等の条件の差を考慮して評価するものとする。

　　　なお、その原野が宅地であるとした場合の1平方メートル当たりの価額については、その原野が宅地であるとした場合において20－2《地積規模の大きな宅地の評価》の定めの適用対象となるとき（21－2《倍率方式による評価》ただし書において20－2の定めを準用するときを含む。）には、同項の定めを適用して計算することに留意する。

（特別緑地保全地区内にある原野の評価）

58－5　特別緑地保全地区内にある原野の価額は、57《評価の方式》から58－3《市街地原野の評価》までの定めにより評価した価額から、その価額に100分の80を乗じて計算した金額を控除した金額によって評価する。（平29課評2－46外改正）

（貸し付けられている原野の評価）

59　賃借権、地上権等の目的となっている原野の評価は、次に掲げる区分に従い、それぞれ次に掲げるところによる。（平3課評2－4外改正）

　(1)　賃借権の目的となっている原野の価額は、58《純原野の評価》から前項までの定めによって評価した原野の価額（以下この節において「自用地としての価額」という。）から、60《原野の賃借権の評

価）の定めにより評価したその賃借権の価額を控除した金額によって評価する。

(2) 地上権の目的となっている原野の価額は、その原野の自用地としての価額から相続税法第23条《地上権及び永小作権の評価》又は地価税法第24条《地上権及び永小作権の評価》の規定により評価したその地上権の価額を控除した金額によって評価する。

(3) 区分地上権の目的となっている原野の価額は、その原野の自用地としての価額から60－2《区分地上権の評価》の定めにより評価したその区分地上権の価額を控除した金額によって評価する。

(4) 区分地上権に準ずる地役権の目的となっている承役地である原野の価額は、その原野の自用地としての価額から60－3《区分地上権に準ずる地役権の評価》の定めにより評価したその区分地上権に準ずる地役権の価額を控除した金額によって評価する。

（土地の上に存する権利が競合する場合の原野の評価）

59－2　土地の上に存する権利が競合する場合の原野の価額は、次に掲げる区分に従い、それぞれ次の算式により計算した金額によって評価する。

(1) 賃借権又は地上権及び区分地上権の目的となっている原野の価額

$$\text{その原野の自用地としての価額} - \left[\begin{array}{l}\text{60－2《区分地上権の評} \\ \text{価》の定めにより評価し} \\ \text{た区分地上権の価額}\end{array} + \begin{array}{l}\text{60－4《土地の上に存する権利が競合する場} \\ \text{合の賃借権又は地上権の評価》(1)の定めによ} \\ \text{り評価した賃借権又は地上権の価額}\end{array}\right]$$

(2) 区分地上権及び区分地上権に準ずる地役権の目的となっている承役地である原野の価額

$$\text{その原野の自用地としての価額} - \left[\begin{array}{l}\text{60－2の定めによ} \\ \text{り評価した区分地} \\ \text{上権の価額}\end{array} + \begin{array}{l}\text{60－3《区分地上権に準ずる地役} \\ \text{権の評価》の定めにより評価した} \\ \text{区分地上権に準ずる地役権の価額}\end{array}\right]$$

(3) 賃借権又は地上権及び区分地上権に準ずる地役権の目的となっている承役地である原野の価額

$$\text{その原野の自用地としての価額} - \left[\begin{array}{l}\text{60－3の定めにより評価した区} \\ \text{分地上権に準ずる地役権の価額}\end{array} + \begin{array}{l}\text{60－4(2)の定めにより評価した} \\ \text{賃借権又は地上権の価額}\end{array}\right]$$

（原野の賃借権の評価）

60　原野に係る賃借権の価額は、42《耕作権の評価》の定めを準用して評価する。

（区分地上権の評価）

60－2　原野に係る区分地上権の価額は、27－4《区分地上権の評価》の定めを準用して評価する。（平6課評2－2外改正）

（区分地上権に準ずる地役権の評価）

60－3　原野に係る区分地上権に準ずる地役権の価額は、その区分地上権に準ずる地役権の目的となっている承役地である原野の自用地としての価額を基とし、27－5《区分地上権に準ずる地役権の評価》の定めを準用して評価する。（平6課評2－2外改正）

（土地の上に存する権利が競合する場合の賃借権又は地上権の評価）

60－4　土地の上に存する権利が競合する場合の賃借権又は地上権の価額は、次に掲げる区分に従い、それぞれ次の算式により計算した金額によって評価する。

(1) 賃借権又は地上権及び区分地上権が設定されている場合の賃借権又は地上権の価額

$$\begin{array}{l}\text{60《原野の賃借権の評価》の定めにより評価した賃} \\ \text{借権の価額又は相続税法第23条《地上権及び永小作} \\ \text{権の評価》若しくは地価税法第24条《地上権及び永} \\ \text{小作権の評価》の規定により評価した地上権の価額}\end{array} \times \left[1 - \dfrac{\begin{array}{l}\text{60－2《区分地上権の評価》の} \\ \text{定めにより評価した区分地上権} \\ \text{の価額}\end{array}}{\text{その原野の自用地としての価額}}\right]$$

(2) 区分地上権に準ずる地役権が設定されている承役地である原野に賃借権又は地上権が設定されている場合の賃借権又は地上権の価額

$$\begin{array}{l}\text{60の定めにより評価した賃借権の価}\\\text{額又は相続税法第23条若しくは地価}\\\text{税法第24条の規定により評価した地}\\\text{上権の価額}\end{array} \times \left[1 - \dfrac{\begin{array}{l}\text{60-3《区分地上権に準ずる地役}\\\text{権の評価》の定めにより評価した}\\\text{区分地上権に準ずる地役権の価額}\end{array}}{\text{その原野の自用地としての価額}} \right]$$

第6節　牧場及び牧場の上に存する権利

（牧場及び牧場の上に存する権利の評価）

61　牧場及び牧場の上に存する権利の価額は、7-2《評価単位》及び57《評価の方式》から前項までの定めを準用して評価する。（平11課評2-12外改正）

第7節　池沼及び池沼の上に存する権利

（池沼及び池沼の上に存する権利の評価）

62　池沼及び池沼の上に存する権利の価額は、7-2《評価単位》及び57《評価の方式》から60-4《土地の上に存する権利が競合する場合の賃借権又は地上権の評価》までの定めを準用して評価する。（平11課評2-12外改正）

第9節　鉱泉地及び鉱泉地の上に存する権利

（鉱泉地の評価）

69　鉱泉地の評価は、次に掲げる区分に従い、それぞれ次に掲げるところによる。ただし、湯温、ゆう出量等に急激な変化が生じたこと等から、次に掲げるところにより評価することが適当でないと認められる鉱泉地については、その鉱泉地と状況の類似する鉱泉地の価額若しくは売買実例価額又は精通者意見価格等を参酌して求めた金額によって評価する。（平12課評2-4外改正）

⑴　状況が類似する温泉地又は地域ごとに、その温泉地又はその地域に存する鉱泉地の売買実例価額、精通者意見価格、その鉱泉地の鉱泉を利用する温泉地の地価事情、その鉱泉地と状況が類似する鉱泉地の価額等を基として国税局長が鉱泉地の固定資産税評価額に乗ずべき一定の倍率を定めている場合　その鉱泉地の固定資産税評価額にその倍率を乗じて計算した金額によって評価する。

⑵　⑴以外の場合　その鉱泉地の固定資産税評価額に、次の割合を乗じて計算した金額によって評価する。

$$\dfrac{\begin{array}{l}\text{その鉱泉地の鉱泉を利用する}\\\text{宅地の課税時期における価額}\end{array}}{\begin{array}{l}\text{その鉱泉地の鉱泉を利用する宅地のその鉱泉地の固定}\\\text{資産税評価額の評定の基準となった日における価額}\end{array}}$$

　㊟　固定資産税評価額の評定の基準となった日とは、通常、各基準年度（地方税法第341条《固定資産税に関する用語の意義》第6号に規定する年度をいう。）の初日の属する年の前年1月1日となることに留意する。

（住宅、別荘等の鉱泉地の評価）

75　鉱泉地からゆう出する温泉の利用者が、旅館、料理店等の営業者以外の者である場合におけるその鉱泉地の価額は、69《鉱泉地の評価》の定めによって求めた価額を基とし、その価額からその価額の100分の30の範囲内において相当と認める金額を控除した価額によって評価する。（平12課評2-4外改正）

（温泉権が設定されている鉱泉地の評価）

77　温泉権が設定されている鉱泉地の価額は、その鉱泉地について69《鉱泉地の評価》又は75《住宅、別荘等の鉱泉地の評価》の定めにより評価した価額から次項の定めにより評価した温泉権の価額を控除した価額によって評価する。（平12課評2-4外改正）

参考通達

（温泉権の評価）

78　前項の「温泉権の価額」は、その温泉権の設定の条件に応じ、温泉権の売買実例価額、精通者意見価格等を参酌して評価する。

（引湯権の設定されている鉱泉地及び温泉権の評価）

79　引湯権（鉱泉地又は温泉権を有する者から分湯をうける者のその引湯する権利をいう。以下同じ。）の設定されている鉱泉地又は温泉権の価額は、69《鉱泉地の評価》又は75《住宅、別荘等の鉱泉地の評価》の定めにより評価した鉱泉地の価額又は前項の定めにより評価した温泉権の価額から、次項本文の定めにより評価した引湯権の価額を控除した価額によって評価する。（平12課評2－4外改正）

（引湯権の評価）

80　前項の「引湯権の価額」は、69《鉱泉地の評価》、75《住宅、別荘等の鉱泉地の評価》又は78《温泉権の評価》の定めにより評価した鉱泉地の価額又は温泉権の価額に、その鉱泉地のゆう出量に対するその引湯権に係る分湯量の割合を乗じて求めた価額を基とし、その価額から、引湯の条件に応じ、その価額の100分の30の範囲内において相当と認める金額を控除した価額によって評価する。ただし、別荘、リゾートマンション等に係る引湯権で通常取引される価額が明らかなものについては、納税義務者の選択により課税時期における当該価額に相当する金額によって評価することができる。（平12課評2－4外改正）

第10節　雑種地及び雑種地の上に存する権利

（雑種地の評価）

82　雑種地の価額は、原則として、その雑種地と状況が類似する付近の土地についてこの通達の定めるところにより評価した1平方メートル当たりの価額を基とし、その土地とその雑種地との位置、形状等の条件の差を考慮して評定した価額に、その雑種地の地積を乗じて計算した金額によって評価する。

　　ただし、その雑種地の固定資産税評価額に、状況の類似する地域ごとに、その地域にある雑種地の売買実例価額、精通者意見価格等を基として国税局長の定める倍率を乗じて計算した金額によって評価することができるものとし、その倍率が定められている地域にある雑種地の価額は、その雑種地の固定資産税評価額にその倍率を乗じて計算した金額によって評価する。（平3課評2－4外改正）

（ゴルフ場の用に供されている土地の評価）

83　ゴルフ場の用に供されている土地（以下「ゴルフ場用地」という。）の評価は、次に掲げる区分に従い、それぞれ次に掲げるところによる。（平16課評2－7外改正）

⑴　市街化区域及びそれに近接する地域にあるゴルフ場用地の価額は、そのゴルフ場用地が宅地であるとした場合の1平方メートル当たりの価額にそのゴルフ場用地の地積を乗じて計算した金額の100分の60に相当する金額から、そのゴルフ場用地を宅地に造成する場合において通常必要と認められる1平方メートル当たりの造成費に相当する金額として国税局長の定める金額にそのゴルフ場用地の地積を乗じて計算した金額を控除した価額によって評価する。

　　㊟　そのゴルフ場用地が宅地であるとした場合の1平方メートル当たりの価額は、そのゴルフ場用地が路線価地域にある場合には、そのゴルフ場用地の周囲に付されている路線価をそのゴルフ場用地に接する距離によって加重平均した金額によることができるものとし、倍率地域にある場合には、そのゴルフ場用地の1平方メートル当たりの固定資産税評価額（固定資産税評価額を土地課税台帳又は土地補充課税台帳に登録された地積で除して求めた額）にゴルフ場用地ごとに不動産鑑定士等による鑑定評価額、精通者意見価格等を基として国税局長の定める倍率を乗じて計算した金額によることができるものとする。

⑵　⑴以外の地域にあるゴルフ場用地の価額は、そのゴルフ場用地の固定資産税評価額に、一定の地域ごとに不動産鑑定士等による鑑定評価額、精通者意見価格等を基として国税局長の定める倍率を乗じ

327

て計算した金額によって評価する。

（遊園地等の用に供されている土地の評価）

83-2　遊園地、運動場、競馬場その他これらに類似する施設（以下「遊園地等」という。）の用に供されている土地の価額は、原則として、82《雑種地の評価》の定めを準用して評価する。

　　ただし、その規模等の状況から前項に定めるゴルフ場用地と同様に評価することが相当と認められる遊園地等の用に供されている土地の価額は、前項の定めを準用して評価するものとする。この場合において、同項の(1)に定める造成費に相当する金額については、49《市街地山林の評価》の定めにより国税局長が定める金額とする。（平16課評2-7外改正）

（文化財建造物である構築物の敷地の用に供されている土地の評価）

83-3　文化財建造物である構築物の敷地の用に供されている土地の価額は、82《雑種地の評価》の定めにより評価した価額から、その価額に24-8《文化財建造物である家屋の敷地の用に供されている宅地の評価》に定める割合を乗じて計算した金額を控除した金額によって評価する。

　　なお、文化財建造物である構築物の敷地とともに、その文化財建造物である構築物と一体をなして価値を形成している土地がある場合には、その土地の価額は、24-8の㈲に準じて評価する。

（鉄軌道用地の評価）

84　鉄道又は軌道の用に供する土地（以下「鉄軌道用地」という。）の価額は、その鉄軌道用地に沿接する土地の価額の3分の1に相当する金額によって評価する。この場合における「その鉄軌道用地に沿接する土地の価額」は、その鉄軌道用地をその沿接する土地の地目、価額の相違等に基づいて区分し、その区分した鉄軌道用地に沿接するそれぞれの土地の価額を考慮して評定した価額の合計額による。（昭48直資3-33改正）

（貸し付けられている雑種地の評価）

86　賃借権、地上権等の目的となっている雑種地の評価は、次に掲げる区分に従い、それぞれ次に掲げるところによる。（平6課評2-2外改正）

(1)　賃借権の目的となっている雑種地の価額は、原則として、82《雑種地の評価》から84《鉄軌道用地の評価》までの定めにより評価した雑種地の価額（以下この節において「自用地としての価額」という。）から、87《賃借権の評価》の定めにより評価したその賃借権の価額を控除した金額によって評価する。

　　ただし、その賃借権の価額が、次に掲げる賃借権の区分に従いそれぞれ次に掲げる金額を下回る場合には、その雑種地の自用地としての価額から次に掲げる金額を控除した金額によって評価する。

　イ　地上権に準ずる権利として評価することが相当と認められる賃借権（例えば、賃借権の登記がされているもの、設定の対価として権利金その他の一時金の授受のあるもの、堅固な構築物の所有を目的とするものなどがこれに該当する。）

　　　その雑種地の自用地としての価額に、その賃借権の残存期間に応じ次に掲げる割合を乗じて計算した金額

　　㈠　残存期間が5年以下のもの　100分の5

　　㈡　残存期間が5年を超え10年以下のもの　100分の10

　　㈢　残存期間が10年を超え15年以下のもの　100分の15

　　㈣　残存期間が15年を超えるもの　100分の20

　ロ　イに該当する賃借権以外の賃借権

　　　その雑種地の自用地としての価額に、その賃借権の残存期間に応じイに掲げる割合の2分の1に相当する割合を乗じて計算した金額

(2)　地上権の目的となっている雑種地の価額は、その雑種地の自用地としての価額から相続税法第23条

《地上権及び永小作権の評価》又は地価税法第24条《地上権及び永小作権の評価》の規定により評価したその地上権の価額を控除した金額によって評価する。

⑶　区分地上権の目的となっている雑種地の価額は、その雑種地の自用地としての価額から87−2《区分地上権の評価》の定めにより評価したその区分地上権の価額を控除した金額によって評価する。

⑷　区分地上権に準ずる地役権の目的となっている承役地である雑種地の価額は、その雑種地の自用地としての価額から87−3《区分地上権に準ずる地役権の評価》の定めにより評価したその区分地上権に準ずる地役権の価額を控除した金額によって評価する。

㊟　上記⑴又⑵において、賃借人又は地上権者がその雑種地の造成を行っている場合には、その造成が行われていないものとして82《雑種地の評価》の定めにより評価した価額から、その価額を基として87《賃借権の評価》の定めに準じて評価したその賃借権の価額又は相続税法第23条《地上権及び永小作権の評価》若しくは地価税法第24条《地上権及び永小作権の評価》の規定により評価した地上権の価額を控除した金額によって評価する。

（土地の上に存する権利が競合する場合の雑種地の評価）

86−2　土地の上に存する権利が競合する場合の雑種地の価額は、次に掲げる区分に従い、それぞれ次の算式により計算した金額によって評価する。

⑴　賃借権又は地上権及び区分地上権の目的となっている雑種地の価額

その雑種地の自用地としての価額 − [87−2《区分地上権の評価》の定めにより評価した区分地上権の価額 ＋ 87−4《土地の上に存する権利が競合する場合の賃借権又は地上権の評価》⑴の定めにより評価した賃借権又は地上権の価額]

⑵　区分地上権及び区分地上権に準ずる地役権の目的となっている承役地である雑種地の価額

その雑種地の自用地としての価額 − [87−2の定めにより評価した区分地上権の価額 ＋ 87−3《区分地上権に準ずる地役権の評価》の定めにより評価した区分地上権に準ずる地役権の価額]

⑶　賃借権又は地上権及び区分地上権に準ずる地役権の目的となっている承役地である雑種地の価額

その雑種地の自用地としての価額 − [87−3の定めにより評価した区分地上権に準ずる地役権の価額 ＋ 87−4⑵の定めにより評価した賃借権又は地上権の価額]

（賃借権の評価）

87　雑種地に係る賃借権の価額は、原則として、その賃貸借契約の内容、利用の状況等を勘案して評定した価額によって評価する。ただし、次に掲げる区分に従い、それぞれ次に掲げるところにより評価することができるものとする。（平3課評2−4外改正）

⑴　地上権に準ずる権利として評価することが相当と認められる賃借権（例えば、賃借権の登記がされているもの、設定の対価として権利金その他の一時金の授受のあるもの、堅固な構築物の所有を目的とするものなどがこれに該当する。）の価額は、その雑種地の自用地としての価額に、その賃借権の残存期間に応じその賃借権が地上権であるとした場合に適用される相続税法第23条《地上権及び永小作権の評価》若しくは地価税法第24条《地上権及び永小作権の評価》に規定する割合（以下「法定地上権割合」という。）又はその賃借権が借地権であるとした場合に適用される借地権割合のいずれか低い割合を乗じて計算した金額によって評価する。

⑵　⑴に掲げる賃借権以外の賃借権の価額は、その雑種地の自用地としての価額に、その賃借権の残存期間に応じその賃借権が地上権であるとした場合に適用される法定地上権割合の2分の1に相当する割合を乗じて計算した金額によって評価する。

（区分地上権の評価）

87－2　雑種地に係る区分地上権の価額は、27－4《区分地上権の評価》の定めを準用して評価する。（平6課評2－2外改正）

（区分地上権に準ずる地役権の評価）

87－3　雑種地に係る区分地上権に準ずる地役権の価額は、その区分地上権に準ずる地役権の目的となっている承役地である雑種地の自用地としての価額を基とし、27－5《区分地上権に準ずる地役権の評価》の定めを準用して評価する。（平6課評2－2外改正）

（土地の上に存する権利が競合する場合の賃借権又は地上権の評価）

87－4　土地の上に存する権利が競合する場合の賃借権又は地上権の価額は、次に掲げる区分に従い、それぞれ次の算式により計算した金額によって評価する。

(1)　賃借権又は地上権及び区分地上権が設定されている場合の賃借権又は地上権の価額

$$\text{87《賃借権の評価》の定めにより評価した賃借権の価額又は相続税法第23条《地上権及び永小作権の評価》若しくは地価税法第24条《地上権及び永小作権の評価》の規定により評価した地上権の価額} \times \left[1 - \frac{\text{87－2《区分地上権の評価》の定めにより評価した区分地上権の価額}}{\text{その雑種地の自用地としての価額}} \right]$$

(2)　区分地上権に準ずる地役権が設定されている承役地に賃借権又は地上権が設定されている場合の賃借権又は地上権の価額

$$\text{87の定めにより評価した賃借権の価額又は相続税法第23条若しくは地価税法第24条の規定により評価した地上権の価額} \times \left[1 - \frac{\text{87－3《区分地上権に準ずる地役権の評価》の定めにより評価した区分地上権に準ずる地役権の価額}}{\text{その雑種地の自用地としての価額}} \right]$$

（占用権の評価）

87－5　占用権の価額は、次項の定めにより評価したその占用権の目的となっている土地の価額に、次に掲げる区分に従い、それぞれ次に掲げる割合を乗じて計算した金額によって評価する。（平20課評2－5外改正）

(1)　取引事例のある占用権

　　　売買実例価額、精通者意見価格等を基として占用権の目的となっている土地の価額に対する割合として国税局長が定める割合

(2)　(1)以外の占用権で、地下街又は家屋の所有を目的とする占用権

　　　その占用権が借地権であるとした場合に適用される借地権割合の3分の1に相当する割合

(3)　(1)及び(2)以外の占用権

　　　その占用権の残存期間に応じその占用権が地上権であるとした場合に適用される法定地上権割合の3分の1に相当する割合

　　(注)　上記(3)の「占用権の残存期間」は、占用の許可に係る占用の期間が、占用の許可に基づき所有する工作物、過去における占用の許可の状況、河川等の工事予定の有無等に照らし実質的に更新されることが明らかであると認められる場合には、その占用の許可に係る占用権の残存期間に実質的な更新によって延長されると認められる期間を加算した期間をもってその占用権の残存期間とする。

（占用権の目的となっている土地の評価）

87－6　占用権の目的となっている土地の価額は、その占用権の目的となっている土地の付近にある土地について、この通達の定めるところにより評価した1平方メートル当たりの価額を基とし、その土地とその占用権の目的となっている土地との位置、形状等の条件差及び占用の許可の内容を勘案した価額

参考通達

に、その占用の許可に係る土地の面積を乗じて計算した金額によって評価する。

（占用の許可に基づき所有する家屋を貸家とした場合の占用権の評価）

87－7　占用の許可に基づき所有する家屋が貸家に該当する場合の占用権の価額は、次の算式により計算した価額によって評価する。（平11課評2－12外改正）

$$
\begin{array}{c}
87-5\langle\langle占用権の評価\rangle\rangleの定\\
めにより評価したその占用権\\
の価額（A）
\end{array}
-
\begin{array}{c}
A\times
\end{array}
\begin{array}{c}
94\langle\langle借家権の\\
評価\rangle\rangleに定め\\
る借家権割合
\end{array}
\times
\begin{array}{c}
26\langle\langle貸家建付地の評価\rangle\rangle\\
の(2)の定めによるその\\
家屋に係る賃貸割合
\end{array}
$$

使用貸借に係る土地についての相続税及び贈与税の取扱いについて

（昭和48年11月1日付直資2－189（例規）、直所2－76、直法2－92）

標題のことについては、次のとおり定め、今後処理するものからこれによることとしたので、通達する。

なお、この取扱いは、個人間の貸借関係の実情を踏まえて定めたものであるから、当事者のいずれか一方が法人である場合のその一方の個人については、原則として、従来どおり法人税の取扱いに準拠して取り扱うこととなることに留意されたい。

（趣旨）

建物又は構築物の所有を目的とする使用貸借に係る土地に関する相続税及び贈与税の取扱いについて所要の整備を図ることとしたものである。

記

（使用貸借による土地の借受けがあった場合）

1　建物又は構築物（以下「建物等」という。）の所有を目的として使用貸借による土地の借受けがあった場合においては、借地権（建物等の所有を目的とする地上権又は賃借権をいう。以下同じ。）の設定に際し、その設定の対価として通常権利金その他の一時金（以下「権利金」という。）を支払う取引上の慣行がある地域（以下「借地権の慣行のある地域」という。）においても、当該土地の使用貸借に係る使用権の価額は、零として取り扱う。

この場合において、使用貸借とは、民法（明治29年法律第89号）第593条に規定する契約をいう。したがって、例えば、土地の借受者と所有者との間に当該借受けに係る土地の公租公課に相当する金額以下の金額の授受があるにすぎないものはこれに該当し、当該土地の借受けについて地代の授受がないものであっても権利金その他地代に代わるべき経済的利益の授受のあるものはこれに該当しない。

（使用貸借による借地権の転借があった場合）

2　借地権を有する者（以下「借地権者」という。）からその借地権の目的となっている土地の全部又は一部を使用貸借により借り受けてその土地の上に建物等を建築した場合又は借地権の目的となっている土地の上に存する建物等を取得し、その借地権者からその建物等の敷地を使用貸借により借り受けることとなった場合においては、借地権の慣行のある地域においても、当該借地権の使用貸借に係る使用権の価額は、零として取り扱う。

この場合において、その貸借が使用貸借に該当するものであることについては、当該使用貸借に係る借受者、当該借地権者及び当該土地の所有者についてその事実を確認するものとする。

(注)1　上記の確認に当たっては、別紙様式1「借地権の使用貸借に関する確認書」を用いる。

2　上記確認の結果、その貸借が上記の使用貸借に該当しないものであるときは、その実態に応じ、借地権又は転借権の贈与として贈与税の課税関係を生ずる場合があることに留意する。

（使用貸借に係る土地等を相続又は贈与により取得した場合）

3　使用貸借に係る土地又は借地権を相続（遺贈及び死因贈与を含む。以下同じ。）又は贈与（死因贈与を除く。以下同じ。）により取得した場合における相続税又は贈与税の課税価格に算入すべき価額は、

331

当該土地の上に存する建物等又は当該借地権の目的となっている土地の上に存する建物等の自用又は貸付けの区分にかかわらず、すべて当該土地又は借地権が自用のものであるとした場合の価額とする。

（使用貸借に係る土地等の上に存する建物等を相続又は贈与により取得した場合）

4　使用貸借に係る土地の上に存する建物等又は使用貸借に係る借地権の目的となっている土地の上に存する建物等を相続又は贈与により取得した場合における相続税又は贈与税の課税価格に算入すべき価額は、当該建物等の自用又は貸付けの区分に応じ、それぞれ当該建物等が自用又は貸付けのものであるとした場合の価額とする。

（借地権の目的となっている土地を当該借地権者以外の者が取得し地代の授受が行われないこととなった場合）

5　借地権の目的となっている土地を当該借地権者以外の者が取得し、その土地の取得者と当該借地権者との間に当該土地の使用の対価としての地代の授受が行われないこととなった場合においては、その土地の取得者は、当該借地権者から当該土地に係る借地権の贈与を受けたものとして取り扱う。ただし、当該土地の使用の対価としての地代の授受が行われないこととなった理由が使用貸借に基づくものでないとしてその土地の取得者からその者の住所地の所轄税務署長に対し、当該借地権者との連署による「当該借地権者は従前の土地の所有者との間の土地の賃貸借契約に基づく借地権者としての地位を放棄していない」旨の申出書が提出されたときは、この限りではない。

　　　(注)1　上記の「土地の使用の対価としての地代の授受が行われないこととなった場合」には、例えば、土地の公租公課に相当する金額以下の金額の授受がある場合を含み、権利金その他地代に代わるべき経済的利益の授受のある場合は含まれないことに留意する（以下7において同じ。）

　　　　　2　上記の申出書は、別紙様式2「借地権者の地位に変更がない旨の申出書」を用いる。

（経過的取扱い　―　土地の無償借受け時に借地権相当額の課税が行われている場合）

6　従前の取扱いにより、建物等の所有を目的として無償で土地の借受けがあった時に当該土地の借受者が当該土地の所有者から当該土地に係る借地権の価額に相当する利益を受けたものとして当該借受者に贈与税が課税されているもの、又は無償で借り受けている土地の上に存する建物等を相続若しくは贈与により取得した時に当該建物等を相続若しくは贈与により取得した者が当該土地に係る借地権に相当する使用権を取得したものとして当該建物等の取得者に相続税若しくは贈与税が課税されているものについて、今後次に掲げる場合に該当することとなったときにおける当該建物等又は当該土地の相続税又は贈与税の課税価格に算入すべき価額は、次に掲げる場合に応じ、それぞれ次に掲げるところによる。

　　(1)　当該建物等を相続又は贈与により取得した場合　　当該建物等の自用又は貸付けの区分に応じ、それぞれ当該建物等が自用又は貸付けのものであるとした場合の価額とし、当該建物等の存する土地に係る借地権の価額に相当する金額を含まないものとする。

　　(2)　当該土地を相続又は贈与により取得した場合　　当該土地を相続又は贈与により取得する前に、当該土地の上に存する当該建物等の所有者が異動している場合でその時に当該建物等の存する土地に係る借地権の価額に相当する金額について相続税又は贈与税の課税が行われていないときは、当該土地が自用のものであるとした場合の価額とし、当該建物等の所有者が異動していない場合及び当該建物等の所有者が異動している場合でその時に当該建物等の存する土地に係る借地権の価額に相当する金額について、相続税又は贈与税の課税が行われているときは、当該土地が借地権の目的となっているものとした場合の価額とする。

（経過的取扱い　―　借地権の目的となっている土地をこの通達の施行前に当該借地権者以外の者が取得している場合）

7　この通達の施行前に、借地権の目的となっている土地を当該借地権者以外の者が取得し、その者と当該借地権者との間に当該土地の使用の対価としての地代の授受が行われないこととなったもの（この通達の施行後に処理するものを除く。）について、今後次に掲げる場合に該当することとなったときにお

ける当該土地の上に存する建物等又は当該土地の相続税又は贈与税の課税価格に算入すべき価額は、次に掲げる場合に応じ、それぞれ次に掲げるところによる。

(1) 当該建物等を相続又は贈与により取得した場合　当該建物等の自用又は貸付けの区分に応じ、それぞれ当該建物等が自用又は貸付けのものであるとした場合の価額とし、当該建物等の存する土地に係る借地権の価額に相当する金額を含まないものとする。

(2) 当該土地を相続又は贈与により取得した場合　当該土地を相続又は贈与により取得する前に、当該土地の上に存する当該建物等の所有者が異動している場合でその時に当該建物等の存する土地に係る借地権の価額に相当する金額について相続税又は贈与税の課税が行われていないときは、当該土地が自用のものであるとした場合の価額とし、当該建物等の所有者が異動していない場合及び当該建物等の所有者が異動している場合でその時に当該建物等の存する土地に係る借地権の価額に相当する金額について相続税又は贈与税の課税が行われているときは、当該土地が借地権の目的となっているものとした場合の価額とする。

相当の地代を収受している貸宅地の評価について
(昭和43年10月28日付直審3−22、直審(資)8、官審(資)30)

標題のことについて昭和42年7月10日別紙2のとおり東京国税局直税部長から上申があり、これに対して同年12月5日別紙1のとおり指示したところであるが、今後、同様の事案については、これにより処理されたい。

別紙1

相当の地代を収受している貸宅地の評価について
(昭和42年7月10日付東局直資第72号による上申に対する指示)
(昭和42年12月5日付直資3−13、官審(資)28他)

標題のことについて、課税時期における被相続人所有の貸宅地は、自用地としての価額から、その価額の20%に相当する金額(借地権の価額)を控除した金額により、評価されたい。

なお、上記の借地権の価額は、昭和39年4月25日付直資56相続税財産評価に関する基本通達32の(1)の定めにかかわらず、被相続人所有のI株式会社の株式評価上、同社の純資産価額に算入することとされたい。

(理由)

地代率との相関関係から借地権の有無につき規定している法人税法施行令第137条の趣旨からすれば、本件の場合土地の評価に当たり借地権を無視する考え方もあるが、借地借家法の制約賃貸借契約にもとづく利用の制約等を勘案すれば、現在借地慣行のない地区についても20%の借地権を認容していることとの権衡上、本件における土地の評価についても借地権割合を20%とすることが適当である。

なお、本件における借地権の価額を被相続人が所有するI株式会社の株式評価上、同社の純資産価額に算入するのは、被相続人が同社の同族関係者である本件の場合においては、土地の評価額が個人と法人を通じて100%顕現することが、課税の公平上適当と考えられるからである。

別紙2　(省略)

相当の地代を支払っている場合等の借地権等についての相続税及び贈与税の取扱いについて
(昭和60年6月5日付課資2−58(例規)、直評9)(改正平成3年12月18日付課資2−51、平成17年5月31日付課資2−4)

標題のことについては、下記のとおり定めたから、これによられたい。

(趣旨)

借地権の設定された土地について権利金の支払に代え相当の地代を支払うなどの特殊な場合の相続税及び贈与税の取扱いを定めたものである。

したがって、借地権の設定に際し通常権利金を支払う取引上の慣行のある地域において、通常の地代（その地域において通常の賃貸借契約に基づいて通常支払われる地代をいう。）を支払うことにより借地権の設定があった場合又は通常の地代が授受されている借地権若しくは貸宅地の相続、遺贈又は贈与があった場合には、この通達の取扱いによることなく、相続税法基本通達及び相続税財産評価に関する基本通達等の従来の取扱いによるのであるから留意する。

（相当の地代を支払って土地の借受けがあった場合）

1　借地権（建物の所有を目的とする地上権又は賃借権をいう。以下同じ。）の設定に際しその設定の対価として通常権利金その他の一時金（以下「権利金」という。）を支払う取引上の慣行のある地域において、当該権利金の支払に代え、当該土地の自用地としての価額に対しておおむね年6％程度の地代（以下「相当の地代」という。）を支払っている場合は、借地権を有する者（以下「借地権者」という。）については当該借地権の設定による利益はないものとして取り扱う。

　　　この場合において、「自用地としての価額」とは、昭和39年4月25日付直資56ほか1課共同「財産評価基本通達」（以下「評価基本通達」という。）25《貸宅地の評価》の(1)に定める自用地としての価額をいう（以下同じ。）。

　　　ただし、通常支払われる権利金に満たない金額を権利金として支払っている場合又は借地権の設定に伴い通常の場合の金銭の貸付けの条件に比し特に有利な条件による金銭の貸付けその他特別の経済的な利益（以下「特別の経済的利益」という。）を与えている場合は、当該土地の自用地としての価額から実際に支払っている権利金の額及び供与した特別の経済的利益の額を控除した金額を相当の地代の計算の基礎となる当該土地の自用地としての価額とする。

　㊟1　相当の地代の額を計算する場合に限り、「自用地としての価額」は、評価基本通達25《貸宅地の評価》の(1)に定める自用地としての価額の過去3年間（借地権を設定し、又は借地権若しくは貸宅地について相続若しくは遺贈又は贈与があった年以前3年間をいう。）における平均額によるものとする。

　　2　本文のただし書により土地の自用地としての価額から控除すべき金額があるときは、当該金額は、次の算式により計算した金額によるのであるから留意する。

　　（算式）

$$\text{その権利金又は特別}\atop\text{の経済的な利益の額} \times \frac{\text{当該土地の自用地としての価額}}{\text{借地権の設定時における当該土地の通常の取引価額}}$$

（相当の地代に満たない地代を支払って土地の借受けがあった場合）

2　借地権の設定に際しその設定の対価として通常権利金を支払う取引上の慣行のある地域において、当該借地権の設定により支払う地代の額が相当の地代の額に満たない場合、借地権者は、当該借地権の設定時において、次の算式により計算した金額から実際に支払っている権利金の額及び供与した特別の経済的利益の額を控除した金額に相当する利益を土地の所有者から贈与により取得したものとして取り扱う。

　（算式）

$$\text{自用地として}\atop\text{の価額} \times \left\{\text{借地権割合} \times \left(1 - \frac{\text{実際に支払っている地代の年額} - \text{通常の地代の年額}}{\text{相当の地代の年額} - \text{通常の地代の年額}}\right)\right\}$$

　　上記の算式中の「自用地としての価額」等は、次による。

　(1)　「自用地としての価額」は、実際に支払っている権利金の額又は供与した特別の経済的利益の額がある場合に限り、1《相当の地代を支払って土地の借受けがあった場合》の本文の定めにかかわらず、借地権の設定時における当該土地の通常の取引価額によるのであるから留意する。

参考通達

(2) 「借地権割合」は、評価基本通達27《借地権の評価》に定める割合をいう。

(3) 「相当の地代の年額」は、実際に支払っている権利金の額又は供与した特別の経済的利益の額がある場合であっても、これらの金額がないものとして計算した金額による。

(注) 通常権利金を支払う取引上の慣行のある地域において、通常の賃貸借契約に基づいて通常支払われる地代を支払うことにより借地権の設定があった場合の利益の額は、次に掲げる場合に応じ、それぞれ次に掲げる金額によるのであるから留意する。

(1) 実際に支払っている権利金の額又は供与した特別の経済的利益の額がない場合　評価基本通達27《借地権の評価》により計算した金額

(2) 実際に支払っている権利金の額又は供与した特別の経済的利益の額がある場合　通常支払われる権利金の額から実際に支払っている権利金の額及び供与した特別の経済的利益の額を控除した金額

(相当の地代を支払っている場合の借地権の評価)

3 借地権が設定されている土地について、相当の地代を支払っている場合の当該土地に係る借地権の価額は、次によって評価する。

(1) 権利金を支払っていない場合又は特別の経済的利益を供与していない場合　零

(2) (1)以外の場合　原則として2《相当の地代に満たない地代を支払って土地の借受けがあった場合》に定める算式に準じて計算した金額

(相当の地代に満たない地代を支払っている場合の借地権の評価)

4 借地権が設定されている土地について、支払っている地代の額が相当の地代の額に満たない場合の当該土地に係る借地権の価額は、原則として2《相当の地代に満たない地代を支払って土地の借受けがあった場合》に定める算式に準じて計算した金額によって評価する。

(「土地の無償返還に関する届出書」が提出されている場合の借地権の価額)

5 借地権が設定されている土地について、平成13年7月5日付課法3−57ほか11課共同「法人課税関係の申請、届出等の様式の制定について」(法令解釈通達)に定める「土地の無償返還に関する届出書」(以下「無償返還届出書」という。)が提出されている場合の当該土地に係る借地権の価額は、零として取り扱う。(平成17課資2−4改正)

(相当の地代を収受している場合の貸宅地の評価)

6 借地権が設定されている土地について、相当の地代を収受している場合の当該土地に係る貸宅地の価額は、次によって評価する。

(1) 権利金を収受していない場合又は特別の経済的利益を受けていない場合
当該土地の自用地としての価額の100分の80に相当する金額

(2) (1)以外の場合
当該土地の自用地としての価額から3《相当の地代を支払っている場合の借地権の評価》の(2)による借地権の価額を控除した金額(以下この項において「相当の地代調整貸宅地価額」という。)
ただし、その金額が当該土地の自用地としての価額の100分の80に相当する金額を超えるときは、当該土地の自用地としての価額の100分の80に相当する金額

(注) 上記(1)及び(2)のただし書に該当する場合において、被相続人が同族関係者となっている同族会社に対し土地を貸し付けている場合においては、昭和43年10月28日付直資3−22ほか2課共同「相当の地代を収受している貸宅地の評価について」通達(以下「43年直資3−22通達」という。)の適用があることに留意する。
この場合において、上記(2)のただし書に該当するときは、43年直資3−22通達中「自用地としての価額」とあるのは「相当の地代調整貸宅地価額」と、「その価額の20%に相当する金額」とある

335

のは「その相当の地代調整貸宅地価額と当該土地の自用地としての価額の100分の80に相当する金額との差額」と、それぞれ読み替えるものとする。

（相当の地代に満たない地代を収受している場合の貸宅地の評価）

7 借地権が設定されている土地について、収受している地代の額が相当の地代の額に満たない場合の当該土地に係る貸宅地の価額は、当該土地の自用地としての価額から4《相当の地代に満たない地代を支払っている場合の借地権の評価》に定める借地権の価額を控除した金額（以下この項において「地代調整貸宅地価額」という。）によって評価する。

　ただし、その金額が当該土地の自用地としての価額の100分の80に相当する金額を超える場合は、当該土地の自用地としての価額の100分の80に相当する金額によって評価する。

　なお、被相続人が同族関係者となっている同族会社に対し土地を貸し付けている場合には、43年直資3－22通達の適用があることに留意する。この場合において、同通達中「相当の地代」とあるのは「相当の地代に満たない地代」と、「自用地としての価額」とあるのは「地代調整貸宅地価額」と、「その価額の20％に相当する金額」とあるのは「その地代調整貸宅地価額と当該土地の自用地としての価額の100分の80に相当する金額との差額」と、それぞれ読み替えるものとする。

（「土地の無償返還に関する届出書」が提出されている場合の貸宅地の評価）

8 借地権が設定されている土地について、無償返還届出書が提出されている場合の当該土地に係る貸宅地の価額は、当該土地の自用地としての価額の100分の80に相当する金額によって評価する。

　なお、被相続人が同族関係者となっている同族会社に対し土地を貸し付けている場合には、43年直資3－22通達の適用があることに留意する。この場合において、同通達中「相当の地代を収受している」とあるのは「「土地の無償返還に関する届出書」の提出されている」と読み替えるものとする。

　㊟　使用貸借に係る土地について無償返還届出書が提出されている場合の当該土地に係る貸宅地の価額は、当該土地の自用地としての価額によって評価するのであるから留意する。

（相当の地代を引き下げた場合）

9 借地権の設定に際し、相当の地代を支払った場合においても、その後その地代を引き下げたときは、その引き下げたことについて相当の理由があると認められる場合を除き、その引き下げた時における借地権者の利益については2《相当の地代に満たない地代を支払って土地の借受けがあった場合》の定めに準じて取り扱う。

　また、2《相当の地代に満たない地代を支払って土地の借受けがあった場合》又は上記により利益を受けたものとして取り扱われたものについて、その後その地代を引き下げたときは、その引き下げたことについて相当の理由があると認められる場合を除き、その引き下げた時における利益（2《相当の地代に満たない地代を支払って土地の借受けがあった場合》又は上記により受けた利益の額を控除したところによる。）については上記と同様に取り扱う。

（相当の地代を支払っている場合の貸家建付借地権等の価額）

10　(1)　3《相当の地代を支払っている場合の借地権の評価》から5《「土地の無償返還に関する届出書」が提出されている場合の借地権の価額》までに定める借地権（以下「相当の地代を支払っている場合の借地権等」という。）が設定されている土地について、貸家の目的に供された場合又は相当の地代の支払、相当の地代に満たない地代の支払若しくは無償返還届出書の提出により借地権の転貸があった場合の評価基本通達28《貸家建付借地権の評価》から31《借家人の有する宅地等に対する権利の評価》までに定める貸家建付借地権、転貸借地権、転借権又は借家人の有する権利の価額は、相当の地代を支払っている場合の借地権等の価額を基として1《相当の地代を支払って土地の借受けがあった場合》から9《相当の地代を引き下げた場合》までの定めによるものとする。

　(2)　借地権（(1)に該当する借地権を除く。）が設定されている土地について、相当の地代の支払、相当

の地代に満たない地代の支払又は無償返還届出書の提出により借地権の転貸があった場合の評価基本通達29《転貸借地権の評価》から31《借家人の有する宅地等に対する権利の評価》までに定める転貸借地権、転借権又は借家人の有する権利の価額は、評価基本通達27《借地権の評価》の定めにより評価したその借地権の価額を基として1《相当の地代を支払って土地の借受けがあった場合》から9《相当の地代を引き下げた場合》までの定めによるものとする。

（地価税における借地権等の評価）

11　3《相当の地代を支払っている場合の借地権の評価》から8《「土地の無償返還に関する届出書」が提出されている場合の貸宅地の評価》まで及び10《相当の地代を支払っている場合の貸家建付借地権等の価額》の定めは、地価税の課税価格計算の基礎となる土地等の価額の評価について準用する。

平成30年分の基準年利率について（法令解釈通達）

（平成30年5月21日付課評2-12）、（最終改正平成30年10月10日付課評2-38）

　平成30年中に相続、遺贈又は贈与により取得した財産を評価する場合における財産評価基本通達（昭和39年4月25日付直資56ほか1課共同）4-4に定める「基準年利率」を下記のとおり定めたから、これによられたい。

　なお、平成30年4月分以降については、基準年利率を定めた都度通達する。

記

○　基準年利率

（単位：％）

区分	年数又は期間	平成30年1月	2月	3月	4月	5月	6月	7月	8月	9月	10月	11月	12月
短期	1年	0.01	0.01	0.01	0.01	0.01	0.01	0.01	0.01	0.01			
	2年												
中期	3年	0.01	0.01	0.01	0.01	0.01	0.01	0.01	0.01	0.01			
	4年												
	5年												
	6年												
長期	7年以上	0.25	0.25	0.25	0.25	0.25	0.25	0.25	0.25	0.25			

（注）　課税時期の属する月の年数又は期間に応ずる基準年利率を用いることに留意する。

〔参考〕

複　利　表 （平成30年1〜9月分）

区分	年数	年0.01%の複利年金現価率	年0.01%の複利現価率	年0.01%の年賦償還率	年1.5%の複利終価率
短期	1	1.000	1.000	1.000	1.015
	2	2.000	1.000	0.500	1.030

区分	年数	年0.01%の複利年金現価率	年0.01%の複利現価率	年0.01%の年賦償還率	年1.5%の複利終価率
中期	3	2.999	1.000	0.333	1.045
	4	3.999	1.000	0.250	1.061
	5	4.999	1.000	0.200	1.077
	6	5.998	0.999	0.167	1.093

区分	年数	年0.25%の複利年金現価率	年0.25%の複利現価率	年0.25%の年賦償還率	年1.5%の複利終価率
長期	7	6.931	0.983	0.144	1.109
	8	7.911	0.980	0.126	1.126
	9	8.889	0.978	0.113	1.143
	10	9.864	0.975	0.101	1.160
	11	10.837	0.973	0.092	1.177
	12	11.807	0.970	0.085	1.195
	13	12.775	0.968	0.078	1.213
	14	13.741	0.966	0.073	1.231
	15	14.704	0.963	0.068	1.250
	16	15.665	0.961	0.064	1.268
	17	16.623	0.958	0.060	1.288
	18	17.580	0.956	0.057	1.307
	19	18.533	0.954	0.054	1.326
	20	19.484	0.951	0.051	1.346
	21	20.433	0.949	0.049	1.367
	22	21.380	0.947	0.047	1.387
	23	22.324	0.944	0.045	1.408
	24	23.266	0.942	0.043	1.429
	25	24.205	0.939	0.041	1.450
	26	25.143	0.937	0.040	1.472
	27	26.077	0.935	0.038	1.494
	28	27.010	0.932	0.037	1.517
	29	27.940	0.930	0.036	1.539
	30	28.868	0.928	0.035	1.563
	31	29.793	0.926	0.034	1.586
	32	30.717	0.923	0.033	1.610
	33	31.638	0.921	0.032	1.634
	34	32.556	0.919	0.031	1.658
	35	33.472	0.916	0.030	1.683

区分	年数	年0.25%の複利年金現価率	年0.25%の複利現価率	年0.25%の年賦償還率	年1.5%の複利終価率
	36	34.386	0.914	0.029	1.709
	37	35.298	0.912	0.028	1.734
	38	36.208	0.909	0.028	1.760
	39	37.115	0.907	0.027	1.787
	40	38.020	0.905	0.026	1.814
	41	38.923	0.903	0.026	1.841
	42	39.823	0.900	0.025	1.868
	43	40.721	0.898	0.025	1.896
	44	41.617	0.896	0.024	1.925
	45	42.511	0.894	0.024	1.954
	46	43.402	0.891	0.023	1.983
	47	44.292	0.889	0.023	2.013
	48	45.179	0.887	0.022	2.043
	49	46.064	0.885	0.022	2.074
	50	46.946	0.883	0.021	2.105
長期	51	47.827	0.880	0.021	2.136
	52	48.705	0.878	0.021	2.168
	53	49.581	0.876	0.020	2.201
	54	50.455	0.874	0.020	2.234
	55	51.326	0.872	0.019	2.267
	56	52.196	0.870	0.019	2.301
	57	53.063	0.867	0.019	2.336
	58	53.928	0.865	0.019	2.371
	59	54.791	0.863	0.018	2.407
	60	55.652	0.861	0.018	2.443
	61	56.511	0.859	0.018	2.479
	62	57.368	0.857	0.017	2.517
	63	58.222	0.854	0.017	2.554
	64	59.074	0.852	0.017	2.593
	65	59.925	0.850	0.017	2.632
	66	60.773	0.848	0.016	2.671
	67	61.619	0.846	0.016	2.711
	68	62.462	0.844	0.016	2.752
	69	63.304	0.842	0.016	2.793
	70	64.144	0.840	0.016	2.835

(注)　1　複利年金現価率、複利現価率及び年賦償還率は小数点以下第4位を四捨五入により、複利終価率は小数点以下第4位を切捨てにより作成している。

2　複利年金現価率は、定期借地権等、著作権、営業権、鉱業権等の評価に使用する。

3　複利現価率は、定期借地権等の評価における経済的利益（保証金等によるもの）の計算並びに特許権、信託受益権、清算中の会社の株式及び無利息債務等の評価に使用する。

4　年賦償還率は、定期借地権等の評価における経済的利益（差額地代）の計算に使用する。

5　複利終価率は、標準伐期齢を超える立木の評価に使用する。

参考通達

一般定期借地権の目的となっている宅地の評価に関する取扱いについて

（平成10年8月25日付課評2－8、課資1－13）（一部改正平成11年7月26日付課評2－14外）

標題のことについては、下記に掲げるものの評価について、課税上弊害がない限り、昭和39年4月25日付直資56、直審（資）17「財産評価基本通達」（以下「評価基本通達」という。）25《貸宅地の評価》の(2)の定めにかかわらず、評価基本通達27《借地権の評価》に定める借地権割合（以下「借地権割合」という。）の地域区分に応じて、当分の間、下記により取り扱うこととしたから、平成10年1月1日以後に相続、遺贈又は贈与により取得したものの評価については、これによられたい。

（趣旨）

評価基本通達9《土地の上に存する権利の評価上の区分》の(6)に定める定期借地権等の目的となっている宅地の評価については、平成6年2月15日付課評2－2、課資1－2「財産評価基本通達の一部改正について」により、その評価方法を定めているところであるが、借地借家法（平成3年、法律第90号）第2条第1号に規定する借地権で同法第22条《定期借地権》の規定の適用を受けるもの（以下「一般定期借地権」という。）の目的となっている宅地の評価については、最近における一般定期借地権の設定の実態等を勘案するとともに、納税者の便宜に資するため、所要の措置を講じたものである。

＊ 下記は、最終改正後のものです（平成11年9月1日以後に相続、遺贈又は贈与により取得したものの評価に適用）。

記

1 一般定期借地権の目的となっている宅地の評価

借地権割合の地域区分のうち、次の2に定める地域区分に存する一般定期借地権の目的となっている宅地の価額は、課税時期における評価基本通達25《貸宅地の評価》の(1)に定める自用地としての価額（以下「自用地としての価額」という。）から「一般定期借地権の価額に相当する金額」を控除した金額によって評価する。

この場合の「一般定期借地権の価額に相当する金額」とは、課税時期における自用地としての価額に、次の算式により計算した数値を乗じて計算した金額とする。

（算式）

$$（1－底地割合）\times \frac{課税時期におけるその一般定期借地権の残存期間年数に応ずる基準年利率による複利年金現価率}{一般定期借地権の設定期間年数に応ずる基準年利率による複利年金現価率}$$

(注) 基準年利率は、評価基本通達4－4に定める基準年利率をいう。

2 底地割合

1の算式中の「底地割合」は、一般定期借地権の目的となっている宅地のその設定の時における価額が、その宅地の自用地としての価額に占める割合をいうものとし、借地権割合の地域区分に応じ、次に定める割合によるものとする。

（底地割合）

	借地権割合		底地割合
	路線価図	評価倍率表	
地域区分	C	70%	55%
	D	60%	60%
	E	50%	65%
	F	40%	70%
	G	30%	75%

339

(注)1 借地権割合及びその地域区分は、各国税局長が定める「財産評価基準書」において、各路線価図についてはAからGの表示により、評価倍率表については数値により表示されている。

2 借地権割合の地域区分がA地域、B地域及び評価基本通達27《借地権の評価》ただし書に定める「借地権の設定に際しその設定の対価として通常権利金その他の一時金を支払うなど借地権の取引慣行があると認められる地域以外の地域」に存する一般定期借地権の目的となっている宅地の価額は、評価基本通達25の(2)に定める評価方法により評価することに留意する。

3 「課税上弊害がない」場合とは、一般定期借地権の設定等の行為が専ら税負担回避を目的としたものでない場合をいうほか、この通達の定めによって評価することが著しく不適当と認められることのない場合をいい、個々の設定等についての事情、取引当事者間の関係等を総合勘案してその有無を判定することに留意する。

なお、一般定期借地権の借地権者が次に掲げる者に該当する場合には、「課税上弊害がある」ものとする。

(1) 一般定期借地権の借地権設定者（以下「借地権設定者」という。）の親族

(2) 借地権設定者とまだ婚姻の届出をしないが事実上婚姻関係と同様の事情にある者及びその親族でその者と生計を一にしているもの

(3) 借地権設定者の使用人及び使用人以外の者で借地権設定者から受ける金銭その他の財産によって生計を維持しているもの並びにこれらの者の親族でこれらの者と生計を一にしているもの

(4) 借地権設定者が法人税法（昭和40年法律第34号）第2条第15号《定義》に規定する役員（以下「会社役員」という。）となっている会社

(5) 借地権設定者、その親族、上記(2)及び(3)に掲げる者並びにこれらの者と法人税法第2条第10号《定義》に規定する政令で定める特殊の関係にある法人を判定の基礎とした場合に同号に規定する同族会社に該当する法人

(6) 上記(4)又は(5)に掲げる法人の会社役員又は使用人

(7) 借地権設定者が、借地借家法第15条《自己借地権》の規定により、自ら一般定期借地権を有することとなる場合の借地権設定者

負担付贈与又は対価を伴う取引により取得した土地等及び家屋等に係る評価並びに相続税法第7条及び第9条の規定の適用について

（平成元年3月29日付直評5、直資2-204）（改正平成3年12月18日付課資2-49(例規)、課評2-5、徴管5-20）

標題のことについては、昭和39年4月25日付直資56、直審(資)17「財産評価基本通達」（以下「評価基本通達」という。）第2章から第4章までの定めにかかわらず、下記により取り扱うこととしたから、平成元年4月1日以後に取得したものの評価並びに相続税法第7条及び第9条の規定の適用については、これによられたい。

（趣旨）

最近における土地、家屋等の不動産の通常の取引価額と相続税評価額との開きに着目しての贈与税の税負担回避行為に対して、税負担の公平を図るため、所要の措置を講じるものである。

記

1 土地及び土地の上に存する権利（以下「土地等」という。）並びに家屋及びその附属設備又は構築物（以下「家屋等」という。）のうち、負担付贈与又は個人間の対価を伴う取引により取得したものの価額は、当該取得時における通常の取引価額に相当する金額によって評価する。

ただし、贈与者又は譲渡者が取得又は新築した当該土地等又は当該家屋等に係る取得価額が当該課税時期における通常の取引価額に相当すると認められる場合には、当該取得価額に相当する金額によって

評価することができる。

(注) 「取得価額」とは、当該財産の取得に要した金額並びに改良費及び設備費の額の合計額をいい、家屋等については、当該合計金額から、評価基本通達130《償却費の額等の計算》の定めによって計算した当該取得の時から課税時期までの期間の償却費の額の合計額又は減価の額を控除した金額をいう。

2　1の対価を伴う取引による土地等又は家屋等の取得が相続税法第7条に規定する「著しく低い価額の対価で財産の譲渡を受けた場合」又は相続税法第9条に規定する「著しく低い価額の対価で利益を受けた場合」に当たるかどうかは、個々の取引について取引の事情、取引当事者間の関係等を総合勘案し、実質的に贈与を受けたと認められる金額があるかどうかにより判定するのであるから留意する。

(注)　その取引における対価の額が当該取引に係る土地等又は家屋等の取得価額を下回る場合には、当該土地等又は家屋等の価額が下落したことなど合理的な理由があると認められるときを除き、「著しく低い価額の対価で財産の譲渡を受けた場合」又は「著しく低い価額の対価で利益を受けた場合」に当たるものとする。

公共用地の取得に伴う損失補償基準細則
（昭和38年3月7日用地対策連絡協議会決定）

抜粋

第12　基準第25条（空間又は地下の使用に係る補償）は、次により処理する。

1　本条に規定する空間又は地下の使用に係る補償額は、別記2土地利用制限率算定要領の定めるところにより算定するものとする。

2　土地の最有効使用の方法、周辺地域を含めた公的規制の状況、将来の利用構想及びその可能性、地盤・地質等の状況、地域における慣行等の事情を総合的に勘案して、土地の利用が妨げられないと認められる場合等前項の算定要領により難い場合は、その適用はないものとする。

別記2

土地利用制限率算定要領

（土地利用制限率）

第1条 基準第25条に掲げる「土地の利用が妨げられる程度に応じて適正に定めた割合」（以下「土地利用制限率」という。）を算定するため、本要領を定める。

（土地の利用価値）

第2条 土地の利用価値は、地上及び地下に立体的に分布しているものとし、次の各号に掲げる使用する土地の種別に応じ、当該各号に掲げる利用価値の合計とすることを基本とし、それぞれの利用価値の割合は、別表第1「土地の立体利用率配分表」に定める率を標準として適正に定めるものとする。

　一　高度市街地内の宅地

　　　建物による利用価値及びその他の利用価値（上空における通信用施設、広告用施設、煙突等の施設による利用及び地下における特殊物の埋設、窄井による地下水の利用等をいう。以下同じ。）

　二　高度市街地以外の市街地及びこれに準ずる地域（概ね、市街化区域内又は用途地域が指定されている高度市街地以外の区域をいう。）内の宅地又は宅地見込地

　　　建物による利用価値、地下の利用価値及びその他の利用価値

　三　農地又は林地

　　　地上の利用価値、地下の利用価値及びその他の利用価値

（土地利用制限率の算定方法）

第3条 土地の利用制限率は、次式により算定するものとする。

　一　前条第1号の土地の場合

$$建物による利用価値の割合 \times \frac{B}{A} + その他の利用価値の割合 \times \alpha$$

　　　A　建物利用における各階層の利用率の和

　　　B　空間又は地下の使用により建物利用が制限される各階層の利用率の和

　　　α　空間又は地下の使用によりその他利用が制限される部分の高さ又は深さによる補正率（0～1の間で定める。）

　二　前条第2号の土地の場合

$$建物による利用価値の割合 \times \frac{B}{A} + 地下の利用価値の割合 \times p + その他の利用価値の割合 \times \alpha$$

　　　　A、B　　それぞれ前号に定めるところによる。

　　　　p　　　　地下の利用がなされる深度における深度別地下制限率

　　　　α　　　　前号に定めるところによる。

　三　前条第3号の土地の場合

　　　　地上の利用価値の割合×q＋地下の利用価値の割合×p＋その他の利用価値の割合×α

　　　　q　　空間又は地下の使用により地上利用が制限される部分の利用率の割合

　　　　p　　第2号に定めるところによる。

　　　　α　　第1号に定めるところによる。

（建物利用における各階層の利用率）

第4条　前条に規定する建物利用における各階層の利用率を求める際の建物の階数及び用途は、原則として、使用する土地を最も有効に使用する場合における階数及び用途とするものとし、当該階数及び用途は、次の各号に掲げる事項を総合的に勘案して判定するものとする。

　一　当該地域に現存する建物の階数及び用途

　二　当該地域において近年建築された建物の標準的な階数及び用途

　三　土地の容積率を当該土地の建ぺい率で除して得た値の階数

　四　当該地域における都市計画上の建ぺい率に対する標準的な実際使用建ぺい率の状況

　五　当該地域における用途的地域

　六　当該地域の将来の動向等

2　建物の各階層の利用率は、当該地域及び類似地域において近年建築された建物の階層別の賃借料又は分譲価格等を多数収集の上これを分析して求めるものとする。この場合において、高度市街地内の宅地にあっては、別表第2「建物階層別利用率表」を参考として用いることができるものとする。

（深度別地下制限率）

第5条　第3条に規定する深度別地下制限率は、地域の状況等を勘案して定めた一定の深度までの間に、1〜10メートルの単位で設ける深度階層毎に求めるものとし、原則として当該深度階層毎に一定の割合をもって低下するとともに、最も浅い深度階層に係る深度別地下制限率を1として算定するものとする。

（農地等の地上利用）

第6条　第3条に規定する地上利用が制限される部分の利用率は、農地及び林地における農業施設の所要高、立木の樹高の最大値等を考慮の上、地域の状況に応じて、地上利用

343

の高さ及び高度別の利用率を決定することにより適正に定めるものとする。

（空間又は地下の使用による残地補償）

第７条　同一の土地所有者に属する土地の一部の空間又は地下を使用することによって残地の利用が妨げられる場合の当該残地に関する損失の補償額の算定は、次式によるものとする。

　　　　土地価格×建物利用制限率×残地補償対象面積

　　　　　残地補償対象面積＝残地面積－建築可能面積

　　　　　建　築　可　能　面　積　　当該残地の建ぺい率、画地条件、周辺の環境及び直接利用制限部分との関係等を考慮して適正に定める。

　　　　　建物利用制限率　　　　使用する土地の土地利用制限率（その他の利用価値に係る制限率が含まれる場合は、これを除く。）

別表第1　土地の立体利用率配分表

利用率等区分 ＼ 土地の種別 容積率等	宅 地						宅 地 見込地
	900%を超えるとき	600%を超え900%以内	400%を超え600%以内	300%を超え500%以内	150%を超え300%以内	150%以内	
最有効使用 建物等利用率	0.9	0.8	0.7	0.7	0.6	0.6	0.6
その他使用 地下利用率	0.1	0.2	0.3	0.2	0.3	0.3	0.3
その他使用 その他利用率（δ）				0.1	0.1	0.1	0.1
（δ）の上下配分割合	1:1			2:1	3:1	4:1	

利用率等区分 ＼ 土地の種別	農　地 林　地
地　上　利　用　率	0.9
地　下　利　用　率	
その他利用率（δ）	0.1
（δ）の上下配分割合	5:1

（注）　1　建築基準法等で定める用途地域の指定のない区域内の土地については、当該地の属する地域の状況等を考慮のうえ、土地の種別のいずれか照応するものによるものとする。
　　　　2　土地の種別のうち、宅地の同一容積率での地下利用率については、原則として当該地の指定用途地域又は用途的地域が商業地域以外の場合等に適用するものとする。
　　　　3　土地の種別のうち、宅地中、当該地の指定用途地域又は用途的地域が商業地域の場合の建物等利用率については、当該地の属する地域の状況等を考慮して、上表の率を基礎に加算することができるものとする。
　　　　4　土地の種別のうち、農地・林地についての地上利用率と地下利用率との配分は、宅地見込地を参考として、それぞれ適正に配分するものとする。

参考通達

別表第2　建物階層別利用率表

階層	A 群	B 群	C 群			D 群
9	32.8		30.0	30.0	30.0	↑
8	32.9		30.0	30.0	30.0	
7	33.0		30.0	30.0	30.0	
6	36.9	67.4	30.0	30.0	30.0	
5	40.1	70.0	30.0	30.0	30.0	
4	42.8	72.7	30.0	30.0	30.0	
3	44.1	75.4	60.0	30.0	30.0	
2	61.5	79.4	70.0	70.0	30.0	
1	100.0	100.0	100.0			100.0
地下1	55.7	52.9	60.0			
地下2	33.1		40.0			

A群　下階が店舗で上階にゆくに従い事務所（例外的に更に上階にゆくと住宅となる場合もある。）使用となる建物

B群　全階事務所使用となる建物

C群　下階が事務所（又は店舗）で大部分の上階が住宅使用となる建物

D群　全階住宅使用となる建物

注1　本表の指数は土地価格の立体分布と建物価格の立体分布とが同一であると推定したことが前提となっている。

　2　本表の指数は各群の一応の標準を示すものであるから、実情に応じ補正は妨げない。特に各群間の中間的性格を有する地域にあっては、その実情を反映させるものとする。

　3　本表にない階層の指数は本表の傾向及び実情を勘案のうえ補足するものとする。

　4　本表は各階層の単位面積当たりの指数であるから、各階層の床面積が異なるときは、それぞれの指数と当該階層の床面積との積が当該階層の有効指数になる。

　5　C群の□内の指数は当該階層の用途が住宅以外であるときの指数である。

特定非常災害発生日以後に相続等により取得した財産の評価について
（法令解釈通達）

（平成29年4月12日付課評2－10、課資2－4）（一部改正平成29年10月30日付課評2－55外）

標題のことについては、昭和39年4月25日付直資56、直審（資）17「財産評価基本通達」（法令解釈通達）によるほか、下記のとおり定めたから、これにより取り扱われたい。

（趣旨）

特定非常災害発生日以後に相続、遺贈（贈与をした者の死亡により効力を生ずる贈与を含む。以下同じ。）又は贈与（贈与をした者の死亡により効力を生ずる贈与を除く。以下同じ。）により取得した財産の評価方法を定めたものである。

記

（用語の意義）

1 この通達において、次に掲げる用語の意義は、それぞれ次に定めるところによる。

(1) 措置法 租税特別措置法（昭和32年法律第26号）をいう。

(2) 措置法施行令 租税特別措置法施行令（昭和32年政令第43号）をいう。

(3) 特定非常災害 措置法第69条の6第1項に規定する特定非常災害をいう。

(4) 特定非常災害発生日 措置法第69条の6第1項に規定する特定非常災害発生日をいう。

(5) 措置法通達 昭和50年11月4日付直資2－224ほか2課共同「租税特別措置法（相続税法の特例関係）の取扱いについて」（法令解釈通達）をいう。

(6) 評価通達 昭和39年4月25日付直資56、直審（資）17「財産評価基本通達」（法令解釈通達）をいう。

(7) 特定地域 措置法第69条の6第1項に規定する特定地域をいう。

(8) 特定地域内に保有する資産の割合が高い法人の株式等 特定非常災害発生日において保有していた資産の特定非常災害の発生直前の価額（特定非常災害の発生直前における時価をいう。）の合計額のうちに占める特定地域内にあった動産（金銭及び有価証券を除く。）、不動産、不動産の上に存する権利及び立木の価額の合計額の割合が10分の3以上である法人の株式又は出資をいう。

(9) 応急仮設住宅 災害救助法（昭和22年法律第118号）第2条《救助の対象》の規定に基づく救助として災害の被災者に対し供与される同法第4条《救助の種類等》第1項第1号の応急仮設住宅をいう。

(10) 評価対象法人 評価しようとする株式の発行法人又は出資に係る出資のされている法人をいう。

(11) 課税時期 相続、遺贈若しくは贈与により財産を取得した日又は相続税法（昭和25年法律第73号）の規定により相続、遺贈若しくは贈与により取得したものとみなされた財産のその取得の日をいう。

（特定地域内にある土地等の評価）

2 特定非常災害発生日以後同日の属する年の12月31日までの間に相続、遺贈又は贈与（以下「相続等」という。）により取得した特定地域内にある土地及び土地の上に存する権利（以下「土地等」という。）の価額は、措置法施行令第40条の2の3《特定土地等及び特定株式等に係る相続税の課税価格の計算の特例等》第3項第1号に規定する特定土地等の特定非常災害の発生直後の価額（以下「特定非常災害発生直後の価額」という。）に準じて評価することができるものとする。この場合において、その土地等の状況は、課税時期の現況によることに留意する。

なお、当該土地等が、特定非常災害により物理的な損失（地割れ等土地そのものの形状が変わったことによる損失をいう。以下同じ。）を受けた場合には、特定非常災害発生直後の価額に準じて評価した価額から、その原状回復費用相当額を控除した価額により評価することができるものとする。

(注) 特定非常災害発生日以後同日の属する年の12月31日までの間に相続等により取得した特定地域外にある土地等の価額は、課税時期の現況に応じ評価通達の定めるところにより評価することに留意する。

なお、当該土地等が、特定非常災害により物理的な損失を受けた場合には、課税時期の現況に応じ

346

参考通達

評価通達の定めるところにより評価した価額から、その原状回復費用相当額を控除した価額により評価することができるものとする。

（海面下に没した土地等の評価）

3　特定非常災害により土地等が海面下に没した場合（その状態が一時的なものである場合を除く。）には、その土地等の価額は評価しない。

（被災した造成中の宅地の評価）

4　被災した造成中の宅地の価額は、評価通達24－3《造成中の宅地の評価》に定める「その宅地の造成に係る費用現価」を次に掲げる額の合計額として計算した金額によって評価する。

⑴　特定非常災害の発生直前までに投下したその宅地の造成に係る費用現価のうち、被災後においてなおその効用を有すると認められる金額に相当する額

⑵　特定非常災害の発生直後から課税時期までに投下したその宅地の造成に係る費用現価

（応急仮設住宅の敷地の用に供するため使用貸借により貸し付けられている土地の評価）

5　応急仮設住宅の敷地の用に供するため関係都道府県知事又は関係市町村（特別区を含む。）の長に使用貸借により貸し付けられている土地の価額は、その土地の自用地としての価額（評価通達25《貸宅地の評価》に定める自用地としての価額をいう。）から、その価額にその使用貸借に係る使用権の残存期間が評価通達25⑵のイからニまでの残存期間のいずれに該当するかに応じてそれぞれに定める割合を乗じて計算した金額を控除した金額によって評価する。

（被災した家屋の評価）

6　被災した家屋（被災後の現況に応じた固定資産税評価額が付されていないものに限る。以下同じ。）の価額は、次に掲げる金額の合計額によって評価することができるものとする。

⑴　評価通達89《家屋の評価》の定めにより評価した特定非常災害の発生直前の家屋の価額から、その価額に地方税法（昭和25年法律第226号）第367条《固定資産税の減免》の規定に基づき条例に定めるところによりその被災した家屋に適用された固定資産税の軽減又は免除の割合を乗じて計算した金額を控除した金額

　（注）　特定非常災害の発生に伴い地方税法等において固定資産税の課税の免除等の規定が別途定められた場合についても同様に取り扱うものとする。

⑵　特定非常災害の発生直後から課税時期までに投下したその被災した家屋の修理、改良等に係る費用現価の100分の70に相当する金額

（被災した建築中の家屋の評価）

7　被災した建築中の家屋の価額は、評価通達91《建築中の家屋の評価》に定める「その家屋の費用現価」を次に掲げる額の合計額として計算した金額によって評価する。

⑴　特定非常災害の発生直前までに投下したその家屋の費用現価のうち、被災後においてなおその効用を有すると認められる金額に相当する額

⑵　特定非常災害の発生直後から課税時期までに投下したその家屋の費用現価

（特定地域内に保有する資産の割合が高い法人の株式等に係る類似業種比準価額の計算）

8　特定地域内に保有する資産の割合が高い法人の株式等につき、評価通達180《類似業種比準価額》に定める類似業種比準価額により評価することとなる場合において、課税時期が特定非常災害発生日から同日の属する事業年度の末日までの間にあるときには、措置法通達69の6・69の7共－4《特定株式等の特定非常災害の発生直後の価額》⑴の定めを準用することができるものとする。

（純資産価額の計算）

9　評価対象法人の株式又は出資につき、評価通達185《純資産価額》に定める「1株当たりの純資産価額（相続税評価額によって計算した金額）」により評価することとなる場合において、評価対象法人の

347

各資産のうちに、評価対象法人が課税時期前3年以内に取得又は新築した特定地域内の土地等並びに家屋及びその附属設備又は構築物（以下「家屋等」という。）で、かつ、評価対象法人が特定非常災害発生日前に取得又は新築したものがあるときには、課税時期が特定非常災害発生日から起算して3年を経過する日までの間にあるときに限り、その土地等及び家屋等の価額については、評価通達185の括弧書の定めを適用しないことができるものとする。

（同族株主以外の株主等が取得した特定地域内に保有する資産の割合が高い法人の株式等の価額の計算）

10 特定地域内に保有する資産の割合が高い法人の株式等につき、評価通達188－2《同族株主以外の株主等が取得した株式の評価》により評価することとなる場合において、課税時期が特定非常災害発生日から同日の属する事業年度の末日までの間にあるときには、措置法通達69の6・69の7共－4(3)の定めを準用することができるものとする。

附　則

（適用時期）

　この法令解釈通達は、平成28年4月14日以後に相続等により取得した財産の評価について適用する。

〈著者紹介〉

丸田　隆英
まるた　たかひで

　　昭和33年　大阪生まれ

　　昭和56年　関西大学法学部卒業

　　昭和56年〜平成21年

　　　　　　　大阪国税局国税訟務官室、同局資産評価官付審査指導

　　　　　　　担当主査等を経て平成21年７月大淀税務署個人課税第

　　　　　　　一部門統括官を最後に退職

　　平成７年　不動産鑑定士登録

　　平成21年　税理士登録

　　　　　　　丸田税理士事務所・不動産鑑定を開業

平成30年11月改訂
へいせい　ねん　がつかいてい

土地評価の重点解説 ―設例と記載例でポイントをつかむ！―
とちひょうか　じゅうてんかいせつ　せつれい　きさいれい

2018年12月14日　発行

著　者　丸田　隆英 ⓒ
まるた　たかひで

発行者　小泉　定裕

発行所　株式会社 清文社

東京都千代田区内神田１－６－６（MIF ビル）
〒101-0047　電話 03（6273）7946　FAX 03（3518）0299
大阪市北区天神橋２丁目北２－６（大和南森町ビル）
〒530-0041　電話 06（6135）4050　FAX 06（6135）4059
URL http://www.skattsei.co.jp/

印刷：大村印刷

■著作権法により無断複写複製は禁止されています。落丁本・乱丁本はお取り替えします。
■本書の内容に関するお問い合わせは編集部までFAX（06-6135-4056）でお願いします。
■本書の追録情報等は、当社ホームページ（http://www.skattsei.co.jp）をご覧ください。

ISBN978-4-433-62308-1

| 平成30年11月改訂 |

資産税の取扱いと申告の手引

譲渡所得・山林所得・相続税・贈与税・財産評価

福居英雄／井上浩二　編　☆Web版サービス付き

消費税関係の法令・通達や諸様式の記載例まで収録し、その取扱いの全容を正確に、かつ広く理解できるように各項目を体系的にまとめ、最新の税制改正事項を織り込み詳細解説。

■B5判1,624頁／定価：本体 4,600円+税

| 平成30年11月改訂 |

資産税実務問答集

福居英雄／井上浩二　編

資産税（相続税・贈与税・譲渡所得など）に関する取扱いについて、計算例や図解を織りまぜ、一般的な事例から専門分野にわたるものなどまで幅広くとりあげ、問答形式により体系的に整理編集。

■A5判808頁／定価：本体 3,400円+税

実例でわかる！

地積規模の大きな宅地

問題点と対処策

株式会社 東京アプレイザル 不動産鑑定士　芳賀則人　著

広大地評価に代わる新制度「地積規模の大きな宅地」について、適正な土地評価の仕方や、問題点・矛盾点を取り上げ、対処策をわかりやすく解説。

■B5判212頁／定価：本体 2,400円+税

| 平成30年10月改訂 |

不動産の評価・権利調整と税務

土地・建物の売買・賃貸からビル建設までのコンサルティング

税理士・不動産鑑定士　鵜野和夫　著

最新の不動産事情の把握と資産を上手に運用するために必要な様々なコンサル知識と各種の税務特例を満載。土地・建物の法律、評価・税務の三分野を関連づけ、最新各種税制措置を織り交ぜ詳細解説。地価の評価方法、税金の仕組み、土地の有効利用の仕方等を網羅。

■A5判1,088頁／定価：本体 4,600円+税

| 平成30年8月改訂 |

路線価による土地評価の実務

公認会計士・税理士　名和道紀／税理士　長井庸子　共著

路線価図・評価倍率表の見方、計算方法をはじめ、土地の評価全般、評価明細書の書き方など、豊富な具体事例で初心者にもわかるように解説。

■B5判400頁／定価：本体 2,200円+税